Das Buch

Macht und Größe sind zum Fetisch in unserer Gesellschaft geworden. In Wirtschaft und Politik, in Staat und Verwaltung, überall sitzen die «Dinos», propagieren eine auf permanenten Konsum ausgerichtete Gesellschaft und maximieren blind ungebremstes Wachstum um schiere Größe. Verhaltensweisen wie Anpassung und Rücksichtnahme kennen sie nicht, die Brücken zur Natur haben sie hinter sich abgebrochen. Gottlieb Guntern, Kreativitätsforscher und Berater internationaler Führungskräfte aus Wirtschaft und Politik, setzt diesem weit verbreiteten Führungs- und Managementstil ein völlig anderes Leitbild entgegen. Nach der «gierigen Gesellschaft» gilt es, zur Jahrtausendwende eine Kultur im Zeichen des Schmetterlings zu etablieren. Dieser Überlebenskünstler der Natur steht als Symbol für die neuen Werte unseres Handelns: optimale Anpassungsstrategien, maximale Flexibilität, Kreativität und Harmonie mit der Natur – Eigenschaften, die wir überlebensnotwendig brauchen. Gottlieb Guntern liefert mit diesem Buch Bausteine und Argumente für eine neue Führungskultur in Wirtschaft, Staat und Gesellschaft, und es geht all jene an, die – in welchem Bereich und auf welcher Ebene auch immer – Verantwortung tragen und mit Menschen umgehen.

Der Autor

Gottlieb Guntern, geboren 1939, ist Psychiater und Kreativitätsforscher mit langjähriger Erfahrung als Therapeut. Heute berät er Führungskräfte internationaler Unternehmen sowie Top-Funktionäre aus Verwaltung und Politik. Er ist Gründer und Direktor des Instituts für Kreativitätsforschung (ISO) in der Schweiz, sein jährlich durchgeführtes ISO-Symposium genießt internationale Reputation. Zahlreiche Veröffentlichungen, darunter *Der kreative Weg* (1991) und *Sieben goldene Regeln der Kreativitätsförderung* (1994).

Gottlieb Guntern:
Im Zeichen des Schmetterlings

Argumente für eine neue Führungskultur
Erfolg durch Verwandlung

Deutscher
Taschenbuch
Verlag

Ungekürzte Ausgabe
August 1995
Deutscher Taschenbuch Verlag GmbH & Co. KG, München
© 1992 Scherz Verlag, Bern, München, Wien
Unter dem Titel: Im Zeichen des Schmetterlings
Vom Powerplay zum sanften Spiel der Kräfte
Leadership in der Metamorphose
ISBN 3-502-17275-7
Umschlaggestaltung: Helmut Gebhardt
Satz: Jos. C. Huber KG, Dießen
Druck und Bindung: C. H. Beck'sche Buchdruckerei, Nördlingen
Printed in Germany · ISBN 3-423-30482-0

Inhalt

Vorwort

Das Ausmaß unserer Arglosigkeit

Der französische Poet Arthur Rimbaud schlug mit einem Augenzwinkern vor: «*Apprécions, sans vertige, l'étendue de notre innocence!*»

Es ist nicht immer leicht, das Ausmaß unserer Arglosigkeit richtig zu würdigen, ohne daß uns dabei schwindlig wird. Wie denn auch in einer Zeit, in der eine Krise die andere jagt? In der die Leadership in Staat und Kirche, in Wirtschaft, Verwaltung und Kultur entweder ratlos die Hände ringt oder sich in blinder Agitiertheit von einer unüberdachten Problemlösung zur nächsten mogelt?

Die Führungspersönlichkeiten, die am Schaltpult von Macht und Einfluß sitzen, sind ein getreues Abbild unserer Kultur. Sie denken, was viele von uns denken. Sie tun, was viele von uns tun. Sie sitzen jedoch am längeren Hebel, und damit bringen sie mit ihrem Denken und Handeln mehr in Bewegung als wir, die Geführten. Und was sie in Bewegung bringen, hat Tradition.

Seit ungefähr dreitausend Jahren operiert unsere westliche Kultur in zunehmendem Maße im Zeichen des Dinosauriers. Der Dinosaurier wählte seinerzeit eine verhängnisvolle Anpassungsstrategie. Er riß eine Variable, die Größe, aus dem Zusammenhang heraus und maximierte sie. Maximieren heißt auch der Wahlspruch der gierigen Gesellschaft, die überall – in der Luft, im Wasser und auf der Erde – die unübersehbaren Symptome ihres destruktiven Wirkens hinterlassen hat.

Der Schmetterling schlug eine ganz andere Evolutionsstrategie ein als der Dinosaurier. Er brachte es fertig, das richtige Gleichgewicht zwischen allen wesentlichen Variablen zu optimieren. Mit einem Minimum an Material schuf er eine raffinierte Struktur, die zuverlässig funktioniert. Er entwickelte die Metamorphose zur Perfektion, die Kunst, das Leben schadlos und ohne Identitätsverlust von einer Erscheinungsform zur nächsten weiterzugeben. Damit ist er zum Inbegriff von Unbeschwertheit, Schönheit, Eleganz und Harmonie geworden. Und so verletzlich er auch aussehen mag: Er hat den Dinosaurier überlebt!

Dieses Buch ist ein Plädoyer für eine weisere Leadership im Zeichen des Schmetterlings. Es analysiert jene beiden erkenntnistheoretischen Ursünden, die unsere Vorfahren im mediterranen Kulturkreis begangen haben, und die wir im folgenden den «Dreschflegel der Genesis» und die «Leier der Orphiker» nennen werden. Es zeigt die Folgen dieser falschen Denkansätze auf, die unsere Kultur den Dinosaurier zum Leitbild ihrer Identität küren ließ. Es schildert das souveräne Strategiespiel des Schmetterlings, der zum Totem einer neuen Kultur werden soll. Und es beschreibt den Leadertyp der Zukunft und charakterisiert ihn punkto Wahrnehmung, Denken, Fühlen, physiologische Funktionsweisen und Verhalten.

In ein paar Jahren beginnt das nächste Jahrtausend. Kairos, der richtige Augenblick, der entscheidende Moment, ist da. Wir dürfen ihn nicht verpassen und sollten die große Metamorphose wagen. Wir brauchen eine neue Leadership, die Führungskunst und nicht Führungskrampf produziert. Der pathetisch schwerfällige Dinotyp, der lieber flegelt als begreift, hat ausgedient. Die Zukunft gehört dem Schmetterlingstyp, der zwar agil, aber gleichzeitig auch weise und harmoniefähig ist.

Ein Buch ist stets auch sichtbarer Ausdruck eines Beziehungssystems, dessen Existenz für jede kreative Tätigkeit von vitaler Bedeutung ist.

Der Autor dankt allen Menschen, deren Denken und Handeln die Konzeption und Formulierung dieses Buches – auf die eine oder die andere Art und Weise – beeinflußt haben.

Ganz besonders herzlich danke ich: Meiner Frau, Greta Guntern-Gallati, deren Persönlichkeit und deren künstlerisches Werk mein Denken im Verlaufe der Jahre auf neue Pfade geführt haben. Herrn Luzius Theler, Freund und kritischer Gesprächspartner seit vielen Jahren, der eine Fassung des Manuskripts las und wichtige inhaltliche und sprachliche Verbesserungen vorschlug. Frau Imelda Noti, die mehrere Fassungen des Manuskripts betreute und mehrere Änderungen suggerierte. Dem Scherz Verlag für vielfältige Anregungen und redaktionelle Bearbeitung.

That he not busy being born is busy dying
(aus Ma, I'm Only Bleeding, Bob Dylan)

Die Komplexität des Einfachen, die Einfachheit des Komplexen

Der kurze Weg von der Maßlosigkeit zum Requiem

Unser Planet zeigt eine ganze Reihe von Abnutzungserscheinungen, die ihm unsere dominante Kultur im Verlaufe der Zeit beschert hat.

Der schützende Ozonmantel ist über der Arktis und der Antarktis bereits verschlissen. Die ultravioletten Strahlen der Sonne dringen ungehindert durch sein abgeschabtes Gewebe. Wenn diese gefährliche Strahlung weiter zunimmt, wird sie schließlich die Augenlinsen der Tiere und Menschen verkochen, die Haut verbrennen und die Zellkerne knacken. In den Zellkernen wird das genetische Programm chaotisch mutieren und unzählige bösartige Organtumoren produzieren.

Während den Kühlaggregaten unserer Autos, Eisschränke und Klimaanlagen Tag und Nacht Tonnen von Fluorchlorkohlenwasserstoff entströmen und den Ozonmantel der Atmosphäre zerreißen, produzieren die Auspuffrohre unserer Autos täglich Tonnen von Stickstoffmonoxyden, die unter Hitzeeinwirkung bodennah eine Ozonschwemme bewirken. In hohen Konzentrationen ist Ozon ein Reizgift, das die Schleimhäute angreift und bei Kindern und alten oder geschwächten Menschen zu Schnupfen, Husten, Asthma oder Ekzemen führt.

Die ununterbrochen aus den Fabrikschloten, aus den Kaminen der Wohnhäuser und aus den Auspuffrohren der Autos entweichenden Kohlendioxyde sammeln sich in der Atmosphäre und bilden dort einen Gasmantel, der wie die Plastikhülle eines Treibhauses funktioniert. Dieser Gasmantel läßt zwar alle thermische Strahlung herein, kann sie jedoch nicht wieder abgeben. Der daraus resultierende Treibhauseffekt – die globale Zunahme der mittleren Erdtemperatur – führt dazu, daß die Eiskappen der Arktis und Antarktis und auch die Gletscher in den Bergen schmelzen. Der Meeresspiegel steigt. Überschwemmungen bedrohen alle Küsten der Erde. Mit der Zeit werden Migrationsbewegungen landeinwärts entstehen, die alle Völkerwanderungen des Altertums in den Schatten stellen werden. Die politischen, wirtschaftlichen, sozialen und psychologischen Folgen dieser Fluchtbewegungen werden zu Problemen führen, die wir uns kaum vorstellen können.

Aus unseren Industrieanlagen, Wohnhäusern und Autos entweichen giftige Säuren und Laugen, die Luft, Grundwasser und Mikroorganismen im Boden vergiften.

Die Organismen der Mikroflora, die als Heinzelmännchen unsichtbar und unentgeltlich den lebenswichtigen Humus aufbereiten, geben auf, weil sie sauer auf die Verhältnisse sind, die ihnen die Eingeweide zerfressen. Wenn sie aufgeben, verliert der Erdboden seinen lebenswichtigen strukturellen Zusammenhalt. Erdrutsche und Steinschläge werden der Flora bedrohlich zusetzen, und im Winter werden immer mehr Lawinen zu Tale donnern, weil Gebüsche und Bäume fehlen, die ihr Losbrechen verhindern oder ihren Lauf bremsen könnten. In den Alpen werden deshalb weite Biotope für Menschen unbewohnbar werden.

Bäche und Flüsse schäumen vor Wut, weil ihnen die Laugen der menschlichen Putzwut in die Augen geraten sind. Auf den Seen dümpeln bläulich irisierende Petrollachen, und auf den Meeren schwimmen todbringende Ölteppiche, weil der Mensch in seiner Profitgier unfähig ist, die maßlos verschleuderten organischen Energieressourcen wenigstens mit der nötigen Sorgfalt zu transportieren.

So ist das Wasser, das seit Menschengedenken der Inbegriff des Lebens war, inzwischen zur Todesfalle für viele Organismen geworden. Wer darin leben muß, kommt um. Wer davon trinken muß, vergiftet sich.

Die in die Luft verpufften Säuren fallen als saurer Regen wieder auf die Erde zurück. Die Wälder sterben. Der saure Regen zerfrißt Kulturdenkmäler, die der Mensch in Stein gemeißelt oder aus Steinen errichtet hat. Bauten und Kunstwerke sind aber nicht nur eine Erinnerung an vergangene Kulturleistungen. Sie sind ein Teil jener Schönheit, die für die Qualität unseres Lebens nicht minder wichtig ist als Brot und Milch. Der Prophet Mohammed hat gesagt: «Wenn ich zwei Brote hätte, würde ich eines verkaufen und mir eine Hyazinthe kaufen, denn meine Seele braucht auch Nahrung.»

Die von Armut und Hunger geplagten Menschen vieler Regionen (z.B. Sahelzone, Indonesien, Amazonasgebiet) versuchen nach alten Rezepten zu überleben und bedrohen so ihre ohnehin schon prekäre Lebensgrundlage. Kinderreichtum – ehemals die sicherste Altersvorsorge – führt zur Bevölkerungsexplosion, die verhängnisvolle Fehlentwicklungen zur Folge hat – ein Teufelskreis.

Mehr Menschen brauchen mehr Nahrung und mehr Geld, um sich dringend benötigte oder auch nur vermeintlich notwendige Konsumgüter zu verschaffen. Sie roden und verbrennen in der sogenannten *slash-and-burn*-Agrikultur ganze Wälder, erhöhen dadurch den globalen Treibhauseffekt und verändern die klimatischen Bedingungen der Erde. Die weltweite Zunahme der mittleren Erdtemperatur, Wirbelstürme und Überschwemmungen sind die Auswirkungen. Und da infolge der maßlosen, globalen und in vielen Ländern aus Profitgründen industriell betriebenen Abholzung die als riesige Schwämme wirkenden Tropenwälder immer mehr verschwinden, steigt der Meeresspiegel weiter an, was zu weiteren Überschwemmungen führt.

Um ihren Nahrungsbedarf zu decken, halten die Menschen riesige Rinder-, Ziegen- und Schafherden, welche die empfindliche Grasnarbe zertrampeln, Wurzeln ausreißen, Blätter und Zweige der vor Winden und Sonnenlicht schützenden Büsche und Bäume abfressen und so die Desertifikation, die Versteppung und Verwüstung der Erde, fördern.

Schließlich führen gezielte industrielle Ausbeutung, ungewollte, aber in Kauf genommene Umweltverschmutzung und die sinnlose Jagd nach Trophäen dazu, daß ganze Pflanzen- und Tierarten ausgerottet werden. Die Büffel der Prärien sind schon lange vernichtet. Wale, Delphine, Robben, Eisbären, Vögel, Schmetterlinge und andere Tierarten werden noch immer und oft mit grausamen Methoden gejagt. Unzählige Pflanzen- und Tierarten sind bereits verschwunden; andere sind dermaßen bedroht, daß sie mittlerweile unter behördlich angeordnetem, aber kaum kontrollierbarem Schutz stehen.

Mit anderen Worten: Gedankenlosigkeit, Machtwahn, Rücksichtslosigkeit, Profitgier und Dummheit haben den Planeten Erde in eine vitale Krise geführt, in der alles Leben bedroht ist. Die biologische Evolution hat den Menschen und mit ihm die Kulturevolution hervorgebracht; nun bedroht die Kulturevolution die biologische Evolution.

Es gibt Menschen, die diese Entwicklung schon lange haben kommen sehen. Sie haben auch davor gewarnt, und zwar mit einer Deutlichkeit, die nichts zu wünschen übrigließ. Aber man mag eben die Propheten in den eigenen Reihen nicht.

Ein Prophet ist jemand, der ein gutes Gedächtnis besitzt. Er ist fähig, weit in die Vergangenheit zurückzuschauen, um besser nach vorne blicken zu können. Er schöpft aus uralter Erfahrung und Weisheit, und je tiefer seine Intuition ist, um so wirklichkeitsgetreuer ist seine Voraussage. Doch so weise ein Prophet auch sein mag, er ist immer nur ein Mensch. Wenn er kein Gehör findet, beschleichen ihn Resignation und Hilflosigkeit. Auch wenn unter solch widrigen Umständen noch ein Funken seiner früheren Angriffslust übrigbleibt, ergreifen ihn doch dann und wann Bitterkeit und Ironie.

Ein Beispiel für das eben Gesagte ist Dennis Meadows, der 1972 im Auftrag des *Club of Rome* die Studie *Die Grenzen des Wachstums* publizierte.[1] Meadows stellte vor drei Jahren in einem Interview fest:

«Die Welt rast wie ein Auto auf einen Wald zu. Auch wenn wir jetzt sofort versuchten anzuhalten, wäre der Bremsweg zu lang. Ein Aufprall läßt sich nicht mehr vermeiden.»

Und er fügte hinzu:

«Außerdem verhält sich die Menschheit wie ein Selbstmörder, und es hat keinen Sinn mehr, mit einem Selbstmörder zu argumentieren, wenn er bereits aus dem Fenster gesprungen ist.»

Tatsächlich lehrt uns die Erfahrung, daß der Weg von der Maßlosigkeit bis zum Requiem sehr kurz sein kann. Aber sie lehrt uns auch, daß der Mensch jene Fähigkeit besitzt, die der Biograph McFeely dem amerikanischen Bürgerkriegsgeneral Ulysses Grant zugeschrieben hat: «...*snatching success from the desperate edge of failure.*»[2] Er besitzt grundsätzlich die Fähigkeit, in einer verzweifelten Situation am Rande des Abgrunds doch noch das Richtige zu tun.

Es wird sich zeigen, ob die Menschheit das zustande bringen wird. Ich bin der Meinung, daß sie es kann, wenn sie zu begreifen sucht, wie es so weit gekommen ist, und endlich aufhört, im blindwütigen Aktionsmodus überkommene Anpassungsstrategien einzusetzen, die der aktuellen Situation nicht angemessen sind und die sich schon in früheren, ähnlich gelagerten Fällen als unheilvoll erwiesen haben.

Der Urknall und die anschließende Evolution

Es war einmal vor langer, langer Zeit...

...da war alle Materie und alle Energie in einem mathematischen Punkt enthalten, der so winzig war, daß er gar keine Dimensionen besaß. Vor ungefähr 15 Milliarden Jahren sprengte der Urknall diesen Punkt, und die Fetzen flogen nach allen Seiten davon.

Die akustische Erinnerung an diesen Urknall hat sich in den Mythologien der Völker niedergeschlagen. Sie fand auch Eingang in das Weltbild der griechischen Naturphilosophie und der modernen Quantenphysik.

Die Hindus besitzen ein Konzept, das *Nada Brahma* heißt.[3] Beide Wörter stammen aus dem Sanskrit. *Nada* heißt Klang. *Brahma* heißt Gott, Denken, Geist oder Welt. Die Welt ist ihrem Wesen nach Klang.

Der griechische Mathematiker und Philosoph Pythagoras nahm an, daß er die Sphärenmusik hören konnte, jene Harmonien, die sich aus dem Urklang heraus entwickelt haben.

Die Quantenphysiker de Broglie und Schrödinger haben in unserem Jahrhundert ein Weltbild entwickelt, das alle physikalischen Prozesse als Wellenphänomene konzipiert.[4] Wellen lagern sich über Wellen; Wellen treffen aufeinander und bilden Interferenzmuster. Wellen löschen Wellen aus. Die ganze Welt ist ein dauerndes Werden und Vergehen, und das Leben ist nur ein spezifisches Wellenphänomen, das andere Wellenphänomene überlagert.

Die große Explosion schuf zuerst einmal ein gewaltiges Chaos[5], aus dem heraus allmählich bestimmte Strukturen entstanden: Partikel und Kernkräfte, Atome und Moleküle, Planeten und Sonnen, Sterne, Galaxien und ganze Galaxiensysteme. Die Erde, nur ein winziges Staubkorn in der unendlich großen kosmischen Scheune, entstand somit als ein Zufallsprodukt dieser großen Explosion. Sie war, um es exakter, gemäß der zeitgenössischen Chaostheorie[6], auszudrücken, ein Kind, dem Chaos und Ordnung, Freiheit und Strukturzwang, Zufall und Naturgesetz gleichermaßen Pate standen.

Die Strukturen entwickelten sich. Im Rahmen der kosmischen Evolution entstanden auf unserem Planeten – und sicher auch anderswo – drei Subtypen der Evolution, die teils gleichzeitig und teils hintereinander abliefen und noch immer ablaufen.

Die *nichtbiologische Evolution* brachte und bringt alle Formen der geophysikalischen Welt hervor: das Magma im Erdinnern mit seinen Temperaturen und Bewegungen; die Erdkruste mit ihren Landmassen, Vulkanen, Bergen und Tälern, Flüssen und Seen und Ozeanen.

Die *biologische Evolution* brachte und bringt alle Formen des Lebens hervor: alle Pflanzen, Tiere und Menschen mit ihren Organen und Organsystemen und mit ihren arttypischen Verhaltensweisen.

Die *kulturelle Evolution* des Menschen brachte und bringt alle Formen der menschlichen Kultur hervor: Magie, Mythologie, Religion, Ritual und Sakrament, Esoterik, Aberglauben, Ideologien, Normen und Werte, Traditionen und Kleidertrachten, Sitten und Gebräuche, den sogenannten gesunden Menschenverstand, Philosophie, Technologie, Kunst und Wissenschaft.

Diese drei Evolutionen scheinen alle nach dem gleichen Grundmechanismus oder Algorithmus zu funktionieren.

Erstens: Chaos und Ordnung, Zufall und Gesetz, Freiheit und Strukturzwang bringen in einer ununterbrochenen Wechselwirkung immer wieder neue Bauelemente hervor und kombinieren diese oder bereits vorher vorhandene Elemente zu *neuen Formen der Komplexität.*

Zweitens: Ein *Selektionsmechanismus* scheidet sodann die nicht existenzfähigen Formen aus. Er tut es nach dem Kriterium der Kompatibilität, das heißt, nach dem Kriterium der Übereinstimmung der neuen Formen mit den jeweiligen Gegebenheiten der Umwelt.

Ein Ausbruch des Erdmagmas läßt einen neuen Vulkan entstehen; sofern und solange diese neue physikalische Form mit den Bedingungen der Umwelt (z.B. Schwerkraft, Erdbeben, Stürme, extreme Temperaturschwankungen usw.) übereinstimmt, überlebt sie; wenn dies nicht oder sobald dies nicht mehr der Fall ist, verschwindet die neue Form wieder, weil die *geophysikalische Selektion* sie eliminiert.

Dank Mutation und genetischer Rekombination in der Erbsubstanz der Zellkerne entstehen neue Lebensformen, z.B. Organe, Organsysteme und Arten (Spezies). Sofern und solange diese Formen mit den ökologischen Bedingungen des Lebens übereinstimmen, überleben sie. Sofern oder sobald dies nicht mehr der Fall ist, bringt sie die *natürliche Selektion* wieder zum Verschwinden.

Dank der Konzeption völlig neuer Ideen und dank der kreativen Kombination von bereits vorhandenen Ideenelementen entstehen neue Ausdrucksformen der Kultur, z.B. technologische Erfindungen, Marktstrategien, Kunstobjekte und Kunstereignisse, wissenschaftliche Konzepte und Theorien. Sofern und solange diese neuen Formen mit den kulturellen Bedingungen übereinstimmen, überleben sie. Sofern dies nicht oder sobald dies nicht mehr der Fall ist, werden sie von der *kritischen Selektion* der Menschen eliminiert.

Die drei, auf demselben Grundmechanismus beruhenden Evolutionsformen unseres Planeten koexistieren keineswegs immer in Harmonie. Sie können durchaus miteinander in Konflikt geraten. Wenn dies passiert, entstehen Evolutionskrisen.

Der Konflikt zwischen den verschiedenen Formen der Evolution

Der Konflikt zwischen der nichtbiologischen und der biologischen Evolution einerseits und der Kulturevolution des Menschen anderseits ist mittlerweile derart massiv geworden, daß die Ausrottung jeglichen Lebens auf unserem Planeten in den Bereich des Wahrscheinlichen gerückt ist. Salomon sagte: «*Nil novi sub sole*» – es gibt nichts Neues unter der Sonne. Er irrte sich. Der Mensch hat es heute in der Hand, alles Leben auf diesem Planeten auszulöschen. Das ist ein absolutes Novum in der Geschichte.

Steht demnach die ökologische Apokalypse vor der Tür? Die ökologische Endzeit könnte durchaus eintreten, muß aber nicht. Das Leben besitzt nämlich die ebenso geheimnisvolle wie bewunderungswürdige Fähigkeit, die von ihm selbst hervorgebrachten Formen und Strukturzwänge aufzubrechen, wenn es an ihnen zu ersticken droht.

Wie die Geschichte ausgehen wird? Sicher ist: Das Leben auf unserem Planeten und die menschliche Kultur befinden sich in einer ebenso globalen wie tiefgreifenden Existenzkrise. Trotz der unleugbaren Fortschritte, die wir bei der Vermeidung internationaler Konflikte, der Prävention und Bekämpfung von Krankheiten, der Bekämpfung von Hunger und Armut in gewissen Teilen unserer Welt und der Entwicklung technologischer Wunder und anderer Annehmlichkeiten des täglichen Komforts gemacht haben, nehmen die Krisensymptome weiterhin zu.

Der Mensch ist ein Tangotänzer. Entwicklung und Stagnation, Fortschritt und Rückschritt, weich gleitende Bewegungen und abrupte Stops lösen einander ab. Wir lernen zwar aus Erfahrung – aber dann machen wir dieselben Fehler noch einmal. Noch viele Male. «Der Schoß, aus dem das kroch, ist fruchtbar noch», meinte Bertolt Brecht. Man muß ihm beistimmen. Wer glaubte, daß das Zeitalter des Fanatismus und der diktatorischen Staats-Brutaleros vorbei sei, den haben die jüngsten Ereignisse im Mittleren Osten eines Besseren belehrt.

Unser Planet steckt in einer tiefen Krise, das ist nicht zu leugnen. Die Frage ist, wie diese Krise ausgehen wird.

Krise als Chance

Der Begriff der Krise stammt aus der Medizin. In einer schweren Fieberkrise entscheidet sich, ob der Patient stirbt oder wieder gesund wird. Eine Krise ist definiert als der Zeitpunkt in einer dramatischen Entwicklung, an dem sich entscheidet, in welcher Richtung diese weitergehen wird. Eine Krise ist somit nichts Negatives.

Die alten Chinesen benutzten für den Begriff der Krise dasselbe Bildzeichen oder Piktogramm wie für den Begriff der Chance. Sie hatten verstanden, daß eine Krise durchaus ein Ansatzpunkt für eine positive Weiterentwicklung sein kann.

Eine Krise kann eine Chance darstellen, sie kann aber auch der Beginn einer verhängnisvollen, endgültigen Fehlentwicklung sein. Auf dem Scheitelpunkt der Krise hängt es von der strategischen Grundentscheidung ab, ob sie schließlich zum Verhängnis oder zum Glücksfall gerät.

Die Qualität der strategischen Grundentscheidung hängt von vielen Faktoren ab, vor allem aber vom organismischen Zustand, in dem sie gefällt wird.

Über diesen Zustand entscheidet das Hirn, das alle organismischen Operationsweisen steuert; das führt dazu, daß ein Mensch in einer konkreten Situation eine bestimmte physiologische Bio-Achse betätigt, die die Aktivierung von Streßmechanismen[7] bewirkt oder in einen Entspannungsmodus[8] hineinführt.

Auf die stammesgeschichtlich erklärbare, dreistöckige Architektur des Hirns und auf eine genauere Darstellung der Bio-Achsen werden wir später im Detail zu sprechen kommen. Hier sei nur so viel erwähnt, daß das Vernunfthirn in einer konkreten Situation jeweils eine Datenverrechnung vornimmt, die allen Signalen aus der Innen- und Außenwelt eine bestimmte Bedeutung zumißt. Je nach Bedeutungszumessung werden dann via Emotionshirn und Instinkthirn drei verschiedene Bio-Achsen aktiviert.

Im *Kampf-Flucht-Streß* entscheidet der Mensch, daß er die Krise kompetent bewältigen kann, indem er seine Ressourcen mobilisiert und dann kämpft oder die Flucht ergreift.

Im *Resignations-Hilflosigkeits-Streß* entscheidet der Mensch, daß er für die Bewältigung der Krise nicht kompetent ist. Er resigniert, fühlt sich der Krise hilflos ausgeliefert und läßt sich gehen.

In beiden Fällen kommen sehr oft nichtoptimale Strategieentscheidungen zustande.

Im Kampf-Flucht-Streß ist der Mensch zu sehr zielfixiert und daher wenig feldsensitiv. Er wird blind und taub. Er nimmt vieles nicht mehr wahr. Er kann nicht sehen, welche Möglichkeiten in der Krise stecken. Daher kann er auch gar nicht über die umfassende Information verfügen, die dringend nötig wäre, um ein optimales Krisenmanagement zu entwickeln. Metaphorisch gesprochen: Wer dauernd mit geballten Fäusten durch die Gegend rennt, verliert mit der Zeit jegliches Fingerspitzengefühl. Ohne Fingerspitzengefühl ist in der Krise jedoch keine weise, kontextsensitive Leadership möglich.

Im Resignations-Hilflosigkeits-Streß zieht sich der Mensch auf sich selbst zurück. Er bricht die Brücken zur Welt ab. Wer die Brücken abbricht, kann den Strom der Krise nicht überqueren. Er bleibt am Ufer liegen. In seiner Ichbezogenheit, Apathie und Hoffnungslosigkeit schließt er die Pforten seiner Wahrnehmung. Wenn die Pforten der Wahrnehmung zu sind, dringt das Licht der Erkenntnis nicht ins Gebäude hinein. Ohne offene Weltbezogenheit gibt es keine Erkenntnisfähigkeit, und damit ist auch keine weise, kontextadäquate Leadership möglich.

Im *Entspannungsmodus*[9] gerät der Mensch in einen Zustand hinein, in dem er die Pforten der Wahrnehmung weit öffnet. Seine Sinne nehmen alle Signale auf, die aus Innen- und Außenwelt kommen. Er entspannt sich wie eine Katze, die Siesta hält. Er erholt sich. Sein Hirn gerät in einen Zustand, der den inspirierten Einfall und die intuitive Erleuchtung begünstigt. Eine weise Leadership im Krisenmanagement ist nur möglich, wo das «feu sacré» der Inspiration Begeisterung für das Ziel erweckt und wo bildhafte Vorstellungskraft und Intuition das analytische Denken und das rationale Begründen ergänzen und vervollständigen.

Unsere gegenwärtige Existenzkrise ist nicht zuletzt dadurch bedingt, daß eine maßlose Leistungs- und Konsumgesellschaft immer weniger Freiräume für Ruhe, Erholung und Entspannung bietet. Unter diesen Systembedingungen wird der Mensch zum gejagten Jäger, der dauernd kämpft und flüchtet und dann, wenn er total erschöpft ist, resigniert und in der Hilflosigkeit versinkt. Entsprechend schlecht sind denn auch die strategischen

Grundentscheidungen, die der erschöpfte Fluchtjäger zu treffen pflegt.

Was wird der Mensch angesichts der heutigen Krise tun? Wird er blindlings gegen die Krisensymptome ankämpfen und die Krise damit nur verschlimmern? Wird er vor den Realitäten flüchten und den Kopf in den Sand stecken? Wird er resignieren und die Dinge ihren Lauf nehmen lassen? Wird er im Entspannungsmodus seine Intuition zu Hilfe nehmen und kreative Visionen entwickeln, die ihm den richtigen Weg aus der Krise weisen?

Wenn wir wollen, daß er die letzte Alternative wählt, dann müssen wir zuerst mehr über das Wesen dieser Krise wissen, deren Hauptsymptome wir eingangs kurz skizziert haben.

Die erste Frage, die sich uns stellt, ist: Wie kam die heutige Krise überhaupt zustande? Jeder Knoten, der existiert, ist schließlich einmal geknotet worden. Und wenn man weiß, wie ein Knoten entstanden ist, dann kriegt man manchmal auch eine Idee, die ihn lösen hilft.

Fragen und Antworten

Wie ist unsere Kultur in die heutige Krise hineingeraten? Diese Frage ist keineswegs leicht zu beantworten. Aber da wir eine Antwort brauchen, müssen wir uns entscheiden, welchen Weg wir dabei beschreiten. Im Prinzip gibt es zwei Wege, den Weg der komplexen Antwort und den Weg der einfachen Antwort. Beide führen ans Ziel, wenn auch mit unterschiedlichen Vor- und Nachteilen.

Der Weg der komplexen Antwort
Er wird von den Wissenschaftlern gewählt, die bereits seit vielen Jahren deutlich genug darauf hinweisen, welche Umweltkatastrophen und welche demographischen, politischen, ökonomischen und soziokulturellen Spannungen den Frieden und das Wohlbefinden aller Lebewesen auf unserem Planeten bedrohen.

Die Vorteile dieser Strategie: Die Antworten sind umfassend, differenziert und rational begründet, da sie sich auf exakte Daten stützen. Sie würden im Prinzip schon lange wichtige politische

Entscheidungen erlauben, die die Dinge zum Besseren wenden könnten.

Die Nachteile dieser Strategie: Die Antworten sind oft in einer hermetisch geschlossenen Wissenschaftssprache formuliert, die für Nichtwissenschaftler kaum verständlich ist. Sie erscheinen in Publikationen, die nur von Eingeweihten gelesen werden. Das wissenschaftlich korrekte Relativieren jeder Aussage offeriert den Verantwortlichen unserer Leadership beliebig viele Schlupfwinkel (z.B. Abwiegeln, mehr Daten verlangen, auf Widersprüche zwischen einzelnen Publikationen hinweisen usw.), in denen sie sich verstecken und so ihrer Verantwortung entgehen können. Sie warten auf die wissenschaftlich schlüssige Begründung des Waldsterbens – wenn's sein muß, so lange, bis es den Wald eben nicht mehr gibt.

Der Weg der einfachen Antwort

Er wird im Prinzip von Führungskräften gewählt, die die Menschen sofort zu einer neuen Verhaltensweise anhalten wollen: zu einer neuen Wahrnehmung der Dinge, einem neuen Denken, neuen Entscheidungen, einem neuen Fühlen und vor allem zu einem neuen, zielorientierten Handeln.

Die Vorteile der einfachen Antwort liegen auf der Hand: Sie verändert recht schnell und intensiv die Wahrnehmung und das Denken, Erleben und Verhalten des Menschen, indem sie im Hirn Bilder und Vorstellungen erzeugt, die zu gewissen Emotionen führen, die ihrerseits den Menschen zu neuen Verhaltensweisen motivieren.

Die Nachteile der einfachen Antwort liegen darin, daß die großen Vereinfacher der Weltgeschichte (z.B. Laotse, Buddha, Christus, Stalin, Hitler, Mao) bewiesen haben, daß einfache Antworten – teilweise unter Umgehung des kritischen, analytischen Verstandes – den Menschen sowohl zu weisen und ethisch korrekten als auch zu unvernünftigen und verbrecherischen Wahrnehmungs-, Denk-, Entscheidungs-, Fühl- und Handlungsweisen bringen können.

Letztlich entscheiden die angestrebten Ziele und die Wahl der Mittel über den ethischen Wert und die Vernünftigkeit einer einfachen Antwort auf komplexe Fragen. Da im gegebenen Falle die

Ziele (Abwendung großer Gefahren für die Gesundheit und Entwicklung der Menschen; Vermeidung von ökologischen Katastrophen, die alles Leben auf unserem Planeten bedrohen) und die Wahl der Mittel (ein verbales Plädoyer für eine weisere Leadership) ethisch korrekt und vernünftig sind, bleibt uns nur eine Wahl: der Weg der einfachen Antwort!

Hypothesen und Postulate

Die Strategie der einfachen Antwort reduziert die Komplexität der Sachverhalte und führt zu sieben Hypothesen und Postulaten:

Erstens: All die Krisen, die die Gesundheit und das Wohlbefinden der Menschen und die Existenz allen Lebens auf unserem Planeten bedrohen, sind letztlich das *Resultat einer fundamentalen spirituellen Krise des Menschen.* Der Mensch hat eine völlig falsche Ansicht über seinen Platz in der Schöpfung, über seine lebenswichtigen Ziele und Strategien, über seine Rechte und Pflichten, über seine Autonomie und über seine vielseitigen, reziproken Vernetzungen und Abhängigkeiten. Er nimmt sich seine Rechte heraus. Von Pflichten hält er wenig.

Zweitens: Der Mensch hat in der Genesis des Alten Testaments und im Mysterienkult der griechischen Orphiker je eine Ursünde begangen. Dieser *doppelte epistemische* (d.h. erkenntnismäßige) *Sündenfall* hat zu Trugschlüssen geführt und damit zu einer verhängnisvollen kulturellen Fehlentwicklung, die in der gegenwärtigen spirituellen Krise ihren vorläufigen Höhepunkt erreicht.

Drittens: Im Rahmen dieser Fehlentwicklung hat sich die dominante Erdkultur unbewußt den *Dinosaurier zum Totem erkoren.* Um seinen Totempfahl herum hat die abendländische Kultur schon lange getanzt. Wenn sie weitermacht, wird dieser Tanz in der Katastrophe enden.

Viertens: Die dominante abendländische Kultur hat im Verlaufe der Zeit mehr oder weniger alle anderen Kulturen dieser Erde mit

25

ihren Ideen angesteckt und sie in den Dino-Kult hineingezogen. *Der ganze Erdball dreht sich heute* nicht nur um eine geophysikalische Nord-Süd-Achse, sondern gleichzeitig auch *um eine mentale Dino-Achse.*

Fünftens: Wir brauchen dringend eine neue Leitmetapher, ein neues Totem, ein neues Identifikationsmodell und damit eine kulturelle Neuorientierung. *Der Schmetterling muß den Dinosaurier ersetzen!*

Wie wichtig und verhaltenssteuernd eine Metapher oder auch ein anderer sprachlicher Ausdruck im Leben eines Menschen werden kann, geht aus der folgenden Äußerung des Malers Wassily Kandinsky[10] hervor, dessen abstrakte Gemälde in der Kunst eine Revolution erzeugt haben: «Das Wort *Komposition* bewegte mich geistig, und ich machte es später zu meinem Lebensziel, eine ‹Komposition› zu malen. Dieses Wort bewegte mich wie ein Gebet. Es füllte mich mit Ehrfurcht.»

Wir müssen eine passende Metapher für eine globale geistige Neuorientierung finden. Eine Metapher ist eine Sprachfigur, die ein Bild vermittelt. Das Vernunfthirn des Menschen besitzt zwei Hirnhemisphären; die eine denkt in Sprache, die andere in Bildern. Da die Metapher Bild und Sprache kombiniert, erfaßt sie nicht nur den rationalen, analytischen Verstand, sondern auch Imagination und Intuition. Eine passende Metapher ist somit eine Leitplanke, die zu richtiger Wahrnehmung und damit zu richtigem Denken, Entscheiden, Fühlen und Handeln führt.

Sechstens: Nur dann, wenn uns diese kulturelle Neuorientierung jetzt an der Schwelle zum dritten Jahrtausend gelingt, wird es unsere Leadership schaffen, in einem *kreativen Turn-around-Management* das Ruder doch noch herumzureißen und das Raumschiff Erde wieder auf sicheren Kurs zu bringen.

Wichtige Bestandteile einer Neuorientierung sind die Aufgabe politischen Zauderns, taktischer Winkelzüge im Dienste der Erhaltung der eigenen Macht und unverantwortlicher Augenwischerei mit Hilfe wohlfeiler Slogans und leerer Worthülsen, die Abkehr vom Irrweg des engstirnigen religiösen Fundamentalismus, die Abkehr von der Strategie des Aufschiebens vitaler Entschlüsse und die Hinwendung zum Weg der Weisheit, den wir vor langer Zeit verlassen haben.

Diese Metamorphose der Kultur wird meiner Meinung nach nicht gelingen, ohne daß die dominante Erdkultur von den nicht-dominanten Kulturen (z.B. von den Indianern, Schwarzen, Maoris, Aborigines, Eskimos usw.) lernt, die sie so lange in dümmlicher Überheblichkeit als «primitive» und »unzivilisierte» Kulturen mißachtet und malträtiert hat.

Siebtens: *Wenn uns die kulturelle Neuorientierung nicht gelingt, dann nimmt die heillose Entwicklung*, in der wir uns zur Zeit befinden, *unerbittlich ihren Fortgang*. Die Folgen sind absehbar.

Die hier offerierte einfache Antwort fällt kompliziert genug aus. Ihre einzelnen Komponenten werden wir noch ausführlich diskutieren; doch zuerst wollen wir uns mit dem doppelten epistemischen Sündenfall befassen, der zur heutigen spirituellen Krise geführt hat.

Der doppelte Sündenfall:
Der «Dreschflegel der Genesis» und
die «Leier der Orphiker»

Ideen sind kein Cognac

Ich wurde kurz vor dem Zweiten Weltkrieg in Ritzingen, einem kleinen Dorf im Goms im Kanton Wallis, geboren. Der Clan der Ritzen vom Stamme der Alemannen hatte dort im 9.Jahrhundert nach Christus eine Weilersiedlung begründet, nachdem er die eingeborenen Kelten verjagt – oder sich mit ihnen, wie auch immer, arrangiert hatte.

Irgendwann zwischen dem 5.Jahrhundert und der Besiedelung durch die Alemannen sind auch ein paar Burgunder ins Goms eingewandert. Es ist nicht auszuschließen, daß vor ihnen noch Franken, Ligurer und Sarazenen[1] ins Goms immigriert sind und daß deren Genpool, Ideen und Verhaltensweisen sich mit dem Genpool und dem kulturellen Erbe der anderen Volksanteile vermischt haben.

Schließlich wurden diese heidnischen Bewohner christianisiert und dadurch, wie christliche Geschichtsschreiber betonen, «auf ein höheres Kulturniveau gehoben». Mit der Christianisierung kam eine Idee ins Land, die mir mehr als tausend Jahre später arg zu schaffen machte.

Ich war noch keine fünf Jahre alt, als ich zum erstenmal bewußt mit der christlichen Idee der Ursünde in Berührung kam. Diese Idee entsprach gar nicht meinem Naturell, das damals offenbar noch nicht genügend durchchristianisiert war.

Die Idee der Ursünde: Adam und Eva, die ersten Menschen, die von Gott erschaffen und ins Paradies gesetzt worden waren, hatten – entgegen dem ausdrücklichen Verbot Gottes – einen Apfel vom Baume der Erkenntnis stibitzt und waren zur Strafe aus dem Paradies verjagt worden. Seither ist jeder Mensch von Geburt an mit dem Makel dieser Ursünde behaftet...

Es wollte einfach nicht in meinen Kopf, daß man persönlich schuldig sein konnte, ohne eine Untat verübt zu haben. Schließlich machten mir all die Schuldgefühle wegen Dummheiten, die ich selber begangen hatte, bereits genug zu schaffen. Jetzt sollte ich auch noch schuldig sein für Dinge, die ganz andere Menschen und erst noch lange vor meiner Zeit zu verantworten hatten.

Später verbrachte ich acht Jahre in einem katholischen Internat, das von den Jesuiten gegründet worden war und das zu meiner Zeit von Priestern geleitet wurde, die sich im christlichen Gedankengut ebenso auskannten wie in der griechischen Mythologie. Dort kam ich zum erstenmal mit der griechisch-römischen Kultur in Kontakt. Ich hörte unter anderem von Orpheus, dem begnadeten Sänger, und von Eurydike. Und da ich mittlerweile in der Pubertät steckte, bewegte mich diese tragische Liebesgeschichte tief.

Unsere Gymnasiallehrer ließen jedoch keinen Zweifel darüber aufkommen, daß dieses heidnische Gedankengut das Resultat einer völlig ungebildeten, ja sogar primitiven Art des Denkens war, das dann später Gott sei Dank durch das Christentum «überwunden» wurde. Erst viel später, als ich bereits ein erwachsener Mensch war, begriff ich die folgenden Zusammenhänge:

In unseren Köpfen sind das heidnische und das christliche Gedankengut noch immer innig vereint.

Dieses Amalgam aus widersprüchlichen Weltanschauungen ist für viel Unsinn in unserem Denken und Handeln verantwortlich.

Ideen sind kein Cognac, deshalb ist ihr Alter keine Garantie für ihre Qualität.

Ich verstand, daß die wahre Ursünde des abendländischen Menschen ganz woanders als im biblischen Sündenfall von Adam und Eva zu suchen ist; daß sie das Resultat von zwei folgenschweren Denkansätzen ist, die zum erstenmal in der Genesis des Alten Testaments und im griechischen Mysterienkult der Orphiker aufgetaucht sind; und daß diese beiden epistemischen Fehltritte sich über die Jahrtausende hinweg gegenseitig derart beeinflußt und verstärkt haben, daß sie weitgehend für die aktuelle spirituelle Krise unserer industrialisierten Gesellschaft verantwortlich sind.

Aber, wenn Ideen kein Cognac sind, was sind sie dann?

Seifenblasen und Dogmen

Ideen und Konzepte sind vom Menschen erfundene mentale Konstruktionen. Sie verdanken ihre Geburt einer Reihe von willkürlichen Entscheidungen im Verlauf unserer kulturellen Evolution.

Ideen und Konzepte gleichen, metaphorisch gesprochen, Seifenblasen – sie sind also fragile, bunt schillernde, transparente und kurzlebige Gebilde.

Kaum hingehaucht, steigen die vergänglichen Wunderwesen in die Luft und gaukeln wie verspielte Schmetterlinge herum. Und schon zerplatzen sie lautlos, weil ihr Konstruktionsgefüge so verletzlich ist, daß es den Wechselkräften von Innendruck und Außendruck nicht länger standhalten kann.

Manchmal nimmt ihre Lebensgeschichte aber auch einen anderen Verlauf. Vergißt der Mensch nämlich, daß er diese Seifenblasen – diese Ideen und Konzepte – selber fabriziert und in die Luft gesetzt hat und daß ihre dünne Haut die Welt nur verzerrt widerspiegelt, dann vollzieht sich eine merkwürdige Metamorphose – Strukturwandlung – mit ungeahnten Folgen.

Die hauchdünne Haut der Seifenblase wird langsam undurchsichtig; sie spiegelt die Welt nicht mehr wider. Die Seifenblase wird schwerer und schwerer; und schließlich versteinert sie zu einem soliden Gebilde.

Mit anderen Worten, ursprünglich von den Menschen nur versuchsweise und willkürlich formulierte Ideen und Konzepte verdichten sich gern zum Dogma. Ein Dogma kann man nicht mehr kritisch befragen. Man muß blindlings daran glauben.

Zusammenfassend:

Die abendländische Gesellschaft hat vor Tausenden von Jahren zwei konzeptuelle Seifenblasen erzeugt.

Die eine Idee wurde zum erstenmal in der Genesis des Alten Testaments und damit im hebräischen Kulturkreis formuliert. Die andere Idee wurde zum erstenmal im Mysterienkult der Orphiker, also im griechischen Kulturkreis, formuliert.

Beide Ideen haben sich im Laufe der Zeit gegenseitig stark beeinflußt. Sie fanden dank Aristoteles und dank der Kirchenväter Eingang in unser christlich-abendländisches Gedankengut. Beide Ideen sind mit der Zeit zu Dogmen erstarrt.

Der Dreschflegel der Genesis

Die Genesis ist das erste Buch des Pentateuchs im Alten Testament. Die Schriften des Alten Testaments wurden um das Jahr 1 000 vor Christi Geburt systematisch gesammelt und fußen vermutlich auf älteren, zum Teil mythologischen Quellen.

In der Genesis, die vom Beginn des Universums handelt, steht der verhängnisvolle Satz: «Seid fruchtbar und mehret euch und erfüllet die Erde und macht sie euch untertan! Herrschet über die Fische des Meeres und über die Vögel des Himmels und über alles Getier, das sich auf Erden regt!» (1. Mose, 1, 28)

Schön gesagt! Schön gesagt?

Es ist ein schrecklicher Satz. Die Autoren der Genesis haben dem Schöpfer diesen Imperativ untergejubelt; damit haben sie eine mythologische Geschichtsfälschung begangen, die ihresgleichen sucht. Der Schöpfer hat einen solchen Unsinn bestimmt nie verkündet; so etwas konnten nur Menschen tun, deren kritischer Verstand schwächer war als der Anspruch ihres überheblichen Ichs.

Der Satz ist den Menschen unseres Kulturkreises zünftig in die Knochen gefahren und bis ins Mark gedrungen. Er hat in den Menschen, die ihn für bare Münze nahmen, eine innere Haltung des *naiven Suprematismus*[2] erzeugt.

Der naive Suprematismus ist eine Theorie, die behauptet, daß der Mensch die Krone der Schöpfung sei und daß deshalb der Rest der unbelebten und belebten Schöpfung dazu da sei, um ihm zu dienen.

Zur gleichen Logik gehört auch die Maxime, die die Schweine in George Orwells politischer Fabel *Animal Farm* eines Tages, nachdem sie die Macht über alle anderen Tiere übernommen hatten, an die Scheunenwand gepinselt haben: Alle Tiere sind gleich, doch einige Tiere sind gleicher als die anderen.

Im Geiste des naiven Suprematismus wurden alle Schwächeren unterjocht, ihre Kulturgüter gestohlen, ihr Besitz in Brand gesteckt und dem Erdboden gleichgemacht. Der naive Suprematist hat die anderen Menschen zu Sklaven gemacht, sie zu Untermenschen, Heiden und Ungläubigen deklariert und sie gequält und umgebracht. Er hat ihnen fanatische Missionare ins Land geschickt, die ihre einheimischen Götter entthront und ihre Sitten und Gebräuche zerstört haben. Wer anders war als er – anderer Rasse, Nation, Religion, Kultur oder Hautfarbe –, wurde von ihm zum Freiwild erklärt.

Der naive Suprematismus ist eine Ideologie der zwischenmenschlichen Entfremdung, der rücksichtslosen Dominanz, der Vergewaltigung und Ausbeutung.

Ohne diese Ideologie hätte es auf unserem Planeten weder Religionskriege noch nationalpolitisch und ideologisch begründete Kriege, noch den kalten Krieg zwischen den Nationen des kommunistischen Warschauer und den Nationen des NATO-Paktes geben können. Ohne die Ideologie des naiven Suprematismus wäre uns wohl auch der Golfkrieg erspart geblieben.

Ohne diese Ideologie hätte Ronald Reagan nicht zwei Dekaden nach der denkwürdigen Begegnung zwischen Chruschtschow und Nixon – bei der die beiden wie zwei Schulbuben über die Vor- und Nachteile kommunistischer bzw. kapitalistischer Kühlschränke gestritten hatten – in Sowjetrußland das «Reich des Bösen» erblickt.

Ohne diese Ideologie hätten die Weißen die Indianer Amerikas nicht des Landes beraubt, sie nicht in schäbige Reservate eingeschlossen und sie nicht an den Rand der totalen Vernichtung getrieben. Ohne diese Ideologie hätten sie auch nicht die Schwarzen Afrikas in die Sklaverei treiben und jahrhundertelang ungestraft ausbeuten, demütigen, vergewaltigen und lynchen können.

Ohne diese Ideologie hätten die Bibliotheken von Alexandria und Konstantinopel nie gebrannt, die Kolonialkriege hätten nie stattgefunden – und die heutigen Umweltkatastrophen würden nicht existieren. Umweltkatastrophen gibt es nur deshalb, weil der naive Suprematist die Ressourcen der Erde als Raubobjekt und die Gewässer und die Erdoberfläche als Abfallgruben behandelt.

Ideen sind gefährlich. Sie können eine beachtliche Virulenz entwickeln. Sie wenden sich letztlich sogar gegen ihre eigenen Väter, denen sie unter Umständen lange nützlich waren. Jede Ohrfeige trifft schließlich eines Tages den Menschen, der sie ausgeteilt hat. Jede falsche, den Gegebenheiten der Welt unangemessene Idee wird sich früher oder später am Menschen rächen und zu kleineren oder größeren Katastrophen führen.

Wie ist der Mensch überhaupt auf die Idee des naiven Suprematismus gekommen, die er in der Genesis so unerbittlich klar formuliert hat?

Eine definitive Antwort gibt es nicht. Es spricht allerdings einiges dafür, daß die Möglichkeit zur Konstruktion dieser verhängnisvollen Idee in der Struktur und der Funktionsweise des menschlichen Hirns vorprogrammiert war und daß die abendländische Kultur – ganz im Unterschied zum sogenannten wilden Denken der Eingeborenenkulturen dieser Erde und auch im Unterschied zum Denken des Taoismus und Zen-Buddhismus – irgendwann in der Geschichte der dominanten Hirnhemisphäre den funktionellen Vorzug vor der nichtdominanten Hemisphäre gegeben hat.

Da die Möglichkeit zur Konstruktion dieser Idee in der Grundstruktur unseres Hirns vorprogrammiert ist, muß man auch annehmen, daß der naive Suprematismus zu allen Zeiten und in vielen verschiedenen Kulturen gewütet hat. Daß wir seine erste explizite Formulierung in der Genesis finden, ist somit bloß ein historischer Zufall.

Zur strukturellen und funktionellen Evolution unseres Hirns

Mit Hilfe unseres Hirns beschreiben, erklären und verstehen wir die Welt, in der wir leben. Die Art und Weise, wie dieses Hirn sich im Verlaufe der biologischen Evolution in seinen Strukturen und Funktionen entwickelte, hat zweifellos einen bestimmenden Einfluß auf die Art und Weise, wie Menschen die Welt wahrnehmen, wie sie denken, fühlen und handeln und wie ihre Stoffwechselprozesse ablaufen.

Was wissen wir über die biologische Evolution unseres Hirns? Was wissen wir über die heute vorhandenen Strukturen und Funktionen? Und was wissen wir über die historisch-kulturelle Bevorzugung gewisser Hirnstrukturen und -funktionen?[3]

34

Figur 1: Die makroskopische Struktur unseres Hirns

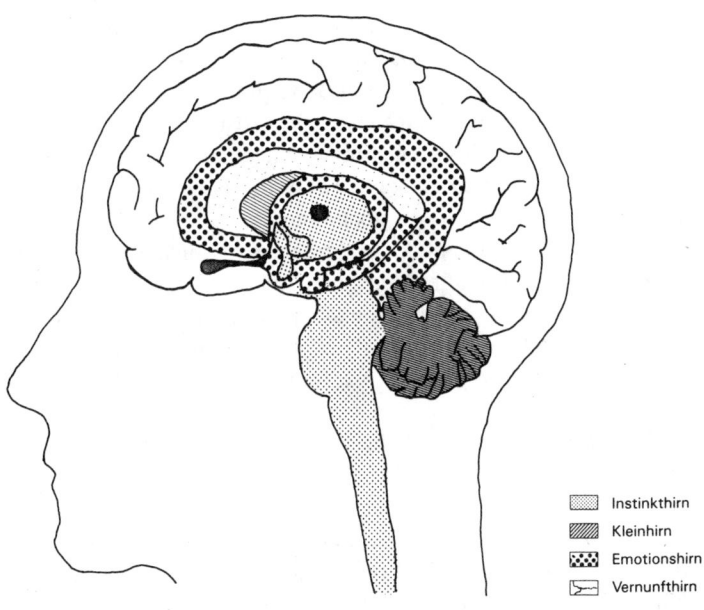

	Instinkthirn
	Kleinhirn
	Emotionshirn
	Vernunfthirn

Wir wissen darüber bereits eine Menge. Aber vieles ist noch unbekannt. Die Hirnforschung ist heute – ähnlich wie die Astrophysik – eine kreative Wissenschaftsfront, an der sich beinahe Tag für Tag neue Befunde und Hypothesen einstellen, die vorhandene Erkenntnisse modifizieren.

Unser Hirn besteht, makroskopisch gesehen, aus vier Teilen, die sich im Verlaufe der biologischen Evolution nacheinander ausgebildet haben und die, dank millionenfacher interneuronaler (zwischen den einzelnen Nervenzellen existierender) Vernetzungen, im Normalfall entweder gleichzeitig oder unmittelbar hintereinander funktionieren können. Die einzelnen Teile können auch relativ unabhängig voneinander funktionieren.

Das *Kleinhirn* hat eine auffallend kristalline Struktur, deren Elemente sich millionenmal wiederholen. In der Wissenschaft spricht man von einem *redundant wiring*, das heißt, von einer dauernden, modifizierten Wiederholung stets gleicher Strukturelemente.

Das Kleinhirn dient der Vorbereitung des Muskeltonus, der Integration und Feinregulierung von Bewegungen sowie der Gleichgewichtserhaltung. Es ist ein Vergleichsinstrument, das beabsichtigte mit erbrachter Muskelleistung vergleicht und zukünftige Leistung optimiert. Was es sonst noch alles tut, haben wir noch nicht durchschaut. Es muß jedoch noch eine Menge tun: Obwohl sein Gewicht nur zehn Prozent des gesamten Hirns ausmacht[4], enthält es mehr als die Hälfte aller Neuronen. Wir wissen auch nicht, wie alt es ist. Da aber Bewegung eine urtümliche Ausdrucksweise des Lebens ist, muß das Kleinhirn, stammesgeschichtlich gesehen, vermutlich so alt sein wie das Instinkthirn.

Das *Instinkthirn* liegt unterhalb des Kleinhirns und geht ins Rückenmark über. Es ist ungefähr 280 Millionen Jahre alt[5] und reguliert sämtliche Vorgänge im Dienste der Arterhaltung und der Erhaltung des Individuums. Es reguliert das Geschlechts- und Territorialverhalten. Es ist verantwortlich für die Regulierung von Hunger und Durst, von Schlaf- und Wachverhalten, sowie für die Kontrolle unzähliger anderer vitaler Funktionen (Temperatur, Atmung, Ausscheidung, pH- oder Säuregrad von Gewebsflüssigkeit und Blut, osmotischer Druck usw.). Es spielt auch eine Rolle bei unseren sozialen Verhaltensweisen, wie zum Beispiel Kampf und Flucht, Rückzug und Erholung, möglicherweise auch bei altruistischem Verhalten.

Das *Emotionshirn*, auch limbisches System genannt, liegt oberhalb des Instinkthirns und ist ungefähr 160 Millionen Jahre alt.

Es ist weitgehend verantwortlich für unsere Gefühle und Stimmungen, und es fällt auch Urteile. Die Art und Weise, wie es denkt und urteilt, ist durch die folgenden Merkmale geprägt: Seine Urteile sind nicht selten Vorurteile, und sie sind ichzentrierter, absolutistischer und rigider Natur. Verliebtheit und Massenverhalten bei Sportereignissen oder in politischen Großveranstaltungen sind typische Beispiele für Verhaltensweisen, die – unter partieller oder totaler Ausschaltung des Vernunfthirns – vor allem vom Emotionshirn reguliert werden.

Wenn sich ein junger Mann in eine Frau verliebt, der er gerade erst begegnet ist, dann glaubt er gleich, daß sie die Frau seines Lebens ist und daß er ohne sie nicht mehr leben kann (Ichzentriertheit des Urteils). Er glaubt, daß sie die schönste, klügste und moralisch gesehen wertvollste Frau (Absolutismus im Urteil) ist, die er je kennengelernt hat. Wenn ihm seine Eltern oder seine Freunde schonend beibringen wollen, daß diese Frau eher unansehnlich, zudem dümmlich und außerdem verlogen und liederlich sei, dann wehrt er sich mit Händen und Füßen (Rigidität des Urteils) gegen derartige Einwände, die seiner Ansicht nach bloß das unverhoffte Glück zerstören wollen, das ihm ein gütiges Schicksal soeben in den Schoß legte.

Das *Vernunfthirn*, auch Neokortex oder Hirnrinde genannt, ist die jüngste Hirnstruktur, die wir besitzen. Das Vernunfthirn bedeckt das Emotions- und das Instinkthirn und liegt unmittelbar unter der Schädeldecke. Es ist nur etwa fünf Millionen Jahre alt und damit, stammesgeschichtlich gesehen und metaphorisch gesprochen, noch ein Säugling. Es ist, trotz seiner Größe, funktionell fragil und störanfällig.

Das Vernunfthirn denkt und urteilt weltzentriert, relativistisch und flexibel. Das heißt, es fragt sich, was für die Welt und nicht nur für das Ich – das nur ein winziger Teil dieser Welt ist – gut ist. Es fällt seine Urteile in relativistischer Art und Weise (z.B. «Von diesem Standpunkt aus betrachtet, scheint mir dein Vorschlag zwar vernünftig und nützlich zu sein; aber von jenem Standpunkt aus, scheint er mir unsinnig.»). Es ist offen für andere Argumente und selbst für heftige Kritik zugänglich.

Das Vernunfthirn ist die biologische Voraussetzung für die menschliche Kultur. Es ist verantwortlich für die höhere Intelligenz und für deren sublimste Erscheinungsform, die Weisheit. Es hat den Motor der kulturellen Evolution mit all ihren kreativen Leistungen in Gang gesetzt und hält ihn noch im Gange.

Das Vernunfthirn oder die Hirnrinde besteht aus zwei Strukturteilen – aus der linken und der rechten Hirnhemisphäre. Diese beiden Hirnstrukturen besitzen eine unterschiedliche Art und

Weise des Denkens und Urteilens und sind daher für unterschiedliche innere Haltungen und äußere Verhaltensweisen verantwortlich.

Einige Eigenschaften, die die beiden Hemisphären des Vernunfthirns funktionell voneinander unterscheiden, seien hier kurz erwähnt. Dabei ist zu beachten, daß die Wissenschaftler die sprachfähige Hälfte des Vernunfthirns als die dominante und die nichtsprachfähige als die nichtdominante Hirnhemisphäre bezeichnen.

Bei der Mehrheit der Menschen (ca. 65-70%) ist die linke Hemisphäre die dominante und die rechte die nichtdominante. Bei einer Minderheit (ca. 30-35%) liegen die Dinge anders, zum Teil seitenverkehrt, zum Teil komplizierter.[6]

Folgende Unterscheidungsmerkmale interessieren uns in diesem Zusammenhang besonders:

Nichtdominante Hirnhemisphäre		*Dominante Hirnhemisphäre*
	denkt	
in Bildern		in Sprache
holistisch		analytisch
monistisch		dualistisch
intuitiv begreifend		rational begründend
im Rezeptionsmodus		im Aktionsmodus
mit einer Weitwinkelperspektive		fokussierend
synchron-kausal		diachron-kausal

Julian Jaynes[7] hat vor Jahren in einem aufsehenerregenden Buch die Behauptung aufgestellt, daß die Menschen im Mittelmeerraum zwischen der Niederschrift der Ilias (vermutlich im 9. Jahrhundert v. Chr.) und der Niederschrift der Odyssee (vermutlich im 8. Jahrhundert v. Chr.) die bis dahin kulturell bevorzugte Denkweise der nichtdominanten Hirnhemisphäre durch die überhandnehmende Denkweise der dominanten Hemisphäre ersetzten. Die Argumente von Jaynes sind von unterschiedlicher Überzeugungskraft. Immerhin weisen viele kulturhistorische Überlegungen darauf hin, daß die nichtdominante Hirnhemisphäre in früheren Zeiten das Denken der Menschen bestimmte und das Denken der dominanten Hemisphäre erst viel später, vermutlich mit der Erfindung und systematischen Benutzung der Schrift, seinen – in mancher Hinsicht positiven und in mancher Hinsicht verhängnisvollen – Siegeszug antrat.

Das Denken der nichtdominanten Hirnhemisphäre läßt sich folgendermaßen charakterisieren:

Denken in Bildern
Der Mensch begreift sich selbst, andere Menschen und die übrige Umwelt primär als eine optische Erscheinung. Er vergleicht sich und seine Eigenschaften mit anderen Lebewesen oder mit den Formen der unbelebten Natur und sieht daher sich selbst oder die Welt in einem bildhaften, vorsprachlichen Analogieschluß beispielsweise als Adler, Baum, Felsen oder See.

Holistisches Denken
Der Mensch sieht sich selbst, andere Menschen und die übrige Umwelt als ein Ganzes (*holos* = ganz), das er nicht in einzelne, die Ganzheit konstituierende Bestandteile aufspaltet.

Monistisches Denken
Der Mensch sieht sich selbst, andere Menschen und die übrige Umwelt als eine Einheit (*monos* = allein, eins, einzig). Er ist die Welt, und die Welt ist er. Er erfährt sich und die ganze Schöpfung als eine Einheit, eine Erfahrung, die sich unter extremen Umständen bis zum Erlebnis der Unio mystica, der mystischen Verbundenheit mit allem Seienden, steigern kann. Hier und dort, gestern, heute und morgen, gut und böse, oben und unten sind eins.

Intuitives Denken
Der Mensch erfaßt sich selbst, andere Menschen und die übrige Umwelt rein intuitiv. Die Intuition beruht auf holistischer Wahrnehmung, auf einem blitzschnellen Urteil und auf einer umfassenden Erkenntnis, die einen ausgesprochenen Gewißheitscharakter

besitzt. Der intuitiv denkende Mensch braucht keine rationalen Erklärungen, um zu begründen, was er auf diese Art und Weise begreift und versteht.

Denken im Rezeptionsmodus

Der Mensch ist ein Lauscher, Seher, Betaster, Riecher und Schmecker, der sich selbst, anderen Menschen und der übrigen Umwelt gegenüber ganz auf Empfang eingestellt ist. Seine Sinne sind wie eine Parabolantenne, die sozusagen mit gleichschwebender Aufmerksamkeit um ihre Achse rotiert und allen Dingen und Ereignissen prinzipiell gleichwertige Bedeutung zumißt. Im Rezeptionsmodus sieht der Mensch die Welt nicht als etwas an, das man verändern darf oder muß, sondern als etwas, das man mit allen Sinnen aufnehmen kann und muß.

Denken in Weitwinkelperspektive

Der Mensch sieht sich selbst, andere Menschen und die übrige Umwelt durch ein Weitwinkelobjektiv. Daher erhält er nicht unbedingt ein Bild mit hoher Tiefenschärfe, statt dessen ein umfassendes, wenn auch manchmal etwas verschwommenes Bild der Wirklichkeit.

Synchron-kausales Denken

Der Mensch erfaßt sich selbst, andere Menschen und die übrige Umwelt als ein einziges, zusammenhängendes Feld, in dem ununterbrochen innig vernetzte Prozesse ablaufen, die ihre Existenz einer globalen, synchron wirkenden Kausalität verdanken. Die einzelnen Teilursachen und ihre reziproken und diachronen, das heißt, hintereinander auftretenden Elemente, isoliert er denkerisch nicht voneinander, ja er nimmt sie oft nicht einmal zur Kenntnis.

Aus diesem Grunde kann er ein komplexes Phänomen nie auf eine einzige, spezifische Ursache zurückführen. Er kann zum Beispiel nicht sagen: «Der Kommunismus ist an allem Übel auf dieser Welt schuld.» Er kann auch nicht sagen: «Die Industrie ist am sauren Regen schuld.» Er würde eher behaupten, daß am Kommunismus oder am sauren Regen die Welt als Ganzes schuld ist.

Demgegenüber läßt sich das Denken der dominanten Hemisphäre wie folgt charakterisieren:

Denken in Sprache
Der Mensch beschreibt sich selbst, die anderen Menschen und die übrige Umwelt mit Hilfe der Sprache.

Im Unterschied zu Bildern, die die in der Außenwelt beobachteten Formen nachahmen und die, wie die Kommunikationstheoretiker sagen, analog kodifiziert sind und deshalb viele sich gegenseitig ergänzende verbale Interpretationen erlauben, besteht Sprache aus willkürlich gewählten, sogenannten digitalen Symbolen, die strikt und spezifisch für die Sache stehen, die sie beschreiben. Das Objekt, das wir in der deutschen Sprache Zündholz nennen, heißt in anderen Sprachen etwa *match*, *fiammifero* oder *allumette*. Keines dieser Wörter ist «näher» am Gegenstand oder ist dem Gegenstand, den es bezeichnet, formal ähnlicher als die anderen Wörter. Jedes Wort ist eine willkürlich gewählte, digitale Kodifizierung für einen bestimmten Weltausschnitt.

Sprache bestimmt aber ein Stück weit die Welt, die sie beschreibt. Der Mensch vergißt oft, daß er die Sprachsymbole ursprünglich willkürlich gewählt hat; er nimmt das Sprachsymbol für den Gegenstand, den es bezeichnet.

Sprache bestimmt die Wahrnehmung, was zu allen möglichen Untaten führen kann, weil sie – von der Sprache her – erlaubt zu sein scheinen. Wenn man einen Menschen als «Untermenschen» und sich selbst als «Herrenmenschen» bezeichnet, dann nimmt man in den «Untermenschen» alle jene Aspekte wahr, die vermeintlich beweisen, daß diese tatsächlich minderwertiger Natur sind und man sie daher ungestraft verfolgen, demütigen, mißhandeln oder gar töten darf.

Analytisches Denken
Der Mensch beschreibt sich selbst, die anderen Menschen und die übrige Welt, indem er sie analysiert, in Teile aufspaltet. Er spaltet seinen Organismus rein sprachlich in Körper und Seele auf; die Seele in Bewußtsein und Unterbewußtsein oder in Über-Ich, Ich und Es; den Körper in Organsysteme, Organe, Gewebe, Zellen, Moleküle und Atome. Die Umwelt-Mensch-Einheit teilt er

sprachlich in die beiden strikt voneinander getrennten Elemente Umwelt/Mensch.

Je mehr unabhängige und isolierte Einzelteile er beschreibt, um so besser erfaßt er die Details, aber um so mehr geht die Einheit des Ganzen verloren. Hat er die Teile in der Hand, so schrieb Goethe, fehlt ihm leider doch das geistige Band.

Dualistisches Denken

Spaltet man die Welt in einzelne Teile auf (z.B. Körper/Seele, Mensch/Umwelt), dann entstehen bei jeder Teilung zwei Teile. Durch sprachliche Analyse entstehen Gegensatzpaare (z.B. Körper versus Seele; Mensch versus Umwelt), deren Elemente sich als unversöhnliche Gegner gegenüberzustehen scheinen.

Rational begründendes Denken

Das sprachliche Denken hat die Tendenz, alles, was es beschreibt, logisch zu begründen. Was sich rational gut begründen läßt, läßt sich auch gut mitteilen und verstehen. Was rational nicht zu begründen ist, wird gern als nichtexistent, als Dummheit oder als Aberglauben verkannt.

Ludwig Wittgenstein stellte fest: Die Grenzen meiner Sprache sind die Grenzen meiner Welt.

Vom Linguisten Benjamin Lee Whorf stammt das Prinzip der linguistischen Relativität, das besagt, daß die Sprache, die wir benutzen, um die Welt zu beschreiben, unsere Wahrnehmung der Welt stark beeinflußt.[8] Er stützte sich dabei auf den Sprachforscher Edward Saphir, der bereits vor ihm festgestellt hatte: «Tatsache ist, daß die ‹reale Welt› zu einem großen Teil unbewußt auf den Sprachgewohnheiten einer Gruppe aufgebaut ist... Wir sehen und hören und erfahren auch sonst [die Welt] vor allem darum so, wie wir es tun, weil die Sprachgewohnheiten unserer Gemeinde uns für eine bestimmte Wahl der Interpretation empfänglich machen.»

Und Kurt Gödel, der große Mathematiker und Erkenntnistheoretiker, hat im Zusammenhang mit seinem Unvollständigkeitstheorem unterstrichen, daß die Wahrheit stets größer ist als das formal Beweisbare. Scharfsinnige, aber rein analytisch denkende Menschen halten manche Dinge nicht für «wahr» oder für nichtexistent, weil sie deren Existenz und Funktionsweise nicht rational begründen können.

Denken im Aktionsmodus

Der bevorzugt mit der dominanten Hirnhemisphäre denkende Mensch ist ein Macher, der dauernd damit beschäftigt ist, auf die Welt einzuwirken und sie zu manipulieren. Die Meditation im Rezeptionsmodus ist ihm aus tiefster Seele zuwider. Er besitzt ein instrumentelles Bewußtsein, das die Welt zum Objekt seiner Interventionen macht. Er will handeln, die Welt erkenntnismäßig in den Fokus und damit technisch in den Griff kriegen und sie dominieren. Das tut er nicht selten mit einer derartig zielorientierten Blindheit, daß der deutsche Schriftsteller Arno Schmidt einmal sarkastisch bemerkt hat: «Nur die Phantasielosen flücht'n in die Realität und zerschellen, ach wie billig, daran.»

Fokussiertes Denken

Das einseitige Denken mit der dominanten Hirnhemisphäre neigt dazu, die Welt von einem einzigen Standpunkt aus und auf einen einzigen Punkt hin zu beschreiben und zu erfassen. Die so erfaßte Welt wird ihm dann gleich zur ganzen Welt; ein Ausschnitt der Welt wird zum «Wesentlichen», «Eigentlichen» der ganzen Welt.

Das folgende Beispiel mag diese Tendenz erläutern. Im Café Flore, auf dem Boulevard St-Germain in Paris, sitzen an einem schönen Maitag nachmittags um fünf Uhr fünf Leute, die das Treiben auf dem Boulevard beobachten. Jede der fünf Personen tut dies von einem spezifischen Standpunkt aus, der ihr aus persönlichen und/oder beruflichen Gründen besonders am Herzen liegt. Jede der fünf Personen bringt die von ihr erfaßte Welt «auf den Punkt» und zieht daher ihre eigenen Schlüsse über das «eigentliche Wesen» dieser großstädtischen Szene.

Eine junge Modedesignerin sieht olivgrüne Parkamäntel, sandgewaschene Jeans, Seidenröcke von Dior, Schuhe von Charles Jourdan, schwarze Schnürstiefel aus amerikanischen GI-Beständen, Seidenjacketts von Armani und Fogal-Strümpfe. Sie kommt zum Schluß, daß die Welt von heute primär eine Welt des Luxuskonsums ist, die allerdings – großzügig – auch minderwertigen Alternativmoden ein Daseinsrecht einräumt. Diese Koexistenz modischer Ausdrucksweisen scheint ihr *das* Wesensmerkmal unserer Zeit zu sein.

Ein Student sieht üppige Oberweiten, schlanke Beine, schwingende Hüften, aufgeworfene Lippen und glänzende, hüftlange Haare. Er riecht die Parfüms, hört das Rascheln von Seidenwäsche, und gelegentlich, wenn ein hübsches Mannequin, das im selben Trottoir-Café sitzt, die Beine übereinanderschlägt, erhascht er ein Stück schwarzer Unterwäsche. Er kommt zum Schluß, daß diese Welt eine Welt ungehemmter, sich offen zur Schau stellender Sinnlichkeit ist, in der alles erlaubt ist. Diese «paradise now»-Mentalität scheint ihm, da hegt er nicht den geringsten Zweifel, *das* Merkmal unserer Gesellschaft zu sein.

Eine 40jährige Anthropologin betrachtet eingehend die vielen Gesichter und Körperbautypen der Menschen, die da sitzen oder vorbeigehen. Sie sieht Menschen mit vorwiegend asiatischem, polynesischem, nordischem, mediterranem, indianischem, afrikanischem Einschlag und auch weniger klar definierbare Mischlingstypen. Sie kommt zum Schluß, daß die Welt heutzutage im Grunde genommen ein großes Dorf geworden ist, in dem alle Rassen koexistieren und sich genetisch vermengen. Diese Koexistenz und Vermengung von Chromosomensegmenten, die aus unterschiedlichen Genpools stammen, scheint ihr *das* Wesensmerkmal der modernen Zeit zu sein.

Ein älterer Psychiater erblickt erregte, verhärmte, blühende, leere, stolze, depressive, zynische, blasierte, naive, bescheidene, verlegene und einsame Gesichter, Gesten und Körperhaltungen. Er kommt zum Schluß, daß die Menschen auf die Lebensbedingungen in der Großstadt mit ganz unterschiedlichen Auseinandersetzungsstrategien antworten und sie alle versuchen, das Glück zu erjagen. Die kompetitive und unterschiedlich erfolgreiche Lebensbewältigung mit den damit verbundenen psychischen Befindlichkeiten scheint ihm *das* Wesensmerkmal der heutigen Gesellschaft zu sein.

Ein überzeugter 68er Sozialist sieht den ganzen zur Schau gestellten Reichtum. Er sieht, wie die Jeunesse dorée im Café Champagner schlürft, und hört, wie die jungen Leute die größten Albernheiten von sich geben. Er sieht aber auch die Menschen, die ärmlich gekleidet, gesenkten Hauptes und mit erschöpften

Gesichtern, mit billigen Plastiktüten in der Hand, in denen sie vermutlich die Überreste ihres Mittagessens tragen, nach Hause streben. Er stellt sich vor, wie dürftig sie hausen. Er muß an den Hunger in der Welt, an die Armut und an die quälenden Sorgen von Millionen von Menschen denken. Es ist ihm bewußt, wie sehr soziale Herkunft und ökonomische Lebensumstände die Lebensqualität bestimmen. Ihn ergreift eine kalte, hilflose Wut auf die ungerechte Verteilung des Besitzes in dieser Welt, die seiner Meinung nach *das* Wesensmerkmal der postmodernen Gesellschaft ist.

Alle fünf Personen haben, von einer bestimmten Perspektive aus beobachtend, jeweils ein Merkmal der modernen Zeit erfaßt. Irrtümlicherweise halten sie dieses eine für das wesentliche, einzig relevante.

Diachron-kausales Denken

Die dominante Hirnhemisphäre denkt monokausal und reduktionistisch. Sie führt alle Dinge, und mögen sie noch so komplex sein, auf eine einzige Ursache zurück. Zwischen Ursache und Wirkung gibt es eine simple, gerade Verbindungslinie. Zuerst kommt die Ursache und dann die Wirkung, und diese hat keine Rückwirkung auf die Ursache.

Das Konzept der linearen Kausalität nährt zum Beispiel den Glauben, Kriminalität sei einzig und allein auf eine psychopathische Persönlichkeit oder Krieg einzig und allein auf das Machtstreben von ehrgeizigen Politikern zurückzuführen.

Auf diesem monokausalen, reduktionistischen Erklärungsmodell, das eng an den Aktionsmodus gekoppelt ist, beruht eine heute weitverbreitete Haltung, die der Mathematiker, Philosoph, Systemwissenschaftler und Friedensforscher Anatol Rapoport[9] «technocratic fix» nennt: die Neigung, *die* Ursache eines Problems zu finden und sie sofort zu beseitigen, indem alles getan wird, was sich technisch machen läßt. Es versteht sich von selbst, daß man so oft mehr Unheil anrichtet als Schaden beseitigt.

So hat beispielsweise die Erfindung des DDT dazu geführt, daß viele gefährliche Insekten (z.B. die in Sümpfen lebende Anophelesmücke, welche die Malaria auf Menschen überträgt) ausgerottet wurden. Gleichzeitig hat aber das DDT das Grundwasser und die Seen und Meere verseucht, und es ist noch nicht abzuschätzen, welche ökologischen Schäden dadurch auf lange Sicht entstehen. Welche Folgen der «technocratic fix» im Rahmen der Genmanipulationen bei Pflanzen und Tieren zeitigen wird, ist unabsehbar. Was er bisher im Rahmen der Kernspaltung zustande brachte, ist hingegen bekannt.

Um Mißverständnissen vorzubeugen: *Das Denken jeder Hirnhemisphäre hat seine Vor- und Nachteile. Vernünftiges, kreatives und weises Denken ist nur möglich, wenn man beide Hirnhemisphären in flexibler, dynamischer Interaktion benützt.* Wenn ich also bei der Besprechung des Denkens der dominanten Hirnhemisphäre vor allem die Nachteile in den Vordergrund rückte, tat ich dies aus rein didaktischen Gründen, um gewisse Aspekte besser zu beleuchten.

Nach diesem Abstecher in die Welt der Hirnbiologie können wir nun zu unserem eigentlichen Thema zurückkehren.

Vom Fluch des einseitigen, analytisch-dualistischen Denkens

Der «Dreschflegel der Genesis» – und dasselbe gilt auch für die «Leier der Orphiker» – konnte nur entstehen, weil die kulturelle Evolution des Menschen vor Jahrtausenden, zuerst langsam und dann immer schneller, dem einseitigen Denken der dominanten Hemisphäre den Vorzug vor dem Denken der nichtdominanten Hirnhemisphäre und damit auch den Vorzug vor dem integrierten Denken mit Hilfe beider Hirnhemisphären gegeben hat.

Nur im Rahmen des einseitigen, analytisch-dualistischen Denkens war es möglich, einen Graben zwischen Mensch und Umwelt aufzureißen und damit das feine und unendlich komplexe Beziehungsgewebe zu zerreißen, das Mensch und Umwelt zu einem innig vernetzten Ganzen verbindet.

Nur im Rahmen des einseitigen, analytisch-dualistischen Denkens war es möglich, daß der Mensch sich selbst hierarchisch über die Schöpfung stellte und sie im blinden Aktionsmodus dominierte und ausbeutete.

Nur im Rahmen des einseitigen, analytisch-dualistischen Denkens war es möglich, daß der Mensch auch in sich selber einen Graben aufgerissen, seinen Organismus mit dem Schwert seiner Sprache in einen Körper und eine Seele (Geist) zerschnitten hat.

Nur im Rahmen des einseitigen, analytisch-dualistischen Denkens war es möglich, daß der Mensch eine tiefe Kluft zwischen Geist und Materie und damit zwischen den Geistes- und den Naturwissenschaften gerissen hat. Diese Kluft hat, wie wir noch sehen werden, viel Unsinn und Leid über die Menschen gebracht.

Damit kommen wir zum zweiten Teil des epistemischen Sündenfalls, der meiner Meinung nach für die gegenwärtige Krise der Menschheit verantwortlich ist.

Die Leier der Orphiker

Wenn Orpheus die Leier schlug, schlichen Felsen und Bäume heran. Die Vögel flogen herbei und ließen sich in seiner Nähe auf den Zweigen der Gebüsche und Bäume nieder. Die Fische im Wasser tauchten auf und schwammen ans Ufer. Die Tiere im Wald und auch die Najade Eurydike kamen herbei. Sie alle näherten sich, um den Klängen seiner Leier zu lauschen, denn diese Klänge waren so süß und betörend, daß sie alle Lebewesen und alle unbelebten Dinge in eine gefühlsbetonte Trance fallen ließen.

Die Orphiker, die sich auf ihren mythologischen Vater Orpheus beriefen, schlugen später ebenfalls die Leier. Ihr Klang war anders als jener von Orpheus' Instrument, aber ebenso einlullend, daß er die Menschen in Trance versetzte, aus der viele noch heute, fast dreitausend Jahre später, nicht erwachen wollen.

Wer waren die Orphiker? Wie schlugen sie die Leier?

Die Orphiker waren Anhänger eines griechischen Mysterienkults, der vermutlich im 7. Jahrhundert v. Chr. entstand. Sie schlugen die Leier der mythologischen Welterklärung und stellten damit eine Theorie auf, die uns den Gegensatz von Leib und Seele und den Gegensatz von Materie und Geist und all den Unsinn beschert hat, der sich von diesen angeblichen Gegensätzen ableiten läßt.

Bevor wir näher auf die Ideen der Orphiker eingehen, wollen wir kurz erläutern, was ein Mythos ist.

Ein Mythos ist eine vorwissenschaftliche, bildhafte Beschreibung der Weltentstehung, Welterhaltung, Weltveränderung und Weltauflösung. So beschreibt zum Beispiel der Mythos der Hopi-Indianer von Arizona,[10] die zu den ältesten Indianerstämmen Nordamerikas gehören, daß unsere Welt schon dreimal hintereinander erschaffen und wieder aufgelöst wurde und wir somit zur Zeit in einer vierten Welt leben.

Ein Mythos ist der Versuch, das Unverständliche zu erklären und es verständlich zu machen. Ein Mythos spricht eher zum gläubigen Herzen als zum kritischen Verstand. Er spricht primär das Volk an, das ihn geschaffen hat, nicht aber Menschen eines anderen Kulturkreises.

So glauben die australischen Ureinwohner, daß ihr ganzes Land mit den «Fußspuren der Vorfahren» oder mit dem «Weg des Wie» übersät ist.[11] Die Europäer sprechen von «Traumspuren» oder «Linien des Gesangs», um dieselben Dinge im Kulturkreis der australischen Ureinwohner zu bezeichnen. Die Schöpfungsmythen der Aborigines erzählen von den legendären Totemwesen (s.S. 81 ff.), die früher einmal in der «Traumzeit» über den Kontinent gewandert sind und die ganze Welt in die Existenz hineingesungen haben, indem sie in ihren Gesängen Felsen, Wasserlöcher, Pflanzen, Vögel, Erdtiere und Menschen mit Namen belegten.

Bei aller Verschiedenheit haben die spezifischen Mythen der Völker dieser Erde auch viele gemeinsame Bausteine. Anthropologen und vergleichende Religions- und Mythologieforscher – wie Mircea Eliade, Joseph Campbell –[12] betonen, daß in allen Mythen immer wieder dieselben Themen oder Archetypen – Gott, der Held, das Opfer, der weise Mensch, der Übeltäter, die Erdmutter, der Tod usw. – auftauchen, die allerdings jeweils anders bezeichnet und mit anderen Details versehen werden. Der Mythos ist der «canto hondo», der Gesang, der aus der Tiefe kommt. Es ist auf der ganzen Welt die gleiche Tiefe, aus der dieser Gesang emporklingt, aber der Inhalt seiner Strophen ändert sich von Kultur zu Kultur.

Die griechischen Orphiker[13] schufen den folgenden Mythos über die Entstehung des Menschen:

Die Titanen waren Vertreter der zweiten Göttergeneration. Sie waren Kinder des Uranos, des Gottes des bestirnten Himmels, und der Gaia, der Göttin der Erde.

Eines Tages erhoben sich die Titanen gegen Zeus, den obersten Gott im Olymp. Zur Strafe warf Zeus sie in den Tartarus – eine Unterwelt, die unterhalb des Hades, einer ersten Unterwelt, lag.

Von diesem Tage der Erniedrigung an symbolisierten die Titanen das Prinzip der negativen, chaotischen Kräfte, das sich dem Prinzip des Kosmos, dem Prinzip der richtigen, harmonischen Ordnung im Universum, entgegensetzt.

Die erniedrigten Titanen sannen auf Rache. Schließlich entrannen sie dem Tartarus und stiegen zur Erde hinauf. Dort begegneten sie Dionysos. Der junge Dionysos, der Gott des Weines und der Fruchtbarkeit, war ein Sohn des Zeus und der Göttin Semele und gehörte damit der ersten Göttergeneration an.

Die Titanen griffen den jungen Dionysos an, erschlugen ihn, zerrissen ihn in Stücke und verzehrten ihn. Wutentbrannt über diese zum Olymp schreiende Untat schleuderte Zeus seine Blitze vom Himmel herunter und verwandelte die Titanen in Asche.

Aus der Asche der Titanen, die noch naß war vom Blute des Dionysos, schuf Zeus den Menschen.

Dies ist die mythologische Seifenblase der Orphiker. Die Elemente ihres Schaums erinnern zum Teil an den Fall Luzifers und an die Ursünde von Adam und Eva.

Was ist aus dieser Seifenblase geworden? Ein Dogma, eine versteinerte Lehre, an die heute noch viele Menschen fest glauben.

Das Dogma begann mit einer simplen Behauptung über eine Ursünde, die so nie stattgefunden hat. Diese erste spekulative Behauptung gipfelte in einer impliziten Behauptung über den Ursprung des Menschen, der angeblich bei seiner Erschaffung durch Zeus fehlprogrammiert wurde, da er in seiner Struktur das dionysisch-himmlische Prinzip (die Seele) und das damit verfeindete titanisch-teuflische Prinzip (den Körper) vereinte.

Die Petrifizierung dieser mythologischen Seifenblase nahm unerbittlich ihren Lauf.

Die alten Griechen, die damals bereits das Denken der dominanten Hirnhemisphäre kultivierten, liebten Wortspiele. Eines davon besagte, daß die Seele (*psyche*) des Menschen im Körper (*soma*) wie in einem Grabe (*sema*) hausen mußte: «*He psyché en to sóma en to séma*» – die Seele lebt im Körper wie in einem Grab. Das reimt sich, wenn auch nur im Griechischen.

Dieses Im-Körper-eingekerkert-Sein der Seele war, wie der Mythos der Orphiker behauptete, die Strafe für die Ursünde griechischer Art, das heißt, für den von den Titanen verübten Mord an Dionysos.

Diese Vorstellung wurde später von den Anhängern des großen Mathematikers und Philosophen Pythagoras von Samos (ca. 580 bis ca. 500 v. Chr.) übernommen. So schrieb z. B. ein Pythagoreer: «...aufgrund gewisser Strafen ist die Seele unter das Joch des Körpers geraten und ist in ihm begraben wie in einem Grabe.»[14]

Die Orphiker glaubten übrigens auch an die Seelenwanderung, an das Konzept des Samsara, das ungefähr zur selben Zeit im Hinduismus vertreten wurde und vermutlich über die berühmte Seidenstraße in den Westen gelangt war. Dieses Konzept besagte, daß die Seelenwanderung durch das Karma gesteuert wird, durch das Prinzip der ausgleichenden Gerechtigkeit: Jedes Lebewesen macht einen Reigen von Wiedergeburten oder Reinkarnationen durch; je nachdem wie ein Mensch in einer spezifischen Reinkarnation lebt, wird er in der nächsten Reinkarnation auf einer höheren oder auf einer tieferen Stufe der Existenz wiedergeboren.

Die Idee des Samsara oder der Seelenwanderung hatte ihre ganz praktischen, moralischen und taktischen Konsequenzen.

Um in einer späteren Reinkarnation auf einer höheren Stufe wiedergeboren zu werden, mußte der Mensch seinen titanisch-teuflischen Leib immer wieder kasteien und alles tun, um in seinem Organismus Leib und Seele so oft und so weit als nur möglich auseinanderzuhalten.

Dieses Kunststück wurde mittels der Ekstase vollbracht, in die man sich in regelmäßig gefeierten Ritualen mit Hilfe von Wein, dem Symbol des Gottes Dionysos, versetzte. Der genossene Wein beflügelte die Seele des Menschen und erlaubte ihr, in Ekstase zu geraten und so wenigstens temporär dem Gefängnis des Leibes entfliehen zu können.

Jede Theorie hat ihre Gegner. Auch die Orphiker und Pythagoreer wurden von einigen Zeitgenossen angegriffen. Der bedeutendste Kritiker der Orphiker war der Philosoph Heraklit (540 bis 480 v. Chr.). Er beschimpfte sie als konfuse «...Nachtschwärmer, Magier, Bacchanten, Mänaden und Mystiker».[15]

Er selbst war ein dynamischer Monist. Er sah die Welt als einen einheitlichen, sich ununterbrochen entwickelnden Prozeß. Seine Maxime lautete: «*Panta rhei*», alles befindet sich ununterbrochen im Fluß der Entwicklung und der Veränderung. Weisheit war für ihn die Fähigkeit, dieses zusammenhängende, sich laufend wandelnde Prozeßgebilde zu begreifen. Damit nahm er intuitiv das Konzept der *unbroken wholeness*, des zusammenhängenden Ganzen, voraus, das der Quantenphysiker und Einstein-Schüler David Bohm[16] in unserem Jahrhundert in die Naturwissenschaft eingeführt und rational begründet hat und das auch in der Allgemeinen Systemtheorie[17] von zentraler Bedeutung ist.

Aber Heraklit, der noch bevorzugt mit der nichtdominanten Hirnhemisphäre und damit vor allem intuitiv und in Begriffen der Analogie dachte, nahm ein trauriges Ende, das die Grenzen des intuitiven, analogen Denkens illustriert.

Er litt im Alter an der sogenannten Wassersucht, das heißt, an Ödemen, die seine Beine, seinen Bauch und seine Lungen füllten. Da er beobachtet hatte, wie ein frischer Misthaufen in der Hitze der Sonne Wasser verdampfte, kam er in einem verhängnisvollen Analogieschluß zur Ansicht, daß dieser Mechanismus auch seine Wassersucht zu heilen vermöge. Er grub sich vor einem Stall bis zum Hals in einen dampfenden Misthaufen ein – und kam jämmerlich um.

Heraklits Empörung über die Orphiker erwies sich als zu schwach, um die verhängnisvolle Leib-Seele-Dichotomie und den unversöhnlichen Gegensatz ihrer beiden Strukturelemente wieder aus der Welt zu schaffen. Und die näheren Umstände seines Todes waren derart, daß man ihn als einen armen Spinner abtat. Wer nahm schon einen Philosophen ernst, der in einem Misthaufen gestorben war?

Zudem war dieses Konzept von Leib und Seele einfach zu handlich, als daß man gerne darauf verzichtete. Es stiftete konzeptionelle Ordnung in der Welt der Erscheinungen. Es produzierte Sinn und erklärte scheinbar recht gut das bisher nicht Erklärbare. Es leugnete kurzerhand die Tatsache des irreversiblen individuellen Todes. Und es begründete und zementierte die subjektiv so angenehme, angstlösende, transzendentale Hoffnung auf eine ewige Existenz.

Menschen haben ein Emotionshirn, das ichzentriert, rigide und in Begriffen absoluter Gewißheit denkt. Die Zweifel des Vernunfthirns sind dem Emotionshirn oft ein Greuel, und es bekämpft sie deshalb gerne mit der ganzen Macht seines blinden Glaubens. Daß der Mensch eines Tages sterben und mit diesem individuellen Tod alles aus sein soll, ist eine Vorstellung, die dem stets aktiven Selbsterhaltungstrieb des Instinkthirns und der damit verbundenen Beruhigung des Emotionshirns zutiefst widerspricht. Genau darin lag die suggestive Kraft der orphischen Leier, die bis auf den heutigen Tag anhält: Sie war imstande, den spezifischen Klang zu erzeugen, der das Vernunfthirn in eine tiefe Trance versetzte, dessen Zweifel narkotisierte und die durch die Idee des Todes erzeugte Angst im Emotionshirn besänftigte.

Das Konzept der Leib-Seele-Dichotomie mußte nun noch logisch-rational begründet werden. Mit diesen logischen Begründungsversuchen begann ein Reigen der Metamorphosen, der schließlich die orphische Seifenblase innerhalb unseres Kulturkreises zum allgemein verbindlichen Dogma versteinern ließ.

Platon und der Reigen der Metamorphosen

Es war der Philosoph Platon (427-347 v. Chr.), der den Reigen der logischen Begründungen eröffnete.

Platon ließ sich nicht nur von der Leier der Orphiker betören. Er brachte die Saiten seiner eigenen Argumentationsharfe zum Klingen, und seine Musik übertraf die Musik der Orphiker.

Er bestätigte die horizontale Autonomie der nebeneinander existierenden Strukturelemente Körper und Seele. Er verstärkte zudem die vertikale Hierarchie, die die höherwertige Seele über den minderwertigen Körper stellte. Er vergrößerte die vertikale Distanz zwischen dem dionysischen und dem titanischen Prinzip, indem er die Spekulationsschraube der Orphiker um ein paar weitere Drehungen hinauf in den luftleeren Raum der unbewiesenen Behauptungen drehte.

Das orphische Konzept der Leib-Seele-Dichotomie war für ihn, metaphorisch und in Begriffen der heutigen Zeit gesprochen, eine verblichene Xerokopie der im Himmel existierenden Vorlage.

Doch da gab es ein kniffliges, erkenntnistheoretisches Problem.

Wie konnte der Mensch etwas von dieser Vorlage im Himmel wissen? Woher nahm er die Gewißheit seiner gefühlsmäßigen Überzeugungen?

Platon, der in seiner Jugend Dramen und dialektische, das heißt, auf Argument und Gegenargument beruhende Dialoge geschrieben hatte,[18] öffnete die Trickkiste der Theaterzunft und bediente sich aus der Requisitenkammer, um dieses Problem zu lösen und die damit verbundenen Fragen zu beantworten. Er holte den Deus ex machina aus der Truhe hervor.

Die Autoren des griechischen Theaters hatten nämlich eine herrliche Erfindung gemacht, die ihnen jeden Knoten lösen half, den ihre Phantasie und ihre mangelnde Logik vorher geknüpft hatten. Sie hatten den Deus ex machina erfunden, den Gott aus der Maschine, der mit Hilfe einer raffinierten technischen Vorrichtung jederzeit auf der Bühne erscheinen und im Nu alle Probleme und schicksalshaften Verwicklungen der Rollenträger lösen konnte. Jedesmal, wenn ein Stückeschreiber nicht mehr weiterwußte, ließ er den Deus ex machina erscheinen. Der Deus ex machina wußte immer, wie es weiterging. Und wenn dabei die Logik auch arge Bocksprünge machte, so störte das niemand. Die Götter auf dem griechischen Olymp waren getreue Abbilder des Menschen – und umgekehrt! Ihre Irrationalität tat ihrem Ansehen keinen Abbruch.

Platon ließ nun ebenfalls den Deus ex machina auf seiner Argumentationsbühne erscheinen, und was dieser Gott aus der Maschine vorschlug, hieß Anamnesis oder Wiedererinnerung. Damit war der Knoten gelöst, den die Orphiker, die Pythagoreer und Platon selber geknüpft hatten.

Was behauptet das Konzept der Anamnesis oder Wiedererinnerung? Bei der Geburt vergaß die Seele, die vom Himmel gekommen war, daß es dort oben perfekte Idealvorstellungen gab. Aber eine gute Erziehung half ihr später wieder auf die Sprünge. Eines Tages erinnerte sich die Seele plötzlich wieder an diese himmlischen Idealvorstellungen.

Die wichtigste Vorstellung war die Idee, daß ein Mensch aus Körper und Seele bestand.

Fein gemacht!

Mit diesem erkenntnistheoretischen Salto hatte Platon eine

wichtige Hürde genomen. Der Skandal der ausgetricksten Rationalität blieb zwar weiterhin bestehen, aber das schien weder ihn noch seine Zeitgenossen sonderlich zu stören.

Platon schrieb eine Menge Dialoge über das Thema Leib und Seele. In diesen Dialogen ließ er seinen bereits im Jenseits weilenden Lehrer Sokrates (469-399 v. Chr.) sagen, was er, Platon, selber dachte.

Wer einen Meister zitiert, hat immer recht. Wenn er zudem einen toten Meister zitiert, der sich gegen die Worte, die man ihm in den Mund legt, nicht mehr zur Wehr zu setzen vermag, dann hat er doppelt recht. Und wer erst noch aus einer, wie auch immer gearteten Erinnerung heraus zitiert, hat dreifach recht, denn das Gedächtnis hat erwiesenermaßen keine Mühe, die Vergangenheit nach Belieben zu rekonstruieren.

Man muß hier unwillkürlich an Leonardo da Vinci denken,[19] der fast zweitausend Jahre nach Platon festgestellt hat: «Wer in einer Diskussion eine Autorität zitiert, benützt sein Gedächtnis statt seinen Verstand.» Leonardo da Vinci hat auch gesagt: «Wissenschaft entsteht durch Beobachtung, nicht durch Autorität.»

Aber damals, zu Platons Zeiten, gab es noch keine Wissenschaft im heutigen Sinne. Es gab nur eine spekulative Philosophie, in der man eifrig Autoritäten zitierte und in der man das, was irgendeine Autorität tatsächlich oder auch nur vermeintlich gesagt hatte, unbesehen für bare Münze nahm.

Wie hat Platon seinen Deus ex machina benutzt? Im Dialog mit Menon[20] erläutert Sokrates die Idee der Anamnesis oder Wiedererinnerung. Im *Timaios*[21] präsentiert er die Idee der Seelenwanderung: Wenn ein Mann seinen Körper und seine Emotionen beherrscht, dann wird er als Stern wiedergeboren; gelingt ihm dies nicht, kommt er als Frau wieder zur Welt; wenn eine Frau anständig lebt und ihren Körper und ihre Emotionen eisern am Zügel der Vernunft hält, wird sie als Mann wiedergeboren; wenn sie dies nicht fertigbringt, kommt sie als Hund auf die Erde zurück!

Es war demnach wichtig, Leib und Seele möglichst auseinanderzuhalten, damit die Reinkarnation ungestört von Stufe zu Stufe emporschreiten konnte. Im *Phaidon*[22] überzeugt Sokrates den Simmias davon, daß die Seele dem Körper entwischen und der reine Intellekt, der auf die Hilfe der trügerischen Sinne verzichtet, grundsätzlich die Wahrheit erkennen kann.

Mit Platon, den noch heute manche Menschen für den größten Denker aller Zeiten halten, hat somit die ganze Lehre von Leib und Seele zum erstenmal eine scheinbar hieb- und stichfeste logische Begründung erfahren. Da Platon unbeschwert spekulieren konnte – die Biologie und die ganze Wissenschaft steckten damals noch in den Kinderschuhen –, machte er in seinen Aussagen an absolutistischer Gewißheit und an rhetorischer Überzeugungskraft reichlich wett, was ihm an grundlegender Fachkenntnis fehlte.

Aristoteles (384-322 v. Chr.), ein Schüler Platons, entwickelte das spekulative, analytisch-dualistische Denken weiter. Auch er glaubte an die Gegensätzlichkeit von Leib und Seele, von Materie und Form, von Aktualität und Virtualität.

Er meinte zum Beispiel[23]: Wenn eine Axt eine Seele hätte, wäre diese Seele weder das Material noch die Form der Axt, sondern die Eigenschaft, welche uns erlaubt, mit dieser Axt einen Baum zu fällen. Diese Eigenschaft machte für Aristoteles die Identität der Axt aus. Entsprechend war die menschliche Seele das, was einen Menschen zu einem Menschen und nicht zu einer Hyäne macht. Für Aristoteles war die Seele die einzige Quelle der Identität. Aber wie das Beispiel mit der Axt zeigt, war es eine mutilierte Identität; die Funktion diente als Kriterium der Definition: andere Eigenschaften, die durchaus auch zur Identität einer Axt gehören, wie zum Beispiel Form und Material, wurden vernachlässigt.

An die Seelenwanderung mochte Aristoteles zwar nicht glauben, aber er wandte das analytisch-dualistische Denken der dominanten Hirnhemisphäre auch auf die Seele selbst an. Er spaltete sie in fünf verschiedene Typen auf, wobei er die bereits von Platon unterstrichene, hierarchisch höhere Stellung des Mannes gegenüber der Frau erneut betonte.

Nach Aristoteles gab es die nutritive, nährende Seele, die in allen Pflanzen vorhanden war. Es gab die wahrnehmende Seele, die in allen Tieren und Menschen existierte. Es gab die appetitive, strebende Seele, die ebenso wie die lokomotive, bewegliche Seele nur in einigen Tieren vorhanden war. Und schließlich gab es die rationale, vernünftige Seele, die nur im Mann aktiv war.

Diese – rein spekulative – Hierarchie der Seelen war recht handlich, denn sie half, gewisse soziale Rollenverteilungen und machtpolitische Verhältnisse zu begründen und zu rechtfertigen. Für Aristoteles war es völlig natürlich und außerdem nützlich, daß die Seele den Leib, der Intellekt den Appetit, der Mann die Frau und der Grieche den Barbaren dominierte.[24]

Aristoteles war zudem der Ansicht, daß die rationale, zur Vernunft fähige Seele in den Frauen zwar vorhanden, aber nicht aktiv, und daß sie in Kindern nicht entwickelt und in Sklaven überhaupt nicht vorhanden war.[25] Man sieht: Ideen dienen dazu, das praktische Handeln zu begründen, das konkreten egoistischen Interessen dient. Gerade weil Ideen diese Funktion erfüllen, erstarren sie gerne zum Dogma, das sich so lange wie irgend möglich der kritischen Selektion entzieht. Die in einer Kultur vorherrschenden Ideen sind oft genug die Ideen der Herrschenden.

Die Idee, daß der Mensch nicht aus einem einheitlichen Organismus, sondern aus einem Körper und aus einer dem Körper entgegen- und darübergesetzten Seele bestehe, stellte Aristoteles jedoch vor ein Problem.

Wie können Körper und Seele, die ja so verschieden voneinander sein sollen, sich gegenseitig überhaupt beeinflussen? Um in den Metaphern der Orphiker und der Pythagoreer zu sprechen: Wie beeinflußte das titanische Prinzip das dionysische Prinzip? Wie beeinflußte das dionysische Prinzip das titanische Prinzip? Wie beeinflußte das Gefängnis seinen Gefangenen? Wie beeinflußte der Gefangene sein Gefängnis? Oder konkreter gefragt: Warum kriegt der Körper eine Angina, wenn die Seele Liebeskummer hat? Und warum fällt die Seele in eine Depression, wenn die Leber eine virale Hepatitis durchmacht?

Aristoteles beantwortete die Frage nach der gegenseitigen Beeinflussung von Körper und Seele so:[26] «Seele und Körper, nehme ich an, reagieren sympathisch aufeinander. Eine Veränderung im Zustand der Seele produziert eine Veränderung in der Form des Körpers und umgekehrt.» Das Wort «sympathisch» steht hier für «sich gegenseitig beeinflussend, mit-schwingend».

Mit dieser Idee der psychosomatischen und somatopsychischen Wechselbeziehung hatte er insofern recht, als jeder Teil des Organismus im Prinzip jeden anderen Teil des Organismus zu beeinflussen vermag. Und er lag mit dieser Idee insofern falsch, als es – wissenschaftlich gesehen – gar keine Seele gibt.

Um keine Mißverständnisse aufkommen zu lassen: In der Wissenschaft sind, nach dem heutigen Methodenverständnis, nur solche Behauptungen oder Hypothesen erlaubt, die sich im Prinzip durch Beobachtung oder Experiment widerlegen lassen. In der Erkenntnistheorie spricht man vom Prinzip der Falsifizierbarkeit, das der Philosoph Karl Popper[27] aufgestellt hat und das man heute unter Wissenschaftlern weitgehend als verbindlich akzeptiert.

Die Behauptung von der Existenz der Seele läßt sich grundsätzlich nicht durch Beobachtung und Argumentation widerlegen, da man die dimensionslose Seele nicht beobachten kann. Diese Hypothese gehört daher in den Bereich des Glaubens. Werden religiös und/oder emotionell motivierter Glauben und Wissenschaft vermengt, leiden meistens beide darunter.

Die Formulierung, daß die Seele – wissenschaftlich gesehen – nicht existiert, ist also keine Aussage über die unsterbliche Seele, an die man als religiöser Mensch glaubt. Es ist damit nur gesagt, daß zum Beispiel jene «Seele», die angeblich «seelische» Krankheiten durchmachen oder verursachen soll, nicht existiert.

Das, was Biologie und Medizin früher als «Seele» bezeichneten, definiert man heute präziser und unmißverständlicher als die durch Sinnesorgane und Nervensystem vermittelten unbewußten und bewußten Wahrnehmungen, Emotionen und Denkvorgänge. In diesem Sinne hatte Aristoteles mit seinem Interaktionismuskonzept recht: Wahrnehmungen, Emotionen und Denkvorgänge sind die Funktionsprozesse gewisser Organismusstrukturen, die die Funktionsprozesse anderer Organismusstrukturen beeinflussen und die, umgekehrt, von jenen beeinflußt werden.

Man sollte also im biologisch-medizinischen Bereich aufhören, von Körper und Seele zu reden – es sei denn, man tut dies in einem vagen, metaphorischen Sinn. Hingegen hat der Begriff der Seele in anderen Bereichen der Kultur (z.B. in der Religion) durchaus seine Berechtigung, da hier andere Kriterien den Erkenntniswert bestimmen.

Als Aristoteles starb, war Epikur (341-271 v. Chr.) gerade neunzehnjährig. Er schlug sich mit einem Problem herum, das ihm Platon, Aristoteles und die Atomisten hinterlassen hatten.

Die Atomisten Leukippos und Demokrit hatten auf intuitiver Basis die spekulative Theorie aufgestellt, daß alle Dinge und alle Lebewesen im Universum aus Atomen aufgebaut seien. Die Atome waren, ihrer Ansicht nach, die kleinsten Bausteine des Universums, identisch aussehende, unteilbare, kugelförmige Mikroelemente, deren unterschiedliche Kombination zur beobachtbaren Formenvielfalt im Universum führte. Zudem hatten die Atomisten gelehrt, daß sämtliche Atome den Naturgesetzen unterworfen seien.

Die Sache mit den Naturgesetzen warf für Epikur ein gewaltiges ethisches Problem auf.

Wenn der Mensch aus Körper und Seele bestand, diese beiden Strukturhälften aus lauter Atomen zusammengebaut und alle diese Atome den Naturgesetzen unterworfen waren, dann war der Mensch logischerweise nicht frei in seinen Überlegungen, in seinen Entscheidungen und in seinem Handeln, sondern er dachte und handelte stets unter dem Zwang von Naturgesetzen. Und wenn er nicht frei in seinem Denken, Entscheiden und Handeln war, dann konnte er, logischerweise, weder moralisch noch legal für sein Handeln verantwortlich gemacht werden. Wenn der Mensch völlig den Naturgesetzen unterlag, dann waren seine Autonomie, seine Freiheit und seine moralische Verantwortlichkeit dahin.

Was tat Epikur mit diesem philosophischen Problem, das so bedenkliche praktische Konsequenzen nach sich zu ziehen drohte? Er sieht darin «die unmögliche Tatsache», die der Dichter Christian Morgenstern mehr als zweitausend Jahre später so begründete: «Weil, so schließt er messerscharf, nicht sein kann, was nicht sein darf.»

Die Lösung des Dilemmas war nur mit einem Trick der kreativen Phantasie zu bewältigen.[28]

Epikur besaß die nötige Imagination, um einen Ausweg zu finden.[29] Er zeigte, wozu ein Mensch fähig sein kann, wenn er sich auf das Glatteis der Spekulation begibt. Von der potentiellen Sprengkraft seiner Problemstellung und seiner Vorstellungskraft angefeuert, sprang er weit hinauf in die Luft der ungezügelten Spekulationen und drehte dabei einen vierfachen Salto:

Im Unterschied zu allen anderen Dingen und Lebewesen war der Mensch aus zwei verschiedenen Sorten von Atomen aufgebaut – aus kleinen und aus großen.

Die großen Atome waren die Bausteine seines Körpers, die kleinen die Bausteine seiner Seele.

Die großen Atome blieben in den Netzmaschen der Naturgesetze hängen, aber die kleinen Atome vermochten durch die Maschen hindurchzuschlüpfen.

Die kleinen Atome entkamen den Netzmaschen der Naturgesetze – Epikur hat nie verraten, wo und wie er dies beobachtet hat – «mit einem unbestimmten Drall».

Mit dieser Bravourleistung hatte die Leier der Orphiker ihren Dienst getan: Die Trance der Philosophen war perfekt.

Noch war die Leier nicht verstummt. Es dauerte nur wenige Jahrhunderte, bis neue Künstler kamen, die sich ihrer bedienten.

Der Dreschflegel der Genesis und die Leier der Orphiker erreichten schließlich das Denken des christlichen Abendlandes.

Die scholastische Philosophie und ihre großen Exponenten, Augustinus (354-430), Albertus Magnus (1193-1280) und dessen Schüler, Thomas von Aquin (1225-1274), übernahmen den Dreschflegel der Genesis stillschweigend. Sie griffen auch nach der orphischen Leier und stimmten, einmal mehr, das Lied von der Leib-Seele-Dichotomie an. Diese diente nun der logischen Begründung für die Machttrennung zwischen Kirche und Staat und für die Definition der jeweiligen Einflußsphären.

Die Kirche verwaltete die kleinen Atome, der Staat die großen. Und solange Papst und Kaiser einander nicht in die Quere kamen, zahlten die ahnungslosen Atomträger fleißig Steuern an diese beiden – offiziell «gottgewollten», in Wirklichkeit selbsternannten – Autoritäten. Sie gaben Gott, was Gottes, und dem Kaiser, was des Kaisers war. Sie akzeptierten diese scheinbar ewige Ordnung der Dinge ohne viel Murren. Wenn sie mal die Faust machten, dann sicherheitshalber nur im Hosensack.

Gerieten sich Papst und Kaiser besonders wüst in die Haare – zum Beispiel als die römischen Päpste 1309 bis 1377 im «Babylonischen Exil» in Avignon unter französischer Oberaufsicht residieren mußten oder als Kaiser Heinrich IV. im Januar 1077 nach Canossa gehen und dort vor dem Papst auf die Knie fallen mußte –, verhielten sich die Atomträger mäuschenstill. Sie stellten sich ganz einfach tot. Ihnen war offenbar klar, was ein koreanisches

Sprichwort so formuliert: «Wenn die Wale sich bekämpfen, dann nehmen die Garnelen Schaden.»

Doch manchmal wurden sie von beiden Seiten als Schachfiguren aufgeboten und als leichthin zu opfernde Bauern ins Brachfeld der Geschichte gejagt. Der Verlust des Lebens wurde ihnen allerdings ideologisch versüßt. Bereits die römischen Kaiser hatten in den Oden des Horaz einen Satz gefunden, der ihnen prächtig ins Konzept paßte: «*Dulce et decorum est pro patria mori*» – es ist süß und ehrenvoll, fürs Vaterland zu sterben. Die Päpste machten es ihnen nach. Sie winkten mit dem ewigen Lohn, der jeden braven und gehorsamen Christen im Jenseits erwartete. Wo dieser Wink nicht half, griffen sie zum spirituellen Zaunpfahl und drohten jenen, die sich nicht rekrutieren lassen wollten, mit der Exkommunikation.

Die spirituellen Führer der verschiedenen Kirchen brachten es fertig, ihre Machtstellung weit über das Mittelalter hinaus zu bewahren. Das mußten schließlich eines Tages auch Descartes und Spinoza erfahren, die sich beide mit dem Problem von Leib und Seele befaßten. Sie reagierten mit recht unterschiedlichen Strategien auf die Machtfülle der geistlichen Führer.

René Descartes (1596-1650) war ein Jesuitenzögling, der aus naheliegenden Gründen daran interessiert war, das kirchliche Imprimatur für seine Schriften zu erhalten. Er hatte sich, beinahe zweitausend Jahre nach Epikur, ebenfalls Gedanken über Körper und Seele gemacht, und er wußte, daß dies, beim damaligen Machtpotential des Vatikans, nicht ungefährlich war. Es war bekannt, daß der Papst im Jahre 1600 Giordano Bruno auf dem Campo dei Fiori in Rom lebendigen Leibes auf dem Scheiterhaufen hatte verbrennen lassen.

Als Descartes schließlich 1633, mit einiger Verspätung, hörte, wie das Heilige Offizium im Vatikan mit Galileo Galilei (1564-1642) umgesprungen war – es hatte ihm Rede- und Schreibverbot auferlegt, ihn unter Androhung der Folter zum Widerruf seiner kopernikanischen Ideen gezwungen und ihn dann lebenslänglich in seinem Haus bei Florenz eingesperrt –, da wurde er übervorsichtig. Er zeigte vorauseilenden Gehorsam und machte in seinen philosophischen Formulierungen alle Kompromisse, die nötig waren, um seine Haut vor dem Holzstoß zu retten und die päpstliche Druckerlaubnis zu kriegen.

Suthcliffe hat über Descartes' *Discours de la Méthode*, das erkenntnistheoretische Fundament des Rationalismus, gesagt, er sei «merkwürdig obskur; sein Plan ist eine Karikatur der logischen Komposition».[30]

Die *Meditationen*, in denen sich Descartes mit dem Leib-Seele-Problem beschäftigt, sind noch um einiges obskurer, so daß es schwierig zu verstehen ist, was der Autor überhaupt sagen wollte. Der berühmte Erfinder des logisch transparenten Rationalismus verhält sich hier merkwürdig undurchsichtig; er wechselt seine philosophischen Positionen so schnell wie ein Feldhase, der vor einem Feind seine verwirrenden Haken schlägt.

Descartes verwischte zwar seine Positionen, aber er konnte den Klang seiner Harfe nicht verleugnen. Der orphische Leierton ist unverkennbar.

Er sprach vom Körper als einer «Maschine, aus Blut und Knochen gemacht»[31]. Diese Formulierung macht ihn zum Vater der mechanistischen Biologie und der daraus abgeleiteten mechanistischen Medizin.

Seine Maschinenmetapher blieb nicht folgenlos. Hundert Jahre später nahm Lamettrie (1709-1751), Arzt und materialistischer Philosoph, die Metapher von der Maschine bereits wörtlich und behauptete: «*L'homme est une machine*», – der Mensch ist eine Maschine. Daran glauben heute noch viele Patienten und viele Ärzte, die ihren eigenen Organismus und den Organismus anderer Menschen wie eine Maschine behandeln, die man mit Pillen, Injektionen, Infusionen, Schneiden, Stechen und Nähen wieder zum Funktionieren bringen kann. Daran glauben auch alle Macher, die den Morgen mit *uppers* beginnen und den Abend mit *downers* beschließen: Aufputsch- und Beruhigungspillen bringen die warnenden Biosignale, die der bis zur Erschöpfung strapazierte Organismus ausstrahlt, zum Verstummen.

Der Architekt Le Corbusier (1887-1965) hat die Idee logisch weitergedacht und verpaßte dem Maschinenmenschen Mitte unseres Jahrhunderts eine Wohnmaschine.[32] Er hat das mechanistische Individualkonzept konsequent zum mechanistischen Ökokonzept erweitert; denn er verkündete im Brustton der Überzeugung: «*Une maison est une machine à habiter*», ein Haus ist eine Wohnmaschine. Wenn man die heutige Wohnlandschaft betrachtet, sieht man, daß nicht wenige zeitgenössische Architekten diesen Satz sehr ernst genommen haben.

In seinen Meditationen definierte der Urheber der Maschinen-Anthropologie den Körper als eine *res extensa*, als ein Ding, das Raum einnimmt.[33] Die Seele definierte er im Gegensatz dazu als eine *res cogitans*, als ein Ding, das denkt – und das keinen Raum einnimmt, da es dimensionslos ist!

In seiner sechsten Meditation[34] verstieg er sich sogar – Platon und Aristoteles lassen grüßen! – zur Behauptung, daß der Geist, «durch den ich bin, was ich bin, völlig verschieden ist von meinem Körper und ohne ihn existieren kann». Wie der Geist das zustande bringen könnte, verschwieg Descartes ebenso, wie seine griechischen Vordenker es getan hatten.

Den enterozeptiven, aus dem Innern kommenden, Wahrnehmungen von Hunger, Durst und Schmerz maß er immerhin die Rolle von Indikatoren zu, die angaben, daß sich der raumeinnehmende Körper und die raumlose Seele (oder der raumlose Geist) eben doch irgendwo berührten.[35] Diese Wahrnehmungen stellten im Maschinenmenschen offenbar den Transmissionsriemen für den aristotelischen Interaktionismus dar.

So läuft denn eine ununterbrochene Karrenspur von den griechischen Orphikern bis zu unserer eigenen Zeit. Einmal in Gang gesetzt, ließ sich der Karren des Leib-Seele- und des Materie-Geist-Gegensatzes nicht mehr aufhalten. Wer diesem Karren in die Speichen greifen wollte, den behandelten die Kutscher – die weltlichen und die geistlichen Führer – derart rabiat, daß er es bleiben ließ.

Ein gutes Beispiel für diese Feststellung ist der holländische Philosoph Baruch Spinoza (1632-1677), ein Zeitgenosse von Descartes. Er widersetzte sich, genauso wie Heraklit in Griechenland, dem Klang der orphischen Leier. Für ihn waren Körper und Seele keineswegs zwei verschiedene, einander diametral entgegengesetzte Dinge, sondern zwei verschiedene Aspekte derselben Realität.

Spinoza stellte in seiner Ethik lapidar fest:[36] «Der Körper kann die Seele nicht zum Denken induzieren, und die Seele kann den Körper nicht zur Bewegung oder zur Ruhe oder zu sonstwas induzieren... denn Körper und Seele sind ein und dasselbe.» Um seinen Standpunkt gegenüber Descartes unmißverständlich klarzumachen, verkündete er: «Die denkende Substanz und die *res extensa* sind ein und dieselbe Substanz, die mal unter diesem und mal unter jenem Aspekt wahrgenommen wird», was ihn, vom Gesichtspunkt der heutigen systemischen Wissenschaft[37] aus betrachtet, als ultramodernen und seiner Zeit weit vorauseilenden Denker ausweist.

Doch Spinoza gehörte, wie Heraklit, zu einer Minderheit. Was er sagte, mißfiel. Seine Glaubensgenossen in Amsterdam behandelten ihn, wie der Vatikan Giordano Bruno und Galileo Galilei behandelt hatte.

Spinoza war Jude. Er wurde mit dem rituellen jüdischen Bannfluch belegt und aus der Synagoge ausgeschlossen, weil er sich weder Argumenten noch Korruptionsversuchen beugen wollte. Man versprach ihm einen guten Posten und eine große Summe Geldes, falls er von seinen Ideen abrücken und das offizielle Dogma anerkennen würde.

Spinoza gab nicht klein bei. Er wies sogar das Angebot zurück, in Heidelberg den Lehrstuhl für Philosophie zu übernehmen, weil er seine Autonomie bewahren wollte. Er zog es vor, ein kümmerliches Dasein als Schleifer von optischen Linsen zu fristen und dabei seine philosophische und moralische Integrität zu wahren. Der Bannfluch hatte dieselbe Wirkung wie die *omertà*, das Gesetz des Schweigens in der sizilianischen Mafia. Kaum ein Mensch, weder seine jüdischen Glaubensgenossen noch die Christen, befaßte sich noch mit Spinozas Ideen.

Sie waren tabu; deshalb sind sie auch, sehr zum Nachteil unserer Kultur, nie in den Hauptstrom des abendländischen Denkens eingeflossen.

Die geistlichen Führer in Rom und Amsterdam waren effizient: Der orphische Dualismus von Leib und Seele, die Idee des aristotelischen Interaktionismus und der Dualismus von Materie und Geist sind uns bis auf den heutigen Tag erhalten geblieben.

Sogar der Neurobiologe John Eccles und der Philosoph und Erkenntnistheoretiker Karl Popper, hochverdiente Zeitgenossen und Wissenschaftler, haben diesen orphischen Dualismus und den damit verbundenen aristotelischen Interaktionismus erneut über die Runden zu retten versucht. In ihrem Buch *Das Selbst und sein Hirn*[38] machen sie deutlich, daß auch sie dem betörenden Klang der orphischen Leier erlegen sind.

Eccles will im Menschen einen *self-conscious mind*, einen selbst-bewußten Geist ausgemacht haben, der sozusagen wie der Geist über den Wassern schwebt und der aus den erregten Modulen (aus Tausenden von Nervenzellen bestehende strukturelle und funktionelle Einheiten) des sogenannten *liaison-brain* oder Verbindungshirns in der Lamina (Schicht) I und Lamina II der dominanten Hirnhemisphäre Informationen herausliest, sie gemäß seinen jeweiligen Interessen und Zielen interpretiert und dadurch Leib und Seele verbindet.[39]

Einen Beweis für seine Hypothese liefert Eccles nicht. Aber letztlich sieht er ihn vermutlich, wenn auch unbewußt, darin, daß nicht falsch sein kann, was so viele Autoritäten über Jahrtausende hinweg mit so großer Überzeugungskraft verkündet haben.

Das Erbe der abendländischen Väter

Der doppelte epistemische Sündenfall hat uns ein Erbe hinterlassen, an dem wir schwer tragen. Dieses Erbe unserer Väter hat mit der Zeit nicht nur unseren eigenen Kulturkreis, sondern auch andere Kulturen in Mitleidenschaft gezogen, mit denen unsere eigene Kultur in Kontakt gekommen ist und die sie, wo immer dies möglich war, dominiert hat.

Der Dreschflegel der Genesis wurde so lange geschwungen, daß schließlich folgendes passiert ist:

Wir glauben noch immer, daß der Mensch die Krone der Schöpfung ist und daß er deshalb mit seinem Planeten ungestraft alles anstellen darf, was er anstellen will.

Wir sind im blindwütigen Aktionsmodus der dominanten Hirnhemisphäre auf die Natur losgegangen und haben sie in unseren technologischen Würgegriff genommen. Wir haben den Rezeptionsmodus der nichtdominanten Hirnhemisphäre vernachlässigt und sind daher blind geworden für die Zeichen an der Wand, die uns schon lange davor warnen, daß manches auf unserem Planeten nicht zum besten bestellt ist.

Wir haben die Ressourcen dieser Erde geplündert und in die Hohlräume, die wir dabei aufrissen, unseren Abfall geworfen.

Wir haben alle Lebewesen, die unseren Interessen dienten, instrumentalisiert und unterjocht. Aus diesem Grunde spricht der Psychiater Arthur Deikman vom «instrumentellen Bewußtsein»[40] des modernen, einseitig im Aktionsmodus operierenden Menschen, das die Grundlage für jegliche brutale Gewaltanwendung ist.

Wir haben alle Lebewesen, die unseren unmittelbaren Interessen im Wege standen, mit allen uns zur Verfügung stehenden Mitteln aus dem Weg geräumt. Wir haben unzählige Insekten-, Schmetterlings- und Vogelarten und andere Spezies beinahe oder ganz ausgelöscht. Wir haben durch «Flurbereinigung» unzählige ökologische Nischen vernichtet und mit extremer Düngung und intensiver Landwirtschaft unsere Blumenwiesen in öde, nur von Löwenzahnblüten gelb durchbrochene, flaschengrüne Einöden verwandelt.

Wir haben die von uns domestizierten Tiere durch genetische und chemisch-hormonelle Manipulationen und durch einseitige Fütterung zu Maschinen degradiert, die große Mengen Milch, Eier und Fleisch produzieren. Wenn diese Lebewesen in Ställen und Legebatterien, die nach dem Prinzip der maximalen Ausnützungsziffer und des maximalen Profits konstruiert sind, eine elende Existenz führen und nach ein paar Jahren völlig erschöpft sind, dann tötet man sie.

Wir haben Luft, Boden und Grundwasser, Seen und Meere mit toxischen Substanzen verseucht.

Wir haben Missionare, Explorationskorps und militärische Kampfverbände in fremde Länder geschickt und die Kulturen dieser Länder unterjocht oder gar ausgerottet.

Wir haben Menschen, die eine andere Religion, Philosophie, Hautfarbe oder Lebensweise hatten als wir, als minderwertig erklärt und so unsere egoistische Gier und unsere destruktiven Aggressionen entschuldigt und gerechtfertigt. Unsere Kultur ist in mancher Hinsicht zu einer gierigen Kultur verkommen.

Wir haben die Atombombe und die industriell nutzbare Kernenergie und damit das Problem der radioaktiven Abfälle erfunden. Der naive Suprematismus, den George Bernard Shaw noch blauäugig bewunderte,[41] hat uns schließlich an den Rand des Abgrunds gebracht. Originalton Shaw: «Von der Dorfstraße zur Eisenbahn führt ein Sprung über fünf Jahrhunderte hinweg, von der brutalisierenden Apathie der Tyrannei der Natur über den Menschen hin zur Ordnung und zur Wachsamkeit der organisierten Herrschaft des Menschen über die Natur.»

Wir haben uns in einem ebenso pathetischen wie lächerlichen und lebensgefährlichen Rüstungswettlauf zwischen Ost und West bis zur x-fachen, potentiellen gegenseitigen Vernichtung emporgerüstet.

Wir haben den sauren Regen, das Ozonloch, die Ozonschwemme, den Treibhauseffekt, die Bevölkerungsexplosion und die Desertifikation verursacht und so alles Leben auf unserem Planeten an den Rand der endgültigen Vernichtung gebracht.

Wir vernachlässigten das Denken unserer nichtdominanten Hirnhemisphäre und damit auch die Phantasie, die Intuition und die unendlichen Möglichkeiten der Kreativität, die nur auf der Basis der intensiven Wechselwirkung zwischen beiden Hirnhemisphären funktionieren können.

Wir haben unsere spirituelle Verwurzelung verloren, die unter anderem ein Ausdruck des Denkens der nichtdominanten Hirnhemisphäre ist, die in Begriffen der Einheit und Identität, der Zusammengehörigkeit und der Verantwortung füreinander denkt.

Wir haben die Weisheit verloren, die der höchste Ausdruck unserer Intelligenz ist und die, wie die Kreativität, nur in der intensiven Zusammenarbeit beider Hirnhemisphären zustande kommt.

Natürlich hat unser einseitiges Denken uns auch einen hohen Lebenskomfort beschert, den wir nicht mehr missen möchten. Es hat die Prävention von mörderischen Epidemien und Krankheiten und die Heilung vieler, früher tödlich verlaufender Krankheiten ermöglicht. Aber diesen ganzen, unleugbaren Fortschritt bezahlen wir mit Nachteilen, deren Ausmaß uns erst jetzt langsam klar wird.

Der Klang der orphischen Leier hat unser kritisches Denken so lange betört, daß dies geschah:

Wir glauben, daß ein Organismus aus Körper und Seele besteht.

Wir glauben, daß die Seele höherwertig ist und daß der Geist – und sein Gehilfe, der Wille – den minderwertigen Körper beherrschen muß, selbst wenn der Mensch dabei im übertriebenen Kampf-Flucht-Streß oder Hilflosigkeits-Streß krank wird und frühzeitig stirbt oder sich gleich selbst umbringt, weil er dieses Leben im Rahmen der extremen Leistungsgesellschaft nicht mehr aushält.

Wir haben die Einheit des Menschen auseinandergerissen und daraus ein mit sich selbst im Hader liegendes Doppelwesen geschaffen, das sich selbst – in einem schizophren anmutenden Zwiespalt zwischen instinktiven und emotionellen Bedürfnissen einerseits und moralischen Imperativen andererseits – in seinen biologischen Grundbedürfnissen befehden muß. Der Körper ist sozusagen zum Freßfeind der Seele geworden. Die Sinnenfeindlichkeit der christlichen Kirchen und des Islam sind ein Resultat dieser schizophrenen Anthropologie. Daß diese Sinnenfeindlichkeit sich nicht bis zum letzten durchziehen läßt, sei immerhin erwähnt. Der Organismus schert sich manchmal einen Deut um die Hirngespinste des Menschen und sorgt immer wieder dafür, daß das Instinkthirn, das Emotionshirn und das Vernunfthirn in Eintracht das Leben des Menschen steuern. Für die letztlich doch mißglückte Unterjochung des Leibes und seiner Sinnlichkeit durch die Seele gibt es ein paar interessante Belege.

Von Mechthild von Magdeburg, einer katholischen Mystikerin des dreizehnten Jahrhunderts, stammen die folgenden Zitate, die die erfolgreiche Wiederkehr des Verdrängten belegen:[42] «Ich unwürdige Sünderin wurde in meinem zwölften Jahre, als ich allein war, in überaus seligem Fließen vom Heiligen Geist gegrüßt.» Und sie jubilierte: «O du fließender Gott in Deiner Minne.» Sie nannte ihren Herrn und Gebieter «minnesiech», und er soll sie als «Lagerkissen», «Minnebett» und «Bach meiner Hitze» apostrophiert haben. Die in Hitze geratene Jesusbraut halluzinierte auch, daß er ihr folgenden Reim zuflüsterte:

> «Wenn ich scheine, mußt du gluten,
> Wenn ich fließe, mußt du fluten.»

Angeblich ging er noch weiter:

> «Wenn ich dich allertiefst verwunde,
> Salbe ich dich liebevollst zur Stunde.»

Im gleichen ergotrop aufgepeitschten Rhythmus sang die heilige Theresia von Avila, die größte katholische Mystikerin aller Zeiten:[43]

> «Als der Jäger süß und holde
> Mich getroffen, mich verwundet,
> Sank in seiner Liebe Arme
> Meine Seele, minnetrunken.»

Um die ganze Sache noch deutlicher zu machen, beschrieb die Heilige ihre Begegnung mit dem himmlischen Jäger en détail und in einer Sprache, die verrät, welcher Herkunft ihre religiöse Inbrunst gelegentlich gewesen sein muß. Ihr wurde «ins innerste Mark die köstlichste, lieblichen Geruch verbreitende Salbe eingegossen», und dabei kamen «Strahlen der Milch» heraus, und der holde Jäger «...pflanzt in mir die Liebe auf».

Man sieht: Das Leben wehrt sich gegen lebensfeindliche Regeln. Das Verdrängte ist wie Magma, das die Kruste der Repressionen immer wieder durchbricht.

Wir glauben, daß Materie und Geist zwei verschiedene Dinge sind und daß der Mensch deshalb die eigene Natur und die Umwelt ungestraft drangsalieren darf. Man «zwingt dem Körper seinen Willen auf», und man bekämpft «den inneren Schweinehund», auch wenn der Organismus ununterbrochen Signale aussendet, die anzeigen, daß es so nicht mehr weitergehen kann. Man tut es, bis Herzinfarkt, Zusammenbruch der Immunabwehr und Krebs oder Selbstmord der chronischen Selbstentfremdung ein Ende setzen.

Wir haben auf der epistemischen Basis der Trennung von Materie und Geist die sogenannten Naturwissenschaften und die sogenannten Geisteswissenschaften entwickelt. Während die Naturwissenschaftler nicht selten der Ansicht sind, daß Geisteswissenschaft ein haltloses Geschwätz ist, sind die Geisteswissenschaftler oft der Ansicht, daß die Naturwissenschaft an den wichtigsten Fragen der Menschheit blind vorbeigeht. Die Sozialwissenschaftler, die den Raum zwischen den beiden verfeindeten Territorien einnehmen, werden besonders stark gebeutelt. Ihnen trauen oft beide Territorialverteidiger wenig Vernünftiges zu. Infolge dieser Mißverständnisse haben alle Beteiligten natürlich ganz übersehen, daß es im Grunde genommen nur *eine* Wissenschaft geben kann: die Wissenschaft, die die Welt, in der wir leben, beschreibt und erklärt.

Wir haben, vom Dogma der Leib-Seele-Dichotomie verführt, eine mechanistisch orientierte und buchstäblich entseelte, sogenannte «somatische» Medizin entwickelt, die bei allen Vorteilen, die sie unleugbar bietet, dem Menschen oft mehr schadet als nützt. Und wir haben eine von Physik und Biologie entfremdete und daher oft völlig spekulative und wild bramarbasierende, «entleibte» Psychiatrie und Psychotherapie entwickelt – mit entsprechenden Konsequenzen.

Wir haben für «somatisch» kranke Menschen Krankenhäuser gebaut, in denen der Lamettriesche Maschinenmensch vielen Maschinen und technischen Eingriffen unterworfen, aber meist nicht als Mitmensch begriffen und deshalb emotional stark vernachlässigt und therapeutisch ungenügend oder gar falsch behandelt wird.

Wir haben für «psychisch» kranke Menschen psychiatrische Anstalten gebaut, in denen oft menschenunwürdige Zustände herrschen. Der dort isolierte Mensch erfährt zusätzlich zu seinem Leiden eine soziale Stigmatisation, die ihm auf lange Sicht mehr zu schaffen macht als seine ursprüngliche Krankheit. Wer einmal in einer psychiatrischen Klinik saß, wird das Etikett, «verrückt» zu sein, bis an sein Lebensende kaum mehr los.

Es mag in diesem Zusammenhang mehr als nur ironisch anmuten, daß der erste und meines Wissens einzige Nobelpreis, der bisher an die Psychiatrie vergeben wurde, ausgerechnet an Egas Moniz ging, der in unserem Jahrhundert die neurochirurgische Technik der Leukotomie oder Lobotomie entwickelte. Hierbei wurde weltweit und in Tausenden und aber Tausenden von Fällen ein Skalpell in die Nase des Patienten eingeführt und durch die dünne Knochenplatte am Schädelboden hinauf ins Hirn gestoßen.

Dann wurde in einer ungezielten Makrodestruktion der Stirnhirnlappen, das anatomische Substrat des planenden und zukunftsorientierten Denkens, des ethischen Urteils und damit der höheren Persönlichkeit, durchschnitten und vom übrigen Teil des Hirns losgetrennt. Von diesem Eingriff versprach man sich die Heilung aggressiv-destruktiver Tendenzen und eine Besserung vieler «seelischer» Krankheiten.

In die gleiche Richtung zielen auch andere Methoden, die eine mechanistisch orientierte Medizin im Bereich der Psychiatrie einführte. Dazu gehören die Schlafkur, in der der Patient mittels Medikamenten in ein Koma versetzt wird. Dazu gehört die Insulinkur, die den Patienten ins hypoglykämische Koma bringt, und zwar mit Insulindosen, vor denen jedem kritisch gesinnten Mediziner graust. Dazu gehört schließlich auch der Elektroschock, der zwar gelegentlich seine positiven Wirkungen zeigt (z.B. bei extremen, therapieresistenten Depressionen), aber gleichzeitig zu Konzentrationsmangel, Gedächtnisverlust und vermutlich auch Zellschwund im Hirn führt.

Wir haben schließlich, den einseitigen, analytisch-dualistischen Denkansatz in der Medizin zu seinem logischen Ende führend, die Spezialistenmedizin entwickelt, die zwar gelegentlich ihre Vorteile hat, aber nicht selten ein Fluch ist.

Die Mediziner haben den Organismus unter sich aufgeteilt: Der Dermatologe hat die Haut, der Nephrologe die Nieren, der Kardiologe das Herz, der Pneumologe die Lungen, der Osteologe die Knochen, der Endokrinologe die Hormondrüsen, der Enterologe den Magendarmtrakt, der Proktologe den Enddarm und den Anus, der Urologe die Genitalien und den Urintrakt, der Gynäkologe die Gebärmutter und ihre Anhangsorgane, und der Neurologe und der Psychiater haben das Nervensystem zu ihrem Hoheitsgebiet erklärt.

Ein jeder weiß alles, was es auf seinem Territorium zu wissen gibt, und er läßt sich da von einem anderen Spezialisten nicht gern hineinreden. Und wenn der Patient, der schließlich nur einen einzigen Organismus hat und der diesen Organismus intuitiv als Einheit begreift, mit dieser Medizin nicht einverstanden ist: um so schlimmer für ihn!

Die von Aristoteles gefeierte Überlegenheit des Mannes über

die Frau wurde zum Dogma, an das noch heute in vielen Bereichen geglaubt wird. Noch um die Jahrhundertwende hat der Arzt Paul Julius Möbius ein Buch mit dem Titel *Vom physiologischen Schwachsinn des Weibes* veröffentlicht. Sigmund Freud hat in den Frauen einen «Penisneid» entdeckt: «An der körperlichen Eitelkeit des Weibes ist noch die Wirkung des Penisneides mitbeteiligt, da sie ihre Reize als späte Entschädigung für die ursprüngliche sexuelle Minderwertigkeit um so höher einschätzen muß.»[44] Zeitgenössische Unternehmer, Manager und geistliche und politische Führer reden zwar von der Gleichheit der Geschlechter, de facto jedoch herrscht die Ungleichheit. Man hält sich nach wie vor an das Orwellsche Diktum: Alle Menschen sind gleich, aber einige sind gleicher als die andern. In den oberen Etagen der Industrie und Banken, in den Chefpositionen sozialer Institutionen, in politischen Fraktionen und Ministerien findet man ebensowenig Frauen wie in den mittleren und oberen Chargen der Kirchen.

Im Gegenzug gegen die patriarchalische Gesellschaft entstand der Feminismus. Die Feministinnen drehen den Spieß um und singen nun ihrerseits gern die Ballade von der konstitutionellen Minderwertigkeit des Mannes. Sie bezeichnen ihn als Grobian, als plumpen Spießer, als ewig pubertierenden und zu albernen Späßen neigenden Tölpel und als unsensitiven Holzklotz.

Schert eine engagierte Frau aus der Reihe, wie etwa Camille Paglia es in ihrer sexualhistorischen Untersuchung über das androgyne Syndrom tat,[45] dann wird sie bei den Frauen auf wenig Gegenliebe stoßen. Sie schrieb folgende Sätze über den vielbesungenen kleinen Unterschied zwischen den Geschlechtern:

«Das Urinieren der Männer *ist* eine Art von Leistung, ein Bogen der Transzendenz. Eine Frau wässert bloß den Boden, auf dem sie steht...Pissen bedeutet kritisieren. John Wayne pißte auf die Schuhe eines übelgelaunten Filmregisseurs, und er tat dies vor den Schauspielern und dem Filmteam. Dies ist eine Art des Selbstausdrucks, die die Frauen nie meistern werden. Ein männlicher Hund, der jeden Busch in seinem Quartier markiert, ist ein Graffiti-Künstler, der jedesmal, wenn er sein Bein lüpft, seine rüde Unterschrift hinterläßt. Frauen sind, wie Hündinnen, erdverbundene Hockerinnen.»

Das Erbe unserer Väter lastet schwer auf uns.

In diesem Sinne übertrieb der geniale Sprachforscher Benjamin Lee Whorf kaum, wenn er – auf den Siegeszug des einseitigen, analytisch-dualistischen Denkens anspielend – bereits 1940 feststellte: «Es waren die Griechen, die die Wissenschaft herabgewürdigt haben. Sie zeigten, wie weit sie als wissenschaftliche Denker den Hindus unterlegen waren; und die Folgen ihrer Wurstelei haben zweitausend Jahre lang gedauert.»[46]

Dieses Erbe bescherte uns schließlich auch die *Dinosauriermentalität*, die sich in allen Bereichen des Lebens auswirkt. *Die Dinosauriermentalität isoliert irgendeine Variable aus dem komplexen Kontext des Seins und versucht sie, koste es, was es wolle, zu maximieren.*

Das totemistische Denken

In uralter Zeit dachten die Menschen viel mehr mit ihrer nichtdominanten Hirnhemisphäre, als wir dies seit der Zeit der Odyssee und des Alten Testaments tun.

Ihr Denken war intuitiv. Es erfaßte die Welt auf eine Art und Weise, die nicht auf analytischen Schlußfolgerungen aus gegebenen Prämissen und nicht auf einer strikt rationalen Beweisführung beruhte. Es hatte seine eigenen Prämissen und seine eigene Art, zu Erkenntnissen zu gelangen.

Ihr Denken war monistisch. Es erfaßte die Welt als eine Einheit, die keine Gegensätze, sondern nur Entsprechungen und sich ergänzende Beziehungen kannte.

Ihr Denken war holistisch. Es erfaßte die Welt als ein integriertes Ganzes, nicht als eine Ansammlung von separaten Einzelteilen.

Ihr Denken kannte keine lineare Zeit, die von gestern über heute nach morgen läuft, sondern eine kreisförmige, eine zirkuläre Zeit, in der sich dieselben Dinge (Morgen, Mittag, Abend, Nacht; Frühling, Sommer, Herbst, Winter; Geburt, Leben, Tod; Jugend, Erwachsensein, Alter; Triumph, Unentschieden, Niederlage; Beginnen, Durchführen, Vollenden; Gewißheit, Zweifel, Verunsicherung) stets wiederholen.

Ihr Denken kannte kaum abstrakte Begriffe, sondern Bilder. Ihre Sprache war voller Metaphern. Eine Metapher (z.B. «Er ist stur wie ein Ochse; sie ist schlau wie eine Schlange; er ist mutig wie ein Löwe; sie ist sanft wie eine Taube») vergleicht das Bekannte mit dem Unbekannten und macht damit das Unbekannte vertraut und faßbar.

Sie kannten noch keine geschriebene Sprache mit abstrakten,

willkürlich gewählten Symbolen. Daher wurde ihr Denken von Generation zu Generation in Gesängen, Tänzen, Ritualen, Zeremonien, Erzählungen, Legenden und Mythen überliefert, die immer wieder in der gleichen, streng geordneten Art und Weise wiederholt wurden, damit sie sich dem kollektiven Gedächtnis eines Clans, Stammes oder Volkes leicht einprägten.

Im Rahmen dieses bildhaften Denkens[1] spielte das sogenannte totemistische Denken eine zentrale Rolle.

Der Begriff des Totems

Das Wort «Totem» stammt aus der Sprache der kanadischen Algonkin-Indianer, die ursprünglich in der Gegend des Ottawaflusses gelebt haben.

Einer ihrer Stämme, die Cree, besaß das Wort *otoama*; ein anderer Stamm, die Ojibway-Indianer, benutzte den Ausdruck *ototeman*. *Ototeman* heißt: sein Totem haben.

Beide Wörter weisen auf eine Beziehung zwischen Bruder und Schwester hin. Sie bezeichnen somit eine Beziehung der Blutsverwandtschaft, die unter anderem durch das Gebot der gegenseitigen Fürsorge, durch das Tabu der Geschlechtsbeziehung und durch ein Heiratsverbot reguliert war.

Es scheint, daß der Begriff des Totems, zusammen mit dem später entstandenen Schamanismus, bereits der inzwischen ausgestorbenen Rasse der Neandertaler bekannt war, die in der Altsteinzeit in Europa, Nordafrika und Asien gelebt hat und die dann, vor ungefähr 30 000 Jahren, durch den Cro-Magnon-Menschen abgelöst wurde.

Während der verschiedenen Eiszeiten kam es zu wiederholten Völkerwanderungen von Asien über die Beringstraße nach dem heutigen Alaska und dann nach Süden hin, nach Nordamerika, Mittelamerika und bis nach Südamerika hinunter. Mit diesen Völkern kamen auch ihre Begriffe, Sitten und Gebräuche, Mythen, Legenden, Rituale und Tänze und ihre Techniken und Werkzeuge in die Neue Welt.

Totemistisches Denken und damit verbundene bildhafte Darstellungen, Legenden und Mythen, Techniken und Rituale, Gebote und Tabus haben Anthropologen und vergleichende Religionswissenschaftler in fast allen Kulturen der Welt gefunden.

Totemismus und Anthropologie

Anthropologen tun sich schwer mit der Definition totemistischen Denkens. Der Begriff des Totemismus hat in der Anthropologie bald eine zentrale, bald eine periphere Rolle eingenommen. Man hat ihn sogar, allerdings vergeblich, aus dem anthropologischen Begriffsrepertoire zu verbannen versucht.

Der amerikanische Mythologiekenner Joseph Campbell[2] stellt diese Entwicklung folgendermaßen dar:

Im Jahre 1851 veröffentlichte Lewis Henry Morgan eine größere Studie über die Irokesen. Die Irokesen waren ein Bund oder eine Nation von Indianervölkern, die im oberen Teil des heutigen Staates New York wohnten. Sie bestanden ursprünglich aus fünf Stämmen (Mohawk, Oneida, Onondaga, Cayuga und Seneca); nach 1722 kam der Stamm der Tuscarora-Indianer hinzu. Die verschiedenen Clans, Verwandtschaftsgruppen, dieser Irokesenstämme trugen nicht nur Tiernamen, sondern besaßen auch eine Vorschrift, die besagte, daß sich nur Paare aus einander entsprechenden Totemclans verheiraten durften.

Im Jahre 1910 publizierte Sir James Frazer, der berühmte Autor des Buches *Der goldene Zweig*[3] – auf das sich später Freud in *Totem und Tabu*[4], einer spekulativen Theorie über den Beginn der menschlichen Urhorde, stützte –, eine Studie über Totemismus und Exogamie. Er zeigte darin, daß es weltweit totemistische Systeme gab, die alle auf dem Gebot der Exogamie[5], das heißt, auf der Heirat *außerhalb* der eigenen sozialen Gruppe, insistierten.

Im Jahre 1912 veröffentlichte Emile Durkheim, der Vater der französischen Soziologie, *Die elementaren Formen des religiösen Lebens*[6]. Darin stellte er fest, daß die Eingeborenenstämme von Zentralaustralien ebenfalls einen Totemismus besaßen und daß dabei die Erfahrung der sozialen Solidarität eine wichtige Rolle spielte.

Von da an beherrschte das Konzept des Totemismus ein halbes

Jahrhundert lang das Denken der Anthropologen, bis schließlich der belgische Anthropologe und Strukturalist Claude Lévi-Strauss dem Totemismuskonzept den Todesstoß zu geben versuchte. In seinem 1962 publizierten Werk, das den programmatischen Titel *Das Ende des Totemismus* trägt, erklärte er kurzerhand: «Der Totemismus ist eine künstliche Einheit, die nur im Denken der Ethnologen existiert und der nichts Spezifisches draußen entspricht.»[7] Er hielt den Totemismusbegriff für ein überholtes, weil logisch unseriös zusammengezimmertes Konzept, das verschiedene heterogene Elemente aus der biologischen Evolution (Natur) und aus der kulturellen Evolution (Kultur) zu einer Einheit zu verbinden versuchte.

Im selben Jahr hielt er die Henry Myers Memorial Lecture. In dieser Festrede bezog er sich auf den englischen Anthropologen Radcliffe-Brown und stellte fest, daß das, was man «irrtümlicherweise» als Totemismus bezeichne, drei verschiedene Ideen enthalte:[8]

– die Idee einer segmentären, abgegrenzten Gesellschaft, das heißt, die Idee einer kulturellen Einheit;
– die Idee einer empirischen Diskontinuität der biologischen Arten, das heißt, die Idee einer natürlichen Einheit;
– die Idee, daß zwischen der kulturellen Einheit und der natürlichen Einheit eine Homologie, das heißt, eine stammesgeschichtliche Verwandtschaft, bestehe.

In der Einleitung zu dieser Rede, in der er einmal mehr den Begriff des Totemismus auf den Müllhaufen der Geschichte zu werfen versuchte, stellte er allerdings fest: «Es wäre trotz allem zu einfach, alle vergangenen und gegenwärtigen Spekulationen über das, was man gemeinhin ‹Totemismus› nennt, zu verwerfen. Wenn so viele Gelehrte, die wir alle bewundern, von der Idee des ‹Totemismus› geradezu fasziniert waren, dann ist dies wahrscheinlich der Fall, weil die Phänomene, die man willkürlich zusammengewürfelt hat, um eine Pseudo-Institution zu schaffen, auf einem tieferen Niveau als auf dem Niveau, auf dem man sie fälschlicherweise betrachtet hat, unser Interesse verdienen.»[9]

Genau an diesem strategisch wichtigen Punkt setzten darauf die Einwände an der Totemismuskritik von Lévi-Strauss an.

In einem Artikel, der den programmatischen Titel «Totemismus morgen: Die Zukunft einer Illusion» trug, stellte der australische Anthropologe L.R. Hiatt 1969 lakonisch fest, «daß das Verdikt von Lévi-Strauss ein Irrtum ist und daß kein Grund für Alarm besteht»[10]. Er unterstrich, daß Lévi-Strauss im Totemismus nur ein reines Konzeptgebilde sehen wolle und daß er dessen gefühlsmäßige Aspekte und dessen das bewußt gewollte Verhalten beeinflussenden Aspekte völlig vernachlässige. Er bezichtigte Lévi-Strauss einer einseitigen konzeptionellen Betrachtungsweise, die alle Ideensysteme der Kulturen auf ein hoch abstraktes, rein logisches Kategorienschema reduziere und damit die Fülle des Lebens übersehe, die diese Lebenssysteme beinhalteten. Hiatt schloß seine Ausführungen mit den Worten: «Ich nehme eine realistische und pluralistische Position gegen eine Form des intellektuellen Monismus ein, der die kognitiven, konativen und affektiven Inhalte auf reine Denkkategorien reduzieren will.»[11]

Fazit des Ideenstreites? Die Idee des Totemismus lebt. Ihre Vitalität ist nach wie vor ungebrochen. Und sie kann, wie Campbell ausführt,[12] drei miteinander vernetzte Bauelemente enthalten:

– Erstens, es gibt eine mythologisch fundierte Identifikation eines bestimmten Stammes, eines bestimmten Clans oder einer bestimmten Familie mit einer lokalen Tierart als Urahn.
– Zweitens, es kann eine Identifikation eines bestimmten Tiers oder einer bestimmten Pflanze (oder Tierart oder Pflanzenart) mit einer Schutzgeistfunktion oder einem heraldischen Zeichen (Wappenwesen) einer bestimmten sozialen Gruppe oder Klasse existieren.
– Drittens, es kommt vor, daß ein bestimmtes Tier (oder eine bestimmte Tierart) als Schutzgeist, Diener oder Alter ego eines Individuums gilt.

Nach Campbell nannten die Algonkin-Indianer das persönliche Totem «manitou», die Irokesen «aki».[13] Dieses Totem konnte nicht nur ein Tier (z.B. eine Moschusratte), sondern auch ein lebloses Objekt (z.B. ein Messer) sein. Das private Totem begleitete den Krieger auf den Kriegspfad; wenn es verlorenging, verlor der Krieger seinen Schutzgeist und damit seine Zuversicht, wahrscheinlich den Kampf, vielleicht gar sein Leben.

Der Totemismus spielt auch in der modernen Gesellschaft noch immer eine Rolle, die oft ziemlich versteckt ist. Wenn wir also das

Wesen des totemistischen Denkens begreifen, werden wir auch begreifen, warum unsere zeitgenössische Kultur ein neues Totem – eine neue Leitmetapher – braucht.

Die verschiedenen Aspekte des totemistischen Denkens

Ein erster Aspekt des totemistischen Denkens ist, daß der Mensch die Welt als eine Einheit begreift. Er lebt mit Pflanzen und Tieren in einer Schicksalsgemeinschaft, die auf einer gemeinsamen Abstammung von einem Urahn (z.B. Adler, Büffel, Emu, Wolf, Panther, Löwe, Ringelnatter usw.) beruht und die eine Beziehung der gegenseitigen Solidarität, der gegenseitigen Verantwortung und Fürsorge und des gegenseitigen Respekts mit sich bringt.

Die Erinnerung an diese mythologische Schicksalsgemeinschaft wird in ritualisierten Ereignissen (z.B. Legendenerzählungen, Gesänge, Tänze) aufrechterhalten. Diese Rituale besitzen eine ordnungstiftende und ordnungerhaltende Funktion und dienen gleichzeitig der spirituellen Verankerung, die dem Menschen seinen angemessenen Platz in der Schöpfung zuweist.

Ein gutes Beispiel für das eben Gesagte sind die Schwarzfußindianer.

Die Schwarzfußindianer, ein Algonkin-Indianerstamm, tanzten einen rituellen Büffelstiertanz. Eine ihrer Legenden, «Die Frau des Büffels», schildert, wie dieser Tanz entstanden ist:[14]

Die Leute gingen wieder mal auf die Büffeljagd. Sie versuchten, eine Büffelherde zu einem Felsabsturz hinzutreiben, aber die Herde scherte immer wieder links und rechts aus, rannte einen Abhang hinunter und entwich durch das Tal hindurch in die Freiheit. So kam es, daß die Leute riskierten, den Hungerstod zu sterben. Als eine junge Frau eines Morgens Wasser holen ging, blickte sie hinauf und sah auf dem Kliff oberhalb des Korrals eine Herde. «Oh», rief sie, «wenn ihr doch nur herunterfallen würdet, dann würde ich einen von euch heiraten.» Zu ihrem großen Erstaunen begannen die Büffel über das Kliff herunter in den Korral zu springen; sie erschrak, als ein großer Büffelbulle mit einem einzigen Satz über den Zaun des Korrals sprang und näher kam. «Komm!» sagte er und ergriff ihren Arm. «Nein, nein!» schrie sie und leistete Widerstand. «Du sagtest», erwiderte er, «du würdest einen von uns heiraten, und siehst du! der Korral ist voll.» Dann führte er sie den Steilhang hinauf und verschwand mit ihr.

Als die Leute mit dem Schlachten der Büffel fertig waren, vermißten sie auf einmal die junge Frau. Und als ihr Vater sie nirgends finden konnte, nahm er seinen Köcher und seinen Bogen, kletterte das Kliff empor und wanderte über die Prärie. Er marschierte lange und kam schließlich zu einer Wassersuhle; dort sah er, nicht weit von der Suhle entfernt, eine Herde. Er setzte sich nieder. Er war müde und überlegte sich, was zu tun sei. Da sah er, daß neben ihm eine Elster landete. «Ach, du schöner Vogel!» rief er aus. «Wenn du herumfliegst und dabei meine Tochter sehen solltest, sag ihr: ‹Dein Vater wartet bei der Suhle.›» Der Vogel flog zur Herde, erblickte die Tochter und landete nahe bei ihr. Auf dem Boden herumpickend und seinen Kopf mal hierhin und mal dorthin wendend, kam er schließlich ganz nahe zu ihr heran und sagte: «Dein Vater wartet bei der Suhle.» – «Schscht!» wisperte sie, denn der große Büffelbulle war ganz in der Nähe eingeschlafen. «Sag ihm, er solle warten. Ich werde kommen.» Die Elster flog weg und berichtete dem Vater: «Deine Tochter ist bei der Herde, und sie sagt, du sollst warten.»

Als der Büffelbulle erwachte, sagte er zu seiner Frau: «Geh und hol mir etwas Wasser!» Sie nahm ein Horn von seinem Schädel und lief schnell zur Suhle. «Ach, Vater», sagte sie, «warum bist du gekommen? Sie werden dich töten.» – «Ich kam», erwiderte er, «um meine Tochter heimzuholen. Komm, beeilen wir uns!» – «Nein, nein!» sagte sie. «Die würden uns folgen und uns töten. Warte, bis er wieder einschläft. Dann komme ich zurück.» Sie füllte das Horn mit Wasser und kehrte zu ihrem Gatten zurück. Er nahm einen Schluck. «Aha!» sagte er. «Hier gibt es irgendwo einen Menschen.» Ihr Herz begann schneller zu klopfen. Er trank erneut. Dann erhob er sich und brüllte. Was für ein schreckliches Gebrüll! Die Bullen standen auf, hoben ihre kurzen Schwänze und begannen damit herumzupeitschen, schüttelten ihre mächtigen Häupter und fingen ebenfalls an zu brüllen. Dann begannen alle, mit den Hufen zu scharren. Und sie setzten sich in Bewegung, rannten zur Suhle, fanden den armen Mann, trampelten ihn nieder, versetzten ihm Hornstöße und trampelten erneut auf ihm herum, bis man überhaupt nichts mehr von ihm erkennen konnte.

Seine Tochter schrie: «Mein Vater!» – «Aha!» sagte der Büffelbulle. «Du trauerst um deinen Vater. Jetzt siehst du endlich ein, wie es uns ergangen ist. Wir haben zusehen müssen, wie man unsere Mütter, Väter und viele unserer Verwandten über die Felswände hinuntergehetzt hat und wie sie getötet wurden, damit deine Leute zu essen kriegen. Aber ich werde Erbarmen haben, und ich will dir eine Chance geben. Wenn es dir gelingt, deinen Vater wieder lebendig zu machen, dann dürft ihr beide zu euren Leuten zurückkehren.»

Die junge Frau wandte sich an die Elster. «Hab Erbarmen und hilf mir», bat sie. «Geh und such im Schlamm. Versuch, ein kleines Stück von meinem Vater zu finden.» Die Elster flog zur Suhle hin, durchsuchte jedes Loch, wühlte mit dem Schnabel im Schlamm und fand schließlich etwas Weißes. Sie zog mit aller Kraft daran und holte ein Stück Wirbelknochen hervor, mit dem sie zurückkam. Die Tochter legte es auf den Boden und bedeckte es mit ihrem Rock und ihrem Blut. Dann, als sie den Rock wegzog, sah sie ihren Vater tot vor ihr liegen. Sie bedeckte ihn noch einmal mit ihrem Rock und ihrem Blut, und als sie den Rock wegzog, atmete ihr Vater. Er stand auf. Der Büffelbulle war erstaunt. Die Elster war hoch erfreut; sie flatterte herum und begann zu kreischen.

Da sagte der Büffelbulle zu den anderen Büffeln in seiner Herde: «Wir haben heute seltsame Dinge gesehen. Der Mann, den wir zu Tode trampelten, lebt. Die Medizin dieser Leute ist stark.» Dann wandte er sich an seine Gattin: «Bevor ihr geht, werden wir euch unseren Tanz und unseren Gesang lehren.» Alle Büffel begannen zu tanzen. Und wie es sich für solch große Tiere gehört, war ihr Gesang langsam und feierlich, und ihre Tanzschritte waren würdig und gemessen. Und als der Tanz zu Ende war, sagte der große Büffelbulle: «Jetzt geht heim, und vergeßt nicht, was ihr gesehen habt. Bringt diesen Tanz und diesen Gesang euren Leuten bei. Die Objekte dieser Medizin sind der Kopf des Büffels und sein Fell. Diejenigen, die den Büffeltanz tanzen, müssen diese Objekte tragen, wenn sie ihren Tanz darbieten.»

Die Freude im Lager war groß, als der Mann mit seiner Tochter zurückkam. Er berief den Rat der Häuptlinge ein und erzählte ihnen, was passiert war. Und sie wählten ein paar tapfere Krieger aus, denen man den Gesang und den Tanz beibrachte. Und so wurde die Schwarzfußvereinigung gegründet, die man «Alle Kameraden» nennt und deren Pflicht es ist, das Stammesleben und die Riten zu regulieren, durch die jedes Jahr die getöteten Tiere wieder ins Leben zurückgerufen werden.

Und die Moral von der Geschichte? Es gibt nur einen einzigen Seinsraum und nur eine einzige, zusammenhängende Zeit, in der sich jedes Ding aus einem anderen heraus entwickelt. Alle Lebewesen sind deshalb voneinander abhängig. Sie haben gegenseitige Verpflichtungen. Wenn jemand sich aus diesen Verpflichtungen herausschwindeln will, passiert ein Unglück. Und man muß dann schon viel Glück haben, damit sich die Dinge wieder zum Guten wenden können.

Ein zweiter Aspekt des totemistischen Denkens ist, daß die Phantasie – wie der britische Kulturanthropologe Gregory Bateson in seinem Buch *Geist und Natur*[15] betont – eine morphogenetische Qualität besitzt. Das heißt, daß die Phantasie schöpferisch und strukturbildend ist; sie beeinflußt sehr stark die Formen und die Funktionen einer Gesellschaft.

In diesem Sinn führt eine totemistische Metapher zu einem Vergleich zwischen Mensch und Totemwesen; dabei übernimmt der Mensch mit der Zeit die Charakterzüge, die ursprünglich dem Totemwesen zugeschrieben wurden.

So berichtet etwa Lévi-Strauss, daß die Eingeborenen an der Meeresenge von Torres, die das Kap York im Nordwesten von Australien von der Südküste Neuguineas trennt, sich gegenseitig Charakterzüge und Verhaltensweisen zuschreiben, die von ihren jeweiligen Totemtieren stammen.[16] Die Clans des Cassowary (großer, flugunfähiger Vogel), des Krokodils, der Schlange und des Hais standen im Ruf, Kämpfe zu lieben – während die Clans des schaufelnasigen Rochens, des Mantelrochens und des Saugfisches für ihre Friedfertigkeit bekannt waren. Der Hunde-Clan stand im Ruf, gelegentlich kämpferisch und gelegentlich friedlich zu sein – ganz so, wie es Hunde sind.

Man sagte den Angehörigen des Krokodil-Clans nach, daß sie stark und rücksichtslos seien – während man den Männern des Cassowary-Clans nachsagte, sie seien langbeinig und Schnelläufer.

Ein dritter Aspekt des totemistischen Denkens besteht darin, daß auch die körperlichen Eigenschaften des Totemtieres auf die Angehörigen eines Clans übertragen werden.

Bei den Chippewa-Indianern Nordamerikas galten die Angehörigen des Fisch-Clans als langlebig.[17] Man sagte, daß sie kahl würden oder dünne Haare besäßen; und man nahm an, daß überhaupt alle kahlen Männer von diesem Clan abstammten. Den Angehörigen des Bären-Clans sagte man hingegen nach, daß sie langes, dickes und robustes Haar hätten, das nie ergraute. Die Angehörigen des Kranich-Clans hatten angeblich eine laute, schallende Stimme; und man nahm an, daß Redner immer aus diesem Clan kamen.

Ein vierter Aspekt des totemistischen Denkens: Das Totem ist mit gewissen Regulierungen, Vorschriften und Tabus verbunden, die viele Verhaltensweisen und Rituale steuern.

Bei gewissen Eingeborenenstämmen durfte das Totemtier nicht gejagt werden. Bei anderen Stämmen war dies erlaubt; aber das Mitglied des Clans, das das Totemtier tötete, mußte sich vor diesem entschuldigen und dabei seinen Gefühlen der Loyalität und Zuneigung für das Tier und für den Clan Ausdruck geben.[18]

Von Lévi-Strauss stammen einige Beispiele aus Australien, die zeigen, wie ausgeklügelt solche Vorschriften und Tabus gelegentlich sein konnten.[19] Beim Emu-Clan durfte der Jäger, wenn er alleine war, keinen Emu anrühren. In Gesellschaft anderer Jäger durfte und mußte er den Emu töten, um ihn den Jägern anderer Clans zum Essen anzubieten.

Ein Angehöriger des Wasser-Clans durfte Wasser trinken, wenn er alleine war; wenn er jedoch mit anderen zusammen war, durfte er nur Wasser trinken, falls ihm ein Angehöriger der gegenüberliegenden Hälfte seines Clans – aus dessen Mitte er jemanden heiraten durfte, während ihm das innerhalb seiner eigenen Hälfte verboten war – Wasser anbot.

Die Warramunga und die Walpari durften das Totemtier mütterlicherseits nicht essen, es sei denn, es wurde ihnen von der gegenüberliegenden Clanhälfte offeriert.

Im wesentlichen gab es also drei durch spezifische Regeln abgesicherte Haltungen einem Totemtier gegenüber: Es gab Gruppen, die dieses Tier nie aßen, weil es ihr eigenes Totem war. Es gab solche, die das eigene Totemtier nur aßen, wenn es ihnen von der gegenüberliegenden Clanhälfte angeboten wurde. Und es gab schließlich solche, die ein Tier ohne weiteres essen durften, da es nicht ihr eigenes Totem war.

Entsprechende Regelsysteme gab es auch für die heiligen Wasserquellen. Die Frauen durften sich ihnen nicht nähern. Nichtinitiierte Männer durften sich ihnen nähern, aber nicht davon trinken. Gewisse Gruppen von nichtinitiierten Männern durften beides, sofern ihnen das Wasser von Männern angeboten wurde, die zur Gruppe gehörten, die davon trinken durfte.

Die mit dem Totemwesen verbundenen Regeln und Tabus bestimmten auch sehr genau, wer wen heiraten und wer wen nicht heiraten durfte.

Beim Bororo-Stamm[20] in Zentralbrasilien war das Dorf in Kreisform angeordnet. In der Mitte des Kreises stand das große, längliche Männerhaus, in dem die unverheirateten Männer schliefen. Auf der Kreislinie, rund um das Männerhaus herum, waren clanweise die kleinen Hütten angeordnet, in denen die Frauen mit ihren Männern schliefen. Die Siedlung lag an einem Fluß, der von Osten nach Westen strömte. Eine Trennlinie, die parallel zum Fluß und mitten durch den Kreis und damit quer durch das Männerhaus hindurch verlief, trennte die Siedlung in zwei Hälften. Eine entlang der Achse des Männerhauses verlaufende Nordsüdachse trennte das Kreisdorf ebenfalls in zwei Hälften. Südlich des Flusses wohnte die Tugare-Hälfte und nördlich des Flusses die Cera-Hälfte. Jeder Mann im Stamme gehörte zum selben Clan und zur selben Stammeshälfte wie seine Mutter, und er mußte – dem Gesetz der Exogamie folgend – stets eine Frau aus demselben

Clan, aber aus der gegenüberliegenden Hälfte der Siedlung heiraten.

Wie Lévi-Strauss berichtet,[21] wurde das Verhalten der Chickasaw- und der Creek-Indianer im Südosten der USA bis ins kleinste Detail vom Totem ihres Clans diktiert. Die Angehörigen des Waschbär-Clans ernährten sich vor allem von Fisch und wilden Früchten.

Die Angehörigen des Panther-Clans lebten in den Bergen, mieden das Wasser, das sie sehr fürchteten, und ernährten sich vor allem von Wild.

Die Angehörigen des Wildkatze-Clans schliefen tagsüber und jagten nachts, da sie angeblich mit einem ausgezeichneten nächtlichen Sehvermögen begabt waren. Zudem zeigten sie kein Interesse an Frauen.

Die Angehörigen des Vogel-Clans standen vor Tagesanbruch auf. Sie besaßen mehrere Frauen und hatten – wie die Vögel – viele Nachkommen. Sie arbeiteten nicht, führten ein gemütliches Leben und gingen – wie die Vögel – jeweils dorthin, wohin es sie gerade zog.

Die Angehörigen des Rotfuchs-Clans lebten in den Wäldern. Sie taten, was ihnen gefiel, und sie lebten davon, andere Clans und andere Stämme zu bestehlen – ganz so, wie dies Füchse tun.

Ein fünfter und letzter Aspekt des totemistischen Denkens, den wir in diesem Zusammenhang erwähnen wollen, bestand darin, daß das Totem in bildhafter Form dargestellt wurde.

Das Totemwesen wurde in Holz geschnitzt oder in Stein gehauen. Es wurde bemalt, mit Federn, Fellen, Zähnen, Hörnern, Klauen, Muscheln und anderen Dingen geschmückt, die zum Totem gehörten. Es wurde vor dem sakralen Zentrum des Stammes oder des Clans oder im Zentrum einer Siedlung in erhabener Position angebracht, zum Beispiel auf einem hohen Totempfahl. Es zierte manchmal auch Schilder, Wappen, Kleider oder andere Gegenstände der Angehörigen einer bestimmten sozialen Gruppe.

Eine der ältesten totemistischen Darstellungen befindet sich in der schwer zugänglichen Höhle Les Trois Frères in den französischen Pyrenäen. Diese Stalaktitenhöhle war offenbar die sakrale Kulthöhle eines Jägerstammes, in der die totemistische Verbindung von Jäger und Jagdtier gefeiert wurde. Auf einer Felswand dieser Höhle haben die steinzeitlichen Jägerkünstler eine äußerst eindrucksvolle Jagdszene in den Stein eingraviert.

Man sieht eine Menge von Tieren, die damals in Südfrankreich gelebt haben, wie Mammut, Rhinozeros, Bison, Wildpferd, Wildesel, Rentier, Bär, Vielfraß, Moschusochse, Wildschwein, Steinbock, Schnee-Eule, Hase und Fisch. Die Tiere wirken sehr plastisch. Sie wurden mitten in ihren arttypischen Bewegungen dargestellt. Man spürt geradezu, wie sich die Künstler in die Tiere hineingefühlt, sich mit ihnen identifiziert und ihren Charakter und ihre Verhaltensweisen in genialer Intuition wahrgenommen und dann mit untrüglicher Instinktsicherheit dargestellt haben.

Pfeile schwirren durch die Luft, und den getroffenen Tieren schießt Blut aus Nasen und Wunden. Mitten in dieser bewegten Szene steht eine seltsame Figur. Es ist ein Mann, der ein Büffelfell mitsamt Haupt und Hörnern trägt. Er hält ein bogenartiges Streichinstrument in den Händen, als würde er zum Tanz aufspielen.

Doch die alles beherrschende Figur dieses Jagdtanzes ist der Magier oder Zauberer, der fünf Meter hoch über dem Boden in einer konkaven Delle der Höhle steht. Er ist die einzige Figur, die mit schwarzer Kohle gezeichnet wurde. Seine beschwörende Präsenz ist überwältigend. Er ist beinahe einen Meter groß, eine Mischung aus Mensch und Tier, und er tanzt offenbar einen rituellen Tanz. Er steht auf den Hinterbeinen, hat die vorderen Extremitäten erhoben und blickt herunter auf den Betrachter und auf die ganze, in den Stein geritzte Jagdszene.

Auf dem Kopf trägt er ein Rotwildgeweih. Seine Ohren sind die Ohren eines Hirsches. Seine kreisrunden Augen gleichen den Augen einer Eule. Er besitzt den langen Bart eines erwachsenen Mannes. Seine vorderen Gliedmaßen scheinen die Vorderbeine eines Tieres zu sein, und seine Hände gleichen Löwentatzen, während seine Hinterbeine die Beine eines Mannes sind. Der Rumpf ist der eines mächtigen Tieres. Er trägt den Schwanz eines Wolfes oder eines Wildpferdes. Unterhalb des Schwanzes treten die Hoden hervor, die die Hoden einer Raubkatze sein könnten.

Die ganze Jagdszene und die Darstellung des Zauberers, des magischen Meisters der Tiere, bezeugen die totemistische Einheit von Mensch und Tier. Diese Einheit zu erkennen war nur jenen

Menschen möglich, die bevorzugt mit der nichtdominanten Hemisphäre dachten.

Das Mischwesen – der Magier oder Zauberer – ist nicht etwa ein Produkt schlechter Zeichnungskunst, denn die gleichen Künstler, die dieses Wesen malten, haben ja eine überaus realistische Darstellung von Tieren geschaffen. Diese durch das Wissen um die stammesgeschichtliche Vielfalt motivierte Darstellung einer zwischenartlichen Einheit ist das Resultat einer bewußten gestalterischen Absicht.

Der englische Künstler und Mystiker William Blake schrieb: «Weise Menschen sehen die Umrisse, und deshalb zeichnen sie sie.»[22]

Die weisen Jäger der Steinzeit haben die Umrisse der mystischen Einheit zwischen Mensch und Tier gesehen, und sie haben sie in den Höhlen von Altamira, Lascaux, Les Trois Frères und an vielen anderen Orten – zum Beispiel in den Petroglyphen der Sahara und in den Felszeichnungen der Anasazi, der Ureinwohner des amerikanischen Südwestens – künstlerisch dargestellt. Sie haben uns damit ein unschätzbares Testament für die Zukunft hinterlassen, denn man muß weit zurück in die Vergangenheit schauen, um weit nach vorne in die Zukunft blicken zu können.

Wie Campbell betont, sind der Jäger und das gejagte Wild in der Höhle Les Trois Frères eine untrennbare Einheit.[23] Der Jäger ist der Gejagte, und das gejagte Wild ist der Jäger. Es besteht ein uralter, heiliger Vertrag zwischen Mensch und Tier. Er weist beiden Teilen in diesem magischen Ritual, das die Einheit von Mensch und Tier, von Jagen und Gejagtwerden, von Leben und Tod feiert, ihren Platz zu. Beide Teile nehmen an einem Tanz teil, der zugleich der Tanz des Werdens und Vergehens ist.

Diese paradoxale Einheit von Außen- und Innenwelt, von Subjekt und Objekt, von Zielorientiertheit und Ziellosigkeit war nicht nur den «primitiven» – allein schon dieser Ausdruck verrät den Dominanzwahn unserer Kultur, die das, was ihr fremd ist, als minderwertig ansieht! – Völkern bekannt. Sie spielte auch und spielt noch immer eine zentrale Rolle im Zen-Buddhismus.

Dieser Sachverhalt verdient, daß wir hier einen kurzen Abstecher in die Natur des Zen-Buddhismus machen, der zusammen mit dem Taoismus zu den wertvollsten Gedankengebäuden der menschlichen Kultur gehört. In beiden Denksystemen finden wir noch heute die Spuren eines uralten totemistischen Denkens, das nach wie vor wirksam ist und das die Einheit aller Existenz und damit aller leblosen Dinge und aller lebenden Wesen betont.

Eine Grundidee des Zen-Buddhismus ist, daß die Wahrheit und das Wesen der Existenz nur intuitiv und nicht mittels des analytischen Verstandes erfaßt werden können. Der Zen-Schüler erlebt die Erleuchtung (*Satori*) in der nichtzielgerichteten Meditation. Er muß eins mit sich selbst und eins mit der Welt werden, damit er das Wesentliche erschauen kann.

Dieser Geist der Einheit wird sehr schön im folgenden Kurzgedicht des japanischen Zen-Poeten Issa erfaßt:[24]

> Unter Kirschbäumen
> gibt es
> keine Fremden.

Das Wort «Kirschbaum» suggeriert Schönheit, Unbeschwertheit, Lieblichkeit, Vertrautheit und Harmonie. Die Aussage, daß es unter Kirschbäumen keine Fremden gibt, betont die Einheit, die alles Seiende umfaßt, wenn der Mensch im richtigen inneren Zustand ist und diese Einheit intuitiv erlebt.

Der Geist der Einheit impliziert eine zirkuläre Zeit, in der sich alle Ereignisse stets wiederholen. Und er impliziert eine Absichts- und Ziellosigkeit allen Denkens und Handelns, die den Menschen schließlich spontan ans Ziel der Erkenntnis oder des Wollens bringen.

Die zirkuläre Zeit, die keinen Anfang und kein Ende kennt, ist meisterhaft in einem Todesgedicht ausgedrückt, das der japanische Poet Skinkichi Takahashi in diesem Jahrhundert geschrieben und in einen Stein gemeißelt hat, der auf einer Anhöhe oberhalb eines Fischerdorfes auf der Insel Shikoku steht.[25]

> *Abwesenheit*
>
> Sag einfach: «Er ist ausgegangen» –
> Zurück in
> fünf Milliarden Jahren!

Der Tod erscheint hier als ein reversibles und keineswegs angstbetontes Ereignis. Er ist nur temporärer Natur, da ja Tod und Leben, Gegenwart, Vergangenheit und Zukunft eins sind.

Die Idee der Absichtslosigkeit, die dennoch zu Resultaten führt, ist im folgenden Haiku formuliert:[26]

Die Wildgänse beabsichtigen nicht, ihren Schatten zu werfen.
Das Wasser beabsichtigt nicht, ihr Schattenbild zu empfangen.

Das Gedicht besagt, daß die Dinge einfach passieren. Sie berühren sich, gehen ineinander über und beeinflussen sich, ohne dies bewußt oder unbewußt zu wollen.

Dieselbe Absichtslosigkeit spielt auch beim japanischen Bogenschießen, einer alten Kriegskunst aus der Zeit der Samurai, eine zentrale Rolle.

Eugen Herrigel, ein Deutscher, der in Japan die Kunst des Bogenschießens erlernte, mußte am eigenen Leib erfahren, wie mühsam es für einen westlichen Menschen ist, diese Art des Denkens und Handelns zu erlernen.

Die Kunst des japanischen Bogenschießens kann nur erlernt werden, wenn sich der Schüler einer rigorosen Meditation und vielen spirituellen Übungen unterwirft, bis sein Geist schließlich zum Nicht-Geist und seine Technik zur Nicht-Technik wird, bis er und die Zielscheibe eine Einheit bilden und der Pfeil von selbst von der Sehne schnellt.

Als Herrigel, enttäuscht von den vielen Fehlschlägen, aufgeben wollte, sagte ihm der Zen-Meister, daß er ganz anders vorgehen müsse, als er es bisher getan hatte:[27] «Hör auf, über den Schuß nachzudenken! Wenn du darüber nachdenkst, dann geht der Schuß daneben.» – «Ich kann gar nicht anders», antwortete Herrigel. «Die Spannung wird zu schmerzvoll.» Da sagte der Meister:

«Du kannst sie nur fühlen, weil du dich selbst nicht wirklich losgelassen hast. Es ist alles so einfach. Von einem ganz gewöhnlichen Bambusblatt kannst du lernen, was geschehen müßte. Es beugt sich immer tiefer und tiefer unter der Last des Schnees. Auf einmal gleitet der Schnee vom Blatt, ohne daß es sich überhaupt gerührt hat. Bleib genau so (still) am Punkt der höchsten Spannung, bis der Schuß von dir abfällt. So ist es nämlich: Wenn die Spannung vollendet ist, *muß* der Schuß fallen; er muß vom Bogenschützen fallen wie der Schnee vom Bambusblatt, bevor er überhaupt daran denken kann.»

Und als immer noch alle Versuche fehlschlugen, die Zielscheibe zu treffen, erklärte der Meister:[28]

«Die echte Kunst ist absichtslos, ziellos! Je hartnäckiger du versuchst, den Pfeil so abzuschießen, daß er das Ziel trifft, um so weniger wirst du im einen Erfolg haben, und das andere wird immer weiter von dir zurückweichen. Was dir im Wege steht, ist, daß du zu viel absichtsvollen Willen besitzest. Du meinst, daß das, was du nicht selber tust, nicht passieren wird.»

Herrigel übte und übte. Er erlangte die ersehnte Kunstfertigkeit aber erst, nachdem er in den richtigen spirituellen Zustand geraten war und nachdem er begriffen hatte, was bereits die Jäger der Steinzeit gewußt haben: daß innen und außen, hier und dort, Subjekt und Objekt, Bogenschütze, Pfeil und Bogen und Zielscheibe eins sind. Er erreichte sein Ziel erst, nachdem er verstanden hatte, daß der Bogenschütze auf sich selbst und dennoch nicht auf sich selbst zielen muß und daß der Zielende und das Ziel, der Schütze und die Scheibe eins sind.

Die Quintessenz des totemistischen Denkens?

Wir sahen, daß der Mensch in der Urzeit seiner Existenz begriffen hat, daß er eins mit seiner Welt ist und dies auch sein muß, wenn er in der richtigen Ordnung der Dinge überleben und sich entwickeln will.

Wir stellen fest, daß das Totem eine besondere Metapher ist, ein Vergleich zwischen Natur und Kultur. Dieser Vergleich besitzt eine große morphogenetische, eine strukturbildende Kraft. Sie beeinflußt die Wahrnehmung, das Denken und Fühlen und alles Verhalten und Handeln und sogar die physiologischen Prozesse der Angehörigen einer totemistischen Gruppe.

Wir wissen, daß von einem Totem eine ordnungstiftende Macht

ausgeht, die dem Menschen seinen Platz in der Ordnung der Dinge und der Lebewesen zuweist. Sie gibt ihm eine spirituelle Verwurzelung, die ihm über die Ängste und Nöte seiner Existenz hinweghilft.

Und wir folgern, daß das Totem den Menschen unablässig daran mahnt, daß er nicht nur alle Lebewesen, sondern überhaupt alles Seiende respektieren muß und daß Nehmen und Geben immer im Gleichgewicht sein müssen, damit sich das Leben auf diesem Planeten optimal entwickeln kann.

Der amerikanische Anthropologe und Schriftsteller Frank Waters schrieb eine herrliche Geschichte, *Der Mann, der das Reh tötete*, die in der Gegenwart spielt, in der die Angehörigen des Pueblos von Taos (New Mexico) mit dem neuen Denken der amerikanischen Kultur in Berührung gekommen sind und die alten Sitten und Bräuche nicht mehr immer respektieren.[29]

Die Geschichte handelt von einem jungen Mann, der entgegen den alten Vorschriften und außerhalb der Jagdsaison ein Reh schoß. Er wurde erwischt, und man berief den Rat der Alten ein, um ein Urteil zu fällen. Als alle versammelt waren und nachdem die Verhandlungen begonnen hatten, trat auf einmal eine Pause ein. Und in dieser Pause begann das Schweigen zu den Männern zu sprechen:[30]

Es gibt überhaupt kein Ding, das einfach ist. Man läßt einen Kieselstein in einen Teich fallen, aber die sich kräuselnden Wellen breiten sich weit aus. Man hebt in den Bergen einen kleinen Stein auf, einen von diesen kleinen Steinen, die man Lagrimas de Cristo nennt – und siehe da! Er sieht aus wie ein Stern. Der Berghang ist voller Sterne wie der Abhang des Himmels. Oder nimm das Samenkorn des Getreides. Pflanze es in Unsere Mutter Erde hinein, zusammen mit deinem Schweiß, mit dem, was du über die Zeiten und die Jahreszeiten weißt, mit deinen ordnungsgemäßen Gebeten. Und mit deiner Kraft und Männlichkeit vermehrt es Unser Vater Sonne und gibt es zurück in dein Fleisch. Was ist denn dieses Samenkorn des Getreides? Es ist kein einfaches Ding. Nichts ist einfach und allein. Wir sind nicht getrennt und allein. Die atmenden Berge, die lebenden Steine, jeder Grashalm, die Wolken, der Regen, jeder Stern, die wilden Tiere, die Vögel und die unsichtbaren Geister der Lüfte – wir sind alle eins, untrennbar. Nichts, was wir tun, läßt uns unbeeinflußt.

Und nach dieser Beschwörung der Einheit alles Seienden kommt das Schweigen auf die Tat des jungen Mannes zu sprechen:

In den alten Tagen, an die wir uns noch alle erinnern, gingen wir nicht leichtfertig hinaus, um zu jagen. Wir sagten zum Reh, das wir töten wollten: «Wir wissen, daß dein Leben genauso kostbar ist wie unser Leben. Wir wissen, daß wir beide Kinder des gleichen Großen Wahren sind. Wir wissen, daß wir alle ein einziges Leben auf derselben Mutter Erde sind, unter denselben Weiten des Himmels. Aber wir wissen auch, daß ein Leben manchmal einem anderen Leben Platz machen muß, damit das große Leben von allen ohne Unterbruch weiterleben kann. Daher bitten wir dich um deine Erlaubnis. Wir erwerben deine Zustimmung zu diesem Töten.

Wir sagten dies zeremoniell, und wir sprenkelten Mehl und Kornblütenstaub zu Unserm Vater Sonne hin. Und wenn wir das Reh töteten, legten wir sein Haupt gen Osten hin, und wir bestreuten es mit Mehl und Kornblütenstaub. Und wir tropften Tropfen von seinem Blut und legten Stücke von seinem Fleisch auf den Boden für Unsere Mutter Erde. So gehörte es sich. Wenn wir dann sein Fleisch unserem Fleisch einverleibten, wenn wir in den Mokassins seiner Haut herumwanderten, wenn wir in seinem Fell und mit seinem Geweih tanzten, dann wußten wir, daß das Leben des Rehs in unserm Leben weiterlebte, so wie es umgekehrt auch in dem einen Leben um uns herum, unter uns und über uns weiterlebte. Wir wußten, daß das Reh dies wußte, und wir waren zufrieden.

Dies ist eine der schönsten Beschreibungen der Einheit alles Seienden, die es gibt.

Ein solches Denken und Handeln konnte nur in einer Kultur existieren, die weder der Leier der Orphiker noch dem Dreschflegel der Genesis unterworfen worden war und deren Leitgedanke darin bestand, daß alles Seiende heilig ist und deshalb respektiert werden muß.

Es ist sehr wichtig, welche Lebensphilosophie und welche Hauptmetaphern eine Kultur besitzt. Wenn der Mensch sich als Gott sieht, dann wird er göttlich. Wenn er sich als Teufel sieht, wird er zum Teufel. Wenn er sich als die Krone der Schöpfung begreift, die sich alle anderen Lebewesen untertan machen darf, dann wird er sich wie ein Rüpel verhalten. Wenn er sich als Maschine sieht, dann wird er eine Maschine sein. Und wenn er die Welt als gigantische Maschine und sich selbst als ein Rädchen innerhalb dieser Maschine begreift, wird er eben ein mechanisches Rädchenleben führen.

Daher meine Hypothese, daß unsere Kultur, die zu gleichen Teilen aus der jüdischen und der griechischen Mittelmeerkultur stammt oder wenigstens von ihr stark beeinflußt wurde, seit gut dreitausend Jahren unbewußt den Dinosaurier zu ihrem Totemtier erkoren hat und sich deshalb zwangsläufig wie ein Dinosaurier benimmt, der alles niedertrampelt, was sich ihm in den Weg stellt.

Der Dinosaurier ist zur unbewußten Leitmetapher, zum Totem der weltumfassenden Industriekultur geworden. Diese Leitmetapher bestimmt, wie wir die Welt und uns selbst sehen – und wie wir darin handeln.

Im Zeichen des Dinosauriers

Wir werden euch beerdigen!

«Wir werden euch beerdigen!»[1] prahlte Nikita Chruschtschow, als er im Jahre 1959 mit dem amerikanischen Vizepräsidenten Richard Nixon zusammentraf.

Es war ein Treffen der Giganten mitten im kalten Krieg. Der Kommunismus und der Kapitalismus standen sich unversöhnlicher denn je gegenüber. Chruschtschow rühmte die Qualität der russischen Kühlschränke, Nixon brüstete sich mit dem überragenden Stand der amerikanischen Technologie. Beide machten das Männchen. Sie übten sich im Imponiergehabe, ganz so wie ihre stammesgeschichtlichen Vorfahren, als diese noch auf den Bäumen herumgeklettert waren und dauernd vor Aufregung gekreischt hatten.

Warum führten sich die beiden Staatsmänner auf wie erregte Buben? Es fehlte ihnen weder an Intelligenz noch an politischer Erfahrung. Was ihnen fehlte, war die Weisheit. Sie agierten unbewußt im Zeichen des Dinosauriers und versuchten, sich gegenseitig verbal in Grund und Boden zu stampfen.

Die Ballade vom traurigen Schicksal der Dinosaurier

Die Dinosaurier tauchten zum erstenmal in der sogenannten Triaszeit auf, vor rund 225 bis 195 Millionen Jahren.[2] Während der Jurazeit, vor 195 bis 136 Millionen Jahren, beherrschten sie die ganze Erde. Und am Ende der Kreidezeit, spätestens vor 65 Millionen Jahren, verschwanden sie von der Bildfläche. Am Ende des sogenannten Erdmittelalters gab es keine lebenden Dinosaurier mehr.[3]

Wer waren die Dinosaurier? Wie ihr Name besagt, waren es Echsen. Viele ihrer Vertreter hatten ein furchterregendes Aussehen. Aber einige waren auch etwas kleiner als die gewaltigen Riesenechsen, deren Skelette man heute in naturhistorischen Museen bestaunt.

Lange galt der Brachiosaurus als der größte Dinosaurier überhaupt. Er war bis zu dreißig Meter lang und bis zu fünfzehn Meter hoch und wog bis zu hundert Tonnen.[4] Im Jahre 1972 fanden Wissenschaftler in Colorado ein noch größeres Exemplar. Dieser sogenannte Ultrasaurus überragte den Brachiosaurus um ein Drittel. Er muß bis zu 130 Tonnen gewogen haben – soviel wie zwanzig Elefanten!

Das kleinste Exemplar der Dinosaurier, dessen Skelett man bisher ausgegraben hat, der sogenannte Mussaurus, also Mäusesaurier, war bloß zwanzig Zentimeter lang. Dieses Tier war im Nest vom Tod überrascht worden und dürfte im ausgewachsenen Zustand eine Länge von ungefähr drei Metern erreicht haben.

In der Triaszeit, als die Dinosaurier zum erstenmal auf der Erde auftauchten, bestand unser Planet aus einem einzigen, zusammenhängenden Urkontinent, den man als Pangäa bezeichnet.[5] Der Rest des Planeten war mit einem riesigen Ozean bedeckt, Panthalassa genannt. Am Äquator buchtete sich der Weltozean vom Osten her in westlicher Richtung ins sogenannte Tethysmeer ein. Man nimmt an, daß dieses tiefe Tethysmeer von seichten Küstengebieten umgeben war.

In der Jurazeit nahm die Zahl der Dinosaurier stark zu. Damals hatte sich die Pangäa bereits aufgelöst. Der amerikanische Kontinent war nach Westen gedriftet, und Europa hatte sich von Afrika getrennt.

In der Kreidezeit hatten sich fünf Kontinente gebildet, und es kam zu einem Klimawechsel. Bisher hatte es auf der Erde vor allem Farne, Palmfarne und Nadelhölzer gegeben.[6] Jetzt traten, im Rahmen des sich anbahnenden Klimawechsels und der sich langsam ausbildenden Jahreszeiten, die ersten Blütenpflanzen auf, die sich schnell vermehrten.

Im Laufe dieser Jahrmillionen entwickelten sich verschiedene

Arten von Dinosauriern. All diese Arten hatten eines gemeinsam: Ihre Vertreter waren riesige, eher schwerfällige Viecher mit derselben Adaptionsstrategie: Sie maximierten ihre Körpergröße und entwickelten, im Vergleich zu ihrer riesigen Größe, ein erstaunlich kleines Hirn.

Wie sahen die Dinosaurier aus? Sie hatten gewaltige Skelette, eine schuppenförmige, dicke, verhornte Haut, die bei manchen Arten mit riesigen Panzerplatten bedeckt war.[7]

Manche Dinosaurier glichen grotesken Kampfpanzern. Einige von ihnen, zum Beispiel die Panzerdinosaurier, besaßen regelrechte Schwanzkeulen, die aus dicken Knochenkugeln bestanden.[8] Wenn ein anderes Tier von dieser herumpeitschenden Schwanzkeule getroffen wurde, trug es schwere Verletzungen davon. Andere Dinosaurier, zum Beispiel der Stegosaurus, hatten am Schwanzende große Knochendornen, die aussahen wie die Zähne eines Walrosses und die im Kampf wie Dolche in den Körper ihrer Gegner eingedrungen sein müssen.

Einige Dinosaurier, vor allem die Fleischfresser, besaßen gewaltige Krallen, die sie raubvogelartig in ihre Beute schlugen. Der Deinonychos besaß an der zweiten Zehe eine sichelförmige Klaue, die wie ein Krummdolch aussah. Er hatte zudem an den Vorderbeinen gewaltige Klauen, mit denen er den Erdboden aufscharrte oder Gegner und Beutetiere angriff.

Die bereits erwähnten Stegosaurier hatten längs ihrer Wirbelsäule zwei parallel angeordnete Reihen senkrecht in die Luft ragender, kegel- oder dachplattenförmiger und bis zu mehr als einem Meter langer Knochenplatten.[9]

Auf dem Rücken des kleinbeinigen Polacanthus erhoben sich zwei parallel angeordnete Reihen von Knochendolchen. Sein Schwanz war bedeckt mit dreieckigen Knochenplatten. Das Tier muß wie ein mittelalterlicher Kampfwagen ausgesehen haben, der, mit Schwertern und Sensen bestückt, mitten in die Feinde hineinfuhr.

Geradezu grotesk wirkte der nashornähnliche Triceratops mit seinem waagrechten Horn auf der stumpfen Nasenspitze.[10] Auf dem Schädel saßen zwei dolchartige, lange Hörner, die ebenfalls waagrecht nach vorn wiesen. Vor ihm wich vermutlich sogar der Tyrannosaurus rex zurück, ein nicht eben freundlich wirkender

Geselle, der ein fünfzehn Meter langer Fleischfresser war und einen gewaltigen Freßschädel besaß, dessen Sägezähne bis zu achtzehn Zentimeter lang waren.[11]

Viele Dinosaurier waren somit trotz ihrer Schwerfälligkeit gut für Angriff und Verteidigung gerüstet.

Es gab pflanzenfressende Saurier und Raubsaurier, die sich kannibalisch von ihren Artgenossen ernährten oder andere Tiere jagten. Die meisten von ihnen waren träge Ungeheuer. Aber andere waren schnell. Eine Dinosaurierart, die auf kräftigen Hinterbeinen lief und deren Vorderextremitäten wie beim Känguruh eher verkümmert waren, soll eine Geschwindigkeit von bis zu 56 Kilometer pro Stunde erreicht haben.[12] Sie war also beinahe so schnell wie ein Rennpferd.

Diese Zigtonner mit ihrem gewaltigen Energiebedarf hatten einen kaum zu stillenden Hunger. Die pflanzenfressenden Dinosaurier ernährten sich von Farnen, Palmfarnen und den Zweigen der Nadelhölzer. Dieses Futter hatte einen geringen Nährwert. Sie müssen deshalb praktisch ununterbrochen gefressen und verdaut haben, um ihren Energiebedarf zu decken.

Die Dinosaurier beherrschten zu ihrer Zeit die ganze Erde. Sie waren mit ihrer Größe, ihrem Gewicht und Einfluß den heutigen internationalen Multis vergleichbar. Aber während diese immerhin über elektronische Schnellrechner und oft über eine intelligente Leadership verfügen, die ihnen trotz ihrer Größe im Prinzip eine gewisse Reaktionsgeschwindigkeit und eine schnelle und flexible Anpassung an sich verändernde Umstände erlaubt, war dies bei den Dinosauriern nicht der Fall. Ihre Schädel verraten, daß ihre biologischen Datenverarbeitungsanlagen eher primitiv waren. Deren Programme waren, metaphorisch gesprochen, nicht auf elektronischen Mikrochips, sondern auf Steintafeln gespeichert.

Diese kümmerliche mentale Ausstattung und die daraus resultierende mangelnde Adaptionsfähigkeit führten dazu, daß die Dinosaurier, die so lange die Erde beherrscht hatten, am Ende der Kreidezeit, vor 65 Millionen Jahren, zusammen mit vielen andern Tierarten ausstarben. Damit waren die Säugetiere «endlich von dieser Dominanz erlöst».[13]

Warum verschwanden die Dinosaurier von der Erdoberfläche?

Gingen sie an einer mikrobiellen Krankheit zugrunde? Haben sie sterile Mutanten entwickelt, die sich, wie etwa die Maultiere, nicht mehr vermehren konnten? War ein Klimawechsel schuld daran? Oder gab es für ihr Verschwinden andere Gründe?

Im italienischen Gubbio, an der dänischen Küste und an vielen anderen Orten der Erde hat man eine dünne, bleistiftdicke schwarze Iridiumschicht gefunden, die zu einer neuen Theorie geführt hat.[14] Diese nimmt an, daß die Iridiumschicht, die zwischen Kreide- und Tertiärzeit abgelagert wurde, ein Überbleibsel eines Asteroids, eines sternähnlichen Gebildes, sein müsse, das damals die Erde getroffen habe. Iridium ist nämlich ein Metall, das auf der Erde selten, in Meteoriten jedoch häufig vorkommt.

Traf damals ein riesiger, ungefähr zehn Kilometer im Durchmesser umfassender Meteorit die Erde? Verursachte er Feuersbrünste, Erdbeben und Flutwellen? Wirbelte er dabei so gewaltige Staub- und Wasserwolken auf, daß sich die Sonne während Jahren verdunkelte, so daß die Energie für die Photosynthese fehlte, die Nahrungskette zusammenbrach und die vegetarisch lebenden Dinosaurier und die sich von ihnen ernährenden Raubsaurier vor Hunger zugrunde gingen?

Oder rafften Feuerstürme, die nach gewaltigen Meteoriteneinschlägen oder riesigen Vulkanausbrüchen entstehen, die Dinosaurier hinweg? Wenn letzteres der Fall wäre, wie paßt dazu das Faktum, daß damals die Kontinente bereits auseinandergedriftet und durch große Ozeane voneinander getrennt waren?

Sowohl die Meteor-mit-Feuersturm- als auch die Vulkan-mit-Feuersturm-Hypothese machen Schwierigkeiten, denn schließlich überlebten andere Tierarten – unter anderen die zierlichen Schmetterlinge und die verletzlichen Blütenpflanzen.

Die zur Zeit favorisierte Hypothese hat mit der Temperaturregulierung von Organismen und den damit verbundenen Anpassungsgrenzen an sich verändernde klimatische Verhältnisse zu tun.[15] Man nimmt an, daß die Dinosaurier Kaltblüter gewesen sind – die Hypothese, sie seien Warmblüter gewesen, wird ebenfalls diskutiert – und daß es zur Kreidezeit, aus was auch immer für Gründen, zu einem rapiden Klimawechsel mit starkem Temperatursturz gekommen ist. Den wechselwarmen Dinosauriern fehlte eine interne Temperaturregulierung, die sie unabhängig von der

Temperatur der Außenwelt gemacht hätte. Sie kühlten aus und erstarrten und verhungerten, da sie der Nahrung nicht mehr nachgehen konnten.

Dieses Szenario weist viele konzeptionelle Lücken auf. Niemand kann mit Sicherheit sagen, was damals wirklich passiert ist. Sicher ist nur, daß es im Lauf der biologischen Evolution mehrmals zu Massensterben gekommen ist, bei denen jeweils ganze Tierarten ausgelöscht wurden. Und sicher ist auch, daß bei jedem Massensterben jene Tierarten untergingen, die nicht flexibel auf einen Strukturwandel im Ökogefüge reagieren konnten.

Mit dem Verschwinden der Dinosaurier wurden unzählige ökologische Nischen frei, die nach der Kreidezeit von den Säugetieren besetzt wurden. Dinosaurier und Säugetiere sind mit etwa zehn Millionen Jahren Abstand voneinander entstanden.[16] Aber in den 140 Millionen Jahren, in denen die Dinosaurier die Erde beherrschten, blieben die Säugetiere klein; es waren Tiere von der Größe von Spitzmäusen, Eichhörnchen und Dachsen.

Erst nach dem Aussterben der Dinosaurier begannen sich die Säuger stark zu vermehren und zu neuen, größeren Arten zu entwickeln. Innerhalb von zehn Millionen Jahren brachten sie unzählige Arten von Fledermäusen, Walen, Gras- und Fleischfressern hervor. David Jablonski stellt lapidar fest: «Die Säugetiere konnten einfach nichts Interessantes tun, bevor die Dinosaurier aus dem Wege waren.»[17]

Die Dinosaurier haben steinerne Spuren hinterlassen: riesige Skelette – leere Kathedralengerippe eines urzeitlichen Gigantismus, Gebilde mit angsteinflößenden Raubtierschädeln, Hörnern und Knochenplatten. Wo diese Urtiere durch Schlamm und Morast wateten, haben ihre großen Füße tiefe, versteinerte Trichter hinterlassen.

Die Moral von der Geschichte? Die Dinosaurier haben ein Beispiel gesetzt, dem man nicht folgen sollte. Sie haben im Lauf ihrer Evolution vor allem eine einzige Variable, die Größe, maximiert. Und sie haben die letztlich relevante Variable, die Entwicklung eines genügend großen und differenzierten Hirns, minimiert. Ein solches Hirn hätte ihnen damals eine flexible Anpassung an die auftretenden Umweltveränderungen erlaubt.

Fazit: Wer auch immer, wo auch immer, wie auch immer und aus welchen Motiven auch immer eine einzige Variable maximiert und so das harmonische Gleichgewicht aller wesentlichen Variablen vernachlässigt, ist ein *mentaler Dinosaurier*.

Der Dominanzwahn der mentalen Dinosaurier

Die Spezies der mentalen Dinosaurier ist nicht ausgestorben. Sie hat die Bio-Katastrophe der Kreidezeit überstanden und lebt noch immer mitten unter uns.

Wir finden mentale Dinosaurier unter den Führungspersönlichkeiten von Kirche, Politik, Verwaltung und Wirtschaft. Wir finden sie im Sport und in der Welt der Kunst. Wir finden sie im Bereich der Technik und der Wissenschaft. Wir finden sie in jedem Arbeitsteam. Es sind jene Menschen, denen ein entfesselter Machttrieb und Raffgier die Besinnung rauben. Es sind jene Menschen, die anderen das Leben schwermachen. Sie verfügen manchmal über eine hohe Intelligenz und in der Regel über ein großes Repertoire an ausgeklügelten Machttaktiken. Ihnen fehlt jedoch die Weisheit.

Es gibt einen Dino-Clan, dessen Totem der Dinosaurier ist und der heute in vielen Bereichen des Lebens das Sagen hat. Seine Mitglieder wollen eines: dominieren!

Die Machtspiele der Mächtigen: Der Dino-Look in Kultur und Staat

Die Machttechniken des Dino-Clans, der zur Zeit unsere Kultur beherrscht, sind in der Regel uniform. Zudem gibt es spezifische Taktiken, die meistens mit der Thematik und mit der Geschichte des Humansystems zu tun haben, in dem die Dino-Leader agieren.

Wir wollen unsere Diskussion der Machttechniken mit denen der kirchlichen Leadership beginnen. Diese hat versagt. Entsprechend groß ist die spirituelle Krise unserer Kultur.

Die Kirche ist eine gesellschaftliche Institution, die im Lauf der Kulturevolution geschaffen wurde, um die spirituellen – und vermutlich biologisch begründeten – Bedürfnisse des Menschen zu steuern. Wo diese Institution funktioniert, sind die Menschen spirituell verankert. Sie fühlen sich sicher, und sie betrachten ihre Existenz als sinnvoll. Sie fühlen sich mit dem Sein verbunden. Sie fühlen sich für sich selbst und für andere verantwortlich. Sie glauben an etwas, das ihr rationales Begreifen transzendiert und ihnen trotzdem Kraft und Halt gibt.

Wo die Kirchen versagen, schießen Sekten aus dem Boden wie Pilze nach einem warmen Sommerregen. Ihnen fehlt die Legitimation der Tradition und der damit einhergehende Erfahrungsschatz. Deshalb kopieren sie die Machttechniken der großen Kirchen. Die Ausbeutung der Gläubigen durch die Sekten ist meistens rücksichtsloser, als die Ausbeutung durch die großen Vorbilder je gewesen ist.

Wie versagten und versagen die spirituellen Leader unserer Kultur?

Der Papst und fundamentalistische Führer von Religionen und Sekten versuchen mit allen Mitteln, die Bevölkerung zur Vermehrung anzutreiben. Sie erklären nicht nur jeden Schwangerschaftsabbruch zum Mord, sie verbieten auch die Empfängnisverhütung, außer jenen Methoden, deren Fehlerquote hoch genug ist, um ihren strategischen Überlegungen nicht in die Quere zu kommen. Daß dabei die Weltbevölkerung beängstigend wächst und jährlich Millionen von Kindern – die doch wohl auch zur Kategorie schützenswerten Lebens gehören – hungern oder an Unterernährung sterben, scheinen sie als ein Phänomen anzusehen, das sie zwar bedauern, das aber nach Gottes weisem Ratschluß dennoch seine Richtigkeit haben muß.

Überforderte Eltern und unerwünschte, emotional vernachlässigte und nicht selten auch schwer mißhandelte Kinder sind für sie kein Thema. Sie stecken den Kopf in den Sand. Ihr Emotionshirn will nicht zugeben, was ihr Vernunfthirn sehr wohl begreifen könnte.

Sie sprechen wortreich davon, daß alles Leben heilig sei. Aber der intrauterine Keimling ist ihnen wertvoller als das geborene Kind, und das geborene Kind wertvoller als der erwachsene Mensch. Sobald nämlich Krieg ausbricht, segnet man hüben und drüben die Waffen und fleht, gelegentlich sogar denselben, Gott um Hilfe an gegen die Feinde, deren physische Vernichtung man mit allen Mitteln erreichen will. Man predigt den Feldzug gegen Andersgläubige. Und man schickt sogar Kinder gleich zu Tausenden in den Krieg und erklärt diesen Krieg kurzerhand zum «Heiligen Krieg», um das Gewissen der Zweifler zu beruhigen und die Kritik der Vernünftigen im Keime zu ersticken.

Manche spirituellen Führer finden es durchaus in Ordnung, für die Todesstrafe gegen Kriminelle und Vaterlandsverräter einzutreten. Sie finden auch nichts dabei, ihre Gegner ins Gefängnis zu werfen, foltern und umbringen zu lassen.

Diesen spirituellen Führern geht es in Wirklichkeit nur darum, ihre Macht zu erhalten, auszuweiten und ihren Einfluß zu maximieren. Sie tun und taten es zu allen Zeiten mit denselben altbewährten Strategien:

– indem sie anderen Völkern, Familien und Einzelpersonen Missionare auf den Hals schicken, die sie indoktrinieren, ihre Götter und ihren Glauben als minderwertig erklären und sie, wenn's sein muß, auch per Zwangsdekret zum *rechten* Glauben bekehren;
– indem sie widerspenstige Denker im eigenen Volke – die sich, wie etwa Giordano Bruno, Galileo Galilei oder Baruch Spinoza, ihre eigenen Gedanken machen – auf dem Scheiterhaufen verbrennen, sie mit Folter bedrohen, sie einsperren oder ihnen lebenslanges Rede- und Publikationsverbot auferlegen, sie exkommunizieren oder mit dem rituellen Bannfluch bestrafen;
– indem sie den Informationsfluß manipulieren, die Druckerlaubnis für Publikationen verweigern, bereits gemachte Publikationen unter den Index stellen und Autoren gelegentlich (z.B. Salman Rushdie) zum Freiwild erklären;
– indem sie aufgeklärten und kritisch denkenden Theologen (z.B. Boff, Küng, Ranke-Heinemann) aus den eigenen Reihen ein Sprech- und Publikationsverbot auferlegen und sie diffamieren.

Die Führer der katholischen Kirche – über viele andere Kirchen und Sekten ließe sich Ähnliches sagen – haben im Lauf der Jahrhunderte ihre Dominanztechniken verfeinert.

Sie haben ihre Macht, ihren Einfluß und ihren Reichtum vergrößert, indem sie den Peterspfennig, Ablaßgelder, irgendwelche Sondersteuern, manchmal wohl auch «freiwillige» Testamentsverschreibungen kurz vor dem Tode, Schenkungen beim Eintritt ins Kloster und viele andere fromme Gaben erfanden.

Macht und Reichtum vermehrten sie auch, indem sie durch Hexenverfolgungen die Furcht vor dem Diesseits und unter Androhung schrecklicher, ewiger Höllenqualen die Angst vor dem Jenseits schürten.

Zum selben Zweck werden wichtige Führungspositionen mit servilen Bischöfen, Erzbischöfen und Kardinälen besetzt. Eifrig wird zu restaurieren versucht, was kritischer Geist, der weltoffene, weise Papst Johannes XXIII. und dessen ökumenisches Konzil «beschädigt» haben.

Der gegenwärtige Pontifex maximus, der oberste Brückenbauer der römisch-katholischen Kirche, ist zum Luftbrückenflitzer geworden. Er rast von Kontinent zu Kontinent. Und da gute Bilder propagandatechnisch bekanntlich wichtiger sind als gute Worte und auf jeden Fall viel leichter zu erbringen als vernünftige Taten, werden die Auftritte jeweils so pathetisch wie eine Wagner-Oper inszeniert.

Christus ritt auf einem unscheinbaren Eselchen in Jerusalem ein. Soviel Bescheidenheit ist heute nicht mehr gefragt.

Damit die Kulisse stimmt, werden die Armenquartiere aufgemöbelt. Man tut, was Fürst Potemkin für Katharina die Große tat: Man stellt Kulissen auf, die die Realität verbergen. Deshalb hat man auch noch keinen Papst in den mit Abfall übersäten Schlammhalden der Favelas von Rio de Janeiro herumstapfen sehen!

Stimmt endlich die Kulisse, dann müssen die Statisten auf die Bühne. Folglich mobilisiert man Menschenmassen, die jubeln und Fähnchen schwingen, damit die große Freude über den Besuch auch richtig rüberkommt.

Und wenn dann der Hauptdarsteller endlich die Bühne betritt, tut er dies nach allen Regeln der Schauspielkunst. Jede Bewegung, jede Geste, jedes Wort und jedes Lächeln ist einstudiert. Die ganze Kontaktnahme mit dem Volk ist dank perfekter Choreographie bis ins kleinste Detail ritualisiert. Für Spontaneität bleibt kein Platz mehr übrig.

Steigt der Hauptdarsteller aus seinem Jet und betritt er fremden Boden, dann übt er sich zuerst einmal in einer Geste ostentativer Demut. Er küßt die Erde – in Wirklichkeit den ölverschlierten Asphalt der Flugpiste. Er erhebt sich, drückt den Notabeln die Hand und akzeptiert mit christlicher Geduld deren Kniefall und Handkuß. Dann nimmt er ein Bad in der Menge. Er fährt in einem schneeweißen Papamobile zum Fußvolk. Er grüßt huldvoll, lächelt leutselig und winkt. Es kann sogar vorkommen, daß er seine kugelsichere Luxuslimousine verläßt und sich, gut bewacht, direkt unters Jubelvolk begibt. Dann nickt er freundlich, schüttelt die Hände und drückt im Zeitlupentempo rosige Babys an sich.

Kinder sind bei solchen Anlässen sehr begehrt. Zur Schau gestellte Kinderliebe, das wissen die geistlichen so gut wie die politischen Führer, zahlt sich aus.

Dieser *Kiss me baby!*-Effekt appelliert an den Brutpflege-Instinkt im Instinkthirn und erweckt gleichzeitig positive Gefühle im Emotionshirn der Menschen. Unter Umgehung des kritisch denkenden Vernunfthirns gelangt man damit sozusagen auf der Direttissima ans Ziel.

Aus dem gleichen Grund lassen sich auch die Mächtigen dieser Erde gerne mit den Erfolgreichen im internationalen Showbusiness sehen. Das gilt auch für die Repräsentanten der weltlichen Macht, die ihren kirchlichen Vorbildern seit eh und je nacheifern; sie wissen, daß die kirchlichen Machtfiguren auf eine lange Erfahrung in solchen Dingen zurückblicken können. Führende Politiker drücken die Hände erfolgreicher Sportler und Künstler, da dies ein patriotisches Wir-Gefühl erzeugt.

Damit sind wir bei den politischen Führern. Dino-Politiker maximieren in jedem Bereich diejenige Variable, die ihrer Machtgesinnung, -erhaltung und -entwicklung dient und die Macht der Gegner wirksam zu unterminieren vermag. Daß ihnen dabei jedes sachliche Problem schnell zu einem rein machttaktischen verkommt, stört sie nicht.

Sie leiern Versprechungen herunter. Was sie vor den Wahlen versprechen, können sie hinterher oft nicht halten. Das wissen sie meistens bereits vor den Wahlen. Mit anderen Worten: Sie haben den wohlkalkulierten Volksbetrug zur Routinestrategie gekürt.

Man erinnere sich an George Bushs Wahlkampfdevise, mit der er vor Jahren den Präsidentschaftskandidaten der Demokraten, den Gouverneur Dukakis aus Massachusetts, zum Verlierer machte. Er wiederholte immer wieder vor surrenden TV-Kameras und in geradezu ritueller Art:«Lesen Sie meine Lippen! Lesen Sie meine Lippen! Es wird *keine,* ich wiederhole, *keine* Steuererhöhungen geben!» Was Bush zustande brachte, ist auch anderen politischen Führern nicht fremd. Im Frühjahr 1991 warfen die Sozialdemokraten und die deutschen Massenmedien ihrem Kanzler eine wahlkampftaktisch motivierte «Steuerlüge» vor.

Die Politiker, die «im Dienste des Volkes schuften», sehen zu, daß sie nicht zu kurz kommen. Sie maximieren Ämterkumulation und Aufsichtsratsmandate. Und sie tun alles, um die Macht ihrer inner- und außerparteilichen Feinde zu verringern. Dabei ist ihnen manchmal jedes Mittel recht – Meineid und Verleumdung inklusive. In gewissen Ländern schrecken sie nicht einmal vor Mord zurück.

In manchen Ländern betrachten die Volksvertreter die Nation als einen Selbstbedienungsladen. Sie vollbringen ihre großen Taten am liebsten auf dem Buckel des Steuerzahlers. Sie korrigieren die Folgen kurzsichtiger Entscheidungen durch überhastete, neue Fehlentscheidungen. Und sie kultivieren die Kunst des Aufschiebens. Bekanntlich erledigt sich oft von alleine, was auf die lange Bank geschoben wurde, weil Gegnern schließlich der Schnauf ausgeht.

Sie maximieren die Rüstungsausgaben, indem sie systematisch an angstbesetzte Instinkte, zum Beispiel an die vom Instinkthirn gesteuerten individuellen Überlebensinstinkte, an den Territorialinstinkt und den Arterhaltungsinstinkt, appellieren. Zwar hat Gorbatschows Perestroika vorübergehend Besorgnis erregt, aber jetzt – Golfkrieg sei Dank – dreht sich die Spirale wieder. Auch das von Reagan ins Leben gerufene und vorübergehend vom Frieden bedrohte SDI-Programm wird möglicherweise morgen neue Chancen kriegen.

Die Grenzen meiner Sprache sind die Grenzen meiner Welt, sagte Wittgenstein. Durch Manipulation lassen sich Grenzen beliebig ins Grenzenlose erweitern. Die Sprache, die der Erkenntnis dienen sollte, wird von vielen Politikern als Instrument zur Verschleierung der Tatsachen und damit als Instrument der systematisch provozierten Verkennung der beobachtbaren Wirklichkeit mißbraucht.

Natürlich gibt es immer wieder Uneinsichtige, denen vor soviel Rüstung graust. Aber da die Sprache manipulierbar ist, gerät prompt zur notwendigen «Nachrüstung», was in Wirklichkeit eine unvernünftige Vor-Vor-Rüstung ist.

Gegen diesen Wahnsinn hat die Jugend, von zornigen und weisen Erwachsenen gleichermaßen unterstützt, erstmals während des kalten Kriegs aufbegehrt.

In den fünfziger Jahren schrieb der englische Dramatiker John Osborne sein berühmtes Stück *Look back in Anger*,[18] das das englische Theater aus seiner öden Nabelschau über das Schicksal der oberen Klassen befreite und das Leben des kleinen Mannes zum Thema machte. *Blick zurück im Zorn* lieferte, ungewollt, das Stichwort für den Protest gegen die Arroganz der Macht, der in den sechziger Jahren explodieren sollte.

Die «angries», die Zornigen, protestierten damals unter anderem auch gegen die Wasserstoffbombe, die Edward Teller & Cie. gebaut hatten.

Am 17. Februar 1958 versammelte sich eine protestierende Menge von über fünftausend Menschen in London vor der Central Hall Westminster. Dies war das erste Treffen der Kampagne für nukleare Abrüstung, an dem neben der aufbegehrenden Jugend auch viele Intellektuelle – unter ihnen auch der berühmte Mathematiker und Philosoph Bertrand Russell – teilnahmen. Der englische Theaterkritiker Ken Tynan, der bei dieser Protestaktion dabei war, schrieb später mit ätzendem Spott über die Gefahren der atomaren Aufrüstung in England: «Wir werden zu unserem Grabe schreiten, ruhigen Herzens und mit der wohltuenden Gewißheit, daß wir dank unseres Opfers unsere Insel für die einfallenden Horden unbewohnbar gemacht haben werden.»[19]

Doch die Dinosaurier der Macht haben eine dicke Haut. Sarkasmus vermag ihre verhornte Oberfläche nicht einmal zu ritzen. Sie haben damals getan, was um gute Argumente verlegene Dino-Politiker in solchen Situationen immer zu tun pflegen. Sie setzten eine mit Knüppeln und Wasserwerfern bewaffnete Polizei gegen die Zornigen ein.

Der Protest der Zornigen wurde in den sechziger Jahren von den Hippies und anschließend von der Studentenrevolte aufgenommen, die im Mai 1968 in Nanterre begann.

Die Dinos wußten sich auch dagegen zu wehren. Die Hippiebewegung wurde kommerziell ausgebeutet; der Hippie-Look, ursprünglich ein Aufbegehren gegen die bürgerliche Ästhetik, verkam zur Mode. Das Autonomiebestreben der revoltierenden Blumenkinder endete im Drogenjammer.

Die Studentenrevolte wurde mit Hilfe der Polizei und später mit Hilfe der politischen und kulturellen Restauration ebenfalls erstickt. Die Studenten halfen dabei kräftig mit, indem einige von ihnen die RAF und die Roten Brigaden bildeten, die ihrerseits der Dino-Mentalität verfielen. Was ursprünglich mit Ironie und Witz begonnen hatte, endete in Terror und Blut, weil man gegen die repressive Macht der Gesellschaft die repressive Gegenmacht des Terrorismus einsetzte.

Unter den Talaren der Muff von tausend Jahren, hieß ein Slogan der Studenten. Da konnte man noch lachen.

Als der Kommunarde Fritz Teufel vor Gericht aufgefordert wurde, sich zu erheben, tat er dies mit den Worten: «Gern, wenn's der Wahrheitsfindung dient.» Da konnte man noch lachen.

Aber als Hanns Martin Schleyer, Jürgen Ponto, Aldo Moro und andere Vertreter der ökonomischen und politischen Leadership ermordet wurden und als in Italien dem Bombenterror der Linksradikalen viele unbeteiligte Menschen zum Opfer fielen, hatte der Spaß schon lange aufgehört.

Die Revolution fraß wieder einmal ihre eigenen Kinder, und sie verschonte auch Unbeteiligte nicht. Die repressive Gewalt, gegen die man ursprünglich angetreten war, war zu einer noch viel schlimmeren repressiven Gegengewalt entartet.

Gesunde Geschäfte mit Patienten: Der Dino-Look im Gesundheitswesen

Auch im Gesundheitswesen wird lieber geklotzt statt gekleckert. Der Dinosaurier ist das Totem, mit dem sich der Clan der Heilungsbedürftigen ebenso identifiziert wie der Clan der Heiler. Im

Zeichen des Dinosauriers wird denn auch auf allen Gebieten maximiert, was sich maximieren läßt.

Der von Angehörigen und Bekannten, Krankenkassen und Massenmedien entsprechend informierte Patient steigert seine Erwartungen in die Wunderwirkung moderner Medikamente, Heilmethoden und medizinischer Technologien ins Unermeßliche.

Der moderne Mensch ist noch immer benommen vom Klang der orphischen Leier und sieht seinen Organismus als Maschine an. Wenn diese Maschine nicht mehr richtig laufen will, dann wird sie mit mechanistischen Methoden in Trab gesetzt. Die Signale, die diese Maschine aussendet – Schmerzen, Erschöpfung, Funktionsbehinderungen und -ausfälle –, werden medikamentös überblendet oder abgeblockt.

Die pharmazeutische Industrie maximiert ihrerseits ihre Verheißungen. Raffiniert aufgemachte Werbeprospekte versprechen nicht nur die Bekämpfung unangenehmer Symptome – sie verheißen nicht mehr und nicht weniger als Glück und Harmonie.

So wird man, tagaus, tagein, von einer Propagandamaschinerie konditioniert, die jährlich Milliardengelder einsetzt, um noch mehr Milliarden zu machen. Daß man den Indianern in Südamerika das Aspirin mittels einer Herz-Jesu-Bildchen-Reklame verkauft, ist kein Betriebsunfall. Das hat Methode. Man steigert die Gewinne, indem den Gläubigen mit allen zu Gebot stehenden Mitteln die Erlösung von Leid und Übel versprochen wird.

An diesem Kostenkarussell im Gesundheitswesen drehen auch jene mit, die Krankenhäuser bauen.

Architekten und Bauunternehmer sanieren ihre Finanzen am liebsten am öffentlichen Bau. Neue Krankenhäuser und Renovierungen kosten bekanntlich immer einiges mehr als ursprünglich geplant. Sogenannte Sachzwänge führen dazu, daß die bei Baubeginn geplanten Kosten wiederholt nach oben hin korrigiert werden müssen.

Und dann drehen an der Kostenschraube im Gesundheitswesen natürlich auch jene mit, deren Funktion es sein sollte, mit gutem Beispiel vorangehend Vernunft walten zu lassen.

Die administrativen Direktoren der Krankenhäuser drängen bei Chefärzten auf eine maximale Bettenauslastung, denn die Belegungsziffern bestimmen die Höhe der jährlichen Subventionen, die man vom Staat erhält. Daher wird auch hospitalisiert, wer eigentlich nicht hospitalisiert werden müßte. Und wer schon hospitalisiert ist, wartet länger auf die Entlassung als nötig. Es heißt dann, man müsse noch auf diese und jene Befunde warten oder diese oder jene Abklärung machen. Welcher hilfesuchende Patient widerspricht schon dem Doktor, der es schließlich wissen muß und der so eindringlich zu weiteren Untersuchungen rät?

Die Krankenkassen versprechen den Klienten für Zusatzprämien das Blaue vom Himmel. Wird der Klient eines Tages zum Patienten, möchte er diese Versprechungen eingelöst sehen. Was man ihm bietet, scheint ihm zu wenig; was er haben will, kann nie genug sein. Und stöhnt er über steigende Prämien, versichert ihm die Krankenkasse, daß Ärzte und Krankenhäuser in ihren Geldforderungen eben viel zu maßlos seien.

Dann ist da noch die Privatmedizin, die das Banner der Autonomie und der freien Marktwirtschaft hochhält.

Eröffnet ein junger Arzt in einem Gebäude eine freie Praxis, dann geht – eine Hand wäscht schließlich die andere – gleich die Miete in die Höhe. Floriert die Praxis nach einem oder nach zwei Jahren, dann steigt die Miete weiter.

Dem sich in freier Praxis niederlassenden Arzt rennen zuerst einmal die Vertreter der Banken die Türe ein. Sie suggerieren maximale Investitionen. Sie sagen, daß solche Investitionen die beste Garantie für ein gutes Image sind.

So kauft sich denn der junge Medikus im Zweifelsfalle den teuersten Röntgenapparat, den er kriegen kann. Nicht selten erweist sich dann die hochgezüchtete Technik als zu kompliziert, als daß sie ein Nichtspezialist begreifen und richtig handhaben könnte.

Und dann kommt, nach einer gewissen Anlaufzeit, der Steuerberater in die Praxis. Er macht ein bekümmertes Gesicht und sagt, daß die Rechnung hinten und vorne nicht aufgehe. Der Steuerberater weiß, wovon er spricht, denn er hat sowohl die ärztliche Tarifordnung als auch die fälligen Amortisationsraten für die Praxiseinrichtung konsultiert. Er rechnet dem Idealisten vor, er sei ein naiver Tölpel. Die Tarifordnung ist nämlich so beschaffen, daß am meisten Geld verdienen kann, wer die schlechteste Medizin macht. Wer pro Zeiteinheit ein Maximum von Patienten durch sein Sprechzimmer schleust und wer dabei möglichst viel spritzt, sticht, schneidet und näht, verdient ordentlich. Wer mit den Patienten redet, der verschleudert bloß seine gute Zeit.

Da unser Idealist bisher im Durchschnitt pro vierzig Minuten nur einen einzigen Patienten behandelt hat, hat er zu wenig verdient. Er gerät bei den Krankenkassen in Verdacht, eine teure Medizin gemacht zu haben. Der Großcomputer der Krankenkassen hat nämlich dank Flächenerfassung aller Mediziner und dank Hochrechnung herausgefunden, daß unser Mediziner pro Patient zu viel Geld kassiert, weil er, ganz im Unterschied zu den anderen Kollegen von der gleichen Sparte, pro Konsultation zuviel Zeit aufgeschrieben hat.

Und nun kommen die Vertreter der Banken, die ihm vorher das Geld geradezu nachgeworfen haben. Jetzt ist ihr Lächeln nicht mehr saccharinsüß; jetzt blicken sie kühl und geschäftsmäßig drein, denn sie wollen endlich Geld sehen.

Dem Arzt beginnt es zu dämmern. Er beginnt zu ahnen, daß seine ethisch motivierten Vorstellungen von einer vernünftigen Medizin, ökonomisch gesehen, schierer Unsinn sind. Und er begreift schließlich, daß die Sache mit der «freien» Praxis nicht wörtlich gemeint war.

Er gerät in eine Krise. Nichts stimmt mehr, das Image nicht und die Kasse nicht. Die Befriedigung bei der Arbeit ist hin. Und so kapiert er denn, nach einem kurzen aber sehr schmerzhaften Lernprozeß, daß die Schonzeit vorbei ist. Er sieht ein, daß er ebenfalls zur Fünf-Minuten-Medizin greifen muß, um ins statistische Mittelfeld zu gelangen. Nun behandelt er nicht mehr. Er beginnt die Patienten «abzufertigen».

Damit die Kasse endlich stimmt, wird er großzügiger in seinem Urteil, wenn er Invaliden- und Unfallgutachten erstellt, denn gute Taten sprechen sich schnell herum. Er wird auch viel freigebiger bei der Verschreibung von Schlaf-, Beruhigungs- und Schmerzpillen. Er gibt dem Patienten, was dieser haben will – Krankentage und Erholungsurlaube in Kliniken und Heimen inbegriffen. Den Patientinnen und Patienten der Oberschicht gibt er am meisten: Wer einflußreich ist, kann viel für sein Image tun.

Das alles kommt beim Patienten gut an und führt, dank Flüsterpropaganda, zur wunderbaren Brotvermehrung. Das vorher oft halbleere Wartezimmer beginnt sich zu füllen. Unter den dabei auftretenden Strukturzwängen entwickelt sich die Fünf-Minuten-Medizin zur Drei-Minuten-Medizin.

Und schon ist das verirrte schwarze Schaf in den Schoß der weißen Herde zurückgekehrt. Mit anderen Worten: Der weltfremde Idealist und Träumer hat sich innerhalb kurzer Zeit zum allseits beliebten und erfolgreichen Arzt gemausert. Daß er dabei zum ärztlichen Dinosaurier geworden ist – denn auch die Kompression der Behandlungszeit nach unten ist eine Form der Maximierung –, macht ihm die Hölle nicht heiß.

Und ist ein Arzt in leitender Stellung in der öffentlichen, vom Staat subventionierten Medizin tätig, dann verbündet er sich gelegentlich gern einmal mit den örtlichen und regionalen Honoratioren, um allen Beteiligten ein Denkmal zu setzen.

Die Herren planen eine Weile heftig herum. Dann setzen sie einen Neubau in die Landschaft. Und wenn, was durchaus vorkommt, dabei die Konzepte fehlen, dann strebt man wenigstens quantitativ nach Größe. Man ist stolz auf die überbaute Quadratmeterzahl und noch stolzer auf die verbetonierte Kubikmeterzahl. Groß ist allemal groß.

Im Taumel der Begeisterung übersieht man dann bei der offiziellen Einweihung des neuen Spitals, daß der ganze Bau ein Monument einer verhängnisvollen Medizinvision ist. Man ist unter sich, und man feiert seine eigene Tüchtigkeit. Das Denken und die Sorgen überläßt man der Zukunft.

Handelt es sich beim eingeweihten Neubau um eine Psychiatrieklinik, dann hat man sie, ganz so wie man dies bei Atommeilern tut, wahrscheinlich an die Kantons- oder gar an die Landesgrenze hingestellt. Man ist offensichtlich der Meinung, daß «seelische» Qual ebenso gefährlich ist wie radioaktive Strahlung. Und so hat man denn, natürlich stets das Gesamtwohl des Volkes im Auge, vorgesorgt, damit hinter dickem Beton versorgt ist, was nach eigenem Dafürhalten dorthin gehört.

Man fragt sich nicht, ob es in der heutigen Zeit überhaupt noch einen Sinn macht, isolierte Psychiatrieghettos statt in Allgemeine Krankenhäuser integrierte Psychiatriezentren zu bauen.[20] Man vergißt, daß die geographische Distanz und die damit verbundenen langen Transportwege jegliche mitmenschliche Kommunikation erschweren und daß sie deshalb die soziale Isolation, die Stigmatisierung der als «psychiatrisch» etikettierten Patienten und die Stagnation und Petrifikation des Status quo und damit auch die Chronifizierung der kranken Menschen fördern.

So erzeugt und verstärkt man die Krankheit, die man zu heilen vorgibt – und die man, bewußt, auch wirklich heilen möchte.

Aber solche Bedenken gehen bei einer Eröffnungsfeier unter. Man starrt verzückt auf das neue Monument menschlicher Hirnlosigkeit und ist froh, daß man zu den Normalen gehört, die die Verrückten verwalten.

Und sollte während der ganzen Feier irgendwo an einem vergitterten Fenster ein psychotischer Patient auftauchen und sich an den Kopf greifen, dann wird ihn ein hilfreicher Engel schnell wieder vom Fenster wegziehen. Die Normalen sind gerne unter sich, wenn ihre eigene, verdrängte Verrücktheit Feste feiert.

Was heute in der ganzen «somatischen», «psychosomatischen» und «psychiatrischen» Medizin weltweit geschieht, ist nicht etwa die Folge von Dummheit, böser Absicht oder gar bewußter Herzlosigkeit. Es ist das Resultat eines kulturellen Dino-Denkens, das sich in den Bereichen von Medizin und Psychiatrie genauso unerbittlich abzeichnet wie in allen anderen Kulturbereichen auch. Es ist nur so, daß die Dino-Mentalität auf diesem Gebiete zu besonders verheerenden Folgeerscheinungen führt.

Das große Fusionsfieber: Der Dino-Look in der Wirtschaft

Manager und Wirtschaftsunternehmer expandieren, fusionieren und wollen, Hand in Hand mit den Politikern, die nervös auf die nächsten Wahlen schielen, das Bruttosozialprodukt steigern. Ökonomisches Wachstum heißt die Devise, der sie sich mit unerbittlichem Ernst verschrieben haben.

Daß dabei die Welt vor die Hunde geht, wie Umweltkatastrophen, Hungersnöte und soziale Spannungen weltweit beweisen, ist ihr Kummer nicht. Wenn Umsatz, Cash-flow, Dividenden und Profitsteigerungen stimmen, ist die Welt für sie in Ordnung.

Natürlich gibt es Unternehmer und Wirtschaftsführer, die zu

Besonnenheit raten und eine vertraglich gesicherte Beziehung zwischen Ökonomie und Ökologie einfordern. Aber solche Unternehmer und Manager sind in der Minderzahl. Sie sind die Rufer in der Wüste.

In allen großen Industrienationen heißt das neue Zauberwort Fusion. Gerade im Blick auf Europa 1992 ist eine wahre Fusionsepidemie ausgebrochen. Fusion, so verspricht man sich, werde Synergien schaffen. Daß Fusionen keineswegs immer zur optimierenden Kombination von vorhandenen Ressourcen und zur Mobilisation von Potential, sondern auch zu gewaltigen Reibungsverlusten, wenn nicht gar zur totalen Blockade vitaler Bewegungen führen können, will man nicht wahrhaben.

Der Wirtschaftsberg kreißt und bringt ein Dino-Baby nach dem anderen hervor. Es ist, als würde man in der Wirtschaft noch immer in der Jurazeit und nicht bereits am Ende des zwanzigsten Jahrhunderts leben. Man behauptet lauthals, Europa könne im Wettkampf mit Amerika, Asien und dem pazifischen Raum nur mithalten und sich an der Spitze behaupten, wenn es auf Teufel komm raus fusioniere. Ein Industriekoloß soll neue Ressourcen mobilisieren, vorhandene Ressourcen optimal einsetzen helfen, Synergien erzeugen, billiger produzieren, Arbeitsplätze sichern, neue schaffen und letztlich allen Beteiligten dienen.

Die Wahrheit ist eine andere: Ein Koloß ist schwer zu steuern und zu kontrollieren. Ein Jumbo-Jet ist schwerer zu fliegen als ein Segelflugzeug.

Ein Koloß ist nicht kreativ. Er erzeugt zwar jede Menge Trägheit und Chaos, aber ihm fehlen oft Flexibilität, Vision, Phantasie und rationaler Rigorismus. Dies sind jedoch Eigenschaften, die man braucht, um sich in einer sich rasch wandelnden Welt zurechtzufinden, überleben und sich adäquat entwickeln zu können. Ein Blick auf die aktuelle geopolitische Landschaft lehrt uns allerhand über das Schicksal von Kolossen. Das russische Imperium, das Peter der Große und seine Nachfolger zusammengezimmert haben, zerfällt; das kleine Liechtenstein funktioniert noch immer, und es geht ihm offenbar recht gut.

Ein Koloß verdrängt durch Masse alle Konkurrenten und erwirbt sich so ein Marktmonopol. Sobald er das Monopol innehat, kann er tun, was ihm gefällt; die wettbewerbsbedingte Kontrolle fehlt. Der Gigant IBM, der lange den Computermarkt monopolisierte, ist ein gutes Beispiel dafür. Und wenn T. Boone Pickens von der «Arroganz der großen Korporationen»[21] spricht, dann hat er unter anderem Verhaltensweisen im Blick, die durch eine Monopolsituation entstehen.

Als Unterstützung meiner Thesen mögen folgende Passagen eines Interviews gelten, das der Unternehmensberater und Unternehmer Nicolas G. Hayek dem deutschen Nachrichtenmagazin *Der Spiegel* gab:[22]

H.: ... Wir reden ja jetzt über die Bundesrepublik. Und da stelle ich fest, daß dort die Strukturen wie Stahl und Beton festgefügt erscheinen. Jeder Verband, jede Lobby, jede Gruppierung, jede Vereinigung kann die rasche und dynamische Bewegung blockieren. Da kann sich nicht mehr vieles chaotisch, gezielt, phantasievoll entwickeln.

S.: Was ist zu tun?

H.: Da hilft nur eins: Sprengen mit Dynamit, natürlich nicht wörtlich gemeint. Aber leider haben Sie zu wenig Frauen und Männer, die bereit sind, dieses Dynamit einzusetzen...

Es sind die mittleren und kleinen Firmen, wo es noch wirkliches Unternehmertum gibt... Zunächst mal gilt: Eine große Bude ist wesentlich schwerer zu führen als eine mittlere oder kleine. Ich möchte gern 1,90 Meter groß sein, aber nicht 3,12 Meter. Wenn ich 3,12 Meter groß wäre, dann sähe ich nicht mehr, wo ich stehe. Ich stünde vielleicht gerade vor dem Abgrund und würde schreien: Machen wir einen Schritt vorwärts! ... Ich bin der Meinung, daß in jeder Industrie – je nach Konkurrenzsituation, je nach Produkt und Product Mix, je nach geographischer Verteilung – gewisse ideale Größen nicht überschritten werden dürfen. Sonst ist es einfach unmöglich, sich dynamisch zu gestalten und zu beherrschen. Wenn Sie wüßten, wie viele sinnlose Sachen in solchen Großbetrieben, die nicht in allen wesentlichen Details zu kontrollieren sind, gemacht werden!

In einem anderen *Spiegel*-Bericht[23], der sich ebenfalls mit dem Fusionsfieber befaßt, wird der Wirtschaftswissenschaftler Rolf Bühner zitiert, der bezweifelt, daß der vielbeschworene Synergie-Effekt überhaupt existiert, und der darauf hinweist, daß man in den USA bereits oft den Satz «Die Teile sind mehr als das Ganze» höre:

Die Sucht nach Größe und Macht hat in der Welt so riesige Konglomerate wie General Motors und ITT [International Telephone and Telegraph] in den USA sowie Mitsubishi und Sumimoto in Japan entstehen lassen. Sie sind allesamt schwer oder gar nicht regierbar, sie wirtschaften, gemessen am Umsatz, höchst ineffizient.

Seit 1970 haben nach einer wissenschaftlichen Untersuchung die 500 größten Industrieunternehmen der USA nicht einen einzigen neuen Arbeitsplatz in den USA geschaffen. Die seit 1977 in den USA entstandenen 20 Millionen Jobs finden sich nach einer Studie des Massachusetts Institute of Technology überwiegend bei kleinen Unternehmen.

Für 1988 meldete das Bundeskartellamt die Rekordzahl von 1159 Zusammenschlüssen, 30 Prozent mehr als im Vorjahr. In diesem Jahr wird es noch dramatischer. Ende Juli registrierte die Behörde 747 Fusionen – Tendenz steigend. Die Fusionen mit Milliardenumsatz stiegen in der Bundesrepublik in den ersten sieben Monaten um 50 Prozent. Europaweit waren 1982 und 1983 die 1 000 größten Unternehmen nur 117mal an Firmenzusammenschlüssen beteiligt, in den Jahren 1986 und 1987 waren es bereits 303.

General Motors beispielsweise, lange als größter Konzern der Welt bewundert, ist zu einem Ungeheuer herangewachsen, das kein noch so forscher amerikanischer Boß noch sinnvoll lenken kann. GM-Chef Roger B. Smith will deshalb den Konzern entflechten.

Die Scheidungsrate bei Fusionen, spottet der US-Wissenschaftler Frederic M. Scherer, sei «fast so hoch wie die Scheidungsrate in Kalifornien». Die Hälfte von über 3 000 untersuchten branchenfremden Übernahmen in den USA scheiterten wegen unerfüllten Erwartungen. Die Fusionen wurden wieder veräußert oder gar dichtgemacht.

Doch in Europa denkt man nicht ans Entflechten. Man macht hierzulande den Amerikanern gern alles nach – auch zur falschen Zeit und am falschen Ort, wenn's sein muß.

Unsere Wirtschaft lebt im Dino-Zeitalter. Die Dino-Bullen waten auf Freiersfüßen durch die Sumpflandschaft ihres Ehrgeizes. Der Sprung ins Glück kann in gegenseitigem Einverständnis oder als *unfriendly take-over* erfolgen. Hinterher kommt dann oft das böse Erwachen. Daß schnell gefreit bald bereut sein könnte, ist eine Weisheit, die nur das Vernunfthirn kennt. Wenn jedoch das Instinkthirn Brunftzeit hat und den Organismus mit Hormonen überschwemmt, dann gerät das Emotionshirn in heftige Gefühlsstrudel – und das Vernunfthirn geht baden!

Gewinnt das Vernunfthirn wieder die Oberhand, kommt die Frage: Wie regiert man einen Koloß? Die Antwort: indem man im Rahmen einer Finanz- oder Managementholding zentrale Planung und periphere, operative Autonomie optimal kombiniert! Das klingt gut. Die Wirklichkeit sieht oft anders aus. Sie hält sich nicht an Schemata und Phrasen.

Was in den Konzernzentralen der Fusionierer geplant wird, ist etwas anderes als das, was in den Köpfen der Fusionierten abläuft. Die finden den Weg zur neuen Mega-Identität nicht so leicht, wie es das Top-Management möchte. Darunter leidet ihre Motivation. Wer kann, verläßt die Firma und sucht sich einen neuen Job. Wer dies nicht tun kann, geht in die innere Emigration.

Die großen Fusionierer halten sich gerne an die harten Fakten. Sie übersehen, was sie *soft issues* nennen – die Psychologie und die Kommunikation von Menschen. Dabei entgeht ihnen, daß die härtesten Fakten in einem Humansystem, z.B. in einem Unternehmen, gerade das sind, was naive Führungspersönlichkeiten als *soft issues* bezeichnen.

Doch diese negativen Folgeerscheinungen der Fusionssucht werden in der Regel verschwiegen. Was Realität ist, läßt sich eben konstruieren.

Die wahren Folgen der großen Fusionswellen, die heute die Industrielandschaft überfluten, werden erst mit der Zeit sichtbar werden. Ob sich dann die heute anvisierten strategischen Vorteile eingestellt oder in schwere Handicaps verwandelt haben werden, bleibt abzuwarten.

Wir werden in einem späteren Kapitel noch einmal auf dieses Thema zurückkommen und sehen, ob und wie sich diese Giganto-manie in eine neue Organisationsform im Zeichen des Schmetter-lings integrieren läßt.

Kaninchenställe und Lawinenverbauungen: Der Dino-Look in der Architektur

Als ich in den sechziger Jahren in Basel Medizin studierte, hörte ich einen Vortrag von Alexander Mitscherlich. Der Frankfurter Psychoanalytiker und Kulturkritiker sprach damals über «die Un-wirtlichkeit unserer Städte».

Sein Vortrag hat mich beeindruckt. Man war damals bereits mitten im deutschen Wirtschaftswunder. Der Marshall-Plan für Europa hatte seinen Dienst getan. Neues Leben blühte aus den Ruinen. Und da kam einer daher und sagte über die zeitgenössi-sche Architektur: «Durchstreift man diese oft reichen Einfami-lienweiden, so ist man überwältigt von dem Komfortgreuel, den unsere technischen Mittel hervorzubringen erlauben. Deutsch-land und Italien bilden dabei eine echte ‹Achse› der rücksichts-freien Demonstration von pekuniärer Potenz und dem Ge-schmacksniveau von Devotionalienhändlern.»[24]

Was Mitscherlich damals über die Dino-Achse des schlechten Geschmacks und der pekuniären Potenz und über die Unwirtlich-keit unserer Städte sagte, trifft inzwischen längst auch auf die ländlichen Regionen zu. Der herrschende Geschmack ist eben auch der Geschmack der Herrschenden, der sich vom städtischen Zentrum her zur ländlichen Peripherie hin ausbreitet.

Läuft oder fährt man heute durch unsere Städte, Städtchen und Dörfer, sieht man überall dasselbe Bild. Die architektonische Landschaft sieht aus, als hätte ein erzürnter Demiurg seinen Grimm in Beton gegossen oder in Glaskäfige geblasen.

Zwei Bauprinzipien scheinen ihn dabei geleitet zu haben: das Kästchen- und das Lawinenverbauungsprinzip. Die Häuser sehen aus wie Kaninchenställe, die man – Kaninchen vermehren sich be-kanntlich schnell – laufend aufgestockt und nebeneinandergereiht hat, um dem ständig steigenden Wohnraumbedarf gerecht werden zu können. Oder die Gebäude gleichen alpinen Lawinenverbauungen, wuchtigen, trutzigen Betonburgen gegen die Bedrohung durch die Naturgewalten.

Bauten sind der versteinerte Ausdruck des Geistes, der sie hervorgebracht hat. Was ist der heutige Baugeist für ein Geist? Es ist oft genug der Protzgeist reich gewordener mentaler Dinosaurier. Es ist, leider, auch der Geist der Bauhausbewegung und der mit ihr direkt oder indirekt verbundenen Architekten. Und es ist der Geist eines Frank Lloyd Wright und eines Le Corbusier.

Diese Architekten sind ursprünglich ausgezogen, um den Schnörkelzwang und den Häkeleifer der Architekten des 19. Jahrhunderts auszutreiben. Sie wollten dem historisierenden und mit Ornamenten beladenen Baustil den Garaus machen. Ihre Absicht war lobenswert. Viele ihrer Gebäude sind großartige architektonische Leistungen, die sowohl vom funktionellen als auch vom ästhetischen Aspekt her überzeugen.

Aber dann kamen die Epigonen, die nach Freud immer das stärkste Argument gegen einen Meister sind, da sie verwässern – verbetonieren, müßte man hier sagen –, was der Meister gedacht und realisiert hat. Die Epigonen verkehrten einen ursprünglich richtigen und wichtigen Ansatz in sein schieres Gegenteil.

Die Meister arbeiteten unter ebenso knappen wie suggestiven Devisen. Der amerikanische Architekt Louis Henry Sullivan, der Lehrmeister Frank Lloyd Wrights, stellte das Dogma auf: «Form folgt Funktion!»[25] Der Wiener Architekt Adolf Loos verkündete die Maxime: «Ornament ist ein Verbrechen!» Mies van der Rohe, ein führender Kopf der Bauhausbewegung, dekretierte: «Weniger ist mehr!»[26] Und der Schweizer Le Corbusier verfocht ebenfalls einen nüchternen Purismus.[27]

Und mochte Wright Le Corbusier auch schmähen: «Er hätte ein Maler sein sollen. Er war ein schlechter Maler, aber er hätte weiterhin malen sollen»[28], es tat der Autorität von Le Corbusier keinen Abbruch. Seine Wirkung auf die moderne Architektur war überwältigend. Er beeinflußte, zusammen mit dem Geist der Bauhausbewegung, die ganze Architekturwelt, besonders nachdem Walter Gropius, Mies van der Rohe und viele andere Architekten, die dem Bauhaus nahestanden oder darin gearbeitet hatten, Ende der dreißiger Jahre vor den Nazis in die USA flüchteten.

Le Corbusier war der einflußreichste Theoretiker überhaupt. In der Praxis war er, mit Ausnahme der Sakralbauten, nicht immer überzeugend. Wenn er nicht baute, und er hat wenig gebaut, dann schrieb und redete er. Wright spottete: «Nun ja, jetzt, nachdem er ein Gebäude fertiggestellt hat, wird er darüber vier Bücher schreiben.»[29]

Glaskästen und Betonkäfige begannen die Landschaft zu überwuchern. Der ornamentfeindliche Minimalismus, die Maximierung des Weglassens und das Diktat der industriellen Fertigung brachten auf den Reißbrettern der Epigonen schließlich eine trostlose Kaninchenstallarchitektur hervor. Die Trostlosigkeit steigerte sich zur Erbarmungslosigkeit: Hohe Räume waren laut Bauhausbewegung Ausdruck bürgerlicher Gesinnung. Also baute man maximal komprimierte, niedere Räume, damit sich der nunmehr von der Bourgeoisie emanzipierte Mensch darin frei entfalten konnte.

Die Gebäude, aus Fertigteilen hergestellt und mit den ewig gleichen, offenbar von Piet Mondrians Kästchenmalerei inspirierten Glasfassaden überzogen, gefielen Fabrikanten, Bauunternehmern und Auftraggebern. Es ließ sich damit viel Geld verdienen.

Der Kubikmeter wurde maximiert, unter anderm auch, weil der Architekt in den meisten Ländern nicht etwa für die Qualität seiner Konzepte, sondern pro Kubikmeter Bauvolumen bezahlt wird. Maximale Kubaturen bei maximaler Überbauungs- und Ausnützungsziffer, das war die Zauberformel, die allen Beteiligten – außer dem armen Mieter – das Tischlein trefflich deckte.

Mitscherlich schrieb über die Baupolitik der Bauherrn, die eine Mietburg nach der andern in die Landschaft hineinbetonierten: «Umbaute Kubikmeter werden auf Kubikmeter getürmt. Das Ganze sieht wie ein durch Züchtung zu ungeheurer Größe herangewachsenes Bahnwärterhäuschen aus.»[30] Über die Mentalität der Architekten, die mit den Auftraggebern und Baufirmen gemeinsame Sache machen, sagte er: «Der Architekt bietet in naiver Selbstüberschätzung seinen privaten Geschmack an, in der Vorstellung, was er selbst für ‹funktionell› zweckmäßig und für ‹formal› ansprechend hält, müsse die Bedürfnisse des Gemüts und die Erwartungen der Hausbewohner wie von selbst befriedigen.»[31] Viele Architekten reproduzierten mit unerbittlicher Konsequenz ein Repertoire an Bauformen und Ausdrucksweisen, das schrecklich monoton und öde war. Für ihre Baukunst mag gelten, was Dorothy Parker einmal in einer Theaterkritik über die Theaterkunst von Katharine Hepburn gesagt hat: «Sie spielte die ganze Tonleiter der Emotionen herunter – von A bis B.»[32]

Und was sagten eigentlich die Hausbewohner dazu? Nicht viel. Eigentümer oder Mieter wagten kaum aufzubegehren. Man wollte sich dem «Modernen» gegenüber nicht als Banause erweisen. Nicht «modern» zu sein war ein Schimpf, den man nicht ertragen konnte. Man war auf jeden Fall modern, auch wenn man dabei emotionell litt.

Fast scheint es, daß eine geheime Verschwörung aller Beteiligten – inklusive der Bürokratie mit ihren Baureglementen, die alles außer der Schönheit festschreiben – uns die Architektur bescherte, die wir heute haben.

Der Dino-Look in der heutigen Architektur ist allgegenwärtig. Die Ästhetik des Dino-Looks ist bedrückend. Die Gebäude der Dino-Kultur sind Monumente der Phantasie- und Lieblosigkeit. Und was Paul Klee über die Kunst gesagt hat: «Kunst gibt nicht das Sichtbare wieder, sondern macht sichtbar»[33], gilt auch für die moderne und postmoderne Architektur, deren Kunstwert oft fraglich ist. Hier sind mentale Dinosaurier am Werk. Sie machen sichtbar, daß ihnen die Maximierung einzelner Variablen mehr am Herzen liegt als die Harmonie und das optimale Gleichgewicht aller wesentlichen Variablen, die der Mensch braucht, um gut wohnen zu können.

Gedankenlosigkeit und Profitmacherei können sogar todbringend sein. Wright schrieb: «Wer hat New York City gegründet? Kain war's, nicht wahr? Kain war der Gründer der Stadt, nachdem er Abel ermordet hatte. Er zog den Zorn Gottes auf sich und ging und gründete die Stadt, und da ist sie nun. Hier ist die Stadt, gegründet vom Mann, der seinen Bruder ermordet hat und der seinen Bruder noch immer ermordet…»[34]

Prophetische Worte? Längst nicht mehr, denn die Realität hat sie bereits eingeholt.

Die gierige Gesellschaft: Der Dino-Look in der Bestechung

Die Dino-Kultur ist eine gierige Gesellschaft. Wo alles maximiert wird, was sich maximieren läßt, da triumphiert logischerweise ethischer Minimalismus.

Die Wirtschaftskriminalität hat alarmierende Ausmaße angenommen. Führungspersönlichkeiten aus allen Bereichen der Kultur, aus Wirtschaft, Politik und Kirche machen mit und tanzen wie von Sinnen um das Goldene Kalb, das Profit heißt.

Unternehmer und Topmanager manipulieren Zahlen und Fakten, um an der Börse große Geschäfte zu machen. Sie umgehen das Berufsgeheimnis und die Gesetze, die gewisse Börsengeschäfte oder den Verkauf bestimmter Technologien und Produkte ins Ausland und vor allem in gewisse Krisengebiete verbieten. Sie kaufen Politiker, um dank frühzeitiger Insiderinformation und dank der willfährigen Entscheidungen der nicht minder korrupten Behörden immer zuerst an der Tränke zu sein, sobald die Quelle zu sprudeln beginnt. Und sollte ihnen einer dabei in die Quere kommen, dann wird er kaltgestellt oder gar physisch eliminiert.

Marion Gräfin Dönhoff zählt in «Das Krebsgeschwür der Demokratie»[35] eine Serie von Skandalen der letzten Dekaden auf, die die innige Verfilzung zwischen Industrie und Politik beweisen. Ihrer Darstellung seien noch ein paar weitere Beispiele hinzugefügt, die den Operationsmodus der gierigen Gesellschaft beleuchten.

Der Lockheed-Skandal, in den unter anderem auch Prinz Bernhard von Holland und der ehemalige bayerische Ministerpräsident Franz Josef Strauß verwickelt waren, brachte zutage, daß der größte Waffenproduzent der Welt allein in den Jahren 1970 bis 1975 rund 200 Millionen DM für «Beraterhonorare» und «Provisionen» ausgegeben hat. 10 bis 15 Prozent dieser Summe waren vermutlich Bestechungsgelder – *tangenti*, wie die Italiener, die Altmeister der politischen Bestechung, diese Gelder nennen. Eine Tangente ist eine Linie, die den Kreis berührt, ohne ihn zu durchschneiden. *Tangenti.* Schön gesagt! Die *tangenti* werden in Italien auch *bustarelle* genannt. Eine *bustarella* ist ein kleiner Briefumschlag oder eine Lohntüte. Lockheed hat offenbar viele steuerfreie Lohntüten abgefüllt. Frank Church, der ehemalige Vorsitzende des US-Senats, übertrieb sicher nicht, wenn er am Ende der Lockheed Hearings erklärte: «Ein Krebsgeschwür frißt an der westlichen Gesellschaft, und es heißt Korruption.»

Die Neue Heimat, ein SPD-nahes, gewerkschaftliches Sozialunternehmen, wurde von ihren Managern ruiniert. Vietor und andere Herren aus der Führungsetage sollen für ihre persönlichen Belange an die 100 Millionen DM abgezweigt haben. Ähnliches tat sich auch in der CO-OP, deren Manager zur Zeit vor Gericht stehen.

In Österreich mußten zwei SPÖ-Politiker, der Parlamentspräsident Leopold Gratz und der Innenminister Kurt Blecha, zurücktreten, weil sie in den Lucona-Skandal verwickelt waren. Die *Lucona*, ein 1200-Tonnen-Frachter, ging im Januar 1977 im Indischen Ozean unter – nicht ohne menschliche Hilfe, wie sich inzwischen herausgestellt hat! Eine Explosion hat den Frachter versenkt, mit ihm fanden sechs Seeleute den Tod.

Warum? Weil ein gewißer Udo Proksch die Versicherungsprämie von 30 Millionen Mark kassieren wollte, und zwar von der der ÖVP nahestehenden Bundesländerversicherung, deren Topmanager bereits wegen anderer dubioser Deals ins Gerede gekommen und/oder abgesetzt worden sind. Die *Lucona* war so hoch versichert, weil sie angeblich eine Uranerz-Aufbereitungsanlage – in Wirklichkeit nur wertlosen Schrott – nach Asien transportieren sollte.

In der sonst doch so betulichen und nach offizieller Lesart hochanständigen Schweiz mußte die Vorsteherin des Eidgenössischen Justiz- und Polizeidepartements, Elisabeth Kopp, die erste Bundesrätin, zurücktreten. Sie hatte ihren Mann, der sich als Advokat in undurchsichtigen Geschäften betätigte, vor einer bevorstehenden Untersuchung durch die Bundesstaatsanwaltschaft gewarnt. Ihr Mann saß unter anderem im Aufsichtsrat einer Firma, die Drogengelder wusch.

Um welche Summen es bei der Geldwäscherei im Drogenhandel geht, beschreibt der ehemalige Tessiner Staatsanwalt Paolo Bernasconi, einer der kompetentesten Kenner des organisierten Verbrechens, in seinem Buch *Finanzunterwelt*[36] folgendermaßen: «Eines der immanenten Grundkennzeichen der organisierten Kriminalität – im Sinne des ‹organized crime› – ist der riesige Umfang der erzielten finanziellen Profite. ‹Die Geldwäscherei ist das Lebensblut der Drogensyndikate und des traditionellen organisierten Verbrechens›, behauptete der 1985 amtierende Bundesstaatsanwalt der Vereinigten Staaten vor einem parlamentarischen Ausschuß, während der damalige FBI-Chef ausführen konnte, die aus dem Verkauf von Drogen erlösten Dollar in den USA hätten solche Dimensionen angenommen, daß sie von den Händlern nicht mehr gezählt, sondern nur noch nach Gewicht ausgetauscht würden.»

In Frankreich kaufte Max Théret 32 000 Aktien der amerikanischen Verpackungsfirma ANC; sein Busenfreund Patrice Pelat erstand 10 000. Sie kauften zum Preis von 20 Dollar und verkauften, nach der Fusion dieser Firma mit dem französischen Aluminiumkonzern Pechiney, zum Preis von 56 Dollar. So weit, so gut, denn Geschäftsleute werden doch wohl noch Geschäfte machen dürfen, nicht wahr? Die Sache hatte nur einen Haken. Die bevorstehende Fusion war geheim gewesen. Angeblich. Denn die beiden geschäftstüchtigen Herren waren Freunde von Staatspräsident Mitterrand, der selbstverständlich über die Fusion Bescheid gewußt hatte.

In Italien, seit jeher reich an Korruptionsskandalen, gestand der Mailänder Bauunternehmer Bruno de Miro vor einem Untersuchungsausschuß in Genua folgende Geschichte. Er hatte, von Ministerialdirektoren telefonisch dazu aufgefordert, 13,7 Millionen DM Schmiergelder gezahlt, um den Auftrag zum Bau eines neuen Gefängnisses zu bekommen. Dieses Beispiel gibt zu denken. Wozu braucht man denn Gefängnisse, wenn die Gefängnisbauer selber kriminell sind? Wer kontrolliert die Kontrolleure, die die Kontrolle über ihre eigene Gier verloren haben?

Zwischen der Ehrenwerten Gesellschaft, der Mafia, und dem Heiligen Stuhl gibt es Verbindungen, die nicht koscher sind:[37] Anfang der siebziger Jahre erschienen auf dem internationalen Geldmarkt riesige Mengen gefälschter Wertpapiere. Als der Schwindel aufflog, wurde bald klar, daß dahinter mächtige Geschäftskreise in Europa und Südamerika sowie die amerikanische Mafia steckten – und der Vatikan!

Es gab in diesem ekklesiastischen Halunkenstück mehrere

Hauptspieler, die sich in ihren Rollen gegenseitig trefflich ergänzten.

Da gab es einen gewissen Herrn Leopold Lendl. Der ehemalige Metzgerlehrling schmückte sich mit einer Serie unberechtigter, aber wohlklingender Titel: Honorarkonsul des Königtums Burundi und Finanzberater Seiner – damals gerade im Schweizer Exil weilenden – Majestät, König Wammi; Berater des Patriarchats von Alexandria und Berater des Erzbischofs von Zentralafrika.

Dann war da ein gewisser Mario Foligni, Wohnsitz in San Francisco, der sich mit einem falschen Ehrendoktortitel in der Theologie schmückte. Dieser Mann besaß offensichtlich einen ausgezeichneten Draht zum Vatikan, denn als die Polizei, nachdem die ganze Affäre aufgeflogen war, seinen Banksafe öffnete, fand sie darin ein Papier, das bewies, daß ihm Seine Heiligkeit, Papst Paul VI., schriftlich seinen Segen erteilt hat.

Foligni war befreundet mit Erzbischof Paul Marcinkus, der seine berufliche Karriere ursprünglich in Chicago begonnen und sich dann bis zum Leibwächter von Papst Paul VI. emporgearbeitet hatte. Wer etwas vom Papst wollte, mußte zuerst beim «Gorilla» antichambrieren, der zudem auch noch Präsident der Bank Opere Religiosi und daher nur dem Papst persönlich Rechenschaft schuldig war. Religiöse Werke, fürwahr! Nie hat eine Bank einen scheinheiligeren Namen besessen.

Der Erzbischof holte sich seinen Rat gern beim Financier, Industriellen und Bankier Michele Sidona, dessen enge Vernetzung mit der Ehrenwerten Gesellschaft, der Mafia, inzwischen aktenkundig geworden ist.

Und schließlich gab es da noch den französischen Kardinal Tisserant. Seine Eminenz war Dekan des Kardinalskollegiums und Präsident der Vatikanischen Gesellschaft für die Verbreitung des Glaubens. Er stand, ähnlich wie der Erzbischof, dem Papst sehr nahe.

Diese fünf Herren drehten ein Ding, das beweist, daß sie zwar mit allen Wassern gewaschen, aber auch von allen guten Geistern verlassen waren.

Eines Tages erteilte der Kardinal, in Gegenwart von Erzbischof Marcinkus, dem geschäftstüchtigen Lendl den Auftrag, gefälschte amerikanische Wertpapiere im Wert von 950 Millionen Dollar zu beschaffen. Man einigte sich auf die geschäftlichen Konditionen, die unter Brüdern dieses Schlags offenbar gang und gäbe sind. Lendl sollte insgesamt 625 Millionen Dollar kassieren, etwa 65 Prozent des nominellen Wertes der falschen Wertpapiere. Von diesem Betrag sollte er 150 Millionen an den Kardinal und den Erzbischof abführen, die den ganzen Sanierungsplan zugunsten der miserablen Finanzlage des Vatikans ausgeheckt hatten. Der Rest sollte an Lendl gehen, der damit Foligni und seine Kumpane bezahlen sowie seine eigene Provision einheimsen sollte.

Und so geschah es denn auch. Am 20. Juli 1971 lieferte Lendl im Vatikan einen ersten Koffer mit gefälschten Wertpapieren zur Inspektion ab. Die Ware – Wertpapiere von American Telephone and Telegraph Company, Chrysler Corporation, General Electric Company und Pan American World Airways – war erstklassig, die Auftraggeber waren zufrieden.

Daß dieses raffiniert gedrechselte Ding schließlich aufflog, ist weniger der Wachsamkeit des Heiligen Geistes als vielmehr einer Serie leidiger Zufälle und Gesetzmäßigkeiten zuzuschreiben, die dafür sorgten, daß mit dem Sidona-Skandal auch die Vatican Connection ans Licht der Öffentlichkeit kam.

Damit wollen wir uns wieder den weltlichen Vertretern der gierigen Gesellschaft zuwenden.

In Griechenland geriet der ehemalige Ministerpräsident Andreas Papandreou persönlich in einen Sumpf aus Bestechung und Hehlerei.[38] Nach einer schweren Herzoperation den Freuden des Lebens sehr zugetan, schäkerte er in aller Öffentlichkeit mit seiner um 37 Jahre jüngeren Freundin Dimitra «Mimi» Liani. Warum auch nicht? Schon der mythologische Dionysos hatte sich das sonnige Griechenland als Schauplatz seiner Sinnesfreuden ausgesucht.

Papandreous Busenfreund Georgios Louvanis, ein international bekannter Waffenhändler, wurde wegen Hehlerei angeklagt. Zusammen mit einem anderen Freund Papandreous, dem in die USA geflüchteten Bankier und Verleger Georgios Koskotas, der eine Milliarde Mark unterschlug, hatte Louvanis diverse Geschäfte getätigt. Bei den vielen Besuchen bei Koskotas soll Louvanis die Banknoten jeweils in Kartons der Windelmarke «Pampers» abtransportiert haben.

Der Leibwächter Vassilis Mamaneas sagte aus, der Bankier Koskotas, mittlerweile in den USA in Haft, habe auch mehrmals ganze Aktentaschen voll Geld bei Agamemnon Koutsogorgias abgeladen. Und dieser Mann, dessen Vorname an den Anführer der Griechen im Trojanischen Krieg erinnert, war kein anderer als das ranghöchste Kabinettsmitglied im Kabinett von Papandreou. Man erinnert sich unwillkürlich an das lateinische Sprichwort, das sich auf das Trojanische Pferd bezieht und das aus Vergils *Aeneis* stammt, einem Epos, das sich unter anderem mit dem Verfall der Sitten befaßt: «*Timeo Danaos, et dona ferentes*» – «Ich fürchte die Griechen, auch dann, wenn sie Geschenke bringen.»

Papandreou erging es, trotz aller Widrigkeiten, viel besser als dem Agamemnon in der *Ilias*. Seine verlassene Ehefrau Margareth verlangte nur ein kleines Schmerzensgeld. Sie forderte eine pauschale Abfindung von 100 Millionen Dollar oder, als Alternative, eine monatliche Unterhaltszahlung von 60 000 DM auf Lebenszeit. Das lag offenbar drin bei einem sozialistischen Politiker, der sich so sehr zum Wohle seines Volkes einsetzte. Und soviel brauchte eben auch eine Strohwitwe wider Willen, um über ihren Seelenschmerz hinwegzukommen.

In Japan, wo der harte Yen für eine harte Gangart sorgt, waren gleich 76 führende Politiker in Insidergeschäfte verwickelt. Die Immobilienfirma Recruit Cosmos hatte die Herren mit insgesamt 165 Millionen Dollar geschmiert. Wäre dieser Filz völlig ausgeleuchtet worden – immerhin mußten damals drei Minister die Regierung verlassen –, wäre im Land der aufgehenden Sonne eine Staatskrise ausgebrochen. Woher aber die politischen Führer nehmen, wenn diese gerade in corpore hinter schwedischen Gardinen sitzen?

Die USA sehen sich als Leader der freien Welt. Auch dort steht, wie nicht anders zu erwarten, nicht alles zum besten, denn der Fisch stinkt bekanntlich immer zuerst vom Kopf her.

Ein Drittel der 3000 Sparkassen der USA ist praktisch pleite. Präsident Bush sprach entrüstet von «kriminellen Sparkassen-Managern» und von «verantwortungsloser Ausleihung und Betrug».

Der Mann, der dieses Urteil – im Brustton ehrlicher Entrüstung – fällte, war jahrelang treuer Vizepräsident der republikanischen

Reagan-Regierung, über die der amerikanische Historiker Arthur Schlesinger sagte: «Es war eine unehrliche Regierung, eine Regierung von Gaunern und Dieben.» Daß Bushs Sohn ebenfalls tief in den Sparkassenskandal verwickelt war, mag dabei ein ärgerlicher Zufall sein.

Alle diese Beispiele zeigen, daß die Leadership, die spirituelle nicht weniger als die politische, korrupter ist, als sich dies viele Menschen vorstellen können.

Die Frage «Wer kontrolliert die Kontrolleure?» hat längst eine Antwort gefunden. Niemand. Das gilt nicht zuletzt auch für die ehemalige Sowjetunion, in der die Skandale jahrzehntelang vertuscht wurden, weil man nicht zugeben wollte, daß der Kommunismus an denselben Übeln krankte wie der verhaßte Kapitalismus.

Michail Gorbatschow, der Anführer von Glasnost und Perestroika, wird wohl einmal als einer der bedeutendsten Staatsmänner aller Zeiten in die Geschichte eingehen, denn eine (bisher) *so friedliche Auflösung* versteinerter Strukturen hat noch kein Staatsmann je zustande gebracht. Aber noch ist das Schicksal seiner Politik ungewiß. Es war kaum anzunehmen, daß die sowjetische Nomenklatura und der damit verbundene Filz tatenlos zusehen würden, wie er ihnen den Teppich unter den Füßen wegzog. Man hat gegen ihn geputscht. Man hat ihn entmachtet. Er gilt heute sogar als Persona non grata im eigenen Land. Und noch ist nicht abzusehen, wo das enden wird, was er begonnen hat.

Die Gorbatschows sind eine rare Spezies, und blinde Autoritätsgläubigkeit ist weit verbreitet. Gerade in Krisenzeiten regredieren Menschen gern auf veraltete Denk- und Verhaltensmodelle. Regierende und Regierte machen einander gegenseitig zu dem, was sie sind. Arthur Miller schreibt in seiner Autobiographie: «Ich bin zum Schluß gekommen, daß die politische Welt fundamental jenseits jeglicher Kontrolle ist. Aber wir tun alle noch immer so, als sei sie eine Art Vehikel, das bloß einen Wechsel bei den Chauffeuren braucht, damit man es von seinen oft haarsträubenden Besuchen am Rande des Abgrunds weglenken kann.»[39]

Und was ist, wenn das derart verwaltete und betrogene Volk aufbegehrt?

Dann drohen die Machthaber mit Sanktionen. Man malt den Teufel an die Wand, beschwört den äußeren Feind und redet vom bedrohten Arbeitsplatz und Sozialfrieden im Innern. Man schüchtert ein und versucht den Dino-Look einmal mehr über die Runden zu retten.

Mauern und Stapel: Der Dino-Look in der Bürokratie

Der Dino-Look spielt auch dort eine Rolle, wo sich politische Verwaltung und Wirtschaft die Hände zum Bunde reichen, und zwar durchaus im Rahmen der gesetzlichen Bestimmungen.

In vielen Staaten, nicht etwa nur in solchen mit einer sozialen Marktwirtschaft, werden ganze Industrien subventioniert, die am Markt vorbei produzieren und deren Produkte – Milchprodukte, Fleisch, Kohle und Stahl – niemand haben will. Mit anderen Worten, es gibt einen Bund von willfährigen Politikern, rücksichtslosen Wirtschaftsführern und kurzsichtigen Gewerkschaftlern, die den Irrsinn zur Maxime und die behördlich subventionierte Fehlplanung zur sakrosankten Wirtschaftsstrategie erhoben haben.

Daß die Verwaltung von Butterbergen und anderen Milchprodukten sowie weiterer im Überfluß produzierten Waren, die keiner kauft, eine Menge Geld kostet und daß die dabei zum Schutz verderblicher Substanzen eingesetzten Kühlaggregate Tonnen von Fluorchlorkohlenwasserstoff in die Luft abgeben und die Ozonlöcher über der Arktis und der Antarktis weiter aufreißen, sei immerhin erwähnt. Ebenso, daß gleichzeitig in der ganzen Welt Millionen von Menschen hungern, daß jährlich Hunderttausende den Hungertod sterben und daß der Transport und das Verschenken der im Norden gehorteten Nahrungsmittel an die Hungernden im Süden letztlich, rein finanztechnisch gesehen, den Staat vermutlich billiger zu stehen kämen als der institutionalisierte Unsinn der kontinuierlichen Konservierung. Sollten dabei jedoch Mehrkosten entstehen, hätten wir wenigstens die so oft lauthals proklamierte ethische Verantwortung wahrgenommen.

Die moderne Bürokratie hat das magische Ritual der Ordnungsstiftung, das der Mensch schon in uralter Zeit erfunden hat, um des allgegenwärtigen Chaos Herr zu werden, um ein paar taktische Finessen bereichert. Sie ist andauernd dabei, den Geist der

Freiheit, Spontaneität und Imagination unter Strukturzwang und obsessive Reglementierung zu stellen.

Die Bürokratie erfindet ein Formular nach dem anderen und maximiert so den Papierkrieg. Sie denkt sich neue Paragraphen und Reglemente aus. Sie stapelt Formular auf Formular, Papierberge auf Papierberge und Aktenordner auf Aktenordner, bis eine Festung entsteht, hinter deren Mauern der Ruf der Vernunft nicht mehr zu vernehmen ist. Und wenn hinter soviel Versteinerung dennoch einmal Bewegung entsteht, dann ist es das Schlurfen der Beamten, die sich gegenseitig den Papierkram zuschieben, oder das zufriedene Aufatmen der Beamten, die um eine Stufe befördert wurden.

Bürokratien wachsen gerne. Sie nehmen rund um die Mitte zu, und sie schießen auch gerne in die Höhe. Die Hormone, die dieses Wachstum steuern, heißen Parkinson-Gesetz und Peter-Prinzip.

Das Gesetz von Parkinson besagt, daß Bürokratien stets so lange ihre Größe und damit ihre Komplexität maximieren, bis sie zum Selbstzweck werden und den ursprünglichen Zweck der optimalen Ordnungsstiftung und Kontrolle nicht mehr erfüllen können. Die Bürokratie beschäftigt sich selbst, indem sich die Bürokraten gegenseitig viel Arbeit machen.

Nach dem Peter-Prinzip wird jemand, der sich auf einer bestimmten hierarchischen Stufe eines Systems bewährt hat, stets weiter nach oben befördert, bis er die Stufe erreicht, auf der er die an ihn gestellten Erwartungen nicht mehr zu erfüllen vermag, weil ihm die nötige Kompetenz fehlt. So wird etwa ein tüchtiger Techniker zum Verwaltungschef einer Firma ernannt und versagt. Ein bewährter Personalchef steigt zum Direktor einer Institution auf und versagt. Ursprünglich vorhandene menschliche Ressourcen werden mittels maximaler Beförderung stillgelegt. Gleichzeitig wird der Aufstieg guter Leute, die für ein Amt wirklich kompetent wären, blockiert. Wer einmal ein bestimmtes Amt innehat, der möchte es gerne behalten, wenigstens so lange, bis er weiterbefördert wird. Daß die Beförderten manchmal nicht weniger leiden als ihre Untergebenen und als die Sache selbst, der sie dienen sollten, zeigt sich darin, daß sie die Hilflosigkeit, die sie infolge ihrer Inkompetenz fühlen, mit Depression, Zwangsneurosen, Alkoholismus und psychosomatischen Krankheiten bezahlen.

Da sich auch die Verwaltungen aus verständlichen Gründen gern den Anschein geben, sich zu bewegen, haben sie das Peter-Prinzip um eine kleine, subsidiäre Variante bereichert, die seine verhängnisvolle Wirksamkeit noch vergrößert. Jeder, ob kompetent oder nicht, wird so lange befördert, wie es die vorhandenen Paragraphen zulassen. Und da man Paragraphen nach Belieben interpretieren und wenn nötig auch jederzeit durch neue Paragraphen erweitern oder ersetzen kann, sind der Anwendung des Peter-Prinzips letztlich keine Grenzen gesetzt.

So hat die zum Selbstzweck entartete Bürokratie mancherorts den Leerlauf zur Maxime erhoben. Wäre die Ästhetik dieser Dino-Mentalität nicht eher von der kümmerlichen Sorte, könnte man hier geradezu von einer Kunstform sprechen. Der Frust in der Verwaltung ist notorisch, genauso wie der Frust der Verwalteten.

Bürokratie ist konservativ. Cuno Pümpin, Wirtschaftswissenschaftler und Professor für Managementlehre, sagt über das konservative Denken: «Hier gelten eher Stabilität und Sicherheit als dominante Werte. Derjenige wird belohnt, der möglichst wenig Fehler macht.»[40] Wer in dieser Welt Erfolg haben will, entwickelt einen phobisch-obsessionellen Charakter. Ihn plagt die Furcht vor möglichen Fehlern, und er versucht zwanghaft, jede Fehlermöglichkeit zu bannen und dem Versagen einen Riegel vorzuschieben, indem er etablierte Reglemente sklavisch befolgt – und neue dazu ersinnt. Bei ihm kann neue Ängste erwecken, was der Wirtschaftswissenschaftler Peter Drucker so formuliert hat: «...daß ein Versagen oft von einem dahinter verborgenen Wandel und damit von einer Chance zeugt».[41] So führt denn der Dino-Look in der Verwaltung letztlich zu einer Unfähigkeit, aus Fehlern zu lernen und neue Entwicklungschancen wahrzunehmen. Und dies ist wohl das schlimmste Resultat der maximierenden Bürokratie.

Pumping Iron: Der Dino-Look im Sport

Im Sport, der angeblich der gesunden Ertüchtigung des menschlichen Organismus dienen soll, wird der Dino-Look bis zum Exzeß trainiert. Das gilt für das Fitneßtraining, für den Amateursport und ganz besonders für den Berufssport.

Eben noch haben sich beide Geschlechter beim stumpfsinnigen Diskobeat abgerackert oder beim Rennen verausgabt und sich dabei Sehnenzerrungen, angerissene Menisken und Diskushernien geholt. Diese Welle der körperlichen Selbstentfaltung ist bereits out. Schon rollt eine neue Welle heran.

Aerobic ist out. Jogging ist out. Footing ist in. Man muß den martialischen Ernst gesehen haben, mit dem Zwanzig- bis Achtzigjährige, den knallbunten Walkman am Ohr, in Carmel und San Francisco durch die Straßen marschieren, um sich fit zu halten. Sie erringen den Sieg über die Trägheit, die Ellbogen angewinkelt und kräftig rudernd und nicht selten wild entschlossen in die Welt blickend – ganz so wie es Jane Fonda auf der Videokassette vordemonstriert hat.

Man staunt. Ja, ist denn das die Möglichkeit? Der moderne Mensch hat das Gehen entdeckt!

Und schon erscheint – man kommt mit Zählen gar nicht mehr mit – die nächste Welle: Pumping Iron. Spartakus, Maciste, Tarzan, Rocky und Rambo haben dieser neuen Variante des Dino-Looks Pate gestanden.

Nun kann man gewiß keinem Menschen verbieten, seine Möglichkeiten – auch im muskulären Bereich – voll zu entfalten. Aber wenn ein Sport zur Massenbewegung wird, dann lauert die Unvernunft hinter der nächsten Ecke.

Was passiert mit dem Organismus des Eisenpumpers? Das Muskelchassis wird aufgebläht, bis die Menschen aussehen wie der plumpe Riese, dem Popeye the Sailor die spinatgestählten Fäuste wie Niethämmer ins Gesicht trommeln läßt. Der Kopf bleibt, was er ist, und da die Muskeln so gewaltig wachsen, verschieben sich die Proportionen. Die derart deformierten Menschen sehen manchmal aus, als ob sie an einer angeborenen Mikrozephalie litten.

Wie man früher, als der Homo sapiens noch das Denken favorisierte, Begriffe definierte, so «definiert» man heute Muskeln. Man pumpt die Muskeln mit Androgenen und Kraftnahrung auf. Man stemmt mit schmerzverzerrtem Gesicht schwere Hanteln und Eisengestelle in die Höhe. Man hungert sich jede Unze Fett ab. Man betreibt zwar offiziell Bodysculpting, aber was dabei herauskommt, gleicht eher einem pathetischen Laokoon als einem harmonischen Adonis.

Diesem Muskelkult unterliegen nicht nur die Männer, denen man gern einen Hang zur Übertreibung zubilligt, wenn's ums Maximieren geht. Nein, auch die Frauen pumpen Eisen, bis sie wie androide Muskelprotze aussehen.

Der Amateursport existiert nur noch auf dem Papier. Die Sucht nach immer höheren Rekorden hat ihm das Genick gebrochen. Heute ist er zum Berufssport geworden

Am deutlichsten zeigt sich die Dino-Mentalität im professionellen Leistungssport und hier vor allem bei Weltmeisterschaften und bei den Olympischen Spielen. Olympische Spiele und Weltmeisterschaftsspiele im Fußball sind längst keine Spiele mehr. Sie sind zum Ersatzkrieg geworden, in dem die Nationen mit tierischem Ernst ihre Kräfte messen. Die Schlachtenbummler sind keine friedlichen Zuschauer mehr, wie die Ausschreitungen bei internationalen Fußballspielen zeigen. Sie liefern sich, wie mittelalterliche Söldner mit Holzlatten, Eisenstangen, Schlagringen und Messern bewaffnet, erbitterte Schlachten.

Rekorde wurden schon bei der Gründung der Olympischen Spiele 776 v. Chr. angestrebt. *Citius, altius, fortius!* hieß die Devise. – Schneller, höher, stärker!

Wohin hat diese Devise geführt? Die klassischen Olympischen Spiele fanden bis zum Jahre 394 nach Christus statt. Dann fielen sie aus, bis der französische Erzieher und Philanthrop Baron Pierre de Coubertin sie 1894 erneut ins Leben rief. Der Baron schlug vor, die Jugend aller Nationen alle vier Jahre zu einem friedvollen Wettkampf zu versammeln. Er wollte dabei – *mens sana in corpore sano* – auch unterstreichen, daß Erziehung und Sport Hand in Hand gehen müssen, um den perfekten Menschen zu erziehen.

Was ist aus diesem vornehmen Vorhaben des Barons geworden?

Die Athleten sind schneller geworden. Im Jahre 1896, an der ersten modernen Olympiade, die in Athen stattfand, lief der Olympiasieger, Thomas Burke aus den USA, die Hundertmeterstrecke in 12 Sekunden; sein Landsmann Carl Lewis brauchte für dieselbe Strecke im Jahre 1984 in Los Angeles nur noch 9,9 Sekunden. Anno 1896 siegte der Grieche Spiridon Louis im 42,2 km langen Marathonlauf mit 2 Stunden, 58 Minuten und 50 Sekunden; im Jahre 1984 siegte Carlos Lopes aus Portugal mit einer Rekordzeit von 2 Stunden, 9 Minuten und 55 Sekunden.

Höher hinaus kamen die Athleten ebenfalls. Im Jahre 1896 sprang Ellery Clark aus den USA 1,816 Meter hoch; im Jahre 1984 ließ der Westdeutsche Dietmar Mögenburg die Latte entschieden höher legen und erreichte 2,339 Meter.

Obwohl es schwierig ist, die Zunahme schierer Körperstärke von der Wirkung verbesserter Techniken zu trennen, sieht es aus, als ob die Athleten auch deutlich stärker geworden sind. Daß die Achillessehnen immer häufiger reißen, weil sie der Belastung durch überzüchtete Waden nicht gewachsen sind, ist nicht nur ein Hinweis auf die zunehmende Muskelstärke der Athleten, sondern auch darauf, daß organische Grenzen auf echte Dino-Weise ignoriert werden. Der Hammerwurf mag als Beispiel für die Zunahme der Muskelkraft dienen. Im Jahre 1900 erreichte John Flanagan aus den USA in Paris eine Wurfweite von 51,00 Metern; im Jahre 1984 erzielte der Finne Juha Tiainen bereits eine Weite von 79,716 Metern.

Solche lineare Leistungssteigerungen sind natürlich nicht nur durch mechanische Muskelarbeit im unerbittlichen Training zu erreichen. Die Chemie hilft mit. Die Dopingkontrollen werden zwar immer raffinierter, aber sie hinken hinter der Erfindungsgabe von Athleten, Betreuern und Ärzten her. Daß es dabei Krüppel und Tote gibt, wird zwar nicht mehr totgeschwiegen, aber auch nicht allzu ernst genommen. Ohne Schweiß kein Preis. Und ohne Verwundete und Tote keine Schlachten.

Die in spartanischer Selbstzucht erfolgreichen Athletinnen und Athleten verkommen zu Leistungsmaschinen, die all ihre Gefühle und auch ihre Vernunft unterdrücken, um das Plansoll zu erfüllen. Sie leisten Herkulesarbeit im Dienste der Firmen, die sie sponsern und für deren Produkte sie werben. Und da die Bürokratie heute in jeden Lebensbereich wuchert, leisten sie auch Schwerarbeit im Dienste der Funktionäre, die ihr Leben verwalten und die heute zahlreicher sind als die Sportler selbst.

Ein gesunder Geist in einem gesunden Körper? Daran mag man beim besten Willen nicht mehr glauben, wenn man die gequälten Gesichter der jungen Spielerinnen sieht, die sich stundenlang auf dem Tennisplatz abrackern. Und noch weniger, wenn man ihre aus der Kehle gepreßten Schreie hört, die jeden Schlag begleiten.

Die Ideale sind auf der Strecke geblieben. Auf der Strecke bleiben im modernen Dino-Sport auch Vernunft, Weisheit, Würde und Gesundheit der Sportler.

Der Phänotyp des Dino-Menschen

Da die dominante Kultur den Dinosaurier zum heimlichen Totem erhoben hat und viele Menschen um diesen Totempfahl tanzen, kann man annehmen, daß diese Kultur auch ein spezifisches Erscheinungsbild des Menschen, einen Dino-Phänotyp, entwickelt hat.

Ein Cowboy, der täglich auf dem Rücken seines Pferdes über die Weiden reitet, bekommt mit der Zeit O-Beine und ein Gelehrter, der dauernd über den Büchern sitzt, einen krummen Rücken. Ein Minenarbeiter, der ohne Maske im Granitfelsen bohrt, entwickelt mit der Zeit eine Silikose und ein Angestellter in einem schlecht abgedichteten Atommeiler Strahlenkrebs. Menschen, die in den Anden oder im Himalaja leben, haben eine wettergegerbte Haut, und ihre roten Blutkörperchen vermehren sich, um die Sauerstoffversorgung zu sichern.

Ein Organismus paßt sich an die Welt an, in der er lebt. Diese Anpassung mag gesund oder krank, schön oder häßlich, rational oder irrational erscheinen, immer aber ist sie ein Spiegelbild der Welt, an die sich der Organismus angepaßt hat.

Die Dino-Kultur ist eine extreme Leistungskultur, die dauernd im Aktionsmodus operiert und vor allem Kampf und Verteidigung sowie Flucht praktiziert. Die im Gefolge von Descartes und Lamettrie mechanistisch orientierte Dino-Kultur funktioniert wie eine Präzisionsmaschine, in der Voraussagbarkeit, Selbstkontrolle und Zuverlässigkeit das Wichtigste sind und in der ein Mensch wie ein Rädchen funktionieren muß.

Wie sieht demnach das Erscheinungsbild des Dino-Typs aus, den unsere kulturelle Evolution hervorgebracht hat? Wie lautet der Steckbrief des Prototypen der maximierenden Gesellschaft? Welches ist sein Psychogramm?

Der Geist baut sich bekanntlich seinen Körper, und die Denkart prägt sich ihr Gesicht.

Der Dino-Mensch leidet an chronischer Anhedonie, das heißt, an der Unfähigkeit, sich zu freuen. Sein Gesicht sieht entsprechend freudlos und sogar traurig aus. Er kann nicht lächeln. Er kann jedoch brüllen vor Lachen. Im Zweifelsfall fletscht er die Zähne und zieht die Mundwinkel hoch, während seine Augen berechnend oder gar drohend blicken. Der Dino-Mensch ist dauernd frustriert, weil viele seiner vitalen Bedürfnisse chronisch zu kurz kommen. Er unterdrückt jede spontane Reaktion, da Selbstkontrolle wichtig ist, wenn er vorankommen will. Das Erlebens- und das Verhaltensrepertoire sind deutlich eingeschränkt. Das Gesicht des Dino-Menschen wirkt deshalb auch starr und leblos, verholzt oder gar versteinert.

Der Dino-Mensch erinnert an den mittelalterlichen Ritter, der in seinem Panzer eingeschlossen war. Zum Panzer gehörten Topfhelme, die Kopf und Hals unter soliden Eisenplatten verbargen. Diese Helme besaßen keine Öffnungen für Mund und Ohren. Für die Augen gab es nur zwei dünne, fingerbreite und fingerlange Sehschlitze. Es waren Helme, die für Angriff und Verteidigung gedacht waren. Durch solche Sehschlitze, die feldrelevante Einsicht, Durchsicht und Übersicht verunmöglichen, nimmt auch der heutige Dino-Mensch die Welt wahr. Wer derart in verbissenem Aktionsmodus auf seinen Gegner einstürmt, nimmt nicht wahr, daß in seinem Rükken Gegner auftauchen. Er ist eingeschränkt in puncto Wahrnehmung und Handlungsfähigkeit und wird ein Opfer seiner Ausrüstung. Man erinnert sich, daß die alten Eidgenossen – barhäuptige, flexible Sennen, die ihrer Sinne mächtig waren – die in ihren Rüstungen eingezwängten Ritterheere der Habsburger besiegt haben!

Verminderte Wahrnehmung und Urteilsbildung im Emotionshirn statt im Vernunfthirn führen zu einer gefährlichen Verkennung der Realität, was rückwirkend die Wahrnehmung einschränkt und das Emotionshirn in seiner verhängnisvollen Urteilsbildung bestärkt – ein Teufelskreis.

Die gleichen Beschränkungen, die er im Leistungsbereich an den Tag legt, zeigt der Dino-Mensch auch in seinem Beziehungsleben. Rezeptionsmodus, Phantasie und Emotionen, die er den ganzen Tag hindurch im Dienste maximaler Leistung unterdrükken muß, sind derart blockiert, daß er nicht richtig auf Partner und Kinder eingehen kann.

Auf dem Gebiet der mitmenschlichen Beziehungen wird ihm das Psychogramm zum Psycho-Gram. Er wendet mehrere Strategien an, um mit den daraus resultierenden Problemen fertig zu werden. Wie hilfreich diese meistens sind, läßt sich zeigen, wenn man unter die Lupe nimmt, was passiert, wenn der Dino-Kämpfer abends erschöpft nach Hause kommt.

Er startet durch

Durch Erfahrungen klug geworden, versucht er gar nicht mehr erst in den Entspannungsmodus und damit in den Rezeptionsmodus hineinzugeraten. Er schleppt eine Aktenmappe voller Dokumente mit nach Hause. Er grüßt kurz und verschwindet in seinem Zimmer, denn er ist ein Workaholic, der das Arbeiten nicht lassen kann. Kommt er an den Tisch, was nicht immer der Fall ist, dann schaufelt er das Essen, das mit Liebe gekocht wurde, gedankenschwer, aber ohne jede Wahrnehmung von Farbe und Form, Duft und Geschmack in sich hinein.

Und wenn er später endlich ins Bett kommt, dann ist er noch so aufgedreht und gleichzeitig auch schon so erschöpft, daß er nur noch ächzend nach der Schachtel greifen und eine Schlafpille in den Mund werfen kann. Der Rest ist Schweigen.

Er streitet

Er kommt im Kampfmodus heim und ist frustriert und übelgelaunt. Jeder Anlaß ist ihm recht, um einen Streit vom Zaun zu brechen. Wenn der Partner in dieser explosiven Atmosphäre beginnt, an ihm herumzunörgeln und ihn zu kritisieren, oder darüber berichtet, was die Kinder wieder mal angestellt haben, dann bricht die Hölle los. Zuerst fliegen die Schimpfwörter, dann das Porzellan, und zuletzt knallt die Türe zu.

Zur Sicherheit kann er auch noch den Schlüssel umdrehen. Und da Schallwellen bekanntlich durch Türen und Mauern hindurchfließen, stülpt er sich den Kopfhörer über und legt eine Platte auf – oder er stopft sich Ohropax ins Ohr. Und dann sitzt der Streithahn verbiestert im Kerker seines Ingrimms und läßt die Gallensäure der Verbitterung in die Eingeweide sickern.

Er prahlt

Er kommt heim und beginnt, schließlich ist er noch immer im maximierenden Kampfmodus, zu prahlen. Er ist der Held des Tages. Er baut sich auf, indem er andere abbaut. Er macht die anderen verbal zur Schnecke, damit er sich endlich wieder mal wie ein Mensch fühlen kann. Sein Chef ist ein Esel. Sein Mitarbeiter ist unfähig. Seine Sekretärin ist eine Niete. Der Kunde ist ein Idiot. Aber er ist der Größte – ganz nach der Devise des Boxers Cassius Clay alias Muhammad Ali: «Schau her, einen Kämpfer wie mich gab es noch nie. Es gab noch nie auch nur annähernd so etwas wie mich!»[42]

Und wenn seine Familienangehörigen auch mal einen Kommentar abgeben wollen, unterbricht er sie mitten im Satz und redet weiter. Wenn sie auf ihrem Recht insistieren, sich zu äußern, hebt er die Stimme und überdröhnt sie. Er spuckt Wörter, als wollte er Nägel spucken. Und alle Wörter und alle Sätze sagen letztlich nur eines: Die Welt ist voller Nullen, und ich, der Held in scheinender Rüstung, muß in dieser Welt der kastrierten Kretins leben!

Er schaut fern

Er hat sich den ganzen Tag alle Phantasie und alle Emotionen versagen müssen. Nun möchte er nachholen, ist jedoch zu erschöpft, um die entsprechenden Hirnteile anzudrehen. Er wirft sich in den Sessel, knipst den Fernseher an und will Bilder sehen. Wie gut, daß die kulturelle Evolution in unserem Jahrhundert einen Kasten produziert hat, der nonstop Bilder liefert! Der Kasten ersetzt dem blockierten Dino-Menschen, was seine nichtdominante Hirnhemispäre nicht mehr zu leisten vermag. Und so hält er die Fernbedienung in der Hand und drückt wie besessen Knöpfe, denn er will keinen Sinn und Zusammenhang sehen. Er will nur, daß irgendwelche Bilder über die Mattscheibe huschen.

Auf Sprache kann er verzichten, denn die dominante Hemisphäre ist den ganzen Tag mit gelesener und gesprochener Sprache überschwemmt worden. Folglich dreht er nicht selten den Ton ab. Und seine Angehörigen wundern sich, warum dieser sonst intelligente Mensch fähig ist, sich den größten Stumpfsinn anzuglotzen. Aber für ihn macht es eben Sinn. Er will hinüber in die Hemisphäre gelangen, die ihm den ganzen Tag über verschlossen war. Er will das verlorene Gleichgewicht wiederherstellen und wieder ein Mensch mit zwei Hirnhälften werden.

Er trinkt
Er fühlt sich am Abend gerädert, versteinert und ausgelaugt. Er fühlt sich sich selbst entfremdet. So strebt er denn unbewußt die Unio mystica an, denn er möchte wieder eins sein mit sich selbst und eins mit der Welt, gegen die er den ganzen lieben Tag lang wie ein Berserker gekämpft hat. Sisyphus will abends endlich mal zu Dionysos werden. Der Schwerarbeiter möchte in der Ekstase ausflippen, gewichtlos werden und vergessen können. Dem erschöpften Kämpfer geht es wie dem Schriftsteller und Hochwildjäger in Hemingways *Die grünen Hügel Afrikas*,[43] der auf einen Puritaner namens Kandisky trifft:

«Aber trinken», sagte Kandisky, «das verstehe ich nicht. Das schien mir immer albern zu sein. Ich betrachte das als eine Schwäche.» – «Es ist eine Möglichkeit, den Tag zu beenden», erwiderte der Schriftsteller. «Es hat große Vorteile. Haben Sie nie das Bedürfnis, Ihre Ideen zu verändern?»

Um endlich wieder auf andere Gedanken zu kommen, kippt der Möchtegern-Dionysos einen Drink nach dem anderen hinunter. Je härter die Drinks sind, um so schneller wird er weich. Die Muskeln entspannen sich. Die Venen öffnen sich, und wohlige Wärme durchschießt Gesicht, Bauch und Glieder. Seine vorher glanzlosen Augen beginnen zu blitzen. Sein Gemüt wird heiter. Die verkrampften Kiefer entspannen sich, und er beginnt zu grinsen. Seine Sinnesorgane öffnen sich. Plötzlich bemerkt er, daß der Lichtstrahl, der von der Lampe herunterfällt, so aufgesplittert und voller Farben ist, als hätte van Gogh ihn gemalt. Er hört, wie Tina Turner im Radio *We Don't Need Another Hero* – Wir brauchen nicht noch einen weiteren Helden – singt, und er ist mit diesem Postulat vollkommen einverstanden.

Am nächsten Tag hat er dann einen Kopf, in dem tausend kleine Teufel den Vorschlaghammer schwingen. Ihm ist so elend zumute, daß er am liebsten sterben möchte. Er greift in der Küche verstohlen nach einer Schnapsflasche, während seine Frau im Badezimmer die Zähne putzt. Er steckt geschwind den heimlich gefüllten Flachmann in die Mappe. Dann steigt er ins Auto und fährt in die Stadt. Er parkt und nimmt an der Bar an der Ecke noch schnell einen Cognac, bevor er ins Büro geht. Und er beschließt, hinter den Leitzordnern in seinem Büro ein kleines Wodkadepot einzurichten, damit er jeweils besser über die Runden kommt.

Damit ist er bereits auf dem besten Wege, ein chronischer Trinker zu werden. Er ist dabei, sich in das Heer der traurigen Bacchanten einzureihen, die das sozialmedizinische Hauptproblem der Nation sind. Er ist dabei, seine Hirnzellen zu killen und seine Selbstachtung zu verlieren. Er wird zum Opfer der Leistungsgesellschaft, die den empfindlicheren Gemütern das Genick bricht und sie gleich tausendweise am Totempfahl des Dino-Clans aufhängt.

Er macht einen Herzinfarkt

Und wenn schließlich alle Stricke reißen, dann macht der Dino-Mensch einen Herzinfarkt. Das im täglichen Verschleißkampf chronisch strapazierte Kreislaufsystem hat schon lange starre Wände gekriegt. Jetzt verstopfen sich die Herzkranzgefäße, und das hinter dem Blutpfropf liegende und deshalb nicht mehr mit Sauerstoff versorgte Herzgewebe stirbt ab. Sofern er nicht gleich stirbt, kommt er auf die Bahre und dann ins Spital. Im Unterschied zu den Hilflosen, die einen Krebs entwickeln, hat er noch Glück gehabt. Sein Herzinfarkt erlaubt ihm einen Rückzug ohne Gesichtsverlust: Der Herzinfarkt gilt, im Unterschied zu anderen Krankheiten, die in unserer Gesellschaft als Schwäche gelten, als eine durchaus honorable Sache.

Im Dino-Clan hält man den Herzinfarkt nämlich für eine Krankheit der Tüchtigen. Wer ihn durchmacht, der ist der Kämpfer, der zu hart gearbeitet und zu viel geleistet hat. Man bezeugt ihm Respekt. Und so kann er denn den Rat der Ärzte, endlich mal kürzerzutreten, ohne viel Murren entgegennehmen. Von der Todesangst geplagt, beschließt er, ein neues Leben anzufangen und diesmal die Prioritäten anders zu setzen. Aber das gilt nur so lange, als ihm wund und weh zumute ist. Sobald es ihm wieder etwas besser geht, hängt er schon wieder am Telefon und ist ganz der Alte. Bis zum nächsten Herzinfarkt.

Zusammenfassung

Unsere Kultur hat vor Jahrtausenden den Dinosaurier zum Totem und Wappentier erwählt.

Von diesem Totem geht eine morphogenetische, das heißt, strukturschaffende und sinnstiftende Kraft aus, die viele Aspekte unserer Kultur prägt.

Das morphogenetische Prinzip des Dino-Denkens läßt sich auf einen gemeinsamen Nenner bringen: die ebenso stupide wie verhängnisvolle Maximierung einzelner, aus dem Zusammenhang herausgerissener Variablen.

Resultat dieses Dino-Denkens ist, daß wir heute in einer vitalen Krise stecken. Diese Krise ist eine grundlegende spirituelle Krise, an deren Anfang, erkenntnishistorisch gesehen, der Dreschflegel der Genesis und die Leier der Orphiker stehen.

Diese Krise läßt sich durchaus bewältigen, aber nur, wenn wir aufhören, einzelne Krisensymptome der Innen- und Außenwelt zu bekämpfen.

Wir benötigen vielmehr eine Radikalkur, das heißt, eine Kur, die die Wurzeln des Übels behandelt.

Wir brauchen ein neues Totem, eine neue Leitmetapher, die unser Wahrnehmen, Denken, Entscheiden, Fühlen und Handeln und unsere physiologischen Prozesse steuert.

Der Dinosaurier hat ausgedient. Er gehört, wo wir ihn ja bisweilen auch schon antreffen können, ins Museum!

Es wäre weise, wenn wir den Schmetterling als neues Totem wählten. Im Zeichen des Schmetterlings kann eine neue Zeit anbrechen, die das Gleichgewicht aller wesentlichen Variablen innerhalb eines Systems optimiert, statt, wie bisher, einzelne maximiert. Im Zeichen des Schmetterlings wird das quantitative

Denken durch das qualitative Denken abgelöst werden, denn nur Quantitäten lassen sich maximieren; Qualitäten können hingegen optimiert werden.

Im Zeichen des Schmetterlings

Ein selbstvergessener Tänzer über bunten Nektarweiden

Der Schmetterling gehört zu den bezauberndsten Lebewesen, die die Natur hervorgebracht hat. Er sieht so fragil und graziös aus, daß man sich fragt: Wie hat er in einer angeblich vom Überlebenskampf aller Pflanzen- und Tierarten geprägten Natur bestehen können?

Der Schmetterling ist ein stammesgeschichtlicher Langstreckenläufer, dem man die Mühe des Marathons nicht ansieht, den er erfolgreich absolvierte. Als phantastischer Überlebenskünstler hat er viele Millionen Jahre lang alle ökologischen Veränderungen auf unserem Erdball überstanden. Er war vermutlich bereits als Zaungast bei der Beerdigung der Dinosaurier dabei, die soviel robuster schienen als er.

Warum er überlebt hat? Weil er sich stets flexibel an sich verändernde Umstände anpaßte. Das Resultat dieser Anpassung? Ein Lebewesen, das in seiner Schönheit, Anmut und Eleganz einmalig ist. Der farbenfrohe Falter ist ein leichtfüßiger Tänzer, der über blumenübersäten Nektarweiden seine Figuren dreht – selbstvergessen, mühelos und in virtuoser Vollendung.

Ein Falter, der auf einer Alpwiese von einer Blüte zur anderen gaukelt, ist eine grazile Fee, die verspielt von Blumenkelch zu Blumenkelch tändelt. Ein Farbtupfer, der bald bewegungslos auf einer Steinplatte verharrt, bald seine erratisch wirkenden Fluggirlanden durch die Luft zieht.

Der Mensch hat den Schmetterling seit jeher bewundert. Er hat sich selbst zwar zur Krone der ganzen Schöpfung ernannt, aber er zählt den Schmetterling zu seinen kostbarsten Kronjuwelen, zusammen mit dem Tautropfen, der in der Morgensonne glitzert, und dem leuchtenden Regenbogen.

Für die Weisen und die Künstler war der Schmetterling zu allen Zeiten und in allen Kulturen eine Quelle der Inspiration. Sie besangen ihn in Liedern, Gedichten, Legenden und Mythen. Sie haben ihn gezeichnet, gemalt, geschnitzt, graviert und in Stein gemeißelt. Sie widmeten dem Schmetterling Musikkompositionen. Sie erkoren ihn zum Symbol der Schönheit, der ephemeren Existenz und, paradoxerweise, auch der Ewigkeit.

Da das vorliegende Buch für eine weisere Leadership im Zeichen des Schmetterlings plädiert, werden wir uns das Totemtier der neuen Kultur näher ansehen, denn von seiner Evolutionsgeschichte, von seiner Anatomie und Physiologie und von seinen Anpassungsstrategien kann der Dino-Mensch unendlich viel lernen. Nur wer den Schmetterling gut kennt, kann sich mit ihm identifizieren und ihn zur Leitfigur für seine zukünftige Entwicklung und Identitätsfindung machen. Die unglaubliche Flexibilität und Vielfalt der Lebensstrategien der Schmetterlinge suggeriert, wie der Mensch der Zukunft seine Anpassung an sich rasch verändernde Umweltbedingungen flexibel optimieren kann.

Buddhas Bewunderung und der Schmetterling in der Kunst

Gautama Buddha (550-480 v. Chr.), der Begründer des Buddhismus, richtete seine letzten Worte an die Schmetterlinge,[1] weil er im Verlaufe seines Lebens von ihnen mehr gelernt hatte als aus den Schriften der Brahmanen. Und dabei gehörten die indischen Brahmanen zur obersten Hindukaste, die seit jeher die Priester, Dichter, Gelehrten und Politiker – und damit die gesamte Hindu-Leadership – hervorgebracht hatte!

Die alten Griechen teilten Buddhas Bewunderung und Respekt für die Schmetterlinge. Ihnen erschien der Falter als die Inkarnation der Seele und damit als ein Symbol der Unsterblichkeit.[2] Für sie war der Schmetterling zudem ein Sinnbild der Anmut und der Liebe.[3] Sie stellten den Liebesgott Eros und die Liebesgöttin Aphrodite mit den Attributen des Schmetterlings dar. In der Liebeslegende von Amor und Psyche verliehen sie der wunderschönen Jungfrau Psyche ebenfalls Schmetterlingsflügel.

Als Sokrates den Schierlingsbecher nehmen mußte, weil die damaligen Machthaber in seinem Denken eine Gefahr für die Jugend sahen, und ihn seine Jünger fragten, was sie nach seinem Tode mit ihm tun sollten, dachte er offenbar an einen Schmetterling. Er erwiderte: «Fangt mich, wenn ihr könnt!»

Der Schmetterling taucht bereits vor den alten Griechen als Kultobjekt und Kunstthema auf. In den Gräbern der Pharaonen findet man den Schmetterling auf den unvergleichlichen Wandmalereien, die uns die ägyptische Hochkultur hinterlassen hat.

Der unbeschwert von Blüte zu Blüte flatternde Falter hat seit jeher die Sehnsucht der Menschen erweckt. Sie haben ihn beneidet, und in ihren Phantasien haben sie sich mit ihm identifiziert. Wie weit diese Identifizierung gehen konnte, erzählt der chinesische Taoist Chuang-tzu (ca. 365-290 v. Chr.), dessen Geschichte den uralten Wunsch des Menschen, ein Schmetterling zu sein, sehr schön illustriert:[4]

«Eines Tages träumte ich, Chuang-tzu, daß ich ein Schmetterling war, der hierhin und dorthin flog, ganz wie ein Schmetterling. Ich war mir nur bewußt, daß ich meinen Launen folgte wie ein Schmetterling, und meine Individualität als Mann war mir nicht bewußt. Plötzlich erwachte ich, und da lag ich nun, wieder ganz ich selbst. Jetzt weiß ich nicht mehr, ob ich damals ein Mann war, der träumte, ein Schmetterling zu sein, oder ob ich ein Schmetterling war, der träumte, ein Mann zu sein.»

Der Schmetterling selber ist ein Traumgebilde; in ihm hat die biologische Evolution ihren schönsten Traum geträumt.

Ein Traum währt meistens nur kurz. Die kleinste Störung kann das Phantasiegespinst auflösen. So ist es nicht verwunderlich, daß der Schmetterling zum Sinnbild ephemerer Existenz geworden ist. Auf die Verletzlichkeit von Harmonie und Heiterkeit und auf die Vergänglichkeit eines kostbaren Augenblicks spielt ein japa-

nisches Haiku an, das der große Zen-Poet Buson (1716-1783) ver-
faßte:

> Auf der Glocke des Tempels
> sitzend, schläft
> der Schmetterling, oh!

Ein anderes Haiku beschreibt den taumelnden Flug eines Falters
und den ungewöhnlichen Einfall, der einem phantasievollen Betrachter dabei kommen kann:[5]

> Wie der Schmetterling
> die Getreidereihen flugs
> aneinandernäht!

Ein bezauberndes Gedicht über den Schmetterling ist auch das
von Alan Watts zitierte Haiku, das zwei verschiedene Welten in
einem einzigen Bild kondensiert:[6]

> Ein heruntergefallenes Blatt,
> das seinen Zweig sucht?
> Schmetterling.

Diese Zeilen stammen offenbar aus dem gleichen Geist, der Laotse, den Begründer des chinesischen Taoismus, beflügelt hat. Im
vierzigsten Gesang des Tao Te King heißt es:[7]

> Wiederkehren ist die Bewegung des Tao.
> Nachgeben ist der Weg des Tao.
> Die zehntausend Dinge werden aus dem Sein geboren.
> Sein wird aus dem Nichtsein geboren.

Der Schmetterling ist eine vom Frühlingswind entführte Blüte,
die zurück an den Zweig will, von dem sie heruntergefallen ist.
Die Blüte hält nichts von der Irreversibilität gewisser Lebenspro-
zesse, und sie folgt der Bewegung des Tao. Sie zieht die reversible
Metamorphose vor und schlägt der Schwerkraft und dem Pfeil der
Zeit ein Schnippchen.

In der neuzeitlichen europäischen Kunst stellte die Blumen- und Insektenmalerin Anna Maria Sibylle Merian Schmetterlinge täuschend lebensnah dar. Zwischen 1750 und 1800 wurden unzählige Schmetterlinge in Kupfer gestochen und handkoloriert. 1840 malte Carl Spitzweg seinen berühmten «Schmetterlingsfänger».

In der Jugendstilperiode wurde der Schmetterling auf Öl- und Glasgemälden dargestellt; er zierte Lampen und Möbel und viele andere Einrichtungsgegenstände; er tauchte auf Broschen, Kämmen und Nadeln auf. Die Surrealisten und die Phantastischen Realisten der Wiener Schule machten den Schmetterling später erneut zu einem Thema der graphischen Gestaltung.

Der Schmetterling wird in den Gedichten von Mörike, Eichendorff, Trakl, Heym und Fontane besungen. Selbst der streitbare Schriftsteller und Kulturkritiker Karl Kraus[8], der die Philister der Dino-Kultur erbarmungslos an den Pranger stellte, zeigte tiefen Respekt vor dem friedlichen Schmetterling. Der früh verstorbene polnische Komponist und Pianist Frédéric Chopin widmete dem Schmetterling eine «Schmetterlingsetüde».

Der englische Schriftsteller, Mathematiker und Fotograf Lewis Carroll räumte dem Schmetterling in seinem modernen Märchen *Alice im Wunderland* einen Platz ein, und der Russe Vladimir Nabokov, der nicht nur ein virtuoser Schriftsteller, sondern auch ein bekannter Wissenschaftler und Schmetterlingsspezialist war, schrieb ein Gedicht auf den Schmetterling und setzte ihm in seinem Erfolgsroman *Lolita* ein Denkmal.

Der deutsche Schriftsteller E. T. A. Hoffmann ließ sich auf seinen Grabstein in Berlin-Kreuzberg einen Schmetterling meißeln. Er folgte dabei der griechischen Denktradition, die die Seele als ein Wesen ansah, das dem Sarg des Körpers entkommen konnte wie der Falter dem Chitingehäuse seiner Puppe.

Diese auch in der jüdisch-christlichen Kultur existierende Idee der möglichen Befreiung beflügelte offenbar auch die Kinder im Konzentrationslager von Auschwitz; sie malten besonders oft Schmetterlinge: «Das war für sie die Hoffnung auf Freiheit, der Wunsch, einfach davonzufliegen.»[9]

Zur Namengebung der Schmetterlinge

Schmetterlinge sind weltweit verbreitet und werden in den verschiedenen Sprachen vielfältig benannt. Viele dieser Namen sind sehr poetisch und klangvoll; sie verraten die Bewunderung, die die Menschen diesem Wunderwesen seit jeher entgegenbringen.

Die alten Griechen hatten – wie übrigens auch die Russen – für die Seele und den Schmetterling ein einziges Wort; sie nannten den Schmetterling *psyche*. Die alten Römer nannten ihn *papilio*, ein Wort, von dem der französische Ausdruck *papillon* stammt. Die Spanier gaben dem Schmetterling den wohlklingenden Namen *mariposa*. Die Engländer tauften ihn auf den Namen *butterfly*, was soviel wie Butterfliege heißt. Der deutsche Name «Schmetterling» bedeutet etwas Ähnliches[10] und hat nichts mit dem eher martialisch klingenden Wort «schmettern» zu tun, sondern leitet sich vom Dialektwort *Schmetta* ab, das Sahne heißt. Im Mittelalter glaubte man nämlich, daß Schmetterlinge Hexen seien, die Milch nippten, Butter naschten und Nahrungsvorräte verdarben. Ein anderer deutscher Name, der zum Beispiel noch im schweizerischen Glarner Dialekt gebraucht wird, ist «Sommervogel». Und ein weiterer Name, der im Walliser Dialekt benutzt wird, ist *Fifolter*; dieser Name geht auf das althochdeutsche *Fifaltra* zurück, von dem das neuhochdeutsche Wort «Falter» stammt.

In ihrem analytisch-dualistischen Bestreben, exakt und unmißverständlich zu sein, hat die Wissenschaft den Schmetterlingen ganz andere Namen als die Umgangssprache gegeben. Wissenschaftlich gesehen gehören die Schmetterlinge zur Ordnung der *Lepidoptera*, was soviel wie Schuppenflügler heißt. Je nach Gattung und Art tragen die Schmetterlinge unterschiedliche und nicht unbedingt schön klingende wissenschaftliche Namen. So heißt etwa der farbenprächtige Schwalbenschwanz *Papilio machaon* LINNAEUS 1758. Das erste Wort steht für die Gattung, das zweite für die Art, das dritte für den Erstbeschreiber, Carl Linné, der 1735 diese Nomenklatur eingeführt hat; und die Jahrzahl am Schluß steht für das Jahr der Erstbeschreibung. Gelegentlich findet man nach dem Artnamen noch weitere Namen für die Unterart, die nur in einer bestimmten geographischen Gegend vorkommt. So heißt etwa der britische Schwalbenschwanz *Papilio machaon britannicus* SEITZ 1906.

Die Namen, die aus der holistisch-intuitiven Volkssprache kommen, sind viel schöner und bildhafter. Sie werden dem Erscheinungsbild des Wesens, das sie benennen, und den Assoziationen, die es im Betrachter hervorruft, viel eher gerecht als die Sprache der Wissenschaft, die im Lauf der Zeit den trockenen, analytischen Rigorismus der dominanten Hirnhemispäre bevorzugt und die Phantasie und intuitive Sensibilität der nichtdominanten Hemispäre vernachlässigt hat.

Die Koevolution von Blütenpflanzen und Schmetterlingen

Die Schmetterlinge gehören zur Klasse der Kerbtiere oder Insekten, die ungefähr eine Million Tierarten und damit etwa drei Viertel aller Arten des Tierreiches umfaßt.[11]

Es gibt auf der ganzen Welt rund 160 000 Schmetterlingsarten. Sie machen somit etwa zehn Prozent aller Tierarten aus. In der Schweiz leben ungefähr 3600 Schmetterlingsarten, davon gehören etwa 2200 Arten zu den Mikro-Arten und etwa 1400 zu den Makro-Arten. Nur rund 200 Arten gehören zu den farbenprächtigen Tagfaltern; alle anderen sind Nachtfalter.

Wann die Schmetterlinge auf der Erde erschienen, ist unsicher. Von diesen kleinen, zerbrechlichen Wesen sind keine Fossilien wie von den großknochigen Dinosauriern erhalten geblieben. Erst nach der Kreidezeit findet man sie häufig, eingeschlossen im Bernstein, dem Harz der damaligen Bäume.

Da sie ihre Nahrung vor allem vom Nektar der Blütenpflanzen beziehen, ist anzunehmen, daß sie erst nach dem Auftreten der ersten Blütenpflanzen auf der Erde erschienen sind. Die ersten Blütenpflanzen tauchten vor ungefähr 100 Millionen Jahren auf. Und da die Dinosaurier vor ungefähr 65 Millionen Jahren vom Erdboden verschwunden sind, dürften die ersten Schmetterlinge bereits zur Zeit der Dinosaurier existiert haben.

Die Schmetterlinge haben sich dank erfolgreicher Adaptionsstrategien überall auf der Erde verbreitet. Man findet sie an Meeresküsten, in Tropenwäldern und hoch oben in den Alpen. Überall – nur in der Antarktis nicht – haben sie ökologische Nischen gefunden, in denen sie sich niedergelassen haben. Manche Schmetterlingsarten leben sogar nördlich des Polarkreises;[12] andere existieren im Himalaja, und zwar auf einer Höhe von 4500 Metern über Meereshöhe.

Während der Koevolution von Blütenpflanzen und Schmetterlingen kam es zur Entwicklung einer Symbiose. Die Schmetterlinge bezogen von den Blütenpflanzen den Nektar, und sie halfen ihrerseits, zusammen mit anderen Insektenarten, bei der Bestäubung der Blütenpflanzen. Wenn sich ein Schmetterling auf einer Blüte niederläßt, heftet sich der Blütenstaub an seinen Körper. Und wenn er auf einer anderen Blüte landet, um Nektar zu saugen, wird der Blütenstaub wieder abgestreift und besamt die Blüte.

Im Rahmen dieser Koevolution haben beide Teile spezifische Adaptionsstrategien entwickelt, die ihnen das Überleben und die Entwicklung sicherten.

Die Blütenpflanzen entwickelten farbenprächtige und süß duftende Blüten, die Nektar produzieren. Gewisse Blüten verfielen in ihrem Bemühen, Besamungshelfer zu finden, gar dem Dino-Look. Sie wurden riesengroß, oder sie maximierten die Anzahl ihrer Blüten. Die in Südostasien vorkommende Rafflesie entwickelte Blüten mit einem Durchmesser von bis zu einem Meter und mit einem Gewicht von bis zu 4,5 Kilogramm.[13] Andere Blütenpflanzen versuchten, ihren Vorteil zu sichern, indem sie – wie etwa die *Paya raimondii*, eine südamerikanische Verwandte der Ananaspflanze – bis zu 8000 Einzelblüten entwickelten.

Die Schmetterlinge ihrerseits entwickelten eine große Vielfalt von Strategien, um sich an die unterschiedlichen Blütentypen anzupassen. Der Ockergelbe Braundickkopf und der Rostfleckige Dickkopf haben einen langen Rüssel entwickelt, der auf den Grund der tiefen, röhrenförmigen Blüte der Kartäusernelke vorzudringen vermag, zu dem Bienen nicht gelangen können.[14]

Der Kleine Kohlweißling, der Rapsweißling und der Zitronenfalter sind Generalisten geworden. Sie können den Nektar unzähliger Blütenarten aufsaugen. Der Vorteil dieser Strategie ist, daß ihnen so schnell nicht die Nahrung ausgeht, der Nachteil, daß sie

148

mit anderen Insekten im Wettstreit um den Zugang zu einer lebenswichtigen Ressource liegen.

Andere Schmetterlingsarten haben sich zu Spezialisten entwickelt, die nur an bestimmten Blütentypen Nektar aufnehmen. Das Große Ochsenauge, das Schachbrett und das Blutströpfchenwidderchen haben sich auf blaurotviolette Blüten (z.b. Flockenblume, Witwenblume, Skabiose, Distel) spezialisiert. Der Hauhechelbläuling fliegt nur gelbe Blüten (z.b. Wiesenhornklee) an. Der Vorteil der Spezialisierung liegt im eher geringen Konkurrenzkampf um eine lebenswichtige Ressource. Der Nachteil ist, daß die Nahrungsquelle möglicherweise temporär knapp werden oder definitiv – zum Beispiel beim Aussterben einer bestimmten Pflanzenart – abhanden kommen kann.

Es gibt Schmetterlingsarten, die sich gebietsweise spezialisiert haben. Die etwa 80 Arten des wunderhübschen blauen Morphofalters kommen nur in den Regenwäldern von Mittel- und Südamerika vor, wo sie um die Wipfel der hohen Urwaldbäume flattern.[15] Der Eismohrenfalter, der Gletscherfalter, der Hellgraue Alpen-Großspanner und die Zackenbindeneule sind «Höhenpioniere».[16] Sie leben auf den Flechten und Moosen und den Polster- und Rosettenpflanzen, die auf Geröllhalden und Moränen nahe am ewigen Eis der Alpen eine Existenz gefunden haben. Eine Unterart des Augenfalters hat sich sogar ein einziges, kleines Tal am Südhang des Simplons als Lebensraum erkoren.[17]

Demgegenüber ist der Große Fuchs, obwohl noch ein geographischer Spezialist, entschieden großflächiger orientiert.[18] Er lebt in den Alpen, in den Voralpen und im Tiefland, wo er bis an die Atlantikküste und nach Südengland vorgedrungen ist.

Klein ist fein: Das Strukturprinzip der Schmetterlinge

Der grazile Körperbau der Schmetterlinge ist, wie jener der Libellen, einzigartig auf der Welt. Mit einem Minimum an Baumaterial haben sie eine tragfähige Struktur entwickelt, die ihnen das individuelle Überleben und die Evolution der Art sichert – und zwar derart effizient, daß sie die Dinosaurier überlebt haben, die ganz auf das Maximieren von Volumen und Gewicht gesetzt hatten.

Dieses Prinzip der Sparsamkeit in der Wahl der Mittel hat die Menschen zu allen Zeiten fasziniert, aber sie haben in ihren technischen Konstruktionen die raffinierte Ökonomie im Bau- und Funktionsplan der Schmetterlinge trotz aller Anstrengungen nie erreichen können.

Der englische Franziskaner und Philosoph William of Occam plädierte im Mittelalter für die Sparsamkeit im Ausdruck und gegen bombastischen Wortschwulst, der Inhaltsschwere vortäuschen soll. Sein erkenntnistheoretisches Prinzip, auch Prinzip der Ökonomie oder Occams Rasiermesser genannt, besagt: «*It is vain to do with more, what can be done with less*» – Es ist unnütz, mit mehr zu tun, was mit weniger getan werden kann.

Occam wurde wegen Häresie exkommuniziert, und sein Prinzip hat in der scholastischen Philosophie und in dem von ihr beeinflußten Denken keine Spuren hinterlassen. Dort handelte man offenbar lieber nach dem «Prinzip der pompösen Verschleierung»[19]: «Was obskur ist, ist tief; was transparent ist, ist oberflächlich!»

Das Prinzip der Ökonomie wurde zuerst von Künstlern angewandt. Leonardo da Vinci interessierte sich für den Gleitflug und für die dazu notwendigen grazilen Strukturen. In seinen Plänen für sakrale Bauten versuchte er mit einem Minimum an Struktur ein Optimum an Funktion zu schaffen. Der französische Impressionist Claude Monet interessierte sich für das Licht, die grazilste aller Strukturen. Dabei trieb er die Ökonomie der Mittel derart auf die Spitze, daß sein Freund, der Schriftsteller und Staatsmann Clemenceau, einmal ironisch schrieb: «Er hätte weitere zehn Jahre leben sollen; dann würde er das, was er getan hat, nicht mehr länger verstanden haben; dann wäre wohl nichts mehr auf der Leinwand gestanden.»[20]

In den Skulpturen des Rumänen Constantin Brancusi und des Schweizers Alberto Giacometti kam Occams Rasiermesserprinzip sichtbar zur Anwendung. Bei Giacometti gerieten die stecknadelgroßen Skulpturen, die nur noch erbsengroße Köpfe besaßen und in einer Zündholzschachtel Platz hatten, schließlich so klein, daß er sich feierlich vornehmen mußte, der Sparsamkeit in der Wahl der Mittel einen Riegel vorzuschieben: «Ich schwor mir, meinen Figuren nicht mehr zu erlauben, auch nur noch einen Zentimeter abzunehmen.»[21]

Das Prinzip der Sparsamkeit beeinflußte auch die Architektur. Der Wiener Architekt Adolf Loos prägte den Ausdruck «Ornament ist ein Verbrechen», und der holländische Architekt Mies van der Rohe folgte ihm mit dem Leitspruch «Weniger ist mehr». Aber die Skulpturen und Häuser dieser spirituellen Occam-Schüler waren immer noch weit von der schwerelosen Eleganz des Schmetterlingskörpers entfernt.

Schließlich prägte der Ökonom Ernst Schumacher Anfang der siebziger Jahre den Slogan *Small is beautiful* – Klein ist schön –, um gegen den Dino-Wahn in der Wirtschaft anzukämpfen. In seinem Buch stellte er fest: «Die Wirtschaft des Gigantismus und der Automation ist ein Überbleibsel der Bedingungen des 19. Jahrhunderts und des Denkens des 19. Jahrhunderts, und sie ist völlig unfähig, die wahren Probleme von heute zu lösen.»[22] Aber so sehr auch seine Ideen eine Zeitlang das allgemeine Gesprächsthema waren, so wenig haben sie offenbar bisher in der internationalen Industrielandschaft zu ändern vermocht.

Der Schmetterling hat in seiner Evolution Occams Rasiermesser und Schumachers Slogan vorweggenommen. Mit einem Minimum an Material hat hier die Evolution eine optimale Struktur mit funktioneller Perfektion hervorgebracht. Der Schmetterling ist klein, funktionstüchtig und schön.

Schmetterlinge gehören zu den Insekten, deren Bauplan recht einfach ist. Sie besitzen kein knöchernes Innenskelett wie die Wirbeltiere, sondern ein hüllenförmiges Außenskelett aus verhärtetem Chitin. Wenn die eifrig fressende Raupe wächst, wächst die Chitinhaut nicht mit; deshalb muß sich die Raupe wiederholt häuten.

Chitin ist eine organische Substanz, die unter anderem in Libellenflügeln, im Panzer der Ameisen und in der Hummerschale zu finden ist und die chemisch der Zellulose verwandt ist. Chitin kann so hart und starr wie Stein werden oder, je nach Zusammensetzung mit anderen Materialien, sehr biegsame, transparente und ultraleichte Strukturen bilden.[23]

Der Grundplan eines Insekts ist stets derselbe: Der Körper ist in drei Hauptteile gegliedert, in Kopf, Brust (Thorax) und Hinterleib (Abdomen). Jeder Teil des Insektenleibes zählt mehrere Segmente; am Kopf sind mindestens sechs, an der Brust drei und am Hinterleib neun bis elf Segmente vorhanden. Am Kopf sitzen die Augen, die Fühler und die Freßwerkzeuge. An den Brustsegmenten befinden sich sechs Beine mit ein bis fünf Fußgliedern und ein oder zwei Paar Flügel.

Allen Insekten ist gemeinsam, daß ihr Körper, der mit allen lebenswichtigen Organen ausgestattet ist, aus einem Minimum an Strukturmaterial besteht. Auf kleinstem Raum, in einem kleinen Volumen und unter einer minimalen Oberfläche sind alle Sinnes-, Bewegungs-, Ausdrucks-, Verdauungs-, Atmungs- und Fortpflanzungsorgane sowie das Nerven- und das Blutkreislaufsystem untergebracht. Bei den Insekten hat die Evolution somit erreicht, wovon Ingenieure und Architekten nur träumen können: minimaler Materialverbrauch, belastungsfähige Strukturen mit formal elegantem Design, auf engstem Raum integrierte und perfekt regulierte Funktionen, optimale Adaptionsfähigkeit der Gesamtstruktur an sich wandelnde Umweltverhältnisse.

Beim Schmetterling sehen die einzelnen anatomischen Strukturteile folgendermaßen aus: Der kleine, kugelförmige Kopf trägt die Augen, den Saugrüssel, die Antennen und die Kauwerkzeuge. Die Augen bestehen aus Tausenden von Facettenaugen, wovon jedes ein funktionstüchtiges Mikroorgan ist.[24] Jedes einzelne Facettenauge ist mit Sehpigment und Sinneszelle ausgestattet. Alle Facetten zusammen bilden das Mosaikauge. Das Mosaikauge verfügt zwar über wenig Tiefenschärfe, aber es ist spezialisiert auf einem Gebiet, das für das Überleben von Schmetterlingen viel wichtiger ist. Die beiden Mosaikaugen können die geringste Bewegung im Umkreis von ein paar Metern sofort ausmachen, so daß der Schmetterling entsprechend reagieren kann.

Der Saugrüssel besteht aus einer flexiblen Röhre, die der Schmetterling meistens wie die Feder eines Uhrwerks spiralenförmig eingerollt hat. Erst bei der Nahrungsaufnahme auf der Blüte entrollt er den Rüssel mit Hilfe von Muskelfibern und indem er den Blutdruck in den Rüsseläderchen erhöht. Bei gewissen tropischen Nachtfaltern kann dieser Saugrüssel bis zu 30 Zentimeter lang werden. Bei bestimmten Mikroformen ist der Rüssel in Kauwerkzeuge umgewandelt.

Die zwei Antennen des Schmetterlings sind Riechorgane, und sie dienen auch dem Tasten. Meistens sind sie bei den Weibchen rudimentär angelegt und nur bei den Männchen gut entwickelt. Die Antennen der Tagfalter sind häufig fadenartige Strukturen mit einer kolbenförmigen Endverdickung. Bei den Nachtfaltern sind die Antennen zum Teil recht kompliziert gebaute Strukturen, die wie Doppelkämme oder Farne aussehen.

Die Kauwerkzeuge sind je nach Schmetterlingsart mehr oder weniger ausgebildet. Im großen und ganzen spielen sie bei den meisten Schmetterlingen eine eher geringe Rolle.

Der Thorax bildet «ein robustes Chassis für den Motor».[25] Er trägt die Beine und die Flügel. Die grazilen Beinchen dienen allerdings nicht nur der Fortbewegung, sondern auch dem Betasten und gar dem Aussenden von Funksignalen. Gewisse Männchen betasten ihre Weibchen nicht nur mit Samtpfoten; sie haben sogar eine Art Duftdrüsen oder Androkonien an den Hinterbeinen, und der betörende Duft, den diese ausströmen, macht die Weibchen erst paarungswillig.

Die Flügel sind hauchzarte Gebilde, die von dünnen Äderchen durchzogen und mit feinen, dachziegelartig übereinandergelagerten Schüppchen bedeckt sind. Die oft sehr farbenprächtigen Flügel dienen nicht nur dem Flug, sondern senden auch Signale aus. Sie können bei den Männchen ebenfalls mit Duftschuppen bedeckt sein, deren Duft das Weibchen zur Begattung reizt.

Der Rumpf der Schmetterlinge besteht aus ursprünglich zehn Segmenten. Bei den Männchen sind die letzten zwei Segmente, bei den Weibchen die letzten drei Segmente zum Geschlechtsorgan umgewandelt. Das Männchen besitzt zwei hodenartige Gebilde, die die Spermien produzieren, die bei der Begattung mit Hilfe eines Penis in der weiblichen Geschlechtsöffnung abgelagert werden. Das Weibchen besitzt Eierstöcke und Tuben, die hinunter ins sogenannte Vestibül führen. Hier werden die Eier kurz vor der Eiablage befruchtet.

Die Weibchen bestimmter Schmetterlingsarten, vor allem der Nachtfalter, sondern am Hinterleib Dufthormone oder Pheromone ab. Diese Pheromone werden über weite Distanzen hinweg von den Antennen der Männchen aufgefangen und ermuntern sie zum Balzflug.

Im Hinterleib der Schmetterlinge liegen der größte Teil des Verdauungstraktes und die sogenannten Malpighiröhren, die als Nieren funktionieren. Er enthält auch das Rückengefäß, das wie ein Herz funktioniert und die Blutlymphe durch den Organismus pumpt. Die Blutlymphe besteht aus gelblichen oder grünlichen Blutkörperchen; sie ernährt alle Zellen des Organismus.[26] Das «Herz» des Schmetterlings schlägt in Ruhestellung mit einer Frequenz von 60 bis 70 Schlägen pro Minute. Im Flug kann es Frequenzen von bis zu 150 Schlägen pro Minute erreichen.

Das Nervensystem besteht aus zwei paarig angelegten Nervenknoten-(Ganglien-)ketten, die unterhalb des Verdauungstraktes liegen, und steuert zusammen mit den Hormonen physiologische Vorgänge. Es bildet im Kopf drei Kopfganglien und unterhalb der Speiseröhre drei Brustganglien.

Am ganzen Leib sind paarige Atemlöcher angebracht. Sie verbinden ein im ganzen Körper verzweigtes Röhrensystem mit der Außenluft und ermöglichen so den Gasaustausch.

Das Wunderwerk der Sinnesorgane

Die Antennen der Männchen können die Pheromone, den Lockstoff der Weibchen, über viele Kilometer hinweg wahrnehmen.

Bei gewissen Nachtschwärmern, zum Beispiel beim Seidenspinner, genügt schon ein einziges Molekül, um die Sinneszellen der doppelkammförmigen Antennen anzuknipsen.[27] Einmal erregt, folgt das Männchen der unsichtbaren Duftspur, zuerst im zickzackartigen, schließlich im geradlinigen Suchflug. Offenbar spielt dabei der Duftgradient eine orientierende Rolle: Die Dichte der Duftmoleküle pro Raumeinheit nimmt stetig zu, je näher das Männchen an sein begehrtes Ziel herankommt.

Beim Balzverhalten wird der männliche Schmetterling allerdings nicht nur durch Pheromone angelockt. Der männliche Tagfalter orientiert sich auch optisch. Dabei kann es vorkommen, daß er im Eifer des Gefechtes das falsche Liebesobjekt ansteuert. Man hat zum Beispiel beobachtet, daß ein Zitronenfalter durch einen jadegrünen Plastiksack angelockt wurde und heftig mit ihm zu flirten begann.[28] Wer sich im extremen analytischen Denkmodus ganz auf eine einzige Variable (z.B. die Wellenlänge des Lichtes) verläßt und dabei die kontextspezifischen Zusammenhänge übersieht, kann eben leicht in einer Sackgasse enden.

Gewisse Tagfalter besitzen zwischen den Augen ein aus feinen Härchen bestehendes Sinnesorgan, das sogenannte Jordanorgan,[29] mit dessen Hilfe sie möglicherweise fähig sind, ihre eigene Fluggeschwindigkeit zu messen.

An seinen Samtpfötchen hat der Schmetterling feinste Sinneszellen, mit denen er die Nahrung riechen kann.[30] Salopp ausgedrückt: Während bei ungepflegten Menschen die Füße üble Düfte verbreiten, kann der Schmetterling buchstäblich mit den Zehen riechen!

Der Geschmackssinn der Schmetterlinge ist ebenfalls viel komplexer angelegt als der entsprechende Sinn bei den Menschen.[31] Der Schmetterling schmeckt mit den Antennen, mit dem Rüssel und gelegentlich sogar mit seinen Schienbeinen und Füßchen.

Die Tastorgane der Schmetterlinge bestehen aus feinen Tasthärchen, die die ganze Körperoberfläche bedecken.[32] Zudem sind die Antennen der Männchen hochsensible Fühler; sie dienen unter anderem der Identifizierung und der «Überredung» der Weibchen.

Die Hörorgane der Schmetterlinge befinden sich auf beiden Seiten des dritten Thoraxsegmentes oder am ersten Abdominalsegment.[33] Gewisse Schmetterlingsarten besitzen auch an den Flügelenden feine Hörzellen. Die Nachtfalter verfügen sogar über ein sensibles Radarsystem, mit dem sie Ultraschall hören können, was für sie überlebenswichtig ist, um in der Dunkelheit den Fledermäusen, ihren schlimmsten Freßfeinden, zu entfliehen.

Die Mosaikaugen der Schmetterlinge bestehen, wie wir bereits gesehen haben, aus vielen Facetten.[34] Ein Nachtpfauenauge besitzt 12 000 Facettenaugen! Im Vergleich dazu: Die Stubenfliege, die bekanntlich dem Menschen, der sie jagen will, meistens zu entkommen vermag, hat «nur» 4000 Facetten. Diese Einzelaugen dienen sowohl dem Farbsehen als auch dem Form- und Bewegungssehen.

Schmetterlinge sind kurzsichtig, denn sie sehen vermutlich nur vier bis fünf Meter weit. Dafür nehmen sie jedoch im Nu jeden Schatten wahr, der über ihre Mosaikaugen streicht. Richtung und

Geschwindigkeit des Objekts errechnet der Biocomputer der Schmetterlinge aus der Art und Weise, wie die einzelnen Facettenaugen hintereinander gereizt werden. Auf die Größe des Objekts schließt er aufgrund der Anzahl der gleichzeitig erregten Facettenaugen.

Gewisse Tagfalter erkennen nicht nur das gleiche Farbspektrum wie der Mensch; sie sehen auch im infraroten Bereich. Man nimmt an, daß Schmetterlinge fähig sind, sich sogar bei bewölktem Himmel nach dem Stand der Sonne zu orientieren und so ihre jeweiligen Ziele zu erreichen.

Schließlich sei auch erwähnt, daß manche Schmetterlinge – abgesehen von den akustischen Lauten, die beim Fliegen entstehen, und abgesehen von ihren optischen Ausdrucksmöglichkeiten – auch Töne von sich geben können. Der Totenkopfschwärmer zum Beispiel gibt einen quietschenden Laut von sich, wenn er sich in seiner Ruhe gestört fühlt.[35]

Die Metamorphose der Schmetterlinge

Von Zeit zu Zeit muß das Leben die Formen aufbrechen, die es hervorgebracht hat. Sonst erstickt es daran. Einmal entwickelte Formen haben nämlich von Natur aus die Neigung, zu rigide zu werden und damit den Inhalt zu gefährden, dem sie Ausdruck geben und Schutz gewähren sollen.

Kein Lebewesen hat die Fähigkeit der flexiblen Formverwandlung besser entwickelt als der Schmetterling. Seine Metamorphose ist ein ununterbrochener Prozeß der Formveränderung, der vom Ei zur Raupe, von der Raupe zur Puppe, von der Puppe zum eigentlichen Falter, auch Imago genannt, und vom Schmetterling wieder zum Ei führt. Dieser Prozeß der Formveränderung umfaßt ein komplexes Phasenspiel aus Formaufbau, Formerhaltung, Formentwicklung und Formauflösung. In der Sprache der Wissenschaft: Die Metamorphose ist ein ununterbrochener Prozeß von Morphogeneration, Morphostase, Morphotransformation und Morpholyse.[36]

In der Metamorphose der Schmetterlinge wird das Leben von einer Form zur anderen weitergegeben; bei dieser dauernden

Formumwandlung verliert der Falter jedoch keinen Augenblick seine Identität. Hinter wechselnden Masken versteckt, behält er stets sein eigenes Gesicht.

Die Zeitspanne, die alle vier Phasen der Metamorphose umfaßt, heißt Lebenszyklus. Dieser dauert bei gewissen Schmetterlingsarten (z.B. beim Apollofalter, Aurorafalter und Großen Eisvogel) ein Jahr; andere Arten (z.B. Kohlweißling, Kleiner Fuchs, Schwalbenschwanz) bringen jedes Jahr mehrere Generationen hervor.[37]

Das Ei

Die Eiablage ist ein Reflexvorgang. Sobald die Eier reif sind, legt das Weibchen sie ab, selbst dann, wenn sie nicht befruchtet sind.[38]

Aus einem unbefruchteten Ei entsteht meistens kein Embryo. Gewisse Schmetterlingsarten sind jedoch zur Parthenogenese (zur Jungfernzeugung) fähig. Die Jungfernzeugung kann, wie zum Beispiel bei der Familie der Psychiden, Raupen beiderlei Geschlechts hervorbringen. Aber es gibt auch Schmetterlingsarten, bei denen die emanzipierten Weibchen sowohl auf die Beihilfe wie auch auf die Reproduktion von Männchen verzichten: Sie bringen, unbesamt, immer nur Weibchen hervor.

Die Anzahl der Eier, die abgelegt werden, variiert von einer Schmetterlingsart zur anderen.[39] Der Apollofalter legt bis zu 100, der Seidenspinner bis zu 500 und der Große Kohlweißling bis über 1000 Eier.[40] Und manche kleine Schmetterlingsarten, die offenbar ganz auf Nummer Sicher gehen wollen, legen sogar bis zu 2000 Eier.

Die Eier haben einen Durchmesser von ungefähr einem Millimeter. So winzig sie auch sein mögen, so vielfältig sind ihre Formen, Farben und die Gelegekompositionen.[41]

Der Kohlweißling legt gelbe Eier, die haufenweise an den Blattunterseiten kleben und aussehen wie winzige Maiskölbchen.

Die Kupferglucke legt runde Eier, die in Gruppen angeordnet sind und aussehen wie grünweiß gemusterte Billardkügelchen.

Der Ringelspinner legt eine malvenfarbige Manschette von Eiern um einen Zweig herum. Die einzelnen Eier sehen aus wie winzige Müschelchen.

Der Braune Bär legt seine kugelförmigen Eier ebenfalls in Gruppen ab. Sie sehen aus wie jadegrüne Perlchen.

Die Eier des Landkärtchens werden in Kolonnen an der Unterseite eines Pflanzenblattes abgelegt. Sie sehen aus wie grünlichweiße schimmernde Zöpfchen und erinnern an Stalaktiten.

Der Fichtenträgspinner legt seine kugelförmigen Eier an Fichtenzweige. Sie sehen aus wie entkernte und ausgebleichte Olivchen.

Die Schmetterlingsweibchen legen die Eier direkt auf den Wirtspflanzen ab, und zwar auf der Ober- oder auf der Unterseite der Blätter, die den schlüpfenden Raupen als Nahrung dienen, oder in unmittelbarer Nähe der Wirtspflanzen. Der Kaisermantel beispielsweise, dessen Eiablage durch Veilchengeruch ausgelöst wird und dessen Raupen sich von Veilchen ernähren, legt seine Eier in die Ritzen eines Baumes am Waldsaum ab.[42] Andere Schmetterlinge sind bei der Eiablage sorgloser. Das Ochsenauge zum Beispiel wirft die Eier während des Fluges ins Gras ab.[43]

Meistens jedoch gehen die Schmetterlinge bei der Eiablage sehr umsichtig zu Werk, denn sie wollen ihrer Nachkommenschaft das Leben sichern. Das Weibchen des Trauermantels liest zum Beispiel eine Salweide aus, die zwei bis drei Meter hoch sein muß, um seinen rund 200 Raupen genügend Nahrung zu geben, sobald diese schlüpfen werden.[44] Wenn das Weibchen hingegen eine Birke wählt, deren Blattwerk weniger dicht ist, dann muß die Birke fünf bis sieben Meter hoch sein. Der Schmetterling ist somit fähig, aus stammesgeschichtlicher Erfahrung zu schöpfen, um zukünftige Entwicklungen zu optimieren.

Unmittelbar nach der Eiablage beginnt sich das befruchtete Ei zu entwickeln.[45] Im allgemeinen braucht die Entwicklung des Embryos nur zehn bis zwanzig Tage; dann schlüpft das Räupchen aus dem Ei. Es gibt aber auch Eier, die überwintern. In diesem Fall wird die Entwicklung des Embryos in einer sogenannten Diapause vorübergehend gestoppt. Bei Eiern, die überwintern, schlüpft die Raupe oft erst sechs Monate nach der Eiablage oder noch später aus.

Die Raupe

Die Raupe hat vor allem eine Aufgabe: Sie muß wachsen und sich häuten. Da dieser Vorgang viel Energie beansprucht, die außerdem noch für die Verpuppung und den Schlüpfakt des ausgewachsenen Falters reichen muß, ist die Raupe ein Vielfraß, dessen unersättliche Gefräßigkeit Landwirten und Obstpflanzern viel Kummer bereitet. Sobald sie geschlüpft ist, frißt die Raupe zuerst ihre Eihülle. Nach diesem Recycling der Ressourcen sucht sie sich andere Nahrungsquellen.

Ein Raupenleben kann ein paar Tage oder gar ein paar Jahre dauern.[46] In dem wurmartigen Wesen ist bereits der zukünftige Strukturplan des Falters angelegt, gleichzeitig besitzt es eigene Farb- und Formstrukturen und Funktionen, die ihm das Überleben in einer gefährlichen Umwelt ermöglichen.[47]

Raupen sind oft farbenprächtige Wesen, deren buntes Kleid jeden Modemacher und jeden Maler inspirieren kann. Aber die Farben dienen weniger der Selbstdarstellung als vielmehr der Abschreckung. Manchmal passen die Farbkompositionen auch derart perfekt in die Farbmuster der Umgebung hinein, daß die Raupe unsichtbar wird: das Farbkleid dient der Tarnung, der Camouflage. Auf Abschreckungs- und Camouflagemechanismen werden wir im Abschnitt über Adaptionsstrategien bei Schmetterlingen noch ausführlich zu sprechen kommen.

Raupen verfügen über gute Sinnesorgane. Während ihre Augen eher rudimentär sind, sind andere Organe um so besser entwickelt. Raupen sind vermutlich fähig, Vibrationen und Geräusche wahrzunehmen.[48] Sie verfügen über entsprechende Sinneszellen im Rumpf und an den Beinen.

Der Geschmackssinn ist besser ausgebildet als bei den Faltern. Da sie die ganze Zeit fressen müssen, um ihren Energiebedarf zu decken, spielt der Geschmackssinn natürlich eine wichtige Rolle. Vermutlich kennen Raupen auch den Geruch ihrer bevorzugten Pflanzen.

Sie haben einen gut entwickelten Tastsinn und können schon bei der geringsten Berührung oder bei der kleinsten Erschütterung der Umgebung auf die Störquelle reagieren.

In ihrem Freßverhalten zeigen Raupen unterschiedliche Vorlieben. Manche fressen nur die Blätter einer bestimmten Pflanze, andere ernähren sich von vielen verschiedenen Pflanzen. Einige Arten gehen ganz allein auf Nahrungssuche, andere, wie zum Beispiel die Raupen des Kiefernspinners, bewegen sich in Prozessionen zur Nahrungsquelle; jede Raupe berührt dabei mit ihrem

Kopf das Hinterteil der vor ihr kriechenden Raupe. Und fügt ein boshafter Mensch den Kopf der ersten Raupe an das Hinterteil der letzten Raupe, dreht sich die ganze Prozession stundenlang im Kreis um den Stamm der Kiefer herum.

Die meisten Raupen sind Pflanzenfresser, aber es gibt auch Fleisch- und Aasfresser. Manche fressen keratinhaltige Substanzen wie zum Beispiel Haare und Federn. Die Kleidermotte frißt sogar ihren eigenen Kot.[49] Und es gibt im Reich der Schmetterlinge auch Kannibalen oder Mordraupen; die Raupen gewisser Nachtfalter fressen die Puppen und Raupen anderer Falter.[50] Die kleinen Raupen der Gespinstmotte beispielsweise überziehen ganze Äste und Bäume (z.B. Traubenkirschbäume) mit einem eng anliegenden Seidengespinst und fressen im Schutze dieses Festzeltes alles ratzekahl.[51] Die Bäume erholen sich allerdings meistens rasch und treiben wieder neue Blattknospen aus.

Die Raupe des Echten Seidenspinners spinnt einen Faden, der so tragfähig ist, daß man an einen einzelnen Faden von einem Millimeter Durchmesser ein Gewicht von 120 Kilogramm hängen kann[52] – eine technische Meisterleistung.

Die Raupe des Harzgallenwicklers vermengt das Harz der Kiefer mit ihren eigenen Ausscheidungen zu einer geblähten, rundlichen Schutzhülle, die im Volksmund «Schlafapfel» genannt wird.[53]

Raupen müssen sich während des Wachstums immer wieder häuten, da die Chitinhaut sich nicht dehnen kann. Unter der alten Chitinhaut wächst jeweils eine neue nach. Wenn der Zeitpunkt der Häutung gekommen ist, macht sich die Raupe mit Seidenfäden an der Unterlage fest. Dann löst sich unter dem Einfluß von ausgeschiedenen Sekreten die alte Haut im Nacken auf.[54] Mittels Muskelbewegungen befreit sich die Raupe Zug um Zug aus ihrem alten Kleid. Die noch glatte, junge Haut verhärtet sich an der Luft rasch. Die Raupe, die mit ihrer Haut auch die Anhangsgebilde der Haut, die Beine und die Kauwerkzeuge, erneuert hat, kann nun weiterfressen – bis es ihr erneut zu eng wird. Im Durchschnitt häutet sie sich vier- bis fünfmal, manchmal auch häufiger.

Die Puppe

Das dritte Stadium im Lebenszyklus eines Schmetterlings ist die Verpuppung.

Hat eine Raupe genügend Energiereserven gespeichert, so daß sie ohne weiteres über eine längere Zeitperiode hinweg fasten kann, verpuppt sie sich vom Kopf bis zum Schwanz in einem Chitingehäuse, das zuerst farblos ist und dann eine dunkle Grundfärbung annimmt, die zusätzlich (z.B. beim Landkärtchen oder beim Kleinen Fuchs) durch lichtbrechende Lufttaschen golden oder silbern verfärbt sein kann.

Damit die Puppe – sofern sie sich nicht tief im Erdboden befindet, wie zum Beispiel die des Windenschwärmers[55] – fest verankert bleibt, macht die Raupe sich vor der Verpuppung mit einem Seidenfaden an einer Unterlage fest. Die derart gesicherte Puppe ist entweder am Schwanzende (z.B. Kleiner Fuchs) aufgehängt und wird dann Stürzpuppe genannt. Oder sie ist eine Gürtelpuppe, die sich (z.B. Kohlweißling) – wie ein Mann, der einen Telefonmast emporklettert – mit einem um ihren Leib geschwungenen Gürtel an einem Zweig oder ähnlichem festgeklammert hat.

Die Puppe ist ein starres Gebilde, das die Raupe vor Austrocknung und vor Wind und Wetter schützt. Die verpuppte Raupe atmet durch die Poren des Chitinpanzers und ernährt sich von gespeicherten Energiereserven.

In der plumpen, unbeweglichen Puppe erfolgt die Umwandlung zum zarten, geflügelten Falter. Dieser morpholytische Prozeß[56], der in einer neuen Morphogeneration endet, ist der geheimnisvollste und gleichzeitig radikalste in der gesamten Metamorphose.

Die sogenannte Histolyse löst zuerst das gesamte Körpergewebe zu einer weißlichen Flüssigkeit auf. Sie produziert sozusagen das totale Chaos, um daraus eine neue Ordnung zu schaffen; sie produziert den Tod, um neues Leben gebären zu können. Der Prozeß der Histolyse wird durch Hormone und Enzyme gesteuert. Die Aktivität dieser chemischen Substanzen unterliegt dem Einfluß von Licht und Temperatur. Von einem winzigen Kristallisationspunkt in diesem «Energiesirup» ausgehend, beginnt sich dann das ganze Tier, Zelle um Zelle, Gewebe um Gewebe, Organ um Organ, neu aufzubauen. Zuletzt entstehen die Flügel, und dann ist der Schmetterling bereit, sich aus seiner Verpuppung zu befreien. Er pumpt Luft in seine Luftröhren, und der zunehmende Innendruck sprengt schließlich den Chitinpanzer der Puppe über dem Kopf und auf dem Rücken.

Der Schmetterling, der bereits einmal als Raupe aus dem Ei geschlüpft ist, macht nun seine zweite Geburt durch. Er entpuppt sich. Dabei fließt aus der geborstenen Hülle auch der gespeicherte Harn. Da der Harn des Baumweißlings, den die Menschen wegen seiner Schädlichkeit fürchten, auffällig rot gefärbt ist[57], hat man früher im Volksmund vom «Blutregen» auf den Bäumen gesprochen.

Der Schmetterling
Der Schmetterling pumpt Blutlymphe in die Flügeladern und Luft in die Tracheen und spreitet die noch feuchten Flügel aus. Er stellt sie schließlich senkrecht auf und läßt sie ein Weile lang trocknen. Dann fliegt er los.

Die geschlüpften Schmetterlinge haben nur eines im Sinn: Das Männchen will eine Partnerin finden, das Weibchen von einem Partner gefunden werden; beide wollen sobald als möglich den Balztanz einleiten. Die Schmetterlinge leben in unseren Breitengraden meistens nur drei bis fünf Wochen lang, und diese kurze Lebensspanne dient vor allem der Fortpflanzung.

Ein tanzender Mikroregenbogen

Der Schmetterling, vor allem der Tagfalter, hat die Menschen zu allen Zeiten mit seinem prächtigen Farbenkleid entzückt. Wie kommen diese herrlichen Farben zustande?

Schmetterlingsflügel sind mit unzähligen winzigen Schüppchen besetzt, die der Ordnung der Schuppenflügler ihren Namen gegeben haben.[58] Diese hauchdünnen Schüppchen sind dachziegelartig übereinander angeordnet, und ihre Farben stammen aus zwei verschiedenen Quellen: Die transparenten, mit feinen Lamellen und Einkerbungen versehenen Schüppchen gewisser Falterarten brechen und beugen das Licht und reflektieren so gewisse Wellenlängen; in den Schüppchen anderer Falterarten sind feine Farbpigmente eingelagert, die eine Eigenfarbe besitzen. Der Flügel eines großen Falters kann bis zu 1,5 Millionen Einzelschüppchen besitzen. Wenn sich transparente Schüppchen mit farbigen überlagern, entsteht ein irisierender, schillernder Farbeffekt. Die Flügel sehen dann aus, als ob sie aus Samt, Satin oder Seide bestehen würden.

Die farbenfrohen und zum Teil mit komplexen Mustern versehenen Flügel, die auch noch je Situation unterschiedlich bewegt werden können, sind sozusagen der Personalausweis der Falter und vor allem der Tagfalter. Die Flügel geben Auskunft über die Schmetterlingsart und über das Individuum selbst, denn bei genauerem Hinsehen sieht kein Schmetterling innerhalb derselben Art gleich aus. Ein jeder hat seine unverwechselbare Identität. Zwei Schmetterlinge derselben Art sind genau so verschieden voneinander wie zwei Schneeflocken. Der Falter kann sogar seine Farben ändern. Das Landkärtchen, das zwei Generationen pro Jahreszeit hervorbringt, hat im Frühling eine dunkelbraune Färbung mit elfenbeinfarbenen und rostroten Mustern. Die Sommergeneration ist gelbbraun mit malvenfarbenen und dunkelbraunen Mustern. Man spricht von saisonbedingtem Dimorphismus.[59]

Die geschlechtsspezifische Färbung nennt man Sexualdimorphismus. Das Männchen des Himmelblauen Bläulings beispielsweise ist himmelblau gefärbt und trägt am Flügelrand einen weißen Saum. Das Weibchen ist diskreter gefärbt. Seine Flügel sind braun; nur nahe am Rumpf sieht man die blaue Farbe durchschimmern, und am Ende der Hinterflügel trägt es ein rostrotes Tupfenmuster.

Flügel haben zwei Hauptfunktionen: Sie dienen dem Fliegen, und sie dienen – wie die bunten Blüten der Pflanzen – der Anlokkung von Fortpflanzungspartnern.

Der Balzflug der Schmetterlinge

Das fröhlich gaukelnde Liebesspiel der Schmetterlinge läuft nach einem genetisch fixierten Ritual ab. Jede einzelne Tanzphase ist in den Chromosomen festgelegt, so daß das ganze Balzverhalten einem strikten Muster folgt.

Das Liebesspiel des Kaisermantels, das hier stellvertretend für alle Schmetterlinge geschildert wird, sieht folgendermaßen aus:[60]

Die gelbbraunen Kaisermantel leben in waldgesäumten Bachtälchen. Sie übernachten in den Baumwipfeln. Am Morgen fliegen sie hinunter und landen auf den Blütendolden, um sich zu sonnen und Energie für den Balzflug zu tanken.

Sobald sie genügend aufgewärmt sind, gehen die Männchen auf die Suche nach einer Braut. Sie fliegen im Zickzackflug um Blüten und Gebüsche herum und am Waldrand entlang, bis sie ein Weibchen erblicken. Ist dieses nicht bereit zur Paarung, fliegt es davon. Bleibt das Weibchen still, heißt das, daß es Gefallen an seinem Freier findet. Nun beginnt das Männchen um es herumzugaukeln und seine Farbenpracht und seine Flugkünste zu demonstrieren. Es signalisiert, daß es schön, gesund und kräftig ist und deshalb eine gesunde Nachkommenschaft garantiert.

Wenn das Weibchen dies begriffen hat, fliegt es auf. Dies ist das Signal, das den eigentlichen Balzflug auslöst. Das Männchen folgt dem davonflatternden Weibchen. Es fliegt unter ihm hindurch und taucht verspielt vor dessen Nase empor. Dann läßt es das Weibchen unter sich hindurchfliegen und folgt ihm erneut. So gaukeln die Falter eine Weile umeinander und signalisieren sich gegenseitig ihre Zuneigung.

Schließlich setzt sich das Weibchen auf einer Blüte oder einem Blatt nieder. Das Männchen fliegt um die Braut herum und betätigt dabei seinen «Parfümzerstäuber»; aus seinen Duftdrüsen, die in den Duftschuppen seiner Vorderflügel verborgen sind, spritzt es eine Wolke sexuell stimulierender Pheromone, bis die derart von Lockstoffen umnebelte Braut völlig hin ist. Die Schmetterlinge – und übrigens auch die Blütenpflanzen – kennen seit Jahrmillionen, was die Kultur der Menschen erst viel später entwickelt hat: das Parfüm als Ausdruck verfeinerter Lebensart und als Lockstoff bei der Partnersuche.

Nach dieser Beweihräucherung der Angebeteten setzt sich das Männchen ebenfalls nieder. Es landet vor dem Kopf der Braut und verneigt sich vor ihr. Es fächelt ihr mit seinen Vorderflügeln erneut Duftwolken zu. Es schubst das Weibchen vorsichtig von der Seite her an und streicht ihm sanft mit den Fühlern über den Kopf.

Nun ist das so umworbene Weibchen voll erregt und zur Paarung bereit. Das Männchen führt den Penis in das Vestibül des Weibchens ein und legt seinen Samen ab.

Nach einer Weile trennen sich die beiden Partner und fliegen auf. Sobald der Zeitpunkt für die Eiablage gekommen ist, fliegt das Weibchen hinauf in die Wipfelregion und sonnt sich dort, um Energie für die Eiablage zu gewinnen. Dann fliegt es hinunter auf den Boden und landet auf einem sonnenbeschienenen Flecken, wo es noch einmal Energie tankt. Anschließend beginnt es, zu Fuß über den Boden zu wandern. Seine Vorderbeine trommeln, denn sie enthalten die Geschmackszellen, die ihm bei der Identifizierung der Pflanzen helfen. Sobald es ein Veilchen schmeckt – die Nahrung für die Räupchen, die später aus den Eiern schlüpfen werden –, fliegt das Weibchen zum nächsten Baum und legt dort die Eier in einer Ritze der Rinde ab. Im darauffolgenden Frühling müssen die Räupchen, die den Winter in einem Gespinst am Ort der Eiablage verbracht haben, den Stamm hinunterwandern, um zu den Veilchen zu gelangen.

Bei vielen Schmetterlingsarten, vor allem bei den Nachtfaltern, produziert das Weibchen ebenfalls Pheromone. Es sondert sie aus einer Drüse am Hinterleib ab, und sie vermögen über Kilometer hinweg die kammartig gefiederten, paarig angelegten Geruchsantennen der Männchen zu erregen. Mit seinem «Stereo-Suchgerät»[61] vermag das Männchen das Weibchen über weite Distanzen hinweg sicher zu orten. Die Weibchen bleiben still an ihrem Balzplatz sitzen und überlassen das Fliegen und damit das Risiko, von einem Vogel oder einer Fledermaus gefressen zu werden, lieber den Männchen.

Wenn sie schon diese Gefahr auf sich nehmen, wollen die Männchen sich wenigstens versichern, daß ihre Auserwählte keinen fremden Samen und damit keine fremden Gene aufnimmt. Eine Schmetterlingsart, Mnemosyne,[62] die mit dem Apollofalter verwandt ist, hat gar einen Keuschheitsgürtel entwickelt. Wenn das Männchen der Mnemosyne mit dem Weibchen kopuliert, scheidet es eine keratinhaltige Substanz aus, die in der Luft sofort hart wird und sich wie eine Plombiertasche um die Geschlechtsöffnung des Weibchens schmiegt. Nun ist die Braut genital versiegelt, und kein anderes Männchen kann mehr mit ihr kopulieren.

Da die Tagfalter beim Balzflug und auch bei der Begattung, bei der sie oft, Hinterteil an Hinterteil, lange still aneinanderkleben, weithin sichtbar und deshalb leichte Beute sind, haben sie Verhaltensmuster entwickelt, die sie während des Liebesspiels vor Feinden schützen sollen. Manche Falter fliegen einfach im Tandem davon, sobald sich ein Freßfeind oder ein Störenfried zeigt. Dabei schleppt das davonfliegende Weibchen das angekoppelte Männchen durch die Luft. Andere Falter, wie zum Beispiel der Trauermantel, sind zwar Tagfalter und absolvieren ihren Balzflug tagsüber, aber sie kopulieren nur im Schutze der Nacht.[63]

Manche Arten sind bei der Brautsuche und beim Liebesakt besonders risikofreudig. Gewisse Tagfalter pflegen die Technik des *treetopping*: Sie suchen die Wipfel von Stauden und Bäumen auf und schwärmen dort, weithin sichtbar, lange herum, um ihre Balzbereitschaft zu signalisieren. Dies tun beispielsweise die blauen Morphofalter Südamerikas. Andere Tagfalter, zum Beispiel der Schwalbenschwanz und der Segelfalter, sind Spezialisten im sogenannten *hilltopping*.[64] Sie wählen den höchsten Punkt im Gelände – Hügel, Bergkuppen oder alte Burgruinen – und flattern da so lange herum, bis sie einen Partner finden.

Die Nahrungsaufnahme der Schmetterlinge

Bei den Schmetterlingen gibt es, genau wie bei den Menschen, Gourmands und Gourmets. Wer ein Vielfraß ist, tendiert zur Quantität; wer ein Feinschmecker ist, gibt der Qualität den Vorzug.

Einige Falterarten sind auf ganz bestimmte Blüten und Pflanzen erpicht; andere saugen und fressen an allen möglichen Pflanzen. Einige sitzen auf den Pflanzen, während sie Nahrung aufnehmen; andere – wie zum Beispiel das Taubenschwänzchen, ein am Tage fliegender Nachtschwärmer – bleiben wie Kolibris schwirrend vor den Blüten stehen.[65] Manche Schmetterlingsarten haben nur kurze Saugrüssel; andere, wie zum Beispiel die Windenschwärmer, fahren lange Rüssel aus, die in die tiefsten Blütenkelche hinunterzutauchen vermögen.[66] Das Sekret ihrer Speicheldrüsen hilft, den Nektar zu verdünnen und ihn aufzusaugen.[67]

Tagfalter ernähren sich vor allem am frühen Morgen und widmen sich dann dem Balzflug. Die Nachtfalter verpflegen sich nachts.

Der Nektar der Pflanzen enthält unterschiedliche Konzentrationen an Zucker, der die Hauptenergiequelle der erwachsenen Schmetterlinge ist. Aus diesem Grund findet man oft unzählige Schmetterlinge an Majoranblüten, deren Nektar eine 76prozentige Zuckerkonzentration enthält. Früchte und Beeren, die verfault sind und deren Zucker vergärt ist, werden von den Schmetterlingen (z.B. vom Admiral) gleichfalls besucht.

Der Totenkopfschwärmer ist ein waghalsiger Gourmet, der sich von keinem Risiko abschrecken läßt, sobald ihn der verhängnisvolle Drang zum Honigschlecken packt. Er dringt in Bienenstökke ein und bezahlt seine fehlende Vorsicht mit dem Leben, da ihn die erbosten Bienen sogleich töten.[68]

Manche Augenfalter sind in puncto Nahrung wenig anspruchsvoll. Sie setzen sich auf die Haut des schwitzenden Menschen und trinken dessen salzsauren Schweiß.[69] Andere, wie etwa die Bläulinge und die Weißlinge, finden sich in Scharen an winzigen Wasserpfützen und Rinnsalen auf Wegen und Pfaden ein, wo sie das mit aufgelösten Mineralsalzen gesättigte Wasser saugen.

Der Trauermantel trinkt am liebsten den Saft der «blutenden» Birken, und im Herbst nährt er sich zudem von faulen Früchten.[70] Der Große Fuchs labt sich im Frühling an den Blüten der Salweiden; später saugt er an «blutenden» Birken.[71]

Der Große Schillerfalter, der Große Eisvogel und viele andere Tagfalter sind sogar koprophil und nekrophil.[72] Sie stürzen sich auf stark riechende und verfaulende Nahrungsmittel, auf Schimmelkäse, fauliges Aas, Urin und Tierkot. Der Rostfarbige Dickkopffalter scheidet aus seinem Unterleib eine Flüssigkeit aus, die hart gewordenen Vogelkot aufweicht und damit konsumierbarer macht.[73]

Der Lebensraum der Schmetterlinge

Viele Schmetterlingsarten haben im Lauf der Evolution spezifische Lebensräume ausgewählt, in denen sie sich besonders gern oder gar exklusiv aufhalten, weil sie darin Freß-, Balz- und Eiablageplätze und Schutzräume für ihre Raupen und Puppen gefunden haben. Andere Arten leben in sogenannten Biotopkomplexen, das heißt, in mehreren Biotopen zugleich, wobei sie aber gewisse Funktionen nur in einem einzigen Biotop ausüben. Ein typischer Vertreter, der in einem einfachen Biotop wohnt, ist der Apollofalter.[74] Der Schwalbenschwanz und der Segelfalter sind hingegen typische Bewohner von Biotopkomplexen.

Ein gesunder Wald ist ein reichhaltiges Ökosystem. Darin gibt es unzählige Biotope und Biotopkomplexe. Aus diesem Grund bietet er Lebensräume für viele verschiedene Schmetterlingsarten.

Das Biotop kann gelegentlich ein einziger Baum sein. So ist zum Beispiel die Eiche ein besonders begehrter Lebensraum für Schmetterlinge.[75] Sie bietet rund zweihundert Schmetterlingsarten (etwa 10 Prozent der einheimischen Schmetterlinge) Nischen. Raupen und erwachsene Falter können dabei der Eiche arg zusetzen. Aber die Natur vermag entstandene Ungleichgewichte wieder zu korrigieren. Die befallene Eiche weiß sich zu helfen. Sie lagert in ihren Blättern vermehrt Gerbsäure ein, macht sie damit im Verlaufe des Frühsommers immer härter und damit für die Raupen weniger genießbar. Befallene Eichen verfügen sogar über ein raffiniertes Meldesystem, um ihre in der Nähe stehenden Schwestern zu warnen. Kanadische Biologen haben herausgefunden, daß sie über ihre Wurzeln Botenstoffe absondern können, die den Wurzeln der in der Nähe stehenden Eichen die Botschaft vermitteln: Feind im Anzug! Daraufhin beginnen die gewarnten Eichen vorsorglich Gerbsäure in ihr Laub einzulagern. Wenn die Raupen dann bei ihnen erscheinen, haben sie das Nachsehen.

Die Natur verfügt noch über andere wichtige Schutzmechanismen, um sich gegen gefährliche Ungleichgewichte zu wenden. Befällt zum Beispiel der Lärchenspinner einen Lärchenwald, dann nehmen sofort auch seine Parasiten zu.[76] Es kommt zu Virus- und Pilzepidemien, die den gefräßigen Raupen den Garaus machen.

Man sieht: Die Natur weiß sich gegen Maximierungsversuche der Schmetterlinge zu wehren; sie treibt ihnen die aufkeimenden Dino-Allüren schnell wieder aus.

Andere, von vielen Arten begehrte Biotope sind Äcker, Blumenwiesen, Böschungen, Stauden und Hecken. Rund ein Drittel aller gefährdeten Schmetterlingsarten, die in Deutschland auf der sogenannten roten Liste stehen, bevorzugen den Trocken- und Halbtrockenrasen steiniger Gebiete.[77] Der Segelfalter zum Beispiel liebt die Wärmeinseln im steinigen Gelände, in denen die Bäumchen der Felsenbirne und der Felsenkirsche wachsen.[78]

Ein ziemlich begehrtes Biotop sind Brennesseln, die an Gemäuern, in steinigen Gebieten, an Wegsäumen und im Wald wachsen. Stehen die Brennesseln in einem Schattengebiet, so findet sich dort das Landkärtchen.[79] Nesseln, die in der prallen Sonne wachsen, sind das Biotop des Kleinen Fuchses. Und Nesseln, die zwar in der Sonne, aber in feuchten Gebieten vorkommen, sind der Lebensraum des Tagpfauenauges.

Eines der letzten Schmetterlingsparadiese sind heute die Alpen. Sie sind zum Rückzugsbiotop für viele Falterarten geworden, da sie hier vor dem Zugriff des Menschen noch geschützt sind.

Da Schmetterlinge bestimmte Biotope bevorzugen, haben sie auch ein Territorialverhalten entwickelt. Obschon sie nicht wie Hunde, Rehe und Bären die Grenzen ihres Territoriums mit Urin, Drüsensekreten oder Kratzspuren markieren, verteidigen sie dennoch das Revier, in dem sie leben.

Das Territorialverhalten von Schmetterlingen

Der Leitspruch des Menschen *My home is my castle* – Mein Heim ist mein Schloß – hat seine Parallelen im Verhalten des Schmetterlings.

Es gibt Schmetterlingsarten, die ihren Lebensraum energisch gegen Eindringlinge verteidigen, während andere in der Territorialverteidigung nachlässig sind.

Der Segelfalter ist ein unermüdlicher Patrouilleur.[80] Sein Revier kann sich über Tausende von Quadratmetern hinweg erstrecken. Das Männchen muß dieses Gebiet dauernd abfliegen, um zu kontrollieren, ob nicht etwa ein Rivale in sein Territorium eingedrungen ist. Wenn es einen Eindringling erblickt, jagt es ihn sofort weg.

Das Waldbrett, das den Schatten der Wälder liebt, ist ebenfalls ein Territorialverteidiger. Es muß sein Gebiet dauernd überwachen, und da Arbeit warm macht, erhitzt es sich dabei.[81] Sobald seine Temperatur über 34 Grad Celsius steigt, sucht es einen kühlen Ort auf, um Wärme abzugeben. Aber sobald es wieder seine normale Körpertemperatur erreicht hat, fliegt es auf und davon und kontrolliert erneut sein Revier.

Schwalbenschwänze zeigen ein besonders auffallendes Revierverhalten.[82] In der Balzzeit betreiben die Männchen das bereits erwähnte Hilltopping. Wenn sie ermüden, setzen sie sich auf Felsen nieder, um sich zu erholen. Manchmal sitzen mehrere Dutzend Männchen in einem Abstand von zwei bis drei Metern nebeneinander. Fliegt aber plötzlich eines auf und bestreicht es dabei fremdes Revier, entsteht eine wilde Choreographie. Das Männchen, dessen Territorium verletzt wurde, fliegt ebenfalls auf und dringt dabei in das Revier eines dritten Männchens ein. So entsteht eine Kettenreaktion, wobei schließlich alle Männchen eine Weile lang herumwirbeln, bis die Ordnung wiederhergestellt ist.

Sanfte Gleiter, erratische Taumler und schwirrende Brummer

Das Strukturprinzip des Flugapparats der Schmetterlinge hängt von den Funktionen ab, die er erfüllt. Bei den Tagfaltern, die im gaukelnden Flatterflug daherkommen, sind die Flügel mittels kleiner Chitinrippchen an der Brust befestigt.[83] Bei den Nachtschwärmern, die im Schwirrflug daherbrummen, sind die Flügel mit Hilfe einer Härchengruppe, Frenulum genannt, mit dem Thorax verbunden.

Die Flugkünste der Schmetterlinge sind recht unterschiedlich. Die Nachtfalter, die im vibrierenden Brummflug daherkommen, schlagen ihre Flügel bis zu sechzigmal pro Sekunde. Ihre Fluglinie ist relativ gerade und zielorientiert. Manche Schwärmerarten, wie etwa die Totenkopfschwärmer, erreichen Spitzengeschwindigkeiten von bis zu 60 Kilometer pro Stunde.

Die Tagfalter, die im Zickzackflug herumtaumeln, schlagen ihre Flügel nur etwa sechsmal pro Sekunde. Sie erreichen nicht einmal eine Geschwindigkeit von zehn Stundenkilometern. Der Segelfalter kann ohne Flügelschlag minutenlang segeln, wenn er einen günstigen Aufwind erwischt.[84]

Tagfalter fliegen am Morgen von Blüte zu Blüte; tagsüber geben sie sich dem Liebesspiel hin; und abends widmen sich die Weibchen der Eiablage, während die Männchen auf den Nektarweiden trinken, um die verlorenen Energien zu ersetzen.

Nachtfalter fliegen beinahe ausschließlich nachts. Es gibt auch teilweise flugunfähige Arten, wie etwa das Weibchen des Bürstenspinners, das überhaupt nicht fliegen kann, da es flügellos ist. Bei dieser Spezies werden die stark behaarten Jungraupen vom Wind durch die Luft transportiert.[85]

Meist fliegen Schmetterlinge nahe am Boden oder unmittelbar über Hecken und Bäume hinweg. Auch Wanderschmetterlinge, die im Frühling und Herbst auf Reisen gehen, halten sich stets nahe ans Gelände, wenn nicht gerade ein Aufwind sie in die Höhe trägt.

Wahre Virtuosen der Lüfte sind die Tagpfauenaugen.[86] Sie können senkrecht starten wie Helikopter, zum Sturzflug ansetzen und Pirouetten drehen. Das Taubenschwänzchen kann sogar mitten im Flug stillstehen und rückwärts fliegen wie ein Kolibri.[87] Der Hummelschwärmer, der nur am Tag fliegt, verfügt über ähnliche Flugfähigkeiten wie das Taubenschwänzchen.[88]

Es gibt Schmetterlinge, die nur kurze Strecken auf einmal fliegen; und es gibt Nomaden, die im Frühling und im Herbst ganze Kontinente durchqueren. Wie Zugvögel haben sie im Lauf der Evolution gelernt, bei bestimmten Umweltbedingungen (z.B. Veränderungen von Temperatur, Licht oder Nahrung) andere Biotope aufzusuchen.

Die Nomaden unter den Schmetterlingen

Die Gammaeule wandert im Frühling mit großer Regelmäßigkeit aus Nordafrika nach Europa ein.[89] Die L-Schilfrohreule immigriert alle paar Jahre im Frühling aus Sizilien und Kalabrien über die Alpen hinweg in den Norden. Und im Jahr 1972 hat man beobachtet, daß die in Moorgebieten lebende Sumpfheidelbeer-Hökkereule aus Skandinavien nach Holland einwanderte.

Ein sehr bekannter Wanderfalter ist der amerikanische Monarch, den man schon öfters in Europa beobachtet hat, nachdem er offenbar den Atlantik überquert hatte. Der Monarch fliegt jedes Jahr im Herbst von Kanada nach Mexiko und im Frühjahr wieder zurück nach Kanada.[90]

In unseren Breitengraden ist der Totenkopfschwärmer ein besonders flugtüchtiger Zugfalter.[91] Er fliegt im Juni aus Afrika, zum Teil sogar aus Gebieten südlich der Sahara, nach Europa ein. Zu den interkontinentalen Langstreckenfliegern gehören auch der Admiral und der Distelfalter, während andere Falter, wie etwa der Große und der Kleine Kohlweißling, eher Kurzstreckenflieger sind.[92]

Wanderfalter verlassen sich nicht nur auf ihre Eigenleistung. Sie lassen sich auf ihren langen Flügen teilweise von Höhenwinden tragen.

Die langen Flüge sind natürlich sehr energieraubend. Deshalb legen Zugfalter immer wieder Ruhepausen ein. Auf dem Mittelmeer kann man sie in Schwärmen auf den Aufbauten der großen Schiffe beobachten, wo sie eine Zeitlang als Schwarzfahrer rasten. Sie können sich sogar auf das ruhige Meer niedersetzen, wo ihnen die Oberflächenspannung des Wassers zu einer kurzfristigen Ruhepause verhilft. Und bei uns sieht man sie manchmal in Scharen auf Hecken und Bäumen ruhen.

Das Geheimnis der Migration ist noch nicht geklärt.[93] Vor allem das Verhalten der Langstreckennomaden, die nicht jedes Jahr, sondern nur unter bestimmten Verhältnissen bei uns einwandern, gibt viele Rätsel auf. Man nimmt an, daß sie auf extreme Situationen reagieren, zum Beispiel auf Nahrungsmangel. Aber im Grunde genommen «reagieren» sie gar nicht; sie weichen der Gefahr aus, indem sie die ersten Anzeichen der sich anbahnenden

Katastrophe erkennen. Wissenschaftler haben die Signalelemente, die diese Schmetterlinge alarmieren, bisher noch nicht zu entziffern vermocht.

Man weiß auch nicht, wie sich die Falter orientieren, um ihr Ziel zu erreichen. Es wird jedoch vermutet, daß sie sich nach dem Magnetfeld der Erde richten.

Überwintern unter harschen Bedingungen

In Europa, besonders in den Alpen, wo die Winter hart sind, haben Schmetterlinge besondere Strategien entwickelt, um Kälte und Schnee zu überleben.

Die Hibernation der Schmetterlinge findet in allen vier Lebensstadien statt; sie können als Eier, Raupen, Puppen oder Falter überwintern. Sehr viele Falter überwintern in der Eiform. Hierzu gehört etwa der Ulmenzipfelfalter, dessen Eier sich in den Ritzen der Ulmenrinde finden.[94]

Der Eisvogel überwintert als Raupe.[95] Diese baut sich im Herbst ein sogenanntes Hibernarium, ein Winterhäuschen. Sie sägt aus einem Espenblatt ein Stück heraus und formt es zu einer Tüte. Damit dieses Winterhäuschen beim Laubfall nicht zu Boden trudelt, spinnt sie den Blattstiel ihrer Tüte vorsorglich an ein Ästchen.

Andere Arten überstehen den Winter in Puppenform. Ein belastungsfähiger Seidenfaden sichert die Puppe.

Der Kleine Fuchs, der Große Fuchs und der Zitronenfalter überwintern als Schmetterlinge.[96] Der Zitronenfalter hat im Verlauf der Evolution eine besonders raffinierte Hibernationstechnik entwickelt. Er besitzt ein richtiges Antigel und ersetzt einen Teil seiner Körperflüssigkeit durch eine Mischung aus Alkohol, Proteinen und Zucker, die nicht gefrieren kann. Dieser Tausendsassa – «der Schmetterling, der aus der Kälte kam» – kriecht oft bereits im Februar aus seinem Versteck hervor und ist damit der erste Frühlingsbote unter den hiesigen Schmetterlingen.[97]

Wie alt werden Schmetterlinge?

Schmetterlinge sind ephemere Lebewesen. Im Vergleich zur Eintagsfliege sind sie zwar recht langlebig, aber im Unterschied zum Säugetier ist ihr Leben kurz.

Die Sackträger aus der Familie der Psychiden sind besonders kurzlebig. Bei ihnen werden die Männchen oft nur ein paar Stunden alt.[98] Die meisten Schmetterlinge leben drei bis fünf Wochen lang. Der Zitronenfalter ist der Methusalem unter den einheimischen Faltern; er kann bis zu einem Jahr alt werden.

Während ein Individuum nur kurz lebt, ist das Leben der Art unendlich lang. So hat etwa die Spezies des Speckdomfalters, die in der geographischen «Wärmetasche» des Rhonetales des Wallis vorkommt, die Würm-Eiszeit überlebt, die von ca. 120 000 bis ca. 10 000 v. Chr. dauerte.[99]

Mutationen: die Veränderung der Erbsubstanz

Schmetterlinge sind grazile Wesen, deren Zellkerne vor radioaktiven Strahlen und anderen toxisch wirkenden Substanzen viel schlechter geschützt sind, als dies bei größeren Tieren der Fall ist. Aus diesem Grunde kommt es immer wieder zu spontanen Mutationen, das heißt zu zufallsbedingten Strukturveränderungen in der Erbsubstanz der Chromosomen. Die Mutation ist, zusammen mit der genetischen Rekombination, die Hauptursache für die Entstehung neuer Formen.

Das Resultat der Mutation ist eine Veränderung im genetischen Programm, dem Genotyp, die eine entsprechende Veränderung im Phänotyp des Schmetterlings bewirkt. Wenn diese Veränderung im Erscheinungsbild weit genug geht, entsteht eine neue Schmetterlingsart. Diese unterliegt, wie auch die kleineren phänotypischen Veränderungen, der sogenannten natürlichen Selektion. Wenn die neue Form zu den Umweltbedingungen paßt, überlebt sie. Wenn nicht, verschwindet sie wieder.

Ein gutes Beispiel für die Funktionsweise der natürlichen Selektion ist der Birkenspanner.[100] Als in England im Gefolge der Industrialisierung und der damit verbundenen Energiegewinnung aus Brennkohle die Birken verrußten, nahm die dunkel gefärbte Birkenspannerart um Liverpool und Manchester zu. Die hellgefärbte Art verschwand, weil sie auf der verrußten Birkenrinde auffiel und deshalb den Freßfeinden zum Opfer fiel. Als nach Erfindung neuer Technologien und dem in unserem Jahrhundert vom englischen Parlament erlassenen *chimney act*, der die Benutzung der offenen Kamine in den Häusern verbot, die Verrußung zurückging, verschwand die dunkle Birkenspannerart, und die helle Art nahm erneut überhand.

Dieses Beispiel bringt uns zur Frage: Welches sind die Adaptionsstrategien, die die Schmetterlinge im Verlaufe der Evolution entwickelt haben, um zu überleben und sich adäquat entwickeln zu können?

Meisterstrategen der weisen Anpassung

Adaption oder Anpassung von Lebewesen an ihre geophysikalische und biosoziale Umwelt ist keineswegs ein rein passiver Vorgang. Individuelle Organismen und ganze Pflanzen- und Tierarten werden nicht nur von den Verhältnissen beeinflußt, werden nicht nur an sie angepaßt; sie beeinflussen ihrerseits die Umwelt, die sich ihnen anpaßt. Was man in der Biologie *mutual fit* nennt, ist nicht ein statischer Zustand des passiven Aneinander-Angepaßtseins, sondern ein dynamischer Prozeß ununterbrochener reziproker Beeinflussung und des dauernden Sich-ineinander- und Sich-aneinander-Fügens.

Die Evolution hat sehr viele Aspekte. Sie ist, unter anderem, ein grandioses Strategiespiel. In diesem Spiel, in dem Zufall und Gesetz sich dauernd gegenseitig beeinflussen, gibt es Meisterstrategen, nüchterne Routiniers, pfuschende Novizen und bedauernswerte Verlierer.

Die Schmetterlinge gehören zur Kategorie der Virtuosen im Strategiespiel der Evolution. Wer klug und mobilen Geistes ist, ist eben kreativ und läßt sich was einfallen.

Die Schmetterlinge, die so fragil sind, daß schon der unvorsichtige Fingerdruck eines Kindes ihr Leben auslöschen kann, haben im Lauf der Jahrmillionen eine Fülle von Strategien entwickelt, um sich an sich dauernd verändernde Umweltverhältnisse anzupassen.

In der Biologie wird eine Strategie als ein Set zielorientierter Wahrnehmungs-, Denk-, physiologischer Funktions- und Verhaltensabläufe definiert. Wenn wir sagen, daß ein Organismus oder eine Spezies eine Strategie «wählt», «gewählt hat» oder «erfunden hat», dann meinen wir damit, daß die Evolution diese Strategie hervorgebracht hat und daß diese nun von einem Organismus oder einer Spezies benützt wird. Die «Wahl» einer Lebensstrategie ist keineswegs immer ein bewußter, willkürlicher und rationaler Akt. Organismen wählen ihre Strategien meistens unbewußt und reflexartig nach einem Muster, das im angeborenen Instinktprogramm vorgegeben ist. Oft ist eine Strategie, die per definitionem zielorientiert ist, keineswegs erfolgreich; sie kann sich durchaus als schädlich oder gar als tödlich erweisen.

Sogar bei den Menschen werden die meisten Strategien eher unbewußt, intuitiv und nicht selten auch aus irrationalen Motiven heraus gewählt. Und daß viele unserer Strategien nicht nur das Ziel erreichen, sondern die Zielerreichung geradezu verunmöglichen, wissen wir alle aus leidvoller Erfahrung.

Wir wollen hier ein paar Hauptstrategien besprechen, die illustrieren, warum sich der Schmetterling so gut für die Rolle des Totemwesens einer weiseren Zukunftsgesellschaft eignet.

Verteidigungsstrategien

Der Schmetterling ist, ganz im Unterschied zum Dinosaurier, kein Wesen, das die Welt im Kampfmodus zu bewältigen und zu überwältigen versucht. Er ist eher auf Verteidigung als auf Angriff bedacht.

Wenn die Gabelschwanzraupe angegriffen wird, dann stülpt sie an ihrem Hinterende zwei rote Fäden aus und verspritzt Ameisensäure.[101] Die bedrohte Schwalbenschwanzraupe fährt eine gelbe Nackengabel aus und verströmt einen beißenden Geruch, um einen Angreifer zu vertreiben.[102] Die winzigen Raupen des Zahnspinners, die in großen Gruppen zusammenleben, haben sich eine ganz besondere Verteidigungsstrategie ausgedacht, um sich gegen Störenfriede zu wehren.[103] Wenn das Blatt berührt wird, auf dem sie leben, beginnen alle Räupchen sich plötzlich energisch zu win-

176

den und ihre Köpfe zu bewegen, so daß das ganze Gelege auf einmal aussieht wie ein großer, geheimnisvoller Organismus, der sich aufgeregt zur Wehr setzt.

Vortäuschung falscher Tatsachen
Eine ganz wichtige Strategieform, die der Schmetterling entwikkelt hat, ist die «vorsätzliche» Täuschung seiner Gegner. Er erreicht dies durch Camouflage oder Mimese, das heißt, durch eine perfekte farbliche, formhafte und gelegentlich sogar bewegungsmäßige Anpassung an seine Umwelt oder durch Präsentation von Pseudoorganen, das heißt, von Strukturen, die einem bestimmten Organ gleichen, in Wirklichkeit jedoch nur auffallende Farb- und Formmuster sind.

Der Akazienfalter ist ein gutes Beispiel für die Mimese.[104] Er streift bei der Eiablage von seinem Hinterleib Härchen ab und garniert damit das Ei, so daß es so unappetitlich wie ein Spinnenleib aussieht. Die Raupe eines kalifornischen Schwalbenschwanzes ist so unregelmäßig grünbraun und weiß gefärbt, daß sie auf dem grünen Blatt aussieht wie Vogelkot.[105]

Manche Schmetterlingsraupen sind so gefärbt und geformt, daß sie wie ein Zweig aussehen. Zudem kleben sie sich mit dem Hinterende an einen Ast und nehmen in Gefahrensituationen eine in einem bestimmten Winkel gespreizte, starre Haltung an, so daß sie einem Zweig zum Verwechseln ähnlich sehen. Der Falter der Kupferglucke imitiert in Farbe und Form ein dünnes Blatt.[106] Die Spinnerraupe ahmt ein dürres Ästchen nach. Der Mondfleck gleicht einem verdorrten Holzstück. Die Puppe des Fliederspanners sieht einem dürren Laubblatt ähnlich.

Viele Schmetterlinge haben auf ihren Flügeln Farbflecken, die wie Augen aussehen. Beim Abendpfauenauge befinden sich die Pseudoaugen auf den Hinterflügeln.[107] In Ruhestellung besitzt er eine derart perfekte Tarnung, daß man ihn nicht von der Baumrinde unterscheiden kann, auf der er sitzt. Wird er jedoch gestört, dann zieht er rasch seine Vorderflügel nach vorne, und es erscheinen auf einmal auf seinen Hinterflügeln zwei auffällige Pseudoaugen, die blau und schwarz eingerahmt und mit schrägsitzenden roten Pseudobrauen überdacht sind. Auch der Apollofalter spreizt in einer Gefahrensituation die Flügel auseinander, dann erscheinen auf seinen Hinterflügeln plötzlich je zwei Paare roter Pseudo-augen.[108]

Eine ganz raffinierte Täuschungsstrategie verfolgen manche Bläulingsarten.[109] Sie haben an ihrem Hinterende einen Schein-kopf mit falschen Fühlern und falschen Augen. Wenn ein Vogel den Bläuling erblickt, auf ihn losfliegt und ihn beim Scheinkopf packen will, dann erlebt er buchstäblich sein blaues Wunder. Der Falter verliert den Scheinkopf wie die Eidechse ihren Schwanz und fliegt unbeschadet davon.

Fluchtstrategien

Wenn Schmetterlinge bedroht sind, können sie natürlich, statt zur Täuschung oder Verteidigung zu greifen, auch davonfliegen und entkommen, indem sie im dichten Blattwerk eines Baumes oder in einer Hecke verschwinden.

Viele Raupen (z.B. der Eichenwickler) seilen sich in Gefahren-situationen an einem Seidenfaden ab. Sie lassen sich ganz einfach in die Tiefe fallen. Sobald die Gefahr vorbei ist, hangeln sie sich an ihrem Faden wieder hoch. Andere Raupen bleiben dauernd ange-seilt und überwinden dank dieser Sicherung jede glatte Oberflä-che und auch größere Luftdistanzen ohne die geringsten Schwie-rigkeiten.

Warntrachten

Manche Raupenarten haben eine mit giftigen Pflanzensubstanzen angereicherte Haut und warnen mit auffallenden Signalfarben po-tentielle Räuber vor dem Angriff. Andere Raupenarten imitieren giftige Trachten, sind in Wirklichkeit jedoch harmlos. Auch Pup-pen und Schmetterlinge können abschreckende Farben tragen.

Eine extreme Form der Mimese ist die sogenannte Mimikry, bei der die Vortäuschung falscher Tatsachen mit der Warntracht kom-biniert ist. Gefährlichkeit wird nur vorgetäuscht. Typische Vertre-ter dieses Bluffs sind die Falter des Hornissenschwärmers und die Raupe der Erleneule, die in Form und Farbe wie Hornissen oder Wespen aussehen. Auch die Raupe des Jakobskrautbären und seine Falterform tragen eine giftig gelb-schwarze Wespenzeich-nung, die ihnen die Freßfeinde erfolgreich vom Leibe hält.[110]

Die Flucht nach vorn – und in die Symbiose

Der Moorbläuling ist der risikofreudige Abenteurer unter den Schmetterlingen, denn er hat sich ausgerechnet die Ameise, den Todfeind aller Raupen, zum Wohnungspartner auserkoren.[111]

Wenn sich die Moorbläulingsraupe zum vierten Mal häutet, entsteht eine behaarte, asselförmige Raupe. So unattraktiv sie auch aussehen mag, sie besitzt auf ihrem siebten Brustsegment eine Honigdrüse, die für Bewunderer sorgt. Der Duft dieser Drüse schlägt jede Ameise sofort in Bann.

Die Raupe hat zudem eine feine Nase, wenn auch ihr Geschmack weniger vornehm als jener der Ameisen ist. Sie hat es auf den Urin der Ameisen abgesehen. Sobald die Raupe des Moorbläulings von ihrem Stengel hinunterklettert und die Duftmarke der Ameisen entdeckt, folgt sie dieser Duftspur. Über kurz oder lang trifft sie auf eine Ameise, die prompt mit ihren kräftigen Kneifzangen zupackt, um die unvorsichtige Raupe zu erbeuten.

Aber deren Chitinhaut ist so hart, daß eine Ameise sie nicht zu zerquetschen vermag. Außerdem duftet ihre Honigdrüse so stark, daß die aggressive Ameise sogleich auf neue Gedanken kommt. Sie beginnt das dralle Ding zu melken. Das Melken kann unter Umständen bis zu einer Stunde lang dauern. Dann jedoch reicht's der Raupe. Sie will nicht mehr. Sie zieht den Kopf ein und erstarrt. Nun packt die Ameise erneut mit ihren Kneifern zu und schleppt die abweisende Raupe heim in ihr Nest. Dort ist die Raupe nun von Tausenden von Ameisen umgeben und damit vor anderen Freßfeinden (z.B. vor Schlupfwespen) geschützt, denn die Ameisen kümmern sich selbstverständlich gut um ihr «Honigbonbon».

Die Symbiose zwischen Raupe und Ameise ist nicht eine perfekte Symbiose, denn sie artet leicht in Parasitismus aus. Die Raupe tut sich gelegentlich an der Ameisenbrut gütlich. Und die Ameisen sind Rabeneltern, denen der egoistische Genußinstinkt den altruistischen Brutpflegeinstinkt hemmt; sie bestrafen die räuberische Raupe nicht. Wenn die Raupe sich schließlich verpuppt, produziert sie keinen Honig mehr. Aber ihre Duftdrüsen arbeiten noch, und der Duft, der durch die Wände der Puppe dringt, hält die Ameisen offenbar weiterhin bei Laune. Zudem kann die Raupe einen zirpenden Warnlaut abgeben, der ebenfalls vor der Angriffslust der Ameisen schützt. Unklar ist, wie es schließlich dem schlüpfenden Schmetterling gelingt, das Ameisennest unbeschadet zu verlassen.

Wie kam es zur Ausbildung dieser partiell parasitären Symbiose zwischen Ameisen und Moorbläulingsraupen?

Man nimmt an, daß die Moorbläulinge ihre phantastische Strategie ursprünglich aus schierer Not heraus entwickelt haben. Sie ernähren sich nämlich nicht nur von Blättern, sondern auch von Blattläusen. Aber die Ameisen, die den Honigtau der Blattläuse lieben, verteidigen natürlich ihre Honigproduzenten. In dieser für sie gefährlichen Konkurrenzsituation haben die Moorbläulinge offenbar einen dicken Chitinpanzer und zudem eine Honigdrüse entwickelt. Derart geschützt, begann die Raupe mit der Ameise eine Form der Koevolution, die ein Kuriosum darstellt.

Leben auf Tauchstation

Es gibt Schmetterlingsraupen, die fähig sind, im Wasser zu leben. Die Raupe des Wasserzünslers hat sich perfekt an die Verhältnisse unter Wasser angepaßt.[112] Sie lebt sozusagen auf Tauchstation, denn sie hat einen Weg gefunden, um sich den lebenswichtigen Sauerstoff zu sichern.

Bis zur zweiten Häutung nimmt die Raupe aktiv keinen Sauerstoff auf. Ihre Atemöffnungen sind verschlossen; der Sauerstoff, der durch ihr Gewebe diffundiert, reicht für die Stoffwechselprozesse aus. Nach der zweiten Häutung überzieht die Raupe ihre mit Wachs imprägnierte Haut mit einer dünnen Luftglocke, indem sie Luft durch die Tracheen pumpt. Sie überzieht übrigens auch die Wasserpflanzen, von denen sie sich ernährt, mit einer Wachsschicht und macht sie so wasserabstoßend.

Die Puppe des Wasserzünslers lebt ebenfalls unter Wasser; der Falter muß also im Wasser ausschlüpfen. Er nützt den Auftrieb der Luftglocke wie einen Lift und gelangt so hinauf an die Oberfläche, wo die Luftblase platzt und den Falter ins Freie entläßt.

Der Schmetterling als Architekt

Die Raupen vieler Schmetterlinge sind erfolgreiche Architekten. Zum Schutz vor Freßfeinden und Witterung bauen sie Zelte, Röhren, Säcke (sogenannte Galläpfel) und andere Unterkünfte. Sie

gebrauchen dazu ihre kräftigen Mundwerkzeuge und die Spinn-
röhre, die den Seidenfaden produziert, eine Flüssigkeit, die an der
Luft schnell erstarrt.

Der diskrete Charme der Dino-Falter-Bourgeoisie

Im großen und ganzen haben die Schmetterlinge im Verlauf der
Evolution dem Maximierungsstreben des Dino-Looks widerstan-
den; sie haben nicht Größe gesucht, sondern Optimierung.

Immerhin gibt es auch bei Schmetterlingen Struktur- und Funk-
tionsmaxima, die wir kurz erwähnen wollen.

Zu den größten Tagfaltern der Welt gehören die in Südostasien
lebenden Vogelfalter; sie können Flügelspannweiten bis zu 25
Zentimetern erreichen. Gewisse Nachtfalter, wie etwa der Her-
kulesspinner in Neuguinea und der Atlasfalter in Südostasien,
werden sogar noch größer.

Zu den größten einheimischen Schmetterlingen gehören der
Trauermantel und der Apollo, die eine Flügelspannweite bis zu
zehn Zentimetern aufweisen, und der Windenschwärmer mit
einer Flügelspannweite von zwölf Zentimetern.[113] Der Goliath
unter den einheimischen Faltern ist der Totenkopfschwärmer, der
eine Flügelspannweite von vierzehn Zentimetern besitzt.[114]

Die einheimischen Schwärmer haben Saugrüssel, die über
zwanzig Zentimeter lang sind.[115] Bei tropischen Schwärmern wurden Rüssel von dreißig Zentimetern Länge gemessen.

Die schnellsten Flieger im Schmetterlingsreich sind die Sphinx-
arten, die eine Spitzengeschwindigkeit von bis zu 60 Kilometern
pro Stunde erreichen können.[116]

Aber die meisten Schmetterlingsarten haben in der Evolution
den Weg der Mitte und damit den Weg der Weisheit gewählt.

Viel Feind, viel Ehr?

Wer so schön ist wie der Schmetterling, erregt Aufsehen. Wer so
zerbrechlich ist wie der Falter, ist auf Schritt und Tritt bedroht.

Der Schmetterling hat deshalb viele natürliche Feinde. Sie reichen von Viren, Bakterien und Pilzen bis zu Ameisen, Spinnen, Fledermäusen und Vögeln. Der größte Feind des Schmetterlings ist jedoch – wen wundert's? – der Mensch. Der Mensch ist nicht ein «natürlicher» Feind des Schmetterlings, da er sich ja nicht vom Schmetterling ernährt. Er ist vielmehr ein «kultürlicher» Feind, da es vor allem die Begleitumstände der Industriekultur und der menschliche Drang nach dem Besitz von Schönheit sind, die den Schmetterling gefährden.

Der Mensch baut Häuser, Straßen, Flugplätze, Bahnen und Seilbahnen. Er fährt Auto, und seine Industrieschlote, Hauskamine, Putzmittel, Insektizide und Herbizide vergiften die Luft, den Erdboden mit den Produkten, die er hervorbringt, und das Wasser.

Der produktionsorientierte Landwirt begnügt sich nicht mehr damit, die Trockenwiesen abzumähen und zu nehmen, was ihm die Natur spontan gibt. Er will den Ertrag mehren, düngt daher bis zum Exzeß mit Kunstdünger und schafft damit fette Wiesen, die er x-mal mähen kann. Wo früher bunte Magerwiesen mit Tausenden von verschiedenen Blütenpflanzen existierten, ziehen sich heute fette, grüne Einöden hin, in denen nur noch Löwenzahn und Klee blühen.

Der Mensch sticht den Torf der Trockenmoore, da er ihn als Brennstoff benützt. Er legt Sümpfe und Hochmoore trocken und faßt selbst kleine Wasserläufe ein, damit kein Wasser «verloren» geht. Er füllt von Sickerwasser durchtränkte Stellen mit Kies auf und betoniert die ganze Chose womöglich noch zu, damit das Ganze «gediegener» und «solider» aussieht. Die durstigen Schmetterlinge, die, wie die Bienen, solche Sickertränken lieben, haben das Nachsehen.

Der Mensch «korrigiert» Flußläufe und faßt Bergbäche in Stauseen, um elektrische Energie zu gewinnen. Er «melioriert» Bachbette. Und via «Flurbereinigung» eliminiert er Fluren, Hecken und Gebüsche, weil er – im Zeichen der Leistungsgesellschaft – keinen «unproduktiven» Boden mehr akzeptieren will.

Er brennt Böschungen ab. Er rodet die Wälder und ersetzt den natürlich gewachsenen Mischwald durch einen monotonen, aber eben «rentablen» Fichtenwald, in dessen Dunkelheit kein Schmetterling leben mag.

Der Mensch holzt aus Gründen der Profitmaximierung ganze Tropenwälder ab. Und in der *slash-and-burn*-Landwirtschaft im Amazonasgebiet brennt er das Holz und die übrige Vegetation nieder, um Platz für die Anpflanzung zu machen. Mit diesem Raubbau an den Tropenwäldern, die seit Jahrmillionen wie riesige Wasserschwämme wirken, verändert er das Weltklima. Und zudem vernichtet er damit auch riesige Biotope, in denen unzählige Schmetterlingsarten leben – unter anderem der prächtige blaue Morphofalter – und Millionen von anderen Lebewesen.

Der Mensch setzt tonnenweise Insektizide und Herbizide ein. Er «verschönert» seine Gärten, indem er «Mustergärten» mit Pflanzen anlegt, die aus anderen Kontinenten stammen und daher dem Schmetterling, der auf einheimische Pflanzen spezialisiert ist, weder Nektar noch Schutzraum gewähren.

Die Flutlichter auf Tennisplätzen und Fußballplätzen, die Scheinwerfer der Autos und Züge, die Flur- und Hausbeleuchtungen, die im Zeitalter des Massentourismus nicht einmal mehr vor den Hochalpen haltmachen, ziehen die Nachtfalter an und bringen ihnen den Tod. Der Nachtfalter hat ein uraltes genetisches Programm, das – wie das genetische Programm des Igels, der sich vor dem herannahenden Auto instinktiv zu einer Kugel zusammenrollt – noch keine Lösung für diese mörderischen Fallen der menschlichen Kulturevolution gefunden hat. Wenn er eine starke Lichtquelle entdeckt, und Halogenlampen sind die schlimmsten Schwärmerfallen, dann kann er nur eines tun. Er folgt seinem Instinkt und fliegt auf die Lichtquelle zu. Er beginnt um diese Lichtquelle herumzukreisen, die er möglicherweise für einen seiner Flugorientierung dienenden, gewaltig gleißenden Mond hält. Seine Kreise werden immer enger und enger, bis die Hitze der Lichtquelle ihn schließlich versengt.

Und schließlich geht der Mensch in seinem Jagdinstinkt und von der Sammelwut gepackt auch noch zum Selbstzweck auf die Schmetterlinge los.

Ausgerüstet mit Netz, Ätherbausch und Sammelbüchse zieht der Schmetterlingsjäger in die Natur hinaus und hat dabei nur eines im Sinn: jeden schönen oder auch nur seltenen Schmetterling einzufangen, ihn zu betäuben, ihm eine Stahlnadel durch den Rücken zu bohren und ihn derart aufgespießt – Weidmanns Heil!

– in einem Glaskasten zur Schau zu stellen. Daß er zu diesem Zwecke einen lebendigen Schmetterling, der sorglos von Blüte zu Blüte taumelt, in einen aufgespießten Kadaver verwandeln muß, kümmert ihn wenig.

Wie groß der Schaden sein kann, den die ungezügelte Sammelwut des Menschen unter den Schmetterlingen anrichten kann, zeigen folgende Beispiele:

Nachdem in England die Sümpfe bis zur Mitte des letzten Jahrhunderts trockengelegt worden waren, wurde der Große Feuerfalter immer seltener, da er kaum mehr ein Biotop zum Überleben fand.[117] Der ebenso schöne wie seltene Falter war daher bei den Sammlern sehr begehrt. Die Händler machten, wie immer, wenn sie eine neue «Marktlücke» und ein neues «Bedarfspotential» entdecken, den großen Reibach. Sie bezahlten den Bauern gutes Geld, um den Schmetterling zu jagen und um seine Raupen von den Blättern der großen Ampferstauden abzulesen. Das Resultat?

Im Jahre 1849 war der Große Feuerfalter in England bereits ausgerottet.

In einem norditalienischen Tal nahe der Schweizer Grenze, das bis in die Neuzeit hinein von menschlichen Eingriffen verschont geblieben ist, kam der Osterluzeifalter bis 1980 vor.[118] Dann hat ihn die Besitzgier der Menschen ausgerottet, weil sich alle Schmetterlingsjäger auf dieses kleine Tal stürzten. Heute ist der Falter aus diesem Tal verschwunden, obwohl die Osterluzei, die Nahrungspflanze der Raupe, dort noch immer existiert.

Daß der Mensch sich mit seiner profitorientierten Dino-Mentalität letztlich selbst schadet, wird ihm meistens klar, wenn der Schaden angerichtet und irreversibel ist. Er zerstört mit den Schmetterlingen einen Teil von sich selbst. Er zerstört die Fähigkeit, in der Natur unbeschwertes Leben und Schönheit zu beobachten und so Nahrung für seine Phantasie, seine Intuition, seine Spiritualität und seine Weisheit zu erhalten. Er riskiert dabei zu verkümmern, ganz so wie es Stephan Trofimowitsch in Dostojewskis Roman *Die Dämonen* festgestellt hat: «Der Mensch kann ohne Brot und ohne Wissenschaft leben, aber er kann nicht ohne Schönheit leben.»[119]

Viel Feind, viel Ehr? Nein, das ist nur ein alberner Spruch, mit dem sich die Dino-Mentalität manchmal brüstet. Für den Schmetterling impliziert viel Feind den Tod.

Dieser Tod kommt vor allem vom Menschen, der sich damit letztlich selbst das Grab schaufelt. Wenn diese gefährliche Zerstörungssucht auf unserem Planeten aufhören soll, müssen wir völlig umdenken. Ein radikales Umdenken wird logischerweise dazu führen, daß sich die Selektionsmechanismen verändern, mit deren Hilfe wir unsere Führungspersönlichkeiten in strategisch wichtige Positionen hieven. Gefragt ist ein neues Bewußtsein im Zeichen des Schmetterlings und damit ein neuer Leadership-Stil und eine Neugestaltung aller vitalen Entscheidungsprozesse.

Der naive Suprematismus, der bevorzugt im blindwütigen Aktionsmodus operiert, muß einem Leadership-Stil der Weisheit weichen, der bevorzugt im Rezeptionsmodus operiert.

Es gibt sehr viele und sehr unterschiedliche Leadership-Stile. Damit wir uns im Gestrüpp der vielen möglichen Stile nicht verlieren, wollen wir im folgenden nur drei Leadership-Typen diskutieren. Als Grundkriterium der Unterscheidung benutzen wir die Frage, ob Führungspersönlichkeiten bevorzugt mit der dominanten oder der nichtdominanten Hirnhemisphäre oder ob sie mit beiden Hirnhemisphären gleichzeitig denken.

Die Art und Weise, wie Führungspersönlichkeiten ihre Hirnhemisphären benutzen, bestimmt, wie sie die Welt wahrnehmen, wie sie denken und fühlen, wie in ihrem Organismus gewisse physiologische Prozesse ablaufen und wie sie sich verhalten.

Die Analyse dieser Sachverhalte führt uns zur Beschreibung von drei typischen Führungsstil-Mustern (*patterns of leadership*), die wir täglich in allen Bereichen der menschlichen Gesellschaft beobachten können – und sie suggeriert, wie eine Leadership im Zeichen des Schmetterlings aussehen muß.

Drei Typen der Leadership

Ein Individuum, ein Paar, eine Familie, ein Team, ein Dorf, eine Stadt, eine soziale Institution, ein Industrieunternehmen, eine Religionsgemeinschaft, eine Nation, eine Kultur, kurz, jedes Biosystem, das aus Menschen besteht, bildet ein Humansystem.

Jedes Humansystem ist hierarchisch gegliedert. Hierarchien können explizit, das heißt deutlich sichtbar und offiziell, oder implizit, das heißt verborgen oder inoffiziell, sein. Aber sie existieren immer. Sie bestanden in der Revolutionskommune von Paris, in den Wohngemeinschaften der siebziger Jahre und in der deutschen RAF. Selbst in der «klassenlosen» kommunistischen Gesellschaft, in der laut offizieller Ideologie alle Menschen gleich sein sollen, gab es eine Nomenklatura, eine selbstsüchtige Herrschaftsclique, die äußerst privilegiert war und die sich in geheimen, nur den Eingeweihten zugänglichen Warenhäusern mit Luxusgütern des Westens eindeckte.

An der Spitze jeder – steilen oder flachen – Hierarchie steht ein Leader, ein Individuum, das über mehr Macht, Einfluß oder Kompetenz, über mehr Rechte, aber auch über mehr Pflichten verfügt als die Menschen auf den unteren Rängen. Manchmal entwickelt dieser Mensch eine Tendenz, seine Rechte – am liebsten die vermeintlichen – wahrzunehmen und seine Pflichten zu vernachlässigen.

Ein Leader wird nach einem komplizierten, selten ganz durchschaubaren und gelegentlich ziemlich irrationalen Verfahren gewählt. Die Wahl kommt zustande, indem der Leader sich Kompetenz aneignet und die Umwelt ihm Kompetenz zuschreibt. Intelligenz, Sachverstand, Kommunikationsfähigkeit, Motivationsfähigkeit, Durchsetzungskraft und Weisheit können die Kompetenz eines Leaders ausmachen. List, Rücksichtslosigkeit und macht-taktische Heimtücke können Leadership begünstigen. Im letzte-ren Fall basiert die Führungsposition mehr auf Macht als auf Kompetenz. Die Qualitäten, die die Wählenden dem Leader zu-schreiben, können realer oder auch nur eingebildeter Natur sein. Im letzteren Fall wird projiziert, was nur in der eigenen Phantasie und im absoluten, rigiden Urteil des Emotionshirns existiert. Mo-derne Werbemethoden helfen manchmal, solche Fehlurteile zu erzeugen und weiterzuentwickeln.

Der Volksmund sagt, daß man meist die Leadership hat, die man verdient. Wenn hinter dieser Feststellung mehr als nur Zynis-mus stecken soll, dann muß heute mit allem Nachdruck betont werden, daß wir eine bessere Leadership verdienen. Diese neue Leadership bekommen wir nur, wenn sich die gesamte Kultur und mit ihr die Wähler der Leaderfiguren radikal ändern. Wir müssen unsere Leadership mit dem Vernunfthirn wählen, das intuitive und rational begründete Urteilsfindung optimal zu kombinieren versteht.

Leadertypen gibt es so viele, wie es Kriterien der Unterschei-dung gibt. Diese Zahl läßt sich allerdings auf drei Haupttypen re-duzieren, wobei neurobiologische Kriterien für diese – zugebe-nermaßen willkürliche – Reduktion verantwortlich sind. Men-schen können nämlich grundsätzlich auf drei verschiedene Arten denken, je nachdem, welche Hirnhemisphären sie benutzen. Sie können bevorzugt mit der linken Hemisphäre, mit der rechten oder synchron mit beiden Hirnhemisphären denken. Und je nach Denkweise nehmen sie die Welt wahr, fühlen sie, funktionieren sie physiologisch und verhalten sie sich.

Die drei Typen tragen metaphorische Namen, die ihren Grund-charakter bezeichnen:

Der *Dino-Typ* entspricht einem Menschen, der bevorzugt mit der dominanten Hirnhemisphäre denkt.

Der *Wolkentyp* – oder Wolkenguckertyp – entspricht einem Menschen, der bevorzugt mit der nichtdominanten Hirnhemi-sphäre denkt.

Der *Schmetterlingstyp* entspricht einem Menschen, der bevor-zugt integriert, mit beiden Hirnhemisphären, denkt. Die verschie-denen Eigenschaften, die jedem Typ im Bereich der Wahrnehmung, des Denkens, der Gefühle, der physiochemischen Funktionsweise und des Verhaltens zugeschrieben werden, sind weder vollständig noch immer scharf definiert. Sie sind vielmehr als Stichwörter gedacht und sollen zum Nachdenken anregen.

Folgende globale Charakterisierung läßt sich vorausschicken:

Man findet den *Dino-Typ* heute überall, wo Macht zu vergeben ist und wo Macht – in welcher Form auch immer – ausgeübt wird. Er ist der vorherrschende Leadertyp in der heutigen Welt. Rein zahlenmäßig stellt er die andern beiden Typen deutlich in den Schatten. Er dominiert, weil er gut zur dominanten Kultur paßt: Die beiden machen sich gegenseitig zu dem, was sie sind. Er findet sich z.B. auch im Haustyrannen – keiner ist da zu klein, um seinen Dominanzbeitrag zu leisten. Er findet sich in den großen Kirchen und in den kleinen Sekten, im Staat und in den politischen Parteien, im Militär, in der Polizei und in der Industrie, in der Bürokratie, im Gesundheits- und im Erziehungswesen und in allen anderen gesellschaftlichen Institutionen und Organisationen. Er tritt auch unter Erfindern, Technikern, Wissenschaftlern und Künstlern auf.

Der *Wolkentyp* ist ein Wolkengucker und Träumer und paßt schlecht in die heutige Leistungsgesellschaft. Er sitzt in seinem Wolkenkuckucksheim und läßt den Lärm der Welt an sich vorbeirauschen. Die Dino-Typen, die ihn als lebensunfähigen Spinner abtun, hält er für bedauernswerte Dummköpfe.

Man könnte argumentieren, daß der Wolkentyp eigentlich keine Leadership verkörpert. Aber bei näherm Zusehen findet man, daß auch dieser Typ in irgendeiner Form – zum Beispiel als Vorbild oder als Sorgenkind – eine gewisse Macht ausübt und über einen Einfluß verfügt, der nicht ohne Wirkung auf die Umwelt bleibt. Man findet den Wolkentyp beispielsweise im Poeten, der in der Abgeschiedenheit die herrlichsten Gedichte ersinnt. Man findet ihn im Wirrkopf, der als Vorgesetzter sehr viele Probleme schafft, weil er dauernd eigene Phantasie und beobachtbare Realität durcheinanderbringt. Man findet ihn im Drogensüchtigen, der der Leistungsgesellschaft den Rücken kehrt und Mitglied eines speziellen Clans wird. Und man findet ihn in der Rolle des dubiosen Gurus, der seinen Anhängern undurchsichtige Wolkengebilde offeriert und dessen inkohärente Reden von ihnen für zeitlose Weisheit gehalten werden, die jenseits jeder normalen menschlichen Erkenntnisfähigkeit liegt.

Der *Schmetterlingstyp* ist, ganz wie der Wolkentyp, ebenfalls ein Vertreter einer Minorität. Es hat ihn zu allen Zeiten gegeben, und es gibt ihn auch heute. Er ist der Leadership-Typ, der innere Reife mit Weisheit verbindet. Er vereint Vision und konzeptionelle Klarheit im Denken mit zielgerichteter Tüchtigkeit im Handeln. Ästhetische Perfektion liegt ihm nicht weniger am Herzen als authentisch gelebte ethische Verantwortung.

Er ist der Leadership-Typ, den wir für die Zukunft brauchen, mag er auch manchmal schwerer zu finden sein als eine Stecknadel im Heuhaufen.

Man findet ihn beispielsweise in der Mutter, die ihre Kinder mit Umsicht und Weisheit erzieht. Man findet ihn in der Nonne, die in den Elendsvierteln von Kalkutta tätige christliche Nächstenliebe lebt – statt diese im Kloster mit Lippenbekenntnissen herbeizuzuschwören. Man findet ihn im Lehrer, der weiß, daß er die Jugend und damit die Zukunft seiner Kultur nicht «im temporären Gewahrsam» hat, sondern daß er ihr das Beste auf den Lebensweg mitgeben muß, was seine Kultur zu bieten hat.

Man findet ihn im Staatsmann, dem weniger das Ritual der Macht und die eigene Bereicherung am Herzen liegen als das Bedürfnis, seiner Nation ein Leben im inneren und äußeren Frieden und damit eine vernünftige Entwicklungsperspektive zu sichern. Man findet ihn im Aussteiger, der zum Schluß gekommen ist, daß eine Karriere mit sehr viel Geld nichts wert ist, wenn dabei nicht nur die Umwelt, sondern auch sein eigener Organismus und seine Angehörigen schweren Schaden nehmen.

Und man findet ihn bei kreativen ErfinderInnen, WissenschaftlerInnen und KünstlerInnen, die sich bei ihren Erfindungen, Entdeckungen und Kreationen nicht nur von ihrem Karrieredenken, vom logisch Korrekten, vom technisch Machbaren, vom funktionell Adäquaten und von der ästhetischen Perfektion, sondern auch von der ethischen Verantwortung, von der Weisheit und von einer ernsthaften Suche nach spiritueller Verwurzelung leiten lassen.

Die Wahrnehmung der drei Leadertypen

Die Art und Weise, wie die drei Leadertypen die Realität wahrnehmen, läßt sich wie folgt charakterisieren:

Dino-Typ	*Wolkentyp*	*Schmetterlingstyp*
Teleobjektiv	Weitwinkelobjektiv	Zoomobjektiv
Sprache	Bild	Metapher
aktionszentriert	traumhaft	integriert
isolierte Punkte	aufgelöst	vernetzt
unästhetisch	quasi-ästhetisch	ästhetisch
Balken	Schlieren	Nuancen

Das Auge des Dino-Typs funktioniert als *Teleobjektiv*. Er blickt auf ein Detail und kann selbst auf große Entfernung hin eine Mükke erblicken, die seine Bildfläche ausfüllt und klar und deutlich zu sehen ist. Der Nachteil liegt darin, daß der mit der teleobjektiven Wahrnehmung von Details beschäftigte Dino-Typ die Übersicht über das Umfeld verliert. Wenn sich die Mücke auch nur einen Millimeter bewegt, verschwindet sie aus seinem Blickfeld; zudem wird das Bild unmittelbar hinter und vor dem Fokus sofort unscharf. Dieser Nachteil ist ein Ausdruck der Heisenbergschen Unschärferelation: Je schärfer mittels einer spezifischen Beobachtungsmethode ein konkreter Aspekt der Realität erfaßt wird, um so mehr geht dabei ein anderer, komplementärer Aspekt derselben Realität verloren. Fokussiert man seine Wahrnehmung auf eine Hautpore im Gesicht des Partners, kann man seinen Gesichtsausdruck nicht mehr wahrnehmen.

Der Wolkentyp sieht die Welt durch ein *Weitwinkelobjektiv*. Damit läßt sich die Welt weiterhum erfassen. Man sitzt auf einer Wolke und hat zwar etwas Wasserdunst vor dem Gesicht, aber dafür gleich den ganzen Planeten vor Augen. Den Überblick bezahlt der Wolkentyp mit mangelnder Tiefenschärfe. Er nimmt den Gesichtsausdruck seines Partners wahr, aber nicht die Beschaffenheit einer spezifischen Hautpore.

Der Schmetterlingstyp besitzt ein *Zoomobjektiv*. Mit ihm kann er seine Wahrnehmung stufenlos in die Weite und in die Tiefe hinein verstellen. Damit kombinieren sich Tiefenschärfe und Weitwinkel in flexibler Art, um den jeweiligen Anforderungen einer Situation zu entsprechen. Diese Wahrnehmungsweise hat nur Vorteile und keine Nachteile, da sie optimal an die Gegebenheiten der Welt und an die Bedürfnisse des Erkenntnisgewinns angepaßt ist.

Der Dino-Typ formuliert jede Wahrnehmung unmittelbar in *Sprache*. Er kriegt die beobachtbare Realität in den Griff, indem er sie in Begriffe kleidet und in abstrakte Kategorien ordnet. Er kann sich zu Tode ärgern, wenn ihm dies nicht gelingen will. Mit Vorliebe benutzt er eine abstrakte, quantifizierende Sprache. Er zählt und mißt alles, auch das, was sich eigentlich nicht zählen und messen läßt.

Der Vorteil der verbalisierten Wahrnehmung ist, daß sie dem Dino-Typ die Dinge, die ihn interessieren, sofort sprachlich bewußtmachen und daß er auf der Basis dieser Bewußtmachung auch sogleich effizient mit anderen über seine Wahrnehmungen kommunizieren und zielorientiert handeln kann. Der Nachteil liegt darin, daß sich viele wesentliche Dinge im Leben kaum oder nur langsam und annähernd in Sprache kleiden lassen und daß ihm somit ein wichtiger Teil der Realität entgeht. Solche Dinge – zum Beispiel gewisse emotionelle Zustände und Erlebnisse – scheut der Dino-Typ wie der Teufel das Weihwasser. Damit vergibt er sich aber oft die Chance der Erlösung, das heißt, er wälzt Emotionen und Erlebnisse tausendmal im Kopf herum und wird sie nicht los, weil er sie nicht abstrakt-begrifflich fassen und damit nicht be-greifen kann.

Der Wolkentyp kodiert die wahrgenommenen Dinge und Ereignisse in *Bildern*. Diese nicht selten szenisch bewegten Bilder sieht er mehr oder weniger deutlich vor seinem inneren Auge, aber er kleidet sie nicht in Sprache. Befindet er sich beispielsweise in einer existentiellen Notlage, dann sieht er sich im Geiste am Rande eines Abgrunds hängen, die Hände in eine Staude verkrallt, deren Wurzeln unter dem Zug seines Gewichtes langsam nachgeben. Ist er in einer sehr glücklichen Phase, dann sieht er sich selbst vielleicht als einen Delphin, der sich verspielt in einer warmen Lagune tummelt.

Der Vorteil dieses bildhaften Wahrnehmungsmodus ist, daß dem Wolkentyp die Fülle des Lebens und der Dinge nicht abhanden kommt. Der Nachteil liegt darin, daß diese Wahrnehmungsweise oft vage bleibt und daher manchmal eine schlechte Basis für Kommunikation und zielorientiertes Handeln bietet. Ein gutes Beispiel für diesen Sachverhalt sind die mystischen Erlebnisse der Eremiten aller Zeiten; sie konnten ihre Visionen meistens nicht oder nur ungenügend in Sprache umsetzen. Ein anderes typisches Beispiel ist der Kunstmaler, der nicht in Sprache übersetzen kann – und oft auch gar nicht will –, was er auf seinen Gemälden sieht.

Der Schmetterlingstyp kleidet die wahrgenommene Welt in *Metaphern*. Metaphern sind bildhafte Sprachfiguren. Sie kombinieren Bild und Sprache. In einem Analogieschluß vergleichen sie das Unbekannte mit dem Bekannten und schärfen so das Erkenntnisvermögen. Die Metapher – zum Beispiel: «Er ist ein Fels in der Brandung; sie ist eine Möwe, die schwerelos über jedes Kliff hinwegsegelt» – sitzt, bildlich gesprochen, genau auf dem Hirnbalken, der die beiden Hirnhemisphären verbindet. Metaphern definieren, das heißt, sie grenzen das eine vom andern ab. Gleichzeitig vernetzen sie aber auch, das heißt, sie geben der Imagination weiten Raum und provozieren neue Assoziationen. Metaphorisches Denken ist kreativ. Dies hat Aristoteles zu der Aussage bewogen, daß der Meister der Metapher ein König ist. Und der große Astronom Johannes Kepler, der drei Gesetze der Planetenbewegungen entdeckte, schrieb: «Und ich habe die Analogien, meine vertrauenswürdigsten Meister, lieber als alles andere. Sie kennen alle Geheimnisse der Natur...»[1]

Die metaphorische Wahrnehmungsweise bietet somit die kombinierten Vorteile von sprachlich und bildhaft kodierter Wahrnehmung. Ein möglicher Nachteil dieses Wahrnehmungsmodus liegt darin, daß er sich nicht für alle Dinge eignet. Es gibt gewisse «mentale Objekte», zum Beispiel intuitive Wahrnehmungen im Bereich der theoretischen Mathematik oder des kreativen Prozesses überhaupt, die sich schlecht in Metaphern formulieren lassen.[2] In diesem Falle ist aber der Schmetterlingstyp, der über Zugang zu beiden Hirnhemisphären verfügt, durchaus in der Lage, eine abstrakte Symbolsprache (zum Beispiel in Form einer mathematischen Gleichung) oder eine reine Bilddarstellung (zum Beispiel in

Form einer Zeichnung oder einer Bewegung) zu benützen, um seine Wahrnehmungen zu kodieren und mitzuteilen.

Der Dino-Typ nimmt die Welt in *aktionszentrierter* Art und Weise auf. Das heißt, daß er nur wahrnimmt, was ihm zum unmittelbaren Handeln dient und was seinen Erwartungen entspricht. Er gleicht einem mittelalterlichen Ritter, der einen Topfhelm trägt, dessen dünne Sehschlitze nur das, was unmittelbar vor seinen Augen liegt, im Visier erscheinen lassen und den Rest der Welt ausblenden. So nimmt der aktionszentrierte Mensch überall nur «Handlungsbedarf», «Nachholbedarf», «Marktpotentiale» wahr und trifft ständig auf «Ställe, die endlich ausgemistet werden müssen».

Der Vorteil dieses Wahrnehmungsmodus liegt darin, daß der Dino-Typ die Elemente, die der unmittelbaren und kurzfristigen Zielerreichung dienen, sofort erkennt. Er sieht sehr schnell, wo der Hase im Pfeffer liegt und wie man ihn auf den Tisch bringt. Der Nachteil ist, daß er blind für Zusammenhänge ist, was sich im nachhinein oft rächt. Ein weiterer Nachteil ist, daß der Aktionsmodus die Wahrnehmung verfälschen kann. Im Aktionsmodus verkennt man gern als Instrument, was gar keinen Instrumentalcharakter hat. In diesem Sinne sagte Maslow: «Wenn das einzige Werkzeug, das du hast, ein Hammer ist, dann beginnst du alles in Begriffen von Nägeln zu sehen.»[3]

Dieser Wahrnehmungsmodus beeinflußt sehr stark, wie Führungskräfte mit MitarbeiterInnen umgehen. Aktionszentrierte Technokraten glauben, daß der Geist eines Managers ein Hammer und daß «harte Fakten» die Nägel sind, mit deren Hilfe man die Ereignisse auf den Boden der Tatsachen festnageln kann, wie die Haut eines Ochsen. Inhalt und Stil der zwischenmenschlichen Kommunikation zählen sie zu den *soft issues*. Die Bedürfnisse der MitarbeiterInnen ernst zu nehmen halten sie für «sozialen Klimbim». Welche Probleme sich aus einer derartigen Verkennung der Realität ergeben, verlangt keinen weiteren Kommentar.

Der Wolkentyp nimmt die Welt in einem *traumhaften* Modus wahr. Er befindet sich mit Vorliebe in einem Zustand der «gleichschwebenden Aufmerksamkeit», in dem er in einem «ozeanischen Gefühl» der mystischen Vereinigung mit allem Seienden badet, wobei alle Dinge dieselbe Bedeutung annehmen. In seiner schönsten Ausprägung ist dies ein Zustand, den die Mystiker Unio mystica nennen und den sie so schlecht in Worte zu fassen vermögen. In seiner pathologischen Ausprägung ist dies der Zustand der präpsychotischen und psychotischen Identitätsdiffusion, die mit einer traumhaft ver-rückten Bewußtseinslage einhergeht.

Diese Wahrnehmungsweise befähigt zu dem, was Maslow *peak experience*[4] nannte, das heißt, zu außergewöhnlich schönen, ekstatischen Erlebnissen. Sie ist eng verbunden mit meditativen Zuständen und intuitiven Erfahrungen. Sie eignet sich zudem für die Aufnahme von Stimmungen, «Atmosphäre», «vibes», «Gesichtern», «Geistern», Erscheinungen, Visionen und anderen Dingen und Ereignissen, die kaum oder nicht in Sprache zu fassen sind. Viele sogenannte extrasensorische Wahrnehmungen gehören hierher. Der Nachteil der traumhaften Wahrnehmung ist, daß sich nicht selten pure Einbildung und tatsächliche Sinneserfahrung derart vermischen, daß nicht zu unterscheiden ist, was außerhalb und was innerhalb des Organismus stattfindet. Ein weiterer Nachteil ist, daß sich diese Wahrnehmung kaum in Worte fassen läßt. Daher läßt sie sich weder adäquat mitteilen noch durch interpersonalen Vergleich mit Sicherheit von gewissen Sinnestäuschungen abgrenzen.

Der Schmetterlingstyp ist fähig, flexibel zwischen dem aktionszentrierten und dem traumhaften Wahrnehmungsmodus hin- und herzugleiten, das heißt, er nimmt die Welt auf *integrierte*, ganzheitliche Weise wahr. Er kann extensiv träumen und intensiv handeln. Er kann zeitweise tief im meditativen Wahrnehmungsmodus verharren, aber jederzeit auf den aktionszentrierten Modus umschalten – um sich wieder in den traumhaften, meditativen Modus zurückzuziehen, sobald dies angemessen ist. Er ist, metaphorisch gesprochen, ein Zen-Meister, dem weder das Mondlicht entgeht, das wie blaue Milch durch das Strohdach in die Hütte strömt und sie in eine märchenhafte Stimmung taucht, noch die innere Stimmung der heiteren Gelassenheit und des stillen Entzückens, noch der vertrocknete Reisrest am Holznapf, den sein Schüler nicht richtig ausgewaschen hat – und dem er deshalb gehörig die Meinung sagen muß.

Der Dino-Typ nimmt die Welt als eine Ansammlung *isolierter Punkte* wahr. Er ist ein extremer Atomist, der nur die Elemente sieht und nicht die Kräfte, die zwischen ihnen wirken. Er sieht auch sich selbst isoliert; sein Eigenbild und Selbstverständnis sind entsprechend gestört. Bald sieht er sich selbst als die Krone der Schöpfung; bald ist er der Underdog, auf dem alle herumtrampeln. Mal nimmt er sich selbst als dominanten Hoppla-jetzt-komm-ich-Macher, dann wieder als passiven Spielball der Schicksalskräfte wahr, auf die er keinen Einfluß hat. Er sieht sich selbst als aktiven Aktor oder als passiven Reaktor, weil seine Wahrnehmung ihm vorgaukelt, daß diese beiden Modalitäten die einzigen Möglichkeiten des Menschseins sind. Oder er sieht sich selbst als wild flippenden Interaktor, der in rapider Folge abwechselnd agiert und reagiert.[5]

Manchmal ist diese Art der Weltwahrnehmung durchaus nützlich; meistens ist sie nicht sonderlich wertvoll; und gelegentlich ist sie sogar sehr schädlich. Die Umweltkatastrophen sind Folgen der Aktorsicht, des naiven Suprematismus und der Entfremdung von den Vernetzungen, die den Menschen an die Umwelt binden. Die existentielle Hilflosigkeit, die den Reaktortyp in die Resignation und Depression und damit gelegentlich in den Suizid treibt oder den Zusammenbruch der Immunabwehr und damit Infektions- und Krebskrankheiten nach sich zieht, ist ebenfalls diesem Wahrnehmungsmodus zuzuschreiben.

Der Wolkentyp nimmt sich selbst und die Elemente der Welt *aufgelöst* und verschwommen wahr. Alle Differenzierungen werden verwischt. Er und die Umwelt sind eins. Das Universum ist ihm ein einziges, zusammenhängendes Flirrfeld. Es gibt keine Außen- und keine Innenwelt. Dabei leidet der Wolkentyp normalerweise nicht an einer Identitätsdiffusion, einer Auflösung des eigenen Ichs. Wo er ein wenig analytische Tiefenschärfe entwickelt, da sieht er sich selbst eher als passiven Reaktor denn als aktiven Aktor.

Der Vorteil dieser Wahrnehmung ist, daß der Wolkentyp die Qual der Entfremdung nicht kennt, die dem Dino-Typ oft schwer zu schaffen macht. Dem Wolkentyp ist die Einheit alles Seienden selbstverständlich. Dies hat jedoch zur Folge, daß das Bewußtsein der eigenen, unverwechselbaren Identität, wenn auch oft nur unbewußt, Schaden leiden kann. Ein weiterer Nachteil liegt darin, daß im Schmelztiegel seiner Wahrnehmung alle Einzelelemente der Welt zu einer einzigen, schlecht definierten Substanz verschmelzen.

Der Schmetterlingstyp nimmt die Welt und sich selbst als *vernetzt* wahr. Die Elemente oder Knoten des Netzwerks und die Kräfte zwischen den Elementen sind gleichwertig, aber beide sind eindeutig differenziert. Es gibt eine Innen- und eine Außenwelt, aber beide Welten sind durch einen ununterbrochenen Strom von Materie-Energie- und informationsvermittelnden Signalen innig miteinander verbunden. Der Schmetterlingstyp sieht die Welt als ein großes Netzwerk an, in dem Knoten und Fäden gleichermaßen wichtig für Aufrechterhaltung und Entwicklung von Struktur und Funktion des Netzes sind. Er weiß, daß er das, was er sich selbst antut, auch der Welt antut. Und er weiß, daß das, was er der Welt antut, schließlich auf ihn zurückwirken wird. Er sieht sich selbst weder als Aktor noch als Reaktor oder Interaktor, sondern als Transaktor. Den gesamten Prozeß der Evolution betrachtet er als einen Webprozeß. Als Transaktor ist er ein aktiver Teilnehmer an diesem Webprozeß. Er nimmt teil an etwas, das ihn als Person in mancher Hinsicht übersteigt und das den jeweiligen Raum und die jeweilige Zeit transzendiert. Er ist gleichzeitig integrierter Bestandteil des Webstuhls, des Weberschiffchens, des konzeptuellen Designs, des Webens, des Webers und des dynamisch sich entwickelnden, schwingenden Gewebes.

Diese Art von Wahrnehmung ist optimal an die tatsächlichen Gegebenheiten des Universums angepaßt. Die zeitgenössische Physik[6] entwirft ein Weltbild, in dem das Universum ein zusammenhängendes Prozeßgebilde ist und in dem Transaktionsprozesse das Universum oder wenigstens Teile davon dauernd aufbauen, erhalten, verändern und auflösen.

Der Dino-Typ ist in seiner Wahrnehmung vorwiegend *unästhetisch*. Da er in der Welt nur Einzelelemente wahrnimmt, die er für irgendeinen Zweck instrumentalisieren kann, ist er in der Regel unfähig, die Harmonie optimal kombinierter Farben, Formen und Bewegungen wahrzunehmen. Im Berufsleben trägt er vorwiegend die Farben der spartenspezifischen Camouflage: Braun,

Grau und Dunkelblau. Die Monotonie dieser Farben durchbricht er gerne mit Socken und Krawatten, Halstüchern und Schuhen, die in Farbe und Form nicht zum Anzug passen. Im Sportleben gibt er sich farbiger. Da wird die graue Maus gern zum Knallfrosch, dessen Signalfarben laut und grell in die Landschaften funken, daß hier einer ist, der die Blicke auf sich ziehen möchte.

Das ästhetische Wahrnehmungsdefizit zeigt sich auch in der Wahl der Objekte, mit denen der Dino-Typ sich zu Hause oder im Büro umgibt. Kunstobjekte sind in seinen Augen bloß Aktien und wertbeständige Investitionen, die nicht nur Geld bringen werden, sondern auch Prestige verschaffen. Er hat sie «preisgünstig» und gleich im Dutzend gekauft. Auf jeden Fall hat er sie nur wegen ihres Marktpotentials erstanden. Kunstobjekte vermögen in ihm keine tiefen Erlebnisse auszulösen. Er wird sie «abstoßen», sobald die Marktlage maximalen Profit verspricht.

Die fehlende Sensibilität für Schönheit und Harmonie ersparen dem Dino-Typ manche Sorge und manches Entscheidungsproblem im ästhetischen Bereich. Der Nachteil ist, daß sein Erscheinungsbild gelegentlich eine Zumutung für seine empfindsamere Umwelt sein kann und daß die Waren, die nach seinem Geschmack produziert, und die Häuser und Überbauungen, die von ihm errichtet werden, oft die Landschaft zerstören und die Gesellschaft belasten. Ihm selbst geht viel ab, was das Leben lebenswert macht. Ein schöner Sonnenuntergang im Spätherbst läßt sich eben nicht verhökern.

Ganz schlimm wird's, wenn Dino-Typen die Macht haben, ganze Kulturen zu gestalten. Die öde Monumentalarchitektur von Speer und die von Goebbels, Himmler und Konsorten organisierten Marschkolonnen und Fahnenwälder der Naziversammlungen sind die abschreckendsten Beispiele einer ins Maßlose gesteigerten Dino-Ästhetik.

Der Wolkentyp ist ein *Quasi-Ästhet*. Er kann sehr wohl ein Auge für die Schönheit von Farben, Formen und Bewegungen haben. Aber da für ihn letztlich das Erlebnis der Einheit mit der Welt am meisten zählt, vernachlässigt er oft sein eigenes Äußeres. Sein Reich ist nicht von dieser Welt.

Der Vorteil dieser Wahrnehmung liegt darin, daß der Wolkentyp sich an allem Schönen in dieser Welt erfreuen kann. Dagegen nimmt er manche Häßlichkeit nicht wahr, die seiner Umgebung um so mehr zu schaffen macht. Wie die Ethik des Quasi-Ästheten gelegentlich funktioniert, veranschaulicht die folgende Anekdote, die vom Schweizer Psychiater und Erfinder der Schlafkur, Professor Kläsi, stammt:

Professor Kläsi besuchte einen Kollegen in Paris. Der Kollege, ein renommierter Neuropsychiater, unternahm nach dem Mittagessen mit Kläsi einen kurzen Verdauungsspaziergang. Die beiden Herren schlenderten vor dem Eingang der Klinik hin und her. Vor dem Portal lag ein zerlumpter Bettler am Boden. Jedesmal, wenn sie an ihm vorbeikamen, griff der Kollege aus Paris in seine Westentasche, holte eine Münze hervor und warf sie – wie ein Schauspieler in einem Barocktheaterstück – in einem majestätischen Bogen dem Bettler vor die Füße. Kläsi, ein Glarner, denen man, ähnlich wie den Schotten, einen gewissen Hang zur Sparsamkeit nachsagt, war sehr erstaunt über soviel Großzügigkeit. Schließlich konnte er seine Gefühle nicht mehr länger im Zaum halten, und er fragte den Kollegen, ob er denn soviel Mitleid mit diesem armen Bettler habe. Der Kollege, der erneut eine Münze warf, erwiderte: «*Pas du tout! Mais c'est beau – le geste!*» («Überhaupt nicht! Aber diese Geste ist doch so schön!»)

Der Schmetterlingstyp ist ein *Ästhet*. Er kann sich an allen schönen Dingen in dieser Welt ergötzen. Er gestaltet auch sich selbst und die Dinge, die ihn umgeben, mit sicherem Geschmack. Ihn stört jeglicher Bruch in der Harmonie von Farben, Formen, Nuancen, Tönen und Klängen, Bewegungen, betastbaren Oberflächen und auch die Unvollkommenheit in Aussehen, Geruch und Geschmack der Dinge, die er trinkt und ißt. Für ihn ist Ästhetik kein Luxus, sondern eine lebensnotwendige Selbstverständlichkeit.

Der Schmetterlingstyp ist fähig, alle Schönheit dieser Welt in vollen Zügen zu genießen. Er tut, was er kann, um Schönheit und Harmonie zu vermehren. Er umgibt sich mit schönen Dingen, produziert schöne Dinge und unterstützt kulturelle Ereignisse, die Schönheit schaffen. Er bewundert gutaussehende Menschen mit einer gut balancierten Persönlichkeit und umgibt sich mit ihnen. Er pflegt sich sorgfältig und kleidet sich mit Stil. Diese Wahrnehmungsweise bringt es jedoch mit sich, daß der Schmetterlingstyp oft viel Zeit und Energie aufwenden muß, bis seine anspruchsvollen ästhetischen Bedürfnisse befriedigt sind. Andererseits fühlt er sich von der Häßlichkeit der Dinge, die ihn umgeben, aufs unangenehmste berührt.

Der Dino-Typ nimmt in sich selbst und in der Welt vor allem Grobmuster und *Balken* wahr – am liebsten im Auge seines Nächsten. Er hat Sinn für das Monumentale; das Kleine und das Nuancenreiche sind seine Sache nicht. In seinen Augen nimmt nicht nur der Raum, sondern auch die Zeit überdimensionalen Charakter an. So kann es vorkommen, daß den Dino-Politiker «der Wind der großen Geschichte» anweht, wo in Wirklichkeit bloß eine offengelassene Hintertreppentüre kurzfristig für Durchzug sorgt.

Der Vorteil dieser Wahrnehmung liegt darin, daß der Dino-Typ sofort eine große Figur vom Hintergrund isolieren und sich aktionsmäßig darauf einstellen kann. Auf diese Fähigkeit ist er stolz; er rühmt sich, jederzeit das Wesentliche vom Unwesentlichen unterscheiden zu können. Ihm entgehen jedoch Nuancen und damit der Reichtum aller Zwischentöne, und er übersieht den Hintergrund, der für eine richtige Realitätseinschätzung und für die Zukunftsvision wichtig ist.

Der Wolkentyp nimmt in seiner unstrukturierten Welt nur schwimmende *Schlieren* wahr, die sich kaum vom chaotisch wabernden Wolkenozean unterscheiden. Er hat keinen Sinn für die Wahrnehmung von Unterschieden. Und da Differenzierung und Strukturiertheit – und damit Reichtum an Unterschieden – Information bedeuten, lebt er letztlich in einer informationsarmen Welt. Der Mensch braucht jedoch, wie der Kybernetiker und Kommunikationstheoretiker Norbert Wiener betont hat, adäquate Information, um adäquat leben zu können.[7] Entsprechend leidet die Lebensqualität des Wolkentyps. Wie sehr sie mitunter leidet, kommt beim drogensüchtigen Wolkentyp besonders drastisch zum Vorschein: Seine Rauschdrogen verschaffen ihm zwar jede Menge Ekstasen und Fata Morganas, aber was zurückbleibt, wenn die drogeninduzierten Halluzinationen und Illusionen wieder verschwunden sind, ist nichts als eine öde, sinnentleerte Wüste.

Der Schmetterlingstyp nimmt den ganzen Reichtum der Differenzierungen wahr und damit auch feinste *Nuancen*, die in den Strukturen und zwischen den Strukturen liegen. Er sieht auch Balken und Schlieren, aber vor allem sieht er die vielen Abstufungen, die sich in und zwischen diesen Formen befinden. Wie der Indianer kennt er viele Worte für die Haut eines Rehs und wie der Eskimo viele für den Schnee. Wie der Teeschnüffler nimmt er die reiche Palette der Gerüche wahr, und wie der Weinliebhaber kann er viele Geschmacksnuancen unterscheiden. Er ist der Musikkenner, der sich dreißig verschiedene Einspielungen der Brandenburgischen Konzerte von Bach mit Genuß zu Gemüte führen kann. Er ist der Kunstliebhaber, der die unzähligen Rottöne in einem Gemälde von Robert Rauschenberg zu würdigen weiß. Er ist ein Tänzer, der jede harmonische Bewegung genießt, die ein Lebewesen macht; ihn entzücken auch die graziösen Bewegungen einer Trauerweide in der Abendbrise. Er ist der Bildhauer und Skulpturliebhaber, der seine Fingerkuppen langsam über die Oberfläche eines vom Flußwasser abgeschliffenen Steines streichen läßt, um die feinen Äderungen, Poren und spiegelglatten Flächen zu spüren. Er ist der Menschenkenner, dem keine Bewegung und kein Ausdruck in einem Gesicht entgehen.

Die Vorteile dieser Wahrnehmung sind evident. Wer mit viel und gut differenzierter Information lebt, lebt gut. Der Preis, den der Schmetterlingstyp für seine Sensitivität zu bezahlen hat, ist der folgende: Er lebt in einer vorwiegend von Dino-Typen geschaffenen Welt, die trotz quantitativer Reizüberflutung letztlich sehr viel Monotonie und qualitative Informationsarmut anbietet.

Das Denken der drei Leadertypen

Die Art und Weise, wie die drei Leadertypen über sich selbst und über die Welt denken, in der sie leben, läßt sich wie folgt charakterisieren:

Dino-Typ	Wolkentyp	Schmetterlingstyp
rational	intuitiv	bikameral
atomistisch	holistisch	systemisch
analytisch	synthetisch	bimodal
dualistisch	monistisch	pluralistisch
monoperspektivisch	monoperspektivisch	multiperspektivisch
reduktionistisch	vage-global	komplex
absolutistisch	absolutistisch	relativistisch
ichzentriert	ichzentriert	weltzentriert
rigide	flexibel	resilient
machtzentriert	lustzentriert	sachorientiert
pragmatisch	mystisch	taoistisch
schlau	naiv	weise
Null-Summen-Spiel	X-Summen-Spiel	Nicht-Null-Summen-Spiel
spirituell entwurzelt	partiell verwurzelt	spirituell verwurzelt

Der Dino-Typ denkt streng *rational*. Alles Irrationale und alle Dinge, die sich logisch nicht hieb- und stichfest begründen lassen, sind ihm ein Greuel. Er will die Wirklichkeit in exakt definierte Begriffe, mathematische Formeln und konzeptionelle Kategorienschemata fassen, die logisch kohärent miteinander verbunden sind. Zum rationalen Denken gehört natürlich auch das quantitative Denken. Am besten läßt sich begründen, was sich zählen und messen läßt. Erst was in einer quantifizierenden Graphik oder Bilanz festgehalten ist, wird zur Realität!

So verliert der Dino-Typ nie die Übersicht über das rational Begründete und kann jeden Schritt, den er in ein Element einer Handlungssequenz umsetzt, logisch überprüfen. Der Nachteil des einseitig rationalen Denkens liegt darin, daß die Intuition zu kurz kommt. Wer vorwiegend nur mit der dominanten Hirnhemisphäre denkt, hat weniger vom Leben, da er manche Dinge und Ereignisse kognitiv verpaßt. Er übersieht das Prinzip der Unvollständigkeit, das der geniale Mathematiker Kurt Gödel formuliert hat und das unter anderem impliziert, daß die Wahrheit stets größer ist als das logisch Beweisbare.[8] Ihm entgeht zudem die Weisheit des Sapir-Whorfschen Prinzips der linguistischen Relativität, das besagt, daß die Sprache, die wir benutzen, um die Welt zu beschreiben und zu erklären, diese kodeterminiert und mitkonstruiert.[9] Mit anderen Worten, die Welt, die wir in Worte fassen und streng rational erklären, ist zum Teil eine künstlich erschaffene Welt. Die quantifizierbare Welt ist zwar voller Dimensionen, aber arm an Qualitäten! Diese einseitige, streng rationale Denkweise macht den Menschen zum Rechenschieber, dessen Operationsmöglichkeiten fix programmiert und deshalb beschränkt sind. Der einseitig rational denkende Mensch versucht dauernd – und zum Teil sogar ängstlich –, jeglicher Irrationalität einen Riegel vorzuschieben. Dieser Prozeß führt zu Sterilität, wie der international bekannte Werbefachmann David Ogilvy feststellte: «Die Mehrheit der Geschäftsleute ist unfähig, eine originelle Idee zu haben, weil sie der Tyrannei ihres rationalen Denkens nicht zu entfliehen vermag.»[10] Kreativität ist nur möglich, wo Chaos und Ordnung, Freiheit und Strukturzwang, «irrationale» Intuition und rationales Denken, Deduktion und Induktion, quantifizierende und auf Qualität zentrierte Denkweisen im optimalen Fließgleichgewicht sind.

Der Wolkentyp denkt vorwiegend *intuitiv*. Genauer gesagt, er ahnt eher, als er denkt. Das Erdenkliche ist für ihn prinzipiell das Erahnbare. Er kann und will verbal-rational gar nicht begründen, wie und warum er zu seinen Denkresultaten kommt. Ihm genügt die emotionelle Gewißheit, daß das, was er intuitiv begriffen hat oder begriffen zu haben meint, richtig ist.

Der Wolkentyp erfaßt mit seiner Intuition manches, was wichtig ist und dem Dino-Typ entgeht. Doch ist die Intuition in ihrer geheimnisvollen, unterirdischen Operationsweise manchmal schlecht und zum Teil überhaupt nicht kritisch überprüfbar. Sie kann den Wolkentyp in Sekundenschnelle das Wesentliche einer Situation oder eines Problems erfassen lassen. Aber sie kann ihn auch in Sekundenschnelle in die Irre führen. Und in beiden Fällen weiß er gar nicht, was ihm passiert, weil ihm die rationale Haltung und damit die Möglichkeit zur sekundären, kritischen Überprüfung der intuitiv erworbenen Erkenntnisse fehlen. Die Intuition funktioniert nur da zuverlässig, wo ihre blitzschnellen Durchbrüche durch lange rationale Arbeit gründlich vorbereitet wurden und wo das Erkenntnisresultat der intuitiven Illumination hinterher kritisch unter die Lupe genommen wird.

Der Schmetterlingstyp denkt, um einen Ausdruck des Harvard-Psychologen Julian Jaynes zu gebrauchen, *bikameral*.[11] Bikamerales Denken ist Denken mit Hilfe des ganzen Vernunfthirns. Der Schmetterlingstyp kann gleichzeitig oder nacheinander, in flexibler und dynamischer Interaktion, mit beiden Hirnhemisphären denken. Er kann intuitiv denken und dann die Resultate dieses Denkens weitgehend kritisch rational begründen. Und er kann kritisch rational denken und dann mit Hilfe der Intuition erahnen, ob er dabei das Wesentliche erfaßt oder verpaßt hat. Im letztern Falle wird sein rationaler Geist nicht ruhen, bis er dem Denkfehler auf die Spur gekommen ist. Dieser Denkmodus stellt eine optimale Adaption an die Welt dar.

Der Dino-Typ denkt *atomistisch*. Er fokussiert die Linse seiner kognitiven Welterfassung auf das Detail und bringt damit die Komplexität der Dinge buchstäblich auf den Punkt. Er will «den» Sachverhalt und «die» Ursache eines Ereignisses erkennen, und das «Wesentliche», das er erkennen will, ist seiner Meinung nach «letztlich» immer in irgendeinem basalen Baustein des Universums vorhanden.

Der Vorteil dieser Denkweise ist, daß der Dino-Typ einzelne Elemente einer Situation oder eines Problems klar erfaßt. Das Teleobjektiv seiner Wahrnehmung bringt ihm den Gegenstand seines Interesses sehr nahe und erleichtert so den atomistischen Denkakt. Der Dino-Typ läuft allerdings Gefahr, die Beziehungen zwischen den einzelnen Elementen zu übersehen. Diese Beziehungen sind jedoch der Kitt, der die Welt zusammenhält.

Der Wolkentyp denkt *holistisch*. Er erkennt das Ganze im Augenblick – oder so scheint es ihm wenigstens. Er hat ein Gefühl für Zusammenhänge, ein Gespür für das Unausgesprochene. Er hat stets ein globales Urteil zur Hand. Er ist der Generalist, der allen Spezialisten sehr auf die Nerven geht, weil er großzügig auf exakte Detailkenntnisse verzichtet und – ebenso schwammig wie bombastisch – stets «das Ganze» bemüht.

Der Wolkentyp vermag sich zwar schnell eine Übersicht über das Ganze zu verschaffen, doch ist diese von Natur aus zu vage und zu allgemein, um ein Phänomen in den Griff zu kriegen. Die Realität ist für dieses Denken eine große Wolke, in deren homogener Form und Farbe die einzelnen Elemente, Strukturen und Differenzierungen verlorengehen. Entsprechend sind die Aussagen, die dieses Denken machen kann, merkwürdig wolkig und nebulös. Sie halten sehr oft einer kritischen Analyse nicht stand.

Der Schmetterlingstyp denkt *systemisch*. Diese Art des Denkens bedarf eines kurzen, wissenschaftshistorischen und erkenntnistheoretischen Kommentars, dies um so mehr, als es oft – fälschlicherweise – mit dem holistischen Denken gleichgesetzt wird.

Das systemische Denken[12] tauchte erst um die Mitte dieses Jahrhunderts in der Wissenschaft auf. Das ist kein Zufall. Es verlangt nämlich eine größere geistige Anstrengung als das atomistische Denken, das die traditionelle Wissenschaft seit den Tagen von Galileo Galilei prägte. Es ist auch schwieriger zu handhaben als das holistische Denken. Letzteres prägt, zusammen mit dem intuitiven Denken, das «wilde Denken» der Naturvölker. Dieses «wilde Denken» ist ein Erkenntnisprozeß, der zur Kreation von Mythen und Legenden, zur Erfindung von Ritualen, Normen und Tabus geführt hat. Der französische Anthropologe Lévi-Strauss hat diese Form des holistischen Denkens zu Recht als eine große Kulturleistung beschrieben.[13] Auf der Ebene des Individuums ist das holistische Denken jedoch oft so unergiebig, wie es beim Wolkentyp beschrieben wurde.

Es bedurfte einer großen geistigen Anstrengung unserer Kultur, das analytisch-dualistische Denken und das holistisch-monistische Denken konsequent zu integrieren und damit das Systemdenken zu schaffen.[14]

Seit den Tagen Newtons befaßte sich die traditionelle Wissenschaft mit *Problemen organisierter Einfachheit*. Sie untersuchte vorwiegend Zwei-Körper-Probleme, zum Beispiel die Naturgesetze, die die Anziehung und Abstoßung zweier Planeten steuern. Die von Newton entwickelte mathematische Methode versagte jedoch bereits bei der Berechnung der Kräfte zwischen drei interagierenden Himmelskörpern.

Ende des letzten Jahrhunderts begannen Josiah Gibbs und Ludwig Boltzmann mathematisch-statistische Methoden für die Erfassung von «Problemen unorganisierter Komplexität» zu entwickeln. Mit ihrer Hilfe konnte man, in Begriffen der Wahrscheinlichkeit, Aussagen über das Massenverhalten vieler Körper (z.B. Verhalten von Gasmolekülen in einem Behälter, Massenverhalten von Menschen) machen.

Um die Mitte unseres Jahrhunderts entdeckten Wissenschaftler wie der Biologe Ludwig von Bertalanffy, der Ökonom Kenneth Boulding, der Physiologe Ralph Gerard und der Mathematiker und Sozialwissenschaftler Anatol Rapoport, daß die biologischen und sozialen Phänomene – und viele andere Phänomene auch – «Probleme organisierter Komplexität» sind, die sich sozusagen zwischen Problemen organisierter Einfachheit und Problemen unorganisierter Komplexität befinden. Sie entwickelten die *Allgemeine Systemtheorie* – die dann zur Formulierung vieler spezieller Systemtheorien Anlaß gab –, um diese Probleme zu bearbeiten.

Das systemische Denken hat sich in vielen Wissenschaftsbereichen und auch bei spirituellen, politischen und wirtschaftlichen Leadern noch keineswegs durchgesetzt. Die meisten Probleme, denen sich unser Planet heute gegenübersieht, sind jedoch Probleme organisierter Komplexität. Das exponentielle Wachstum der Weltbevölkerung, Verarmung und Hungersnot, Zunahme von Seuchen, nationale und internationale Konflikte, ökologische Probleme und die globale spirituelle Krise sind weder Zwei-Körper-Interaktionsprobleme noch Massenphänomene, in denen der Zufall eine primäre Rolle spielt: Es sind vor allem Probleme organisierter Komplexität, die sich nur mit Hilfe des Systemdenkens adäquat begreifen und lösen lassen.

Systemisches Denken untersucht die Natur der Elemente und die Natur der Beziehungen zwischen diesen Elementen mit der gleichen Sorgfalt. Es begreift, daß in den meisten Entwicklungsprozessen linear-kausale Beziehungen eine geringe Rolle spielen, während multiple Rückkopplungen mit Materie-Energiefluß und/oder Signalfluß in beiden Richtungen der vorherrschende kausale Steuerungsmechanismus ist. Dieses «vernetzte Denken», das unter anderm Frederic Vester beschrieben hat,[15] ist fähig, dynamische Entwicklungsprozesse mit ihren vielen positiven und negativen Rückkopplungsschleifen zwischen den einzelnen Subprozessen zu erfassen.

Heute spricht man oft vom «ökologischen Denken». Das ist ein Sammelbegriff, unter dem sich heterogene Dinge verstecken. Das wissenschaftlich fundierte ökologische Denken ist eindeutig ein vernetztes, systemisches Denken. Aber daneben gibt es gewisse holistische Grüne, die vage «alles mit allem» verbinden, aber kaum über solide Faktenkenntnis verfügen. Das einzige Wissen, das manche von ihnen respektieren, ist das esoterische. Daß im esoterischen Eintopf alles mögliche – Weises und Dummes, Nützliches und Schädliches, Wahres und Verlogenes – in einer undurchsichtigen Brühe brodelt, kümmert sie nicht. Und schließlich gibt es emotionell erregte Radikale, die extrem analytisch, reduktionistisch und absolutistisch denken und daher alle ökologischen Probleme im altbewährten Dino-Stil lösen wollen. Sie verfallen dem *technocratic fix*[16] und glauben «die» Ursache erkannt zu haben. Jetzt wollen sie diese sofort eliminieren. Ihre Rezepte klingen entsprechend: Fabriken raus, Gärten rein! Autos raus, Velos rein! Spezialisten raus, Generalisten rein! Wissende raus, Ahnende rein!

Systemisches Denken integriert das Denken beider Hirnhemisphären und liefert eine ebenso zutreffende wie vollständige Beschreibung und Erklärung der beobachtbaren Welt – und damit eine solide Basis für angemessenes Handeln. Daß jede wissenschaftliche Beschreibung und Erklärung eine vorläufige ist, gilt selbstverständlich auch für dieses Denken.

Systemisches Denken verlangt eine große mentale Leistung, weil es nicht nur den einzelnen Elementen in einem konkreten Weltausschnitt, sondern auch den manchmal komplexen Beziehungen zwischen diesen Elementen Rechnung tragen muß.

Der Dino-Typ denkt einseitig *analytisch*. Er erfaßt die Welt (z.B. den Organismus), indem er ihn in immer kleinere Teile auflöst. Er trennt den Organismus in «Körper» und «Seele». Den «Körper» spaltet er weiter auf in Organsysteme, Organe, Gewebe, Zellen, Zellorganellen und Moleküle. Die «Seele» spaltet er in Bewußtsein und Unterbewußtsein oder in Ich, Es und Über-Ich.

Mit dieser Denkweise dringt der Dino-Typ immer tiefer in die kleinsten Details einer gegebenen Welt ein, da er jede Realität in immer kleinere Teile zerlegt. Doch zerstört er mit dieser Erkenntnistechnik das organische Gewebe der Realität und produziert letztlich Artefakte, künstlich fabrizierte Wirklichkeiten.

Ein gutes Beispiel für die Vor- und Nachteile der analytischen Denkweise ist die Suche nach dem «kleinsten Baustein des Universums». Die alten Griechen – Demokrit, Leukippus und Epikur – haben den kleinsten Baustein im Atom vermutet. Das war eine intuitive Erkenntnis. Nach mehr als zweitausend Jahren begannen die modernen analytischen Physiker um die Jahrhundertwende konzeptionell und technisch in das Innere des Atoms einzudringen. Es stellte sich heraus, daß das Atom aus einem Kern und aus einer Elektronenhülle bestand. Das Denken drang noch mehr in die Tiefe. Es erwies sich, daß der Atomkern aus Protonen und aus Neutronen bestand. Und so ging es immer weiter. Im Jahre 1975 waren bereits über zweihundert Nuklearpartikel, das heißt «letzte» Bausteine, bekannt.[17] Diese Liste wird ständig länger.

Doch hat der analytische Enthusiasmus inzwischen bei einigen Physikern abgenommen.[18] Es zeigte sich, daß die progressive Auflösung der Partikel in noch kleinere schließlich an einen Punkt kommt, wo etwas Paradoxales passiert. Spaltet man nämlich mit Hilfe moderner Untersuchungstechniken das allerkleinste Partikel noch einmal in zwei Teile auf, dann ist jedes der dabei entstehenden Tochterteilchen gleich groß wie das gespaltene, ursprüngliche Mutterteilchen. Nach aristotelischer Logik ist 1:2 = 1/2. Aber die Atompartikel kümmern sich an einem bestimmten Punkt einen Deut um Logik. Bei ihnen wird 1:2 = 1!

Was da passiert, läßt sich mit der analytischen Logik nicht erfassen. Doch die Systemlogik zeigt, daß sich die beiden Hälften des gespaltenen Mutterteilchens aus dem sie umgebenden elektromagnetischen Feld heraus wieder zu zwei ganzen Mutterteilchen rekonstruieren. Mit anderen Worten: Der kleinste Baustein des Universums ist – paradoxerweise – letztlich das ganze elektromagnetische Feld!

Der Wolkentyp denkt einseitig *synthetisch*. Er fügt intuitiv alle Dinge zusammen, bis sie ein unteilbares Ganzes bilden. Seine Synthese produziert immer ein Gesamtbild, bei dem es keine einzelnen Bildteile gibt. Für ihn ist die Realität stets aus einem Guß. Er wirft zum Beispiel einen einzigen Blick auf ein Paar, das ihm in einem Zugabteil gegenübersitzt und das er gar nicht kennt, und schon hat er ein fertiges Urteil über deren Charakter und über die Natur der Beziehungen, die zwischen beiden Partnern herrschen.

Der Vorteil des einseitigen synthetischen Denkens ist, daß schnell eine Übersicht vorhanden und schnell ein Urteil gefällt ist, das manchmal durchaus zutrifft. Der Nachteil liegt darin, daß der Wert des Urteils oft nicht überprüft und rational begründet ist. So kommt es manchmal zu überraschend richtigen Urteilen, und zwar in Sekundenschnelle. Aber der Wolkentyp kommt ebenso schnell zu partiell oder total falschen Urteilen, ohne sich dessen bewußt zu sein.

Der Schmetterlingstyp denkt *bimodal*, das heißt, er kombiniert, gleichzeitig oder hintereinander, analytisches und synthetisches Denken. Er kombiniert analytische Tiefenschärfe mit synthetischer Synopsis und das auf Elemente bezogene Denken mit dem auf komplexe Beziehungsfelder bezogenen Denken.

Bimodales Denken kann viel Zeit in Anspruch nehmen und viel Energie kosten, bis ein hieb- und stichfestes Urteil zustande kommt, das der beschriebenen und erklärten Realität gerecht wird.

Der Dino-Typ denkt einseitig *dualistisch*. Wenn er die Welt beobachtet und analysiert, entstehen immer zwei Teile, die einander gegenüberstehen. Man spricht von einem Dualismus oder einer Dichotomie. Der dualistische Denker denkt strikt digital in Begriffen von Entweder-Oder. Ein Ding ist entweder groß oder klein, gut oder böse, schön oder häßlich, stark oder schwach. Das eine schließt jeweils das andere aus.

Die wohl schärfste Ausprägung fand dieses Denken im Manichäismus, einer gnostischen Weltreligion, die im dritten Jahrhundert nach Christus in Babylonien begründet wurde und die die ganze Existenz als einen ewigen Kampf zwischen Licht und Dunkel begriff. Auch der Dogmatismus der römisch-katholischen Kirche und das geopolitische Freund-Feind-Denken des sogenannten kalten Krieges, der mittlerweile überwunden scheint, ist von diesem manichäistischen Denken geprägt.

Dualistisches Denken hilft die Dinge zu unterscheiden und damit zu begreifen. Der Nachteil liegt darin, daß es Gegensätze schafft, die oft künstlicher Natur sind, und daß es das Verbindende, das Gemeinsame und das sich gegenseitig Ergänzende zwischen den ins Auge springenden Gegensätzen nicht zu erkennen erlaubt.

Der Wolkentyp denkt einseitig *monistisch*. Er erkennt nur das Eine. Alles ist eins, und eins ist alles. Die Welt ist eine einzige, riesige Megawolke, in der es keine sich komplementär ergänzenden und keine einander antithetisch gegenüberstehenden Wolkenbänke gibt. Der Wolkentyp hat die extreme digitale Logik des Dino-Typs durch eine ebenso einseitige analoge Logik ersetzt und denkt in Sowohl-als-auch-Begriffen. Jedes Ding ist immer – und ohne Ausnahmen! – gleichzeitig gut und böse, groß und klein, schön und häßlich, stark und schwach.

Der Vorteil dieses Denkens ist, daß es das Vereinende und das Ganze zu erkennen hilft. Ein wichtiger Aspekt der Welt ist tatsächlich, daß sie ein *unbroken whole* ist, ein ungebrochenes Ganzes, wie die Physiker Bohm und Hiley betonen.[19] Der Nachteil ist, daß dieses Denken gern auf eine genauere Untersuchung der Welt verzichtet. Es gibt sich zu früh mit einer Teilantwort zufrieden. Es unterdrückt alles, was die Illusion dieser einseitig verstandenen Einheit stören könnte.

Der Schmetterlingstyp denkt *pluralistisch*. Er sieht die Einheit, aber er erkennt auch die Vielfalt dieser Welt. Die Welt hat große und kleine, gute und böse, schöne und häßliche, starke und schwache Aspekte. Diese Aspekte können einander entsprechen, oder sie können Gegensätze bilden; sie können gelegentlich synchron koexistieren; gelegentlich folgen sie einander im Gänsemarsch; und gelegentlich ist in einer konkreten Situation auch nur ein einziger Aspekt relevant. Das pluralistische Denken operiert synchron, alternativ oder rhythmisch sequentiell mit einer flexiblen Kombination von digitaler und analoger Logik.

Pluralistisches Denken entspricht optimal den Gegebenheiten dieser Welt, aber es ist zeitaufwendig und arbeitsintensiv.

Der Dino-Typ denkt einseitig *monoperspektivisch*. Er hat seinen Standpunkt und seine Priorität. Von hier aus beobachtet und beschreibt er die Welt. Will er Macht und sieht er sich selbst als Aktor, dann hält er die Welt für einen Turnierplatz, auf dem jeder gegen jeden kämpft; sieht er sich selbst als hilflosen Reaktor, dann erscheint sie ihm als ein geschlossener Club, in dem alle Vorstandsposten bereits vergeben sind. Will er Profit, dann sieht er nur Marktlücken – oder auch, daß diese leider alle ausgefüllt sind. Da er die Welt nicht selten nur aus der Perspektive der Profitmaximierung sieht, begreift er sie ganz so wie der Zirkusdirektor Phineas Taylor Barnum, Begründer der «größten Show der Erde», der zynisch bemerkte: *«There is a sucker born every minute in this world»* – Jede Minute wird irgendwo auf dieser Welt ein Dummkopf geboren, den man übers Ohr hauen kann.

Der Vorteil dieser Denkart ist, daß sie die Komplexität der Welt auf einen Gesichtspunkt oder eine Perspektive reduziert und sie damit «handlicher» macht. Früher oder später jedoch wird es sich rächen, so zu denken. Wer unter den Tisch kriecht, sieht zwar die Unterseite der Tischplatte. Wenn er sich jedoch damit begnügt, wird er nie wissen, welche Gaben oben auf dem Tisch liegen.

Der Wolkentyp denkt ebenfalls *monoperspektivisch*. Im Unterschied zum erdgebundenen Dino-Typ ist seine Perspektive stark überhöht. Er ist abgehoben und sieht die Welt von höchster Warte aus. Seine überhöhte Sichtweise gaukelt eine totale kognitive Erfassung der Welt vor, die in Wirklichkeit gar nicht möglich ist. Aber manchen Menschen ist die Illusion allemal lieber als eine realitätsgerechte Sicht der Dinge.

Der Schmetterlingstyp denkt *multiperspektivisch*. Er hält sich an Einsteins Prinzip der Relativität, das besagt, daß es keine Realität an und für sich gibt, sondern nur Realitäten, die von einem bestimmten Gesichtspunkt aus gesehen und begriffen werden. Aus diesem Grunde denkt er synchron oder kurz hintereinander in verschiedenen Perspektiven und versucht sich so ein einigermaßen vollständiges Bild der Situation zu machen, deren positive und negative Entwicklungsmöglichkeiten und deren multiple kausale Vernetzungen und Reglerkreise er in sein Urteil einbezieht. Er weiß, daß die Integration der verschiedenen Perspektiven schwierig ist und daß jede Erkenntnis der Welt letztlich immer nur approximativer und vorläufiger Natur ist. Diese Einsicht macht ihn in seinem Urteil bescheiden.

Multiperspektivisches Denken wird den Realitäten am ehesten gerecht. Natürlich kann man nicht unendlich viele Perspektiven wählen, weil man sonst in der Komplexität der Dinge verlorengeht. Aus diesem Grund wird sich jeder multiperspektivische Denker mit einer gewissen Anzahl von Perspektiven zufriedengeben, und zwar in der Einsicht, daß niemand allwissend sein kann.

Der Dino-Typ erklärt das, was er beobachtet, beschrieben und begriffen hat, extrem *reduktionistisch*. Er führt ein komplexes Geschehen auf eine einzige konkrete Ursache zurück; zum Beispiel: «Der Kommunismus ist schuld an allem Übel dieser Welt» – «Geldgierige Ärzte sind schuld an den hohen Gesundheitskosten» – «Das genetische Programm bestimmt alle Verhaltensweisen des Menschen.»

Der Vorteil dieser Erklärungsweise ist, daß sie «die» Ursache festnagelt und damit ein Objekt für manipulative, präventive und kurative Eingriffe bezeichnet. Doch ist eine extrem reduktionistische Erklärung meistens zu simpel und manchmal sogar total falsch. Wenn man dann auf der Grundlage einseitiger oder gar falscher kausaler Erklärungen handelt, entstehen viele ungewollte Nebenwirkungen. Dies ist die große, für uns alle so verhängnisvolle Falle der reduktionistischen Technokraten.

Die Nachteile potenzieren sich besonders dann in katastrophaler Weise, wenn extrem reduktionistische Erklärungen bewußt im Dienste einer perfiden Politpropaganda abgegeben und zur Basis für zielorientiertes Handeln werden. Man denke etwa an die Erklärung der Nazis, der «jüdische Untermensch» und die «jüdisch-bolschewistische Plutokratie» seien an der Wirtschaftsmisere und an der Arbeitslosigkeit der dreißiger Jahre schuld.

Der Wolkentyp erklärt die Welt *vage-global*. Er verzichtet auf jegliche nähere Analyse der Dinge und sieht die Ursache aller Erscheinungen in einem globalen, meistens nicht näher definierten Gebilde. Die Ursache liegt im Herrgott, im obersten Naturgesetz, in der menschlichen Natur, im Schicksal oder im Wesen der Dinge. Im Grunde genommen ist diese globale und vage Erklärung nur verkappter Reduktionismus; aber die Ursachen liegen nicht irgendwo im Innern eines präzisen Elementes verborgen, sondern in einem allumfassenden Weltgeist, der über den Wassern schwebt.

Solche «Erklärungen» erfordern nicht viel mentalen Aufwand und mögen für gewisse Zwecke auch genügen. Doch im Grunde genommen erklären sie nichts und können deshalb auch schlecht als Operationsbasis für zielorientiertes Handeln dienen.

Die Erklärungen des Schmetterlingstyps sind stets «komplex». Er hat begriffen, daß die Dinge nicht so einfach sind, wie sie dem Dino- und dem Wolkentyp erscheinen.

Wie würde der Schmetterling das konkrete Verhalten eines Menschen (z.B. einen Wutanfall) in einer konkreten Situation erklären? Er würde sagen, daß ein Netzwerk aneinandergekoppelter Ursachen beteiligt ist und viele notwendige Ursachen sich zu einem integrierten Ursachenkomplex zusammenfinden müssen, um eine hinreichende Ursache zu bilden.*

Die wichtigsten notwendigen Ursachen, die den Wutanfall eines Menschen in einer konkreten Situation erklären, wären in dieser komplexen systemischen Erklärung die folgenden:

– ein genetisches Programm, das für die Grobsteuerung des Verhaltens verantwortlich ist und das diesen Menschen dazu prädisponiert, unter Streßbedingungen mit Wut und Kampf zu reagieren;
– ein syngenetisches Programm, das einen Set von Regeln enthält, die im Verlauf eines individuellen Lebens gelernt und gespeichert worden sind, und das für die Feinsteuerung des Verhaltens verantwortlich ist;[20] ob der Wutanfall maßlos oder einigermaßen kontrolliert ist, wird unter anderem davon abhängen, wie der Mensch gelernt hat, mit seiner genetischen Prädisposition umzugehen;
– ein spezifischer, aktueller organismischer Zustand; wer sich bereits in einem Zustand höchster Irritation befindet, verliert viel schneller seine Impulskontrolle als ein Mensch, der sich in einem Zustand heiterer Gelassenheit befindet;
– eine konkrete Auslösersituation in der biosozialen Umwelt,

---

* In der Wissenschaft definiert man eine notwendige Ursache als eine Ursache, die vorhanden sein muß – aber nicht genügt! –, damit ein Ereignis eintreten kann. Eine hinreichende Ursache ist eine Ursache, deren Existenz genügt, um das zu erklärende Ereignis zu produzieren.

zum Beispiel ein anderer Mensch, der eine provozierende Bemerkung macht, oder ein Rüpel, der einen hilflosen Menschen oder ein Tier quält;

- vielleicht auch eine bestimmte Wetterlage, zum Beispiel eine schwüle Gewitterstimmung oder ein irritierender Föhnsturm. Die Wetterlage wäre allerdings eher eine begünstigende als eine notwendige Ursache, denn der Wutanfall würde in derselben sozialen Transaktion wohl mit an Sicherheit grenzender Wahrscheinlichkeit auch ohne diese Wetterlage ausgelöst werden.
- Im gleichen Sinne gehören zu einer vollständigen Erklärung manchmal auch die hemmenden Faktoren (z.B. Vorhandensein einer Réspektsperson oder einer Person, der man imponieren will), die einen Wutanfall beeinflussen können.

Die hinreichende Ursache für den konkreten Wutanfall kommt erst zustande, wenn die Teilursachen sich zu einem vernetzten Ursachenkomplex zusammenfinden, dessen Elemente sich dank positiver Rückkopplung gegenseitig beeinflussen oder verstärken. Letztlich steuern viele Zufälle und Gesetzmäßigkeiten im Ökosystem Mensch-Umwelt die Quantität und Qualität einer spezifischen Operationsweise.

Ein mechanistischer – und deshalb schwacher – Vergleich für diese komplexe Erklärung ist das Kaleidoskop, dessen farbige Plastikscheibchen dank einer bestimmten Drehung auf einmal in ein neues Farb- und Formenmuster fallen. Das Rohr, die farbigen Plättchen, die Spiegel und die Drehung durch die Hand des Menschen sind hier die notwendigen Ursachen. Die genügende Ursache für das Zustandekommen des neuen Musters (das dem Wutanfall beim Menschen entsprechen würde) wäre das plötzliche, synchrone Zusammenspiel all dieser Teilursachen, die zu einem konkreten Zustandsbild führen.

Der Vorteil der komplexen Erklärung ist, daß sie den Dingen, die sie erklären soll, gerecht wird und daß sie somit eine solide Basis für weises und sachgerechtes zielorientiertes Handeln ist. Doch braucht es oft viel Zeit und Anstrengung, um eine zufriedenstellende systemische und komplexe Erklärung zu konstruieren.

Der Dino-Typ denkt *absolutistisch*. Für ihn gibt es nur «eine» Wahrheit, und die steht, einmal erkannt, für alle Zeiten unverrückbar fest. Er denkt gerne wie die ehemalige britische Premierministerin Margaret Thatcher, der ihre Gegner den Spitznamen «TINA» – *There Is No Alternative!* – Zu meiner Meinung gibt es keine Alternative – angehängt haben.[21]

Vom Schweizer Psychologen Jean Piaget haben wir einiges über den Grundmechanismus des menschlichen Erkenntnisgewinns gelernt. Es lohnt sich, in diesem Kontext kurz darauf einzugehen.

Der Denkprozeß ist nach Piaget ein Prozeß der progressiven Konstruktion, die auf eine immer bessere «*équilibration des structures cognitives*», auf eine immer bessere Gleichgewichtsherstellung der Denkstrukturen, abzielt.

Das Denken beginnt mit einer «*assimilation*», mit einem Einfügen der Beobachtungen in die Denkschemata, die man im Kopf hat. Die Assimilation führt nun zu einer «*accommodation*», zu einer Anpassung der vorhandenen Denkschemata an das, was durch die Assimilation eingefügt worden ist, was wiederum neue Assimilation bewirkt, weil das veränderte Denkschema neue Informationssammlung provoziert.

So geht der Konstruktionsprozeß immer weiter. Neue Assimilation verlangt nach neuer Akkommodation, und neue Akkommodation verlangt nach neuer Assimilation. Der Prozeß der sukzessiven Equilibrierung der kognitiven Strukturen besteht so lange fort, wie sich das Denken entwickelt.

Wenn nun aber einer diesen Prozeß der sukzessiven Konstruktionen im Dienste der besseren Gleichgewichtsentwicklung blockiert und ein bestimmtes Akkommodationsniveau ex cathedra zur definitiven Wahrheit erklärt, hört alles Denken auf. Dann ersetzt der Glaube an das offiziell verkündete Dogma jeglichen Akt der kritischen Vernunft.

Der Versuchung, den Denkprozeß auf einem spezifischen Niveau willkürlich zu blockieren und das vorläufig erreichte Denkresultat als definitive Wahrheit anzusehen, kann der Dino-Typ oft nicht widerstehen. Da er nur eine einzige Sicht kennt und im Streß des extremen Aktionsmodus seine Werturteile nicht selten mit dem Emotionshirn statt mit dem Vernunfthirn fällt, erscheint ihm das, was er von seiner Perspektive aus erkennen kann, als die einzige denkbare Realität. Er kann deshalb nicht verstehen, wenn andere Menschen seine Ansichten über die Welt nicht teilen. Um sie auf den Pfad der Wahrheit zu bringen, neigt er denn auch zum Missionieren. Und wenn sie seinen Bekehrungsversuchen widerstehen und sein Dogma nicht teilen wollen, kann er sogar Gewalt anwenden.

Der absolutistische Mensch denkt, wie eben erwähnt, oft lieber mit seinem Emotionshirn als mit dem Vernunfthirn.[22] Das Emotionshirn genügte, um seinerzeit die Vorfahren des Menschen – die allerdings über ein besser ausgestattetes Instinkthirn verfügten als der heutige Mensch – über die Runden zu retten. Aber es ist wenig geeignet, der Komplexität der modernen ökologischen, sozialen und geopolitischen Realitäten gerecht zu werden. Die unzähligen Opfer absolutistischer Denker – von Nero und Caligula über die mittelalterlichen Inquisitoren bis zu Hitler, Stalin, Papa Doc und Ceausescu – sind ein trauriges Mahnmal der verheerenden Folgen dieses Denkmodus.

Auch der Wolkentyp denkt *absolutistisch*. Sein Denken kennt ebenfalls nur eine Wahrheit. Sogar wenn er scheinbar extrem relativistisch zu denken scheint und an nichts zu glauben vorgibt, vor allem nicht an irgendwelche Theorien der Wissenschaft, so glaubt er doch mit erstaunlicher Hartnäckigkeit daran, daß er alleine die richtige Wahrheit kennt. Dies erfährt man vor allem dann, wenn man Wolkentypen begegnet, die von Astrologie und Channeling, von Zahlenkabbalistik, Handlesekunst sowie Prophezeiung des Schicksals aus dem Kaffeesatz nicht nur völlig überzeugt sind, sondern auch andere zu diesen «zeitlosen Wahrheiten» bekehren wollen.

Über die Vorteile dieses Denken läßt sich sagen, was soeben beim Dino-Typ gesagt wurde. Da das Denken des Wolkentyps vage und unstrukturiert ist, sind die Folgen seines Absolutismus jedoch für die Umwelt weniger verheerend als beim Dino-Typ.

Der Schmetterlingstyp denkt *relativistisch*. Da er die Welt von vielen Perspektiven her begreift, ist für ihn jede Wahrheit relativ. Sie gilt für einen bestimmten Gesichtspunkt. Vom Gesichtspunkt der Weisheit aus gesehen gibt es zwar gewisse Wahrheiten, die allgemeingültig sind. Aber im speziellen bedürfen Wahrheiten der relativierenden Einschränkung. So hatten zum Beispiel die Weisen aller Zeiten meistens wenig gegen den Tyrannenmord einzuwenden, obwohl ihnen im Prinzip alles Leben heilig war.

Das relativistische Denken hilft die vielen Aspekte und Nuancen der Realität zu beachten und zu verstehen. Der Nachteil liegt darin, daß es entsprechender Anstrengungen bedarf, um die verschiedenen Perspektiven adäquat zu integrieren. Zudem muß das relativistische Denken vermeiden, daß es selbst in die Falle des Absolutismus fällt. Der Satz: «Alles ist relativ!» ist selbst ein Dogma. Selbst für Einstein war dieser Satz nicht heilig; seine ganze Relativitätstheorie beruht paradoxerweise auf der Annahme, daß die Lichtgeschwindigkeit keine relative Größe, sondern eine absolute Konstante ist. Der Tag, an dem sich diese Annahme als hinfällig erweisen wird, wird auch der Tag sein, an dem die Relativitätstheorie gründlich revidiert werden muß.

Der Dino-Typ denkt extrem *ichzentriert*. Die Perspektive, von der aus er die Welt begreift und erklärt, ist die des Eigennutzes. Richtig und gut ist, was ihm – und allenfalls den Seinen – Sicherheit, Profit, Ehre, Macht, Prestige oder sonst irgendeinen Vorteil bringt.

Der Vorteil dieses Denkens läßt sich am besten am Psychopathen demonstrieren – wobei selbstverständlich nicht gesagt ist, daß jeder Dino-Typ ein Psychopath ist! Viele Dino-Typen sind zwar unverbesserliche Egozentriker, aber deswegen noch lange keine Psychopathen. Der Psychopath ist ein Mensch, der wie ein Blitzableiter reagiert: Er nimmt die Spannungen in seinem Umfeld auf, jagt sie durch das eigene System hindurch, und zwar ohne dabei sonderlich berührt und vor allem ohne dadurch beschädigt zu werden, und erdet sie. Im Unterschied zum Blitzableiter, der dabei eine rein passive Rolle einnimmt, ist der Psychopath hingegen aktiv. Er besitzt sozusagen einen eigenen Blitzgenerator, der fähig ist, ungeheure Feldspannungen zu produzieren, die auf eine Entladung hindrängen. Der Umwelt fällt dann die Rolle zu, diese Spannungen aufzunehmen und mit ihnen fertig zu werden.

Zu den eingekerkerten Menschen, die die schrecklichen Bedingungen der Konzentrationslager in Dachau, Auschwitz und Treblinka unbeschadet, das heißt, ohne neurotische, psychosomatische oder andere Dauerschäden, überlebten, gehörten zwei

Gruppen: die sehr religiösen Menschen, die tief in ihrem Glauben verwurzelt waren – und die Psychopathen, die als Kollaborateure der Nazischergen und als Denunzianten gegen die Insassen wirkten. Die sehr religiösen Menschen überlebten relativ schadlos, weil ihnen der tiefe Glaube an einen transzendenten Gott und die damit verbundene spirituelle Verwurzelung die nötige Kraft gab; die Psychopathen überlebten, weil sie jegliche Spannung sogleich abführten und damit den Leidensdruck auf andere abluden.

Psychopathen werden häufig sehr alt, es sei denn, daß sich ihr gewaltiges Aggressionspotential eines Tages, wenn sie die Aggression nicht mehr nach außen abführen können, gegen sie selber richtet und sie Selbstmord begehen.

Der Nachteil ichzentrierten Denkens läßt sich ebenfalls gut an den Psychopathen demonstrieren. Das meiste Leid, das die Menschen seit Urzeiten erlebt haben, haben Psychopathen verursacht. Zu den Naturkatastrophen und zu der Bedrohung durch eine technisch ungezähmte Natur (z.B. wilde Tiere, extreme meteorologische und klimatische Bedingungen) und durch die eigene Kurzsichtigkeit und Unvorsichtigkeit haben Psychopathen und andere egozentrische Denker noch die Bedrohung des Menschen und der Natur durch den Menschen hinzugefügt. Der ichzentrierte Dino-Typ kennt keine altruistischen Beziehungen; sein ganzes Denken ist auf einseitige Benutzung und auf maximalen Parasitismus ausgerichtet. Und wenn er zudem ein Psychopath ist, dann nimmt dieser Parasitismus katastrophale Ausmaße an.

Der Wolkentyp denkt ebenfalls *ichzentriert*. Er ist nicht selten von einer Philosophie des primitiven Hedonismus geprägt, die die Hippies der sechziger Jahre auf die ebenso prägnante wie kurzschlüssige Formel *Paradise-now!* gebracht haben. Wahr und gut ist, was das Wohlbefinden und den Genuß hier und jetzt erhöht.

Die Auswirkungen des ichzentrierten Denkens sind im großen und ganzen die gleichen wie die beim Dino-Typ. Doch ist der Wolkentyp ein viel friedlicherer Geselle als der Dino-Typ. Nur dort, wo der Drogenrausch und der Zwang, sich Drogen zu beschaffen, ihn zu extrem selbstsüchtigen und aggressiven Handlungen verführt, leidet die Umwelt unter ihm. Und er fällt ihr auch zur Last, wenn er sich eines Tages nicht mehr selber ernähren und kleiden kann, weil seine Sucht derartige Hirn- und Persönlichkeitsschäden angerichtet hat, daß er sozial abhängig wird und versorgt und gepflegt werden muß.

Der Schmetterlingstyp denkt *weltzentriert*. Er kennt seine Bedürfnisse, aber auch die Bedürfnisse der Welt. Er weiß, daß er und die Welt trotz der jeweiligen individuellen Identitäten eine Einheit bilden und daß es sowohl ihm wie auch der Welt-minus-ich nur gut gehen kann, wenn die Einheit Welt-plus-ich optimal oder doch wenigstens genügend gut funktioniert. Er denkt in Begriffen des transaktionellen Gleichgewichts, der ausgleichenden Gerechtigkeit, der Harmonie und gegenseitigen Fürsorge und des reziproken Altruismus.

Die Vorteile dieses Denkens liegen in seiner adäquaten und auf dem Prinzip der Gegenseitigkeit beruhenden Beurteilung der Welt. Der weltzentrierte Denker ist in der Regel allgemein beliebt, weil er mit seinem ausgeprägten Wir-Gefühl stets das Wohl aller Beteiligten im Auge hat. Diese Beliebtheit entschädigt ihn für den Verzicht, den er leisten muß, und auch für die Anstrengung, die das weltzentrierte Denken oft verlangt.

Die Nachteile sind subjektiver und objektiver Natur. Es ist schwieriger, weltzentriert zu denken als ichzentriert, da jeder Organismus in der Not gern auf uralte Routinen zurückgreift, die ihm ökonomisch, das heißt, ohne unnötigen Energieverschleiß, zu funktionieren helfen. Ichzentriertes Denken ist im Instinkthirn und im Emotionshirn fest einprogrammiert und wird deshalb im Zweifelsfall, vor allem unter Streßbedingungen, immer zuerst mobilisiert. Weltzentriertes Denken ist ein Resultat des bikameralen Denkens mit Hilfe der beiden Hirnhemisphären des Vernunfthirns. Und da das Vernunfthirn erst etwa fünf Millionen Jahre alt ist, während das Emotionshirn etwa 165 und das Instinkthirn sogar 260 bis 280 Millionen Jahre alt ist, wird es weniger häufig bemüht und vor allem unter Streßbedingungen schnell durch die atavistischen Denkprozesse des Instinkt- und des Emotionshirns blockiert.

Der objektive Nachteil des weltzentrierten Denkens besteht darin, daß der so denkende Mensch oft unter anders denkenden Individuen zu leiden hat. Manch ein weltzentrierter Denker ist ein Opfer ichzentrierter Denker geworden, die sich typischerweise gern als «Fühlende» und «Ergriffene» bezeichnen.

Der Dino-Typ denkt *rigide*. Jede Abweichung von der eigenen Norm oder Wertvorstellung korrigiert er sowohl bei sich selber als auch bei anderen sofort auf den von ihm erwünschten Sollwert zurück. Er betätigt ununterbrochen die negative Rückkopplung. Er ist der pedantische Schullehrer, der sogleich den Zeigefinger hebt, wenn er etwas wahrnimmt, das nicht seinen Wünschen und Erwartungen entspricht.

Dabei ist zu beachten, daß es beim Dino-Typ auch eine versteckte Form der Rigidität gibt. Sie erscheint als Flexibilität, ist jedoch in Wirklichkeit nur eine scheinbare Beweglichkeit. Diese Pseudoflexibilität findet sich beispielsweise beim sogenannten Wendehals, der im Bedürfnis, seiner Karriere maximal zu nützen, sich jeweils bei sich ändernden Windverhältnissen so schnell dreht und anpaßt, daß er im Windkanal des Erfolgs den Widerstandskräften möglichst wenig Angriffsfläche bietet. Die Rigidität besteht hier darin, daß er jede Form der Abweichung von seinem Sollwert «Du sollst um jeden Preis Erfolg haben!» oder vom Sollwert «Du sollst kein bißchen Frustration erleiden!» stets sofort und mit allen ihm zur Verfügung stehenden Mitteln korrigiert. Seine Kalibrierung ist rigide auf einen einmal etablierten Sollwert festgeschraubt. Er hängt die Fahne stets nach dem Wind; sein Verhalten ist somit immer voraussagbar.

Die Vorteile der Rigidität im Denken liegen darin, daß der Dino-Typ auf Kurs bleibt. Er kann jederzeit auf feste Schemata und Raster zurückgreifen, die sich seiner Meinung nach bestens bewährt haben. Und wenn sie sich nicht bewährt haben, dann hat er dies meistens in seiner Wahrnehmung ausgeblendet. Der im Joch seiner Tüchtigkeit sich abrackernde Ochse bleibt schließlich auch nur darum stur auf Kurs, weil er nie wahrnimmt, daß sein im unermüdlichen Aktionsmodus produziertes geradliniges Vorwärtskommen nur dazu führt, daß der Bauer am Ende des Feldes jedesmal die Pflugschar wendet und daß damit das vermeintliche Vorwärtskommen und das erhoffte Entkommen nur Illusionen sind.

Rigides Denken wird der Natur der Existenz und des Lebens nicht gerecht. Denn alles, was existiert und lebt, befindet sich ununterbrochen im Prozeß der Veränderung. Das Denken, das diesen Prozeß «be-greifen» will, muß sich in seinen Methoden locker an ihn anpassen, sonst entgehen ihm wesentliche Anteile der

Wirklichkeit. Fließendes Wasser läßt sich nicht mit dem Hammer festnageln.

Andere Menschen schlagen um einen rigiden Denker – tritt er nun als Prinzipienreiter, Schema-Dogmatiker oder scheinbar ultrabeweglicher, aber in Wirklichkeit sich unentwegt um seine eigene Achse drehender Wetterhahn auf – einen weiten Bogen. Niemand mag mit einem rigiden Dogmatiker oder unentwegt sich drehenden Wetterhahn diskutieren, dessen Meinung und Verhaltensweisen ohnehin für alle Zeiten unverrückbar festgelegt sind.

Der Wolkentyp denkt extrem *flexibel*. Er sitzt auf einer Wolke und läßt sich von den Winden tragen. Er ist ohne Autonomie und paßt sich daher allen Kräften, die auf ihn einwirken, widerstandslos an. Er ist ein Drifter, der nur wenige Prinzipien und konzeptuelle Raster kennt. Seine Sollwerte – mit Ausnahme des Lustprinzips – haben meistens die Tendenz, schnell aus seinem Gesichtsfeld zu kippen. Er kann jederzeit dieses und jenes und auch das Gegenteil davon denken. Er wechselt seine Meinungen mit einer Geschwindigkeit und Selbstverständlichkeit, die auf einen nüchternen Betrachter geradezu schwindelerregend wirken. Es steckt natürlich auch in dieser extremen Flexibilität eine gewisse Rigidität. Aber sie ist nicht mit der Rigidität des pseudoflexiblen Dino-Typs zu vergleichen, da sie viel weniger voraussehbar ist.

Der Vorteil dieser extremen Flexibilität im Denken ist, daß der Wolkentyp keinen Gedanken rational zu Ende denken muß. Er nimmt's gemütlich. Er denkt nicht; er läßt denken. Er eckt auch kaum an mit seinen Ansichten, da er ja gern denkt, was die Umwelt denkt. Und wenn das, was die Umwelt denkt, mit seinem Lustprinzip nicht übereinstimmt, dann driftet er eben aus dieser Umwelt weg und in eine andere hinein, die gleich denkt wie er. Er lebt am liebsten in einer Clique von Gleichgesinnten. Und da er zudem seine Sollwerte dauernd ändert, ertappt er sich auch kaum je bei der Einsicht, daß er ein gestecktes Ziel nicht erreicht hat.

Die Nachteile des extrem flexiblen Denkens liegen darin, daß der Wolkentyp nie weiß, wo er wirklich steht, und daß auch die anderen dies nie wissen. Da man sich auf ihn nicht verlassen kann, läßt man ihn schließlich links liegen. Sein Denken stört oder zerstört gar sein Verhältnis zur Welt. Diese ist für ihn letztlich unfaßbar, weil er selber nicht zu fassen ist.

Der Schmetterlingstyp denkt *resilient*, das heißt, elastisch. Resilienz ist die Fähigkeit, von einem vorgegebenen Sollwert eine Zeitlang und gelegentlich sogar sehr weit abzuweichen und doch immer wieder unbeirrt darauf zurückzukommen. Der resiliente Denker vermag vorgegebene kognitive Raster und Kategorienschemata dank autonomer und kreativer Sprünge zu verlassen und wieder darauf zurückzugreifen, wenn ihm dies richtig und wichtig erscheint. Der resiliente Denker läßt sich auch passiv von anderen – unter Umständen lauthals vorgetragenen – Argumenten zur Seite drängen, um dann, wenn die emotionellen Wogen sich geglättet haben, zurück zu seinem sachorientierten Argument zu kommen und ihm zum Durchbruch zu verhelfen. Resilientes Denken verbindet somit Flexibilität und Rigidität: Es gibt im Nu nach, wo dies angezeigt ist, und hört an einem bestimmten Punkt definitiv auf nachzugeben; es widersteht jeder Normabweichung, wo dies nötig ist, und wird an einem bestimmten Punkt doch wieder flexibel.

Die Vorteile dieser Denkart, die unter anderem im Taoismus und im Zen-Buddhismus gepflegt wird und Bestandteil von Kreativität und Weisheit ist, liegen darin, daß sie Anpassung ohne Identitätsverlust und Identitätsbewahrung ohne Verkrampfung erlaubt. Sie hält das Schiff des Erkenntnisgewinns fest auf Kurs, auch wenn es an bestimmten Stellen lange hin- und herkreuzt, statt auf dem schnellsten Weg landeinwärts zu segeln. Sie hält das Schiff auf Kurs, auch wenn es manchmal für eine Weile lang die Segel streicht, statt in der tobenden Brandung den Zugang zum Hafen zu erzwingen.

Resilientes Denken erfordert viel mehr neokortikale, d.h. vom Vernunfthirn gesteuerte Selbstbeherrschung und weise Weltzentriertheit als rigides oder extrem flexibles Denken.

Der Dino-Typ denkt *machtzentriert*. Sein ganzes Sinnen und Trachten kreist um den eigenen Machtgewinn, um Machterhaltung und Machtentwicklung – und um Machtverminderung und Machtauflösung der Menschen, mit denen er in Konkurrenz steht. Da Geld ebenfalls Macht bedeutet, zeigt sich machtzentriertes Denken oft im extremen Besitzstreben, im suchthaften Gelderwerb und im krankhaften Geiz. Und da im Recht zu sein ebenfalls

Macht bedeuten kann, zeigt sich dieses Denken oft auch in einer extremen Rechthaberei. Wenn man zwei machtzentrierten Dino-Typen beim erbitterten Disput zuhört, dann sieht man vor seinem inneren Auge zwei Widder, die sich unentwegt die Köpfe einrennen, weil keiner von ihnen verstehen kann, warum der andere nicht endlich nachgibt. Je häufiger und je kräftiger sie aufeinanderprallen, um so mehr raubt ihnen die zunehmende Hirnerschütterung die kritische Vernunft – und um so verbissener rennen sie weiterhin aufeinander los.

Der machtzentrierte Dino-Typ ist ein extremer Vertreter einer Denkrichtung, die die alten Griechen *philotimia*, Sucht nach Ehre und Würde, genannt haben. In allen Dingen, die ihm einen Vorteil bringen, der erste zu sein, ist ihm oberstes Strategieziel. Und da er in der Regel pathetisch und bombastisch denkt, benimmt er sich auch entsprechend.

Der machtzentrierte Dino-Typ erreicht infolge seiner Skrupellosigkeit vieles, was er sich zum Ziel gesetzt hat. Doch entgeht ihm die Fülle der Welt. Machtzentriertes Denken ist Schmalspurdenken, das auf dem stets gleichen Gleis zum Ziel hin drängt – ohne Blick für die Fülle, die Schönheit und den Nuancenreichtum der Welt draußen vor dem Zugfenster. Letztlich zahlt der machtzentrierte Schmalspurdenker immer drauf, auch wenn es manchmal lange dauert, bis er an die Kasse kommt. Um ein anderes Bild zu gebrauchen: Er tummelt sich immer in Teichen, in denen sich auch andere machtbesessene Hechte tummeln. Und diesen Hechten kann allerhand einfallen, wenn sie nicht gerade mit der Jagd auf Karpfen beschäftigt sind.

Biographien über machthungrige Politiker und Geldmenschen, wie John Pierpont Morgan, Paul Getty, Howard Hughes und Aristoteles Onassis, verraten, daß diese im Verlauf ihres Lebens zwar manchen Machtrausch und Triumph, aber kaum je echte Erfüllung erlebt haben. «*He had climbed to the top of the tree and there was nothing there.*» – Er war auf die Spitze des Baumes geklettert, und da war nichts vorhanden, sagte ein Geschäftspartner über den griechischen Reeder und Financier Onassis.[23]

Der Wolkentyp denkt *lustzentriert*. Wie bereits erwähnt, ist er der *Paradise-now!*-Ideologie verfallen. Für ihn muß die Welt *jetzt* stimmen. Ob sie morgen noch stimmt, das findet er erst dann heraus, wenn es bereits zu spät ist. Er versucht stets das zu erreichen, was ihm gerade Spaß macht, was ihn gut unterhält und was ihn im Augenblick zufrieden und glücklich stimmt.

Lustzentriertes Denken verschafft Befriedigung. Im Unterschied zum Dino-Typ, der in Begriffen einer linear ablaufenden, diachronen Zeit denkt und sich deshalb dauernd über die Vergangenheit ärgert oder vor der Zukunft fürchtet, denkt der Wolkentyp ausschließlich in einer kreisförmigen, synchronen Zeit. In der synchronen Zeit ist der Augenblick ewig. Die Vergangenheit ist vorbei und damit basta; die Zukunft ist noch nicht da, und ob sie jemals kommen wird, ist unwichtig. Nur die Gegenwart ist da. Sie will genossen werden. Und das kann der Wolkentyp bis zum Exzeß. Damit ist die Fülle seiner Erlebnisse größer als jene des Dino-Typs. Doch beinhaltet das Leben eben mehr als nur Vergnügen, und es gibt andere Lebensstrategien als das Sich-gehen-Lassen in der Gegenwart. Früher oder später wird der lustzentrierte Wolkentyp die Zeche zahlen müssen – es sei denn, er bürdet den Preis seines lustzentrierten Denkens anderen Menschen auf.

Der Schmetterlingstyp denkt *sachorientiert*. Er trachtet nicht nach dem eigenen Vorteil wie der Dino- und der Wolkentyp, sondern danach, daß die Erkenntnis im Dienste einer als richtig und wichtig erachteten Sache optimiert wird. Solches Denken wird den komplexen Bedingungen der Welt gerecht, und die mitmenschlichen Beziehungen sind meistens von einer tiefen Erfüllung und Befriedigung geprägt. Auf den sachorientierten Denker kann man sich stets verlassen, er steht fest auf dem Boden der Realität; seine sensiblen Antennen wittern gleichzeitig aber auch, was an neuen Entwicklungen in der Luft liegt.

Der Dino-Typ denkt extrem *pragmatisch*. Sein ganzes Denken ist auf die Frage ausgerichtet, ob und wie gewonnene Erkenntnisse unmittelbar dem Handeln dienen können.

Dieses Denken erfaßt deshalb relativ schnell die wichtigsten Elemente der Welt, die als Basis für zielorientiertes Handeln dienen. Ohne pragmatisches Denken wären alle Annehmlichkeiten des technologischen Fortschritts undenkbar. Durch die Fragen «Funktioniert das?», «Wie funktioniert dies?» und «Wie könnte dies besser funktionieren?» wird Fortschritt gewährleistet.

Der Nachteil des extrem pragmatischen Denkens besteht darin, daß es all das übersieht, was dem beabsichtigten Handeln – tatsächlich oder nur vermeintlich – nicht dient. Damit lebt der pragmatisch denkende Mensch in einer verarmten Welt. Er gleicht dem Maultier, dessen Scheuklappen verhindern, daß es sieht, was außerhalb des engen Saumpfades liegt, den es Tag für Tag entlangtrottet. Ein zweiter Nachteil liegt in dem begründet, was der Mathematiker, Philosoph und Systemwissenschaftler Anatol Rapoport *technocratic fix* nennt.[24] Wer in die technokratische Falle gerät, versucht immer «die» Ursache eines unerwünschten Ereignisses oder Zustandes zu finden und sie sofort zu eliminieren. Aber da «die» Ursache gar nicht existiert und der pragmatisch denkende Dino-Typ das Netzwerk der kausalen Beziehungen in der Welt gern ignoriert, erweist sich sein Handeln schließlich nicht selten als wenig zielgerecht. Sein Denkansatz funktioniert nicht; er schafft oft mehr Probleme, als er zu lösen vermag. Ein gutes Beispiel für die technokratische Fixierung ist der Einsatz von DDT gegen Schädlinge. Es tötet das «Ungeziefer», aber es vergiftet auch das Grundwasser und reichert sich in den Endgliedern der Nahrungskette an. Damit schafft es langfristig mehr Probleme, als es löst.

Der im *technocratic fix* denkende Dino-Pragmatiker wird schnell zum «technokratischen Fixer», der suchthaft handeln muß, sobald er einen Sachverhalt begriffen hat. So fügt er sich selbst und der Umwelt oft viel Schaden zu.

Der Wolkentyp denkt *mystisch oder pseudomystisch*. Das echt mystische Denken ist eine intuitive spirituelle Erfahrung der Einheit alles Seienden. Viel häufiger ist beim Wolkentyp allerdings die pseudomystische Erfahrung, die sich mit erotischen und andern sinnlichen Elementen mischt und auf jeden Fall eher eine profan-emotionelle als eine echte, das Hiersein transzendierende, spirituelle Angelegenheit ist. Den Charakter des echten mystischen Denkens hat der spanische Mystiker San Juan de la Cruz im sechzehnten Jahrhundert wie folgt charakterisiert: «Das mystische Wissen über Gott kommt zu uns nicht eingekleidet in den üblichen Bildern oder Sinnesempfindungen, die unser Geist in anderen Situationen benützt. Da die Sinne und die Imagination nicht benutzt werden, erhalten wir in diesem Wissen weder eine Form noch einen Eindruck, noch können wir (diese Erfahrung) irgendwie schildern oder angemessen mitteilen, obwohl die geheimnisvolle und süß schmeckende Weisheit so deutlich zum Kern unserer Seele dringt.»[25]

Echtes mystisches Denken betont, was alle einzelnen Dinge, Lebewesen und Ereignisse verbindet. Doch es unterschlägt alles Trennende. Aus diesem Grund kann es zur Verkennung gewisser Realitäten kommen.

Pseudomystisches Denken gaukelt nur eine Erkenntnis vor, die gar nicht vorhanden ist. Der Weg zwischen mystischem und pseudomystischem Denken ist eine schwierige Gratwanderung mit unsicherem Ausgang. Im Lauf der Zeiten sind auf diesem Pfad mehr Wahrheits- und Sinnsucher abgestürzt als ans Ziel gelangt.

Der Schmetterlingstyp denkt *taoistisch*. Er kombiniert konkrete, erdnahe Erfahrung mit Einsichten zeitloser Weisheit und damit die Vorteile des pragmatischen und des mystischen Denkens, ohne an deren Nachteilen zu scheitern. Dieses Denken begünstigt somit einen meditativen Pragmatismus. Das Wesen des taoistischen Denkens oder dessen, was ich den meditativen Pragmatismus nenne, ist nicht leicht zu schildern, da sich in ihm auch Dinge finden, denen die Sprache schlecht beikommt. Die alten Chinesen haben eine metaphorische Sprache gewählt, um das taoistische Denken zu beschreiben; ihre Lieblingsmetapher war das Wasser.

Im achten Kapitel von Laotses Tao Te King heißt es: «Das höchste Gut ist wie Wasser. Wasser schenkt den Zehntausend Dingen das Leben, und es strebt nach nichts. Es fließt an Orten, die die Menschen zurückweisen, und daher ist es wie das Tao.»[26]

Das Wasser denkt nicht an konkrete Ziele, und dennoch schleift es den Stein ab und erreicht das Meer. Es verdampft und wird zur Wolke. Es regnet und wird zum jungen Bach. Es hüpft im Bach talwärts und mündet in den Fluß. Es ernährt das Leben auf dieser Erde, ohne es bewußt zu wollen. Um im Denken dem Wasser ähnlich zu werden, riet Laotse im 64. Kapitel: «Praktiziere das Nicht-Handeln. Arbeite, ohne etwas zu tun.» Und er wiederholte diesen Rat im nächsten Kapitel: «Wer handelt, bringt seinen eigenen Zielen eine Niederlage bei. Wer zupackt, verliert.» Laotse benutzte viele verschiedene Metaphern, um klarzumachen, daß das taoistische Denken eine Rückkehr zur ursprünglichen Natur des Menschen ist, die durch keinerlei falsche Erziehungsmaßnahmen und gesellschaftliche Erfahrungen verbogen worden ist.[27] Er sprach vom «ungeschnitzten Block» *(p'u)*, von der «Rohseide» *(su)* und vom «neugeborenen Kind» *(ying erh)*, um diese ursprüngliche Denkart zu charakterisieren. Zu ihren wesentlichen Eigenschaften gehören die Spontanität und Serenität und die daraus resultierende Friedfertigkeit und Behutsamkeit allem Seienden gegenüber. Dem «ungeschnitzten Block» fehlt jede Aggression, das heißt, jedes Bedürfnis, andere zu benutzen oder gar zu erniedrigen.

Wenn man in den Besitz des «ungeschnitzten Blocks» kommt, dann entsteht daraus ein meditativer Pragmatismus, der handelt, ohne zu handeln, und Ziele erreicht, ohne Ziele erreichen zu wollen. Im 32. Kapitel heißt es bei Laotse: «Besitz den ungeschnitzten Block, und die Welt wird dir von selbst nachgeben.» Und im siebten Kapitel schrieb er: «Weil der Weise nicht nach einem persönlichen Vorteil strebt, werden alle seine persönlichen Ziele erreicht.»[28]

Der Vorteil taoistischen Denkens liegt darin, daß es die Realität in allen, auch in ihren paradoxalen Aspekten zu erfassen vermag, soweit sie überhaupt dem menschlichen Erkennen zugänglich ist. Doch ist es das Denken der Weisen, das eine lange, anstrengungslose Anstrengung, eine Haltung der Serenität und Harmonie mit allem Seienden voraussetzt, die einem nicht von ungefähr in den Schoß fallen. Nichts in der heute dominanten Kultur bringt uns auf den Pfad dieses Denkens; sehr vieles hält uns davon ab. Und dennoch gibt es Menschen, die zu dieser Denkweise fähig sind.

Der Dino-Typ denkt *schlau*. Seine ganze Intelligenz ist auf das zu erreichende, punktuell definierte Ziel fokussiert. Er ist ein Fuchs, der all seine List darauf konzentriert, das in panischem Schrecken davonflatternde Huhn zu erjagen. Er ist der Fuchs aus der Legende, der dem Raben beibringt, er könne gut singen – und dann den Käse kriegt, der dem eitlen Raben aus dem Schnabel fällt.

Mit Schlauheit erreicht der Dino-Typ sehr viele Ziele, die er sich setzt. Doch übersieht der listige Fuchs im Eifer des Gefechts nur allzuleicht den Bauer, der mit der geladenen Flinte hinter dem

Hühnerstall wartet. Der Dino-Typ denkt zu eng und erfaßt deshalb nur einen Teil der Realität, ein Umstand, der sich rächt. Ichbezogene List und Schlauheit sind nur Karikaturen der echten Intelligenz. Sie sind das Gegenteil der Weisheit.

Der Wolkentyp denkt *naiv*. Er will gewisse Dinge gar nicht wahrhaben. Er nimmt gerne an, daß der Mensch an sich gut ist und daß der Herrgott, der für die Lilien auf dem Felde sorgt, auch dafür sorgen wird, daß ihm kein Leid geschieht. Mit seiner Naivität macht sich der Wolkentyp bei vielen Menschen beliebt, da er ihnen nicht in die Quere kommt. Doch vergißt er, daß der Stickstoffdünger den Lilien auf dem Felde längst den Garaus gemacht hat. Da der naive Denker die Unterschiede in der Struktur und die funktionellen Differenzierungen zwischen den einzelnen Dingen und Lebewesen ignoriert, nimmt er fälschlicherweise oft an, daß alle so denken wie er. Diese Verkennung der Realität hat ihre Kosten.

Der Schmetterlingstyp denkt *weise*. Er kann, scheinbar paradox, interessenlose Schlauheit mit weltzentrierter Naivität verbinden. Er weiß, daß das Gute und das Böse, das Schöne und das Häßliche, das Wahre und das Verlogene sich in unendlichen Kombinationen verbinden und daß daher die Realität tausend verschiedene Gesichter hat.

Da der Schmetterlingstyp sich eher mit den Dingen und Ereignissen identifiziert, statt sie erreichen und dominieren zu wollen, geht es ihm wie dem Bogenschützen im Zen-Buddhismus: Er trifft das Zentrum der Realität, ohne es treffen zu wollen. Doch ist die Bogenschützenkunst schwierig zu erlernen. Der Weise erscheint seinen schlauen Zeitgenossen nicht selten als weltfremder Dummkopf oder gar als Spinner. Man macht es ihm nicht leicht, weise zu werden, weise zu sein und weise zu bleiben.

Der Dino-Typ ist der Ansicht, daß die Welt der Beziehungen, die er mit anderen Menschen und mit der Umwelt im weitesten Sinne unterhält, ein *Null-Summen-Spiel* ist. In einem Null-Summen-Spiel addieren sich der Gewinn des einen und der Verlust des anderen stets zu null. Anders formuliert: Was ich verliere, gewinnst du – und was du verlierst, gewinne ich. Der Dino-Typ denkt Tag und Nacht daran, wie er in einem konkreten Beziehungsgefüge den anderen zum Verlierer machen kann. Damit hat er zwar oft Erfolg, doch wenn der andere gleich zu denken beginnt, wird jede Beziehung, auch die Partnerbeziehung zwischen Mann und Frau, zu einem unerbittlichen Kampf, in dem man – ganz so wie George und Virginia in der satirischen Komödie *Wer hat Angst vor Virginia Woolf?* von Edward Albee – sich gegenseitig zu Tode siegt.[29]

Wenn erfolgreiche Dino-Typen sich voneinander scheiden lassen, dann werden auch noch bei der Scheidung Schlammschlachten geschlagen.

Was davon in die Massenmedien gerät, sieht nicht selten aus wie ein Psychoterrorszenario. Im Rahmen eines entfesselten Null-Summen-Spiels wird alles unternommen, um den nunmehr verhaßten Partner fertigzumachen.

Wer in Begriffen des Null-Summen-Spiels denkt, dem verkommt die Welt selbst zu einem Null-Summen-Spiel. Er kann keine Beziehung aufbauen, erhalten und entwickeln, die auf gegenseitiger Liebe, Fürsorge und Respekt beruht, und gerät damit in einen Teufelskreis. Sein Denken führt zu einer sich selbst erfüllenden Prophezeiung: Er denkt, daß alle Menschen ihn übers Ohr hauen wollen, also haut er seinerseits alle Menschen übers Ohr, um ihnen zuvorzukommen oder weil dies eben in seiner Natur liegt; sie rächen sich an ihm und hauen ihn übers Ohr. Und er ist nicht fähig, daraus etwas Vernünftiges zu lernen. Jede Frustration im zwischenmenschlichen Beziehungsgefüge bestärkt ihn in der Ansicht, daß er schon immer recht gehabt hat.

Der Wolkentyp denkt, daß die Welt ein *X-Summen-Spiel* ist. X ist die große Unbekannte. Der Wolkentyp denkt meistens zu wenig scharf, um sich Vorteile und Nachteile eines konkreten Verhaltens oder einer Beziehung vorstellen zu können. Gewinn und Verlust in seinen Beziehungen können deshalb alle möglichen Summen ergeben. Wo es um seinen Vorteil geht, denkt er in Begriffen des Null-Summen-Spiels; gelegentlich denkt er in Begriffen des Nicht-Null-Summen-Spiels; und manchmal denkt er in Begriffen, die zu vage sind, um sich für irgendwelche logisch-algebraische Operationen zu eignen. Mit anderen Worten, der Wolkentyp ist ein nebulöser Denker, der im Dunst seines Erkenntnisprozesses nicht zu sehen vermag, was sich hinter der Nebelwand tut. Letztlich weiß er nie, wie Gewinn und Verlust verteilt sind, obwohl er oft versucht, verbal das Nicht-Null-Summen-Spiel zu loben und de facto das Null-Summen-Spiel zu leben, das ihn begünstigt.

Die Vorteile des Denkens in X-Summen-Begriffen sind, daß es die Welt der Möglichkeiten und der Wahrscheinlichkeiten offenläßt, weil es sie nicht definiert. Damit wird im Rahmen einer Beziehung immer alles möglich, aber wenig ist gewiß. Der Nachteil besteht darin, daß unklares, vernebeltes Denken zu falschen, unangemessenen Verhaltensweisen führt, weil der Kontext nicht richtig analysiert und erkannt wird. Figur und Hintergrund bleiben verschwommen.

Der Schmetterlingstyp denkt in Begriffen des *Nicht-Null-Summen-Spiels*. Wenn ich die Welt der Beziehungen als ein Nicht-Null-Summen-Spiel begreife, dann weiß ich, daß letztlich der Verlust des anderen nicht zu meinem Gewinn werden kann und daß mein Gewinn nicht zum Verlust des anderen führen darf. Wir gewinnen zusammen, und wir verlieren zusammen. Die Beziehung ist reziprok, wobei stets beide verlieren, wenn der eine verliert, und stets beide gewinnen, wenn der eine gewinnt.

Ein gutes Beispiel für die Weisheit dieses Denkens ist die echte Partnerbeziehung zwischen Mann und Frau. Beide Partner wissen, daß es keinen Sinn hat, in einem Disput auf Kosten des anderen zu «gewinnen», denn wenn der eine «gewinnt», versetzt dies den anderen in die Rolle des Verlierers. Er wird versuchen, die Niederlage wieder wettzumachen, indem er bei der ersten besten Gelegenheit ebenfalls zu «gewinnen» versucht. Wenn man derart miteinander umgeht, verfällt man dem Null-Summen-Spiel und «gewinnt» sich mit der Zeit gegenseitig zu Tode.

Als Systemtherapeut habe ich zwanzig Jahre lang sowohl in den USA wie auch in Europa viele Paare und Familien behandelt. Beinahe alle Beziehungsprobleme, die ich dabei antraf, krankten an der Unfähigkeit der Betroffenen, in Begriffen des Nicht-Null-Summen-Spiels zu denken. Die ökologischen Schäden, die unsere Kultur produziert hat, verraten die gleiche Unfähigkeit. Dieses kognitive Defizit dürfte eines der verhängnisvollsten sein, das in unserer Kultur unübersehbare Schäden anrichtet.

Das Denken in Begriffen des Nicht-Null-Summen-Spiels ist aber auch außerhalb des eben erwähnten Konfliktmanagements von zentraler Bedeutung. Es verlangt, daß man in allen Belangen die Position des anderen respektiert, ohne den eigenen Standpunkt zu verleugnen. Und wenn dabei doch gelegentlich gewisse frustrationsbedingte, aggressive Emotionen hochkommen, werden sie durch das Nicht-Null-Summen-Denken des Vernunfthirns im Zügel gehalten. Während man über die Sache streitet, tut man dies in allem Respekt vor der Würde des Partners und in der Absicht, gemeinsam zu gewinnen. Ob der Partner in einer konkreten Beziehungssituation ein Mensch, eine Gruppe, eine Kultur oder gar die Natur ist, tut nichts zur Sache. Diese Einsicht führt zum fürsorglichen und respektvollen Handeln, das echte Liebe und echte Partnerschaft auszeichnet.

Der Vorteil dieses Denkens ist enorm, weil man sich damit kaum Gegner macht. Es gibt keine Verlierer und keine Gedemütigten, die später bewußt oder unbewußt auf Rache sinnen. Zudem ist es die Basis für eine optimale Kooperation und Integration zwischen Menschen und zwischen Mensch und Natur. Der relative Nachteil mag darin liegen, daß man manchmal nicht kriegt, was man im Rahmen eines anderen Denkens bekommen hätte. Aber bei näherem Zusehen ist dieser Nachteil selten groß. Oft genug ist er nur vermeintlicher Natur, denn was immer man auf Kosten anderer gewinnt, verwandelt sich früher oder später – wenn auch oft nicht an der gleichen Front – in einen Verlust.

Der Dino-Typ denkt in einer Art und Weise, die *spirituell entwurzelt* ist. Er weiß im Grunde genommen nicht, welches sein Platz in der Schöpfung ist. Er weiß bloß, was seine Rechte sind. Noch öfter pocht er auf vermeintliche Rechte. Er weiß jedoch nicht, was seine Pflichten sind. Diese spirituelle Entwurzelung und die damit verbundenen Identitätsprobleme sind ein wesentlicher Grund für die vielen negativen Gedanken und Emotionen, die den Dino-Typ dauernd plagen.

Spirituelle Entwurzelung und Entfremdung haben zur Folge, daß manche Ziele im Leben leichter erreicht werden, weil man sich bei der Wahl von Strategien nicht um die Kosten kümmert, die für die Umwelt entstehen. Doch führt solch entfremdetes Denken letztlich immer zu persönlichen, sozialen und ökologischen Schäden oder gar Katastrophen.

Der Wolkentyp denkt in einer Art und Weise, die *spirituell partiell verwurzelt* ist. In der echten mystischen Erfahrung kann diese spirituelle Verwurzelung sehr tief sein. In der pseudomystischen Erfahrung macht sich der Wolkentyp bloß etwas vor. Durch echte mystische Erfahrung begreift der Mensch, daß er und das Sandkorn, er und die Palme, er und die Möwe, er und Gott eins sind. Sie verschafft dem Mystiker ein unendliches Gefühl der Geborgenheit, der Identitätsfusion mit dem Universum und damit der spirituellen Verwurzelung. In der pseudomystischen Erfahrung passiert scheinbar dasselbe, aber in Wirklichkeit ist das Eis, das über die Tiefe des Wassers hinwegtragen soll, brüchig.

Spirituell partiell verwurzelte Menschen wissen zuzeiten genau, wer sie sind und wo sie stehen. Doch die partielle spirituelle Verwurzelung bricht immer wieder zusammen. Dann ist der Mensch den Ereignissen preisgegeben wie dürres Laub den Launen der Herbstwinde.

Der Schmetterlingstyp denkt in einer Art und Weise, die *spirituell verwurzelt* ist. Er weiß, wer er ist. Er weiß, was die Welt ist, und er kennt seinen Platz darin und auch seine Rechte und Pflichten in den Beziehungen zwischen ihm und der Welt. Er ist spirituell verwurzelt, weil er alles Seiende respektiert und liebt, mit dem er sich seit Urzeiten verbunden und verwandt fühlt. Er ist verwurzelt, weil er sich selbst weder als Aktor, noch Reaktor, noch Interaktor, sondern als Transaktor begreift. Als Transaktor ist er ein integraler Bestandteil des «sausenden Webstuhls der Zeit»; er hilft «der Gottheit schimmerndes Kleid» zu weben und wird dabei als Faden selbst in dieses Kleid hineingewoben.

Diese Denkweise der auf der Liebe für alles Seiende beruhenden spirituellen Verwurzelung wird sehr schön in Dostojewskis Roman *Die Brüder Karamasow* formuliert. Dort läßt Dostojewski den alten Vater Zosima in einer Predigt folgendes sagen:

«Du mußt alles, was Gott erschaffen hat, lieben, sowohl seine ganze Welt wie auch jedes einzelne winzige Sandkorn, das sich darin findet. Liebe jedes winzige Blatt, jeden Sonnenstrahl. Du mußt die Tiere lieben. Liebe jede Pflanze. Wenn du alle Dinge liebst, dann wirst du auch das göttliche Geheimnis entdecken, das in allen Dingen drin ist. Dann wird nämlich deine Fähigkeit, die Wahrheit wahrzunehmen, jeden Tag zunehmen, und dein Geist wird sich für eine allumfassende Liebe öffnen. Liebe ist der beste Lehrmeister, den wir haben, Brüder. Aber sie kommt nicht aus eigenem Antrieb zu uns. Sie muß schwer bezahlt werden. Es braucht manchmal viele Jahre hartnäckiger Anstrengungen, bevor eine Person den Punkt erreichen kann, wo sie fähig ist zu lieben – nicht bloß für einen Augenblick lang, sondern für die Ewigkeit.»[30]

Derselbe Geist der spirituellen Verwurzelung tritt uns auch in den Worten von Black Elk, dem großen Medizinmann der Ogalalla-Sioux, entgegen. Er hatte erlebt, wie der weiße Mann dem roten Mann das Land, die Würde und das Leben raubte. Er hatte erlebt, wie der weiße Mann in seiner Profitgier die Büffelherden, die seit urdenklicher Zeit auf den weiten Prärien gegrast und dem roten Manne Nahrung gegeben hatten, ausrottete. Und dennoch war er, als er im Mai 1931 im Pine-Ridge-Reservat auf dem Harney-Berg stand und dem amerikanischen Forscher John G. Neihardt seine Vision mitteilte, kein gebrochener Mann. Die Vision dieses großen Schamanen war eine Vision über die spirituellen Werte des Menschen, die zeitlos sind und die er unbedingt der Nachwelt übergeben wollte.

Black Elk sprach über sein Leben und beschrieb gleich zu Beginn seiner Schilderung das Wesen der spirituellen Verwurzelung:

«Es ist die Geschichte allen Lebens, das heilig ist und gut ist, um erzählt zu werden, und die Geschichte von uns Zweibeinern, die es mit den Vierbeinern teilen und mit den Flügeln in der Luft und mit allen grünen Dingen; denn sie sind alle Kinder der einen Mutter, und ihr Vater ist der eine Geist.»[31]

Und er sagte über die geheimnisvollen Kräfte von Bison und Hirsch:

«Die Kraft kommt vom Verstehen; und die Kraft in der Zeremonie kam vom Verstehen dessen, was sie bedeutete; denn nichts kann gut leben außer auf eine Art und Weise, die zur Art und Weise paßt, in der die heilige Kraft der Welt lebt und sich bewegt.»[32]

233

Wer spirituell verwurzelt ist, lebt in Serenität und Harmonie mit sich selbst und mit dem Universum.

Die Emotionen der drei Leadertypen

Jedes Denken – und jede Seinsweise überhaupt – ist von bestimmten Gefühlen und Stimmungen begleitet.

Das anatomische Substrat für die Entstehung und für die Gestaltung von Gefühlen scheint im sogenannten limbischen System, auch Emotionshirn genannt, zu liegen. Das limbische System ist eine anatomische Struktur, die das Instinkthirn wie ein Mantel umgibt und es gleichzeitig nach oben zum Vernunfthirn abgrenzt. Es ist aber nicht nur eine Grenzstruktur, die trennt, sondern auch eine, die vereint. Das Emotionshirn verbindet das Instinkt- und Vernunfthirn und gibt allen Dingen, die in diesen beiden Hirnen passieren, ihre stimmungsmäßige Kolorierung.

Die Funktion des Emotionshirns besteht darin, allen Informationen, das heißt, allen Wahrnehmungen und Empfindungen, die aus der Innen- oder Außenwelt kommen, eine gefühlsmäßige Färbung zu geben und ihnen eine ichzentrierte Bedeutung zuzumessen.[33] Zudem dient es als Motor und Triebkraft für die Motivation, da es anatomische Verbindungen mit dem Stirnhirn (dem vordersten Teil des Vernunfthirns) besitzt, das vorausschauend, zielorientiert und planend denkt.

Der Mensch kennt zahlreiche Emotionen, und es hat keinen Sinn, hier alle aufzuzählen. Wir wählen für unsere Analyse und Diskussion nur ein paar zentrale Emotionen aus, die die drei Leadertypen immer wieder erfassen und ihre Befindlichkeit, und damit auch ihr Handeln, stark beeinflussen.

Dino-Typ	*Wolkentyp*	*Schmetterlingstyp*
Begierde	Liebe-Verliebtheit	Liebe
Aggression	Wohlwollen	Serenität
Furcht	Zutrauen	Urvertrauen
Triumph	Begeisterung	Freude

Depression	Depression	Trauer
Dysphorie	Pseudoharmonie	Harmonie
Angst	Resignation	stoische Ruhe

Der Dino-Typ, der sich zu einem Objekt oder zu einer Person hingezogen fühlt, ist meistens in einem Zustand der *Begierde*. Er will das begehrte Gut besitzen. Die Begierde kann von der possessiven Verliebtheit bis zum Suchtempfinden gehen, das heißt, der Begehrende wird krank, wenn er das Objekt seiner Wünsche nicht bekommen kann.

Der Dino-Typ liebt andere Menschen kaum um ihrer selbst willen, sondern immer nur aus egoistischen Motiven. Der begehrte Mensch soll ihm Stolz, Prestige und Lust bringen – oder den Neid der verhaßten Gegner provozieren. Wenn der Dino-Typ sich verheiratet, dann wählt er den Partner nach dem Kriterium, ob dieser die eigene, dinotypische, strategische Position im Lebenskampf sichern oder verbessern kann. Dies ist ein Ausdruck dessen, was der Psychologe Arthur J. Deikman das «instrumentelle Bewußtsein» nennt.[34] Das instrumentelle Bewußtsein gehört zur dominanten Hirnhemisphäre, die alle Dinge und auch alle Menschen zu Objekten macht, die man zu egozentrischen Zwecken benutzt.

Ist der Dino-Typ ein Mann, dann heiratet er eine Partnerin, die schön, reich, einflußreich und kämpferisch ist. Ist der Dino-Typ eine Frau, dann wählt sie einen Partner, der leistungsorientiert, reich, mächtig, kämpferisch, durchsetzungsfähig und sogar rücksichtslos ist. Wenn die Begierde in puncto Partner oder in puncto instrumentelle Kapazität des Partners abnimmt, dann nimmt sich der Dino-Typ wahrscheinlich bald eine Geliebte oder einen Geliebten oder läßt sich vom Partner scheiden und heiratet jemanden, der alle die begehrten Qualitäten in noch unverbrauchter Qualität besitzt. Wenn's sein muß, läßt sich diese Strategie des «fliegenden Wechsels» im Stafettenlauf um Ruhm und Erfolg auch mehrmals hintereinander wiederholen. Der gierige Dino-Typ hält es mit seinen Partnern – den privaten und den geschäftlichen –, wie der große Fritz in Sanssouci es mit Voltaire hielt: «*L'on presse l'orange et l'on jette l'écorce*» – Man drückt die Orange aus, und man wirft die Schale fort.

Die Begierde bringt, wie jede andere Emotion, ihre Vor- und Nachteile mit sich. Begierde aktiviert und revitalisiert. Sie gibt dem Dino-Typ den Eindruck, am Leben zu sein und dieses Leben in all seinen Möglichkeiten maximal auszuschöpfen. Begierde treibt jedoch dauernd zu neuem Suchverhalten an. Dieses Suchverhalten kann ohne weiteres zum Suchtverhalten entarten, denn die Begierde ist ein Gefühlszustand, der nie befriedigt werden kann. Faust, der sich selbst in Ungeduld verzehrende Dino-Typ, der Erkenntnis und Wissen maximieren wollte, sagt: «So tauml ich von Begierde zu Genuß, und im Genuß verschmacht ich nach Begierde.»[35]

Der Wolkentyp ist zur echten *Liebe* fähig, aber noch häufiger neigt er zu *Verliebtheit*. Seine Liebe hat zudem die Tendenz, zu einem Ichverlust zu führen, weil die Grenzen zwischen Ich und Du und zwischen Ich und Welt ineinander verschmelzen. Außerdem sind bei ihm die Grenzen zwischen echter Liebe und egozentrischer Verliebtheit oft verwischt.

Verliebtheit ist ein Erregungssturm im Emotionshirn. Sie entfacht ein alles verzehrendes Feuer und verbrennt innerhalb kurzer Zeit alle kritische Vernunft. Wenn der Sturm vorbei ist, was meistens bald der Fall ist, bleibt fahle Asche zurück.

Verliebtheit wirkt, ganz wie die Begierde, der sie nahe verwandt ist, belebend. Im Unterschied zur reinen Begierde schafft sie jedoch eine etwas länger dauernde Befriedigung.

Verliebtheit treibt den Wolkentyp oft zu großen Dummheiten, vor allem dann, wenn er sich in einen berechnenden Dino-Typ verliebt, der ihn nach Strich und Faden ausnimmt. Verliebte Wolkentypen haben schon oft Seelenruhe, Gesundheit und auch Vermögen verloren, wenn sie sich in einen Dino-Typ verliebt haben. Die verheerenden Folgen blinder Verliebtheit sind vor allem darin zu suchen, daß sie alle Wahrnehmung sehr selektiv macht. Wie Verliebtheit jegliche Wahrnehmung unterdrückt, die ihr nicht in den Kram paßt, hat der große Filmregisseur Billy Wilder sehr schön in seinem Film *Manche mögen's heiß* dargestellt. Da hat sich ein wohlhabender Wolkentyp mit Haut und Haaren in eine Dame verliebt, die Mitglied einer Musikband ist. Aber die Dame ist gar keine Dame, sondern ein Herr, der sich verkleidet hat, um Mafiakillern zu entgehen. In der Schlußszene entführt der Wolkentyp die verkleidete Schöne in einem Motorboot. Sie versucht ihm verzweifelt klarzumachen, daß sie gar keine Frau ist. Worauf der Wolkentyp ungerührt erwidert: «*Nobody is perfect!*» – Kein Mensch ist perfekt!

Der Schmetterlingstyp ist zur echten *Liebe* fähig. Im Unterschied zum Wolkentyp verschmelzen seine Ichgrenzen nie mit den Grenzen der Umwelt. Der Schmetterlingstyp weiß zu jeder Zeit, wo Ich und wo Du, wo Ich und wo Welt ist – und er weiß auch, daß diese beiden Elemente bei all ihrer Individualität stets ein komplementäres Ganzes bilden.

Die Liebe braucht nicht unbedingt einem Menschen zu gelten, sondern kann auch ein anderes Lebewesen, ein Objekt oder eine Idee betreffen. Viele unsterbliche Werke der menschlichen Kultur verdanken ihren Ursprung und ihre dauernde Wertschätzung nicht zuletzt der Liebe zu dem, was eine menschliche Existenz sinnvoll macht.

Der Vorteil der Liebe liegt darin, daß sie eine Kraft ist, die alles Leben und alles Sein bejaht. Der Mensch, der wahrhaft liebt, lebt in Erfüllung, Zufriedenheit und Harmonie mit sich und der Umwelt. Der Zustand der wahren Liebe ist einer der schönsten emotionellen Zustände, die ein Mensch erleben kann. Der mögliche Nachteil der echten Liebe – vor allem der Liebe für andere Menschen – liegt darin, daß sie gelegentlich zu allzu großer Nachsicht führt, wo mehr Strenge angebracht wäre. Dieser Nachteil tritt aber nur dort auf, wo sich echte Liebe mit einer Prise Verliebtheit vermengt.

Der Dino-Typ lebt vorwiegend in einem Zustand der *Aggression*. Er ist dauernd dabei, sich über irgend etwas oder über irgend jemanden zu ärgern. Er sinnt dauernd auf Rache für vermeintliche oder tatsächlich erlittene Schmähungen und Niederlagen. Er schäumt vor Wut und würde seine Gegner am liebsten umbringen, wenn ihn nicht die Furcht vor den Folgen abhielte. Er stichelt, intrigiert und verbreitet Gerüchte, um anderen zu schaden und seinem dauernden, frustrationsbedingten Aggressionsdruck ein Ventil zu verschaffen.

Da das Wesen der destruktiven Aggression letztlich im Bedürfnis nach der Demütigung anderer liegt, das sich bis zum Wunsche der physischen Vernichtung steigern kann, ist der Dino-Typ ständig dabei, andere zu bekritteln, herunterzusetzen und lächerlich zu machen. Wenn man sich zum Beispiel mit einem Dino-Politiker unterhält, dann hört man häufig ein Disqualifikations-Maschinengewehr knattern: Alle inner- und außerparteilichen Kollegen sind ausgemachte Egoisten, Dummköpfe, Nieten und Versager. Und wenn einer, der sich diese Tiraden anhören muß, das Urteil des Dino-Typs nicht teilt, dann wird er sogleich in dieselbe Kategorie der Armseligen im Geiste eingereiht.

Aggression kann das Leben im Kampfmodus und im Rahmen der kompetitiven Leistungssteigerung erleichtern. Sie treibt manchen Dino-Typ zu Leistungen an, die auch anderen Menschen Vorteile bringen. Doch sind die Nachteile der Aggression ungleich größer. Aggression erzeugt immer neue Aggression, und der Aggressive verursacht schließlich so viel Feindseligkeit, daß er früher oder später von seinen Gegnern gedemütigt wird – sofern sie ihn nicht gar umbringen. Diese Folge der Aggression hat schon mancher Tyrann erleben müssen. Die Art und Weise, wie zum Beispiel Ceausescu und seine Gattin Elena jählings aus ihrer Machtposition verjagt und jämmerlich erschossen wurden, zeigt, wohin hemmungslos abreagierte destruktive Aggression führen kann.

Der Aggressive bringt nicht nur viel Leid über die Welt, sondern jagt auch sich selbst in einen übermäßigen Kampfstreß, bis der überbeanspruchte Organismus schließlich krank wird. Was dann passiert, hat Laotse wie folgt formuliert: «Exzeß im Jagen und Verfolgen läßt die Geister verrückt werden.»[36]

Was ebenfalls oft ver-rückt wird, ist die Funktionsweise des Herz-Kreislauf-Systems, die zu Hochdruck, Infarkt, Apoplexie oder Nierenversagen führt. Und schließlich ist die Einstellung des Dino-Typs zu seiner Umwelt ver-rückt. Dies zeigt sich beispielsweise dann, wenn der Dino-Typ Aggression mit Humor zu verbinden versucht. Je mehr sein Humor abnimmt, um so mehr nimmt der Anteil der Aggression zu. Der Dino-Typ ist zuerst ironisch; dann wird er sarkastisch und schließlich zynisch. Er endet oft als verbitterter Misanthrop, als ein von Säure und Galle überfließender Mensch, der alle Menschen – inklusive sich selbst – aus tiefstem Herzen haßt und verabscheut.

Der Wolkentyp ist von *Wohlwollen* geprägt. Er lebt grundsätzlich mit sich selbst und der Welt in Frieden. Da er aber oft ein getrübtes Urteilsvermögen über die Realität besitzt, kann sein grundsätzliches Wohlwollen gelegentlich nur Ausdruck von Passivität, Denkfaulheit und Naivität sein. Immerhin ist er auch zum interesselosen Wohlgefallen fähig. In der Regel gönnt er den anderen, was sie haben – sofern er selber genug hat.

Wohlwollen stimmt die Umgebung ebenfalls wohlwollend. Doch wird der wohlwollende Mensch oft von raffinierten Menschen übers Ohr gehauen und verfällt dann in Gefühle der Enttäuschung, der Kränkung, des Selbstmitleids oder gar der Resignation.

Der Schmetterlingstyp besitzt einen hohen Grad von *Serenität*. Die Serenität ist ein Gefühl der Gelassenheit, Heiterkeit und friedlichen Ruhe. Der Schmetterlingstyp macht sich keine Illusionen über das Negative in dieser Welt oder über seine eigenen Schwächen; aber er hat gelernt, das nicht Veränderbare, wenn es sein muß stoisch, zu ertragen. «Sanfter Regen und die Überschwemmungen des Frühlings, die Verheerung eines Erdrutsches oder die Schönheit eines Bergnebels – das sind alles Bestandteile eines Ganzen, zu dem der Weise selber auch gehört.»[37] Es ist dieses tiefverwurzelte Wissen um das Zu-einander-Gehören, das eine serene Stimmung schafft.

Serenität ist nicht nur eine äußerst angenehme Stimmung, sondern sie wirkt auch auf die Umwelt beruhigend und besänftigend. Wer in Kontakt mit einem heiter gelassenen Menschen kommt, fühlt bald in sich selbst eine Stimmung der Gelassenheit, Zufriedenheit und Zuversicht keimen.

Der Dino-Typ ist oft von *Furcht* geplagt. Da er sehr aggressiv ist, hat er auch allen Grund dazu. Es gibt genügend gedemütigte Gegner, die das Messer wetzen und ihn bedrohen. Der Dino-Typ ist ein zwanghafter Phobiker. Er hat dauernd vor diesem Ereignis oder jenem Menschen Furcht. Und wenn er nichts und niemanden zum Fürchten hat, dann erfindet er ein Objekt der Furcht. Er bildet sich Dinge ein, die gar nicht existieren, und er fürchtet sich vor den Schemen seiner Einbildungskraft. Dies zeigt sich ganz extrem beim Hypochonder, dem Molière in seinem Lustspiel *Der eingebildete Kranke* ein unsterbliches Denkmal gesetzt hat. Der Hypochonder horcht und fühlt dauernd in sich hinein, da er davon überzeugt ist, daß dieses oder jenes Organ oder Organsystem nicht richtig funktioniert. Und da das «autonome», vegetative Nervensystem, das das Funktionieren der inneren Organe reguliert, keineswegs völlig autonom ist, sondern durchaus von den Denk- und Fühlweisen im Hirn beeinflußt werden kann, bringt es der Hypochonder, dank unentwegter mentaler Konzentration, oft zustande, diese inneren Organe in ihrer normalen Funktionsweise zu stören.

Furcht als normale Empfindung alarmiert den Organismus und läßt ihn lauschen und beobachten, ob nicht irgendwo eine konkrete Gefahr droht. Daher wird der Dino-Typ selten von einer gefährlichen Entwicklung in seiner unmittelbaren Umwelt überrascht; er hat die Dinge schon lange kommen sehen. Zwanghafte Furcht dagegen stellt einen Raubbau am Organismus dar, weil der sich dauernd bedroht fühlende Organismus schließlich im Furchtstreß erschöpft wird. Außerdem verbreitet der phobische Mensch um sich herum häufig eine Atmosphäre des Mißtrauens, die sich bis zur wahnhaften Überzeugung steigern kann. Dieser Zustand macht das Leben für alle Betroffenen schwer.

Die Obsessionen und Phobien des Dino-Typs kulminieren schließlich in der zwanghaften Todesfurcht. Der Dino-Typ, der sein ganzes Leben im Kampf-Flucht-Modus bewältigt und dabei im großen und ganzen wenig Freude erlebt, gerät angesichts des herannahenden Todes oft in eine schreckliche Panik. Er weiß, daß er den Tod nicht bezwingen und auch nicht vor ihm davonlaufen kann. So kommt es vor, daß der furchtgeplagte Dino-Typ, sofern er über die nötigen finanziellen Mittel verfügt, in seinem Testament eine spezielle Einbalsamierung seines Leichnams anordnet, damit dieser, sobald die Wissenschaft eines Tages den Tod gemeistert haben wird, wieder zu neuem Leben erweckt werden kann.

Der Wolkentyp ist oft in einer Stimmung des *Zutrauens*. Er ist nicht aggressiv und nicht furchtsam, und deshalb erwartet er von allen anderen, daß sie sind wie er selber. Er ist wie der heilige Franz von Assisi, der mit den Wolken, den Blumen und den Tieren des Waldes im Frieden lebte.

Der Vorteil des Zutrauens und der damit verbundenen Zutraulichkeit im Verhalten ist, daß dieser Emotionszustand subjektiv angenehm ist und in anderen Menschen selten negative Abwehrhaltungen erzeugt. Doch kann das Zutrauen gelegentlich kindliche Züge annehmen und von einer gewissen Naivität im Urteil gekennzeichnet sein. Dann wird der zutrauliche Mensch zum Narren gehalten, ausgebeutet oder gar attackiert.

Der Schmetterlingstyp hat eine Grundstimmung des *Urvertrauens*. Ohne naiv zu sein, fühlt er sich geborgen und seiner selbst sicher. Er vertraut im Rahmen der eigenen Fähigkeiten und der situativen Gegebenheiten darauf, daß er seinen Weg stets findet. Er ist erfüllt von der Gewißheit, daß er alle Ereignisse, die er erlebt, heil übersteht, sofern dies im Bereiche des Möglichen liegt. Er besitzt die Eigenschaft, die die Araber *kayf* nennen: die Ruhe oder die Zuversicht, die aus dem Bauch kommt. Und er besitzt die Qualität, die im Zen-Buddhismus als *myo* bekannt ist. Der Biber, der sein Nest baut, die Spinne, die ihr Netz spinnt, und die Wespe, die in der Erde ihr Gehäuse baut, sie besitzen alle *myo*[38]. Auch der Künstler oder der Samurai, der in einer konkreten Situation eine gelernte Technik spontan und kreativ zu verändern und den Gegebenheiten anzupassen versteht und so das gestellte Problem erfolgreich löst, besitzt *myo*. *Myo* ist die spontane und kreative Kraft und Zuversicht, die aus der spirituellen Verwurzelung und aus der Beherrschung angeborener Fähigkeiten und erworbener Techniken stammt.

Urvertrauen zu haben fühlt sich subjektiv sehr gut an und weckt im Menschen die besten Kräfte.

Der Dino-Typ liebt den *Triumph*. Der Triumph über einen gelungenen Coup oder über einen gefällten Gegner ist das, was ihm an Freude zugänglich ist. Der Dino-Zyniker kommt deshalb gern zur Feststellung, daß Schadenfreude die reinste aller Freuden ist. Der triumphierende Dino-Typ muß in zwanghafter Manier immer wieder für sich selbst oder gar öffentlich wiederholen, wie er einen Coup gelandet oder wie er irgendeinen «Trottel» oder «Gangster» reingelegt und im Kampf besiegt hat. Und wenn ihm andere oder das Schicksal diese Arbeit abgenommen haben, dann kann er nicht genügend darüber spotten und triumphieren, daß «diese Kanaille endlich ihren längst verdienten Lohn» gekriegt hat.

Triumph produziert einen Zustand intensiver Siegesfreude

oder ebenso intensiver Schadenfreude und wird subjektiv als sehr angenehm empfunden. Doch verflüchtigt sich dieser Zustand schnell wieder. Deshalb sucht der Dino-Typ zwanghaft immer wieder nach neuen Siegen, damit er sein Triumphgefühl erneuern kann. Das kann gelegentlich zum Raubbau am eigenen Organismus (z.B. Doping im modernen Wettkampfsport) führen. Eine andere Folge ist, daß der siegessüchtige Dino-Typ der Umwelt sehr viel zumutet und vor nichts zurückscheut, um sich immer wieder neue und wenn möglich noch nie dagewesene Triumphgefühle zu verschaffen. Wo keine Siege mehr zu holen sind, da versinkt der Dino-Typ oft im Alkoholismus oder in einer anderen Drogensucht, um im Rausche längst vergangene Triumphe wieder aufleben zu lassen. Wenn er sich dann seiner früheren Siege (z.B. im Sport, in der Politik oder im Geschäftsleben) rühmt, dann erweckt er bei den anderen Menschen nicht selten Mitleid, wenn nicht gar Verachtung.

Der Wolkentyp ist zur *Begeisterung* fähig. Er kann sich an der Schönheit der Welt erfreuen. Er kann sich für neue Menschen, für neue Abenteuer und für neue Rauschdrogen begeistern, und diese Begeisterung wirkt oft auf die Umgebung sehr ansteckend, denn der Wolkentyp ist suggestibel, und Menschen, die sehr beeinflußbar sind, sind nicht selten auch sehr suggestiv.

Begeisterung wirkt subjektiv angenehm und zudem ansteckend. Man kann sich im Kreise begeisterter Menschen sehr wohl fühlen. Begeisterung wirkt motivierend. Sie führt dazu, daß Pläne verwirklicht werden. Begeisterungsfähigkeit hat jedoch gelegentlich die Eigenschaft, Menschen für das falsche Objekt oder das falsche Ziel zu aktivieren; dann lauert gleich hinter der nächsten Ecke die Enttäuschung. Es gibt nicht wenige Wolkentypen, die, erfaßt vom heiligen Feuer, ihre ganzen Energien für die Entwicklung irgendeiner Fata Morgana investieren, nur um dann in einer tiefen Depression zu versinken, sobald sich diese Fata Morgana als reines Hirngespinst erweist.

Der Schmetterlingstyp ist zur echten *Freude* fähig. Die Freude ist ein herrliches Gefühl, das erneuert und jung macht und das den Menschen mit allem Seienden vereint. Ein Mensch, der ein Gefühl der tiefen Freude erlebt, strahlt etwas aus, das andere Menschen magisch in Bann zieht. Freude schafft um sich herum Frieden und Beglückung. Freude motiviert zu guten Leistungen, und sie belohnt uns für vorausgegangene Frustrationen.

Der Dino-Typ verfällt nicht selten in eine *Depression*. Depression ist etwas anderes als Trauer. In der Depression zieht sich der im Kampf- und Fluchtmodus erschöpfte Organismus in die Erholungsphase zurück und schießt dabei weit übers Ziel hinaus. Das Resultat ist ein quälender Zustand, der das Denken lähmt und alle Gefühle versteinert. Depressive klagen immer wieder über einen Zustand des Nicht-fühlen-Könnens. Das Essen schmeckt wie Sägemehl, der Wein schal. Trostlosigkeit, Hoffnungslosigkeit, Sinnlosigkeit, Schuldgefühle, Verarmungswahn und Verzweiflung können sich bis zum Selbstmordversuch oder gar bis zum Selbstmord steigern.

Eine temporäre Depression kann den Dino-Typ dazu bringen, Kampf oder Flucht zu unterbrechen. Er stellt sich der Depression, weil er nicht mehr anders kann. Er beginnt sich Fragen über den Sinn seines bisherigen Lebens zu stellen. So kann die Depression gelegentlich zu einer Chance für eine Reorganisation des Lebens und für einen sinnvollen Neubeginn sein. Andererseits ist eine Depression ein äußerst quälender Zustand, der sich zudem chronifizieren und zum Selbstmord führen kann, wenn der Mensch in seinem depressiven Fehlurteil eine Situation als völlig ausweglos beurteilt. Wenn die Verzweiflung zu groß wird, kommt der Mensch in die faustsche Phiolenstimmung, die Goethe folgendermaßen beschrieben hat: «Und so ist mir das Dasein eine Last/Der Tod erwünscht, das Leben mir verhaßt.»[39]

Der Wolkentyp lebt dauernd im Rückzugsmodus. Er ist der Eremit in der Wüste, der der Welt entsagt hat, weil er unter dem unerträglichen Leistungsdruck und der dauernden Reizüberflutung gelitten hat. Weil Rückzug aber auch alle sozialen Beziehungen verunmöglicht, kann der Wolkentyp ebenfalls übersteuern und in die *Depression* hineingeraten. Wer allzulange in einer gewissen Traumwelt lebt, erlebt oft ein böses Erwachen. Mit den Realitäten konfrontiert, wird er dann hilflos und depressiv.

Der Schmetterlingstyp ist zur echten *Trauer* fähig. Er wird nicht depressiv, aber er trauert, wenn ihn ein Verlust trifft. Die Trauer ist eine normale, keine pathologische Reaktion. Sie tritt beim gesunden Menschen unwillkürlich ein, sobald eine ihm liebe und wichtige Beziehung unterbrochen wird. Die Trennung von einer geliebten Person, der Tod eines geliebten Menschen oder auch die Trennung von einem geliebten Lebewesen (z.B. Pflanze, Hund, Katze) oder Objekt, der Abschied von der Vorstellung, daß man ein gesunder Mensch ist und daß man sich nunmehr in der Auseinandersetzung mit einer lebensgefährlichen oder sogar tödlichen Krankheit befindet – all das stimmt traurig.

Trauer regt zu mentaler Trauerarbeit an, in der sich der Mensch innerlich vom Verlust erholt, seine Beziehungen neu ordnet, sich mit dem Schicksal versöhnt und wieder zukunftsorientiert zu leben beginnt. Der trauernde Mensch, der einem nicht wiedergutzumachenden Schaden (z.B. einer tödlichen Krankheit) gegenübersteht, ist fähig, sich mit seiner Situation stoisch abzufinden.

Trauer ist schmerzhaft und nimmt einige Zeit in Anspruch, bis der Verlust bewältigt ist. Während der Dauer der Trauerarbeit ist der trauernde Mensch in vielen seiner Fähigkeiten eingeschränkt, und er kann oft nicht tun, was er tun möchte und müßte, um seine Pflichten zu erfüllen.

Normale Trauer unterscheidet sich von pathologischer Trauer, die man beim Dino- und beim Wolkentyp beobachten kann. In einer pathologischen Trauer kann und will sich der Mensch nicht vom Objekt seines Verlustes trennen, da ihn Furcht-, Angst-, Scham-, Aggressions- oder Schuldgefühle und manchmal eine wirre Mischung all dieser Gefühle daran hindern. Pathologische Trauer tendiert zur Chronifizierung und wird dann zu einem großen Handicap, das die normale weitere Entwicklung hemmt. Der pathologisch trauernde Mensch hat eine Tendenz, eine ganze Serie manchmal bizarrer Rituale zu erfinden, um seine chaotischen Gefühle in eine neue Ordnung zu zwingen.

Der Dino-Typ lebt sehr oft im Zustand einer morosen *Dysphorie*, einer Verstimmung, die düster, aggressiv-gereizt oder ängstlich gefärbt, gelegentlich dumpf und torpid sein kann. Der dysphorische Mensch ist nicht fähig, seine Impulse und Gefühlsausbrüche zu zügeln. Er gleicht einem verstimmten Musikinstrument: Die Musik, die auf ihm erzeugt wird, klingt unharmonisch. Chronische Dysphorie ist natürlich nur die Reaktion des Organismus auf das Faktum, daß die wesentlichen Beziehungen des Menschen zu sich selbst und zu seiner Umwelt empfindlich gestört sind. Wer weltweit die vielen griesgrämigen, sauertöpfischen und verbiesterten Gesichter der Leadership und vieler anderer Menschen der dominanten Kultur beobachtet, der weiß, daß Dysphorie in der Dino-Kultur kein seltener Gemütszustand ist.

Dysphorie kann den Menschen alarmieren und zu einer vernünftigen Reorganisation seiner lebenswichtigen Beziehungen motivieren. Doch in der Regel fällt der dysphorische Mensch sich selbst und seiner Umwelt ununterbrochen zur Last. Dysphorie ist subjektiv quälend und drängt dauernd nach irgendeiner – nicht selten aggressiven – Handlung, die ein «Befreiungsschlag» sein und Entspannung bringen soll, in Wirklichkeit jedoch die existentielle Misere nur vergrößert.

Der dysphorische Dino-Typ projiziert permanent seine innere Zerrissenheit auf seine unmittelbare Umgebung. Er ist unfähig, diese Projektion abzustellen, die viel Schaden anrichtet.

Der Wolkentyp lebt nicht selten in einer Grundstimmung der *Pseudoharmonie*. Sie ist das Resultat einer eingebildeten optimalen Organisation aller wichtigen Beziehungen mit sich selbst und mit der Welt. Wer sich von der Welt so absondert, wie es der Wolkentyp gern tut, kann sich leicht vormachen, er lebe mit sich selbst und mit der Umwelt in Harmonie. Die Fiktion wird spätestens dann offenbar, wenn seine weltfremden Phantastereien sich an der harten Realität stoßen. Dann sind die Illusionen dahin.

Pseudoharmonie spiegelt sich zum Beispiel auf den Gesichtern von Sektenanhängern; man sieht sie auf den Gesichtern von süchtigen Menschen, denen die Droge oder die Beruhigungspille das Gesicht verklärt.

Pseudoharmonie produziert einen subjektiv angenehmen Zustand. Dieser bricht jedoch schnell zusammen, sobald die Wirklichkeit den Träumer zwingt, die Augen zu öffnen.

Der Schmetterlingstyp lebt in einem Zustand echter *Harmonie*. Sie ist das Resultat optimal strukturierter Beziehungen und optimaler Integration von einzelnen Elementen in eine konzeptionelle, technische, ästhetische, ethische oder soziale Gesamtorganisation. In der echten Harmonie sind alle Gefühle in einem guten, resilienten Fließgleichgewicht, d.h. der Mensch besitzt die Fähigkeit, Abweichungen vom Gleichgewicht immer wieder zwanglos zu korrigieren. Die basale Harmonie ist die Grundschwingung, von der die einzelnen Gefühlsaufwallungen sich zwar abheben, zu der sie jedoch unweigerlich zurückkehren. Ein harmonischer Mensch ist nicht nur subjektiv ein glücklicher Mensch; er wirkt auch sehr anziehend auf andere Menschen, weil sich seine Harmonie auch auf die Umwelt ausbreitet. Er gibt die richtigen *vibes* ab; diese Vibrationen erfüllen auch die Räume, in denen er lebt, und die Objekte, mit denen er sich umgibt. Ein feinfühliger Mensch, der so einen Raum betritt, nimmt intuitiv und sogar in Abwesenheit des Besitzers wahr, daß hier ein harmonischer Mensch lebt.

Die schlimmste negative Emotion, die der Dino-Typ erleben kann, ist *Angst.* Während Furcht das Resultat einer tatsächlichen oder auch nur eingebildeten konkreten Bedrohung ist, ist Angst das Resultat einer anonymen, nicht faßbaren und totalen Bedrohung. Angst ist irrational und hat mehrere Gesichter. Sie kann im Wachzustand oder als Alptraum auftreten. Ihre beiden extremsten Erscheinungsformen sind die dauernd vorhandene, lähmende Angst und die plötzlich auftretende irrationale Panikreaktion.

Angst überfällt vor allem erschöpfte Organismen, deren Ressourcenspeicher leer sind. Der angstgeplagte Mensch sieht sich in einer ausweglosen Situation gefangen. Der Druck, der auf ihm lastet, droht ihn zu zerquetschen. Die Qual ist groß. Die Angst ist ein Alarmsignal, das den Menschen zum Suchverhalten, zu kritischen Überlegungen und zur grundsätzlichen und tiefgreifenden Reorganisation seines Lebens motivieren kann. Die entsetzliche Qual kann den Menschen jedoch ebenso leicht wie eine große Depression oder unerträglicher Schmerz in den Selbstmord hineintreiben. Auf jeden Fall wirkt sie verkrüppelnd und raubt ihm jegliche Lebensfreude.

Auch der Wolkentyp kann in Extremsituationen in Angstzustände hineingeraten, aber meistens erlebt er eher starke Hilflosigkeit und *Resignation.* Er ist ohnehin kein Kämpfer, und wenn das Leben zu schwer wird, dann resigniert er und läßt sich gehen. Er verzichtet auf die Formulierung neuer und die Erreichung früher gesetzter Ziele und läßt sich passiv treiben.

Doch auch Resignation zwingt den Organismus in eine Ruhe- und Erholungsphase und blockiert damit die Verschleuderung zusätzlicher Energien.

Subjektiv stellt Resignation einen Zustand der Trostlosigkeit und Öde dar, und der resignierte Mensch fällt der Umwelt objektiv zur Last. Hinter der Resignation steckt nicht selten ein uneingestandenes Selbstmitleid. Selbstmitleid ist ein Narkotikum, das zwar das Bewußtsein des Versagens zum Erlöschen bringt, aber auch alle Initiative lähmt. Wer gelähmt ist, muß von anderen Menschen umsorgt werden. Das anfängliche Mitleid der anderen Menschen macht bald einer versteckten oder gar offenen Aggression Platz, die den Resignierten zwar gelegentlich aus seiner Narkose zu erwecken vermag, aber ihn häufiger nur noch tiefer hineintreibt.

Der Schmetterlingstyp gerät unter extrem belastenden Bedingungen und in einer Situation der existentiellen Ausweglosigkeit in einen Zustand der *stoischen Ruhe*. Er erträgt die Dinge ohne Murren und Klagen. Er ist weder von übertriebenem Mitleid für andere noch von maßlosem Selbstmitleid geplagt. Er akzeptiert ohne Pathos, was ohnehin nicht zu ändern ist. Er schickt sich in sein Schicksal, nicht ohne zuvor alle Problemlösungen versucht zu haben.

Sokrates nahm den Schierlingsbecher stoisch entgegen. Viele weise Menschen haben Kerker, Folterung, schwere Krankheit, Leiden und auch ein Todesurteil stoisch ertragen. Stoische Ruhe verhindert, daß extrem belastete Organismen nutzlos Energien verschleudern, indem sie sich verzweifelt im Kreise drehen und sinnlose Manöver unternehmen. Sie ist eine optimale Anpassung an extreme, ausweglose Situationen.

Die Aktivierung physiologischer Funktionsachsen bei den drei Leadertypen

Der Organismus operiert immer als ein Ganzes. Wenn er wahrnimmt, denkt, fühlt und handelt, entwickelt er synchron dazu ganz bestimmte physiologische und biochemische Funktionszustände.

In unserem Zusammenhang interessiert dabei vor allem, wie der Organismus mit Streß und Entspannung umgeht. Zum besseren Verständnis werden wir kurz auf drei biologische Funktionsachsen eingehen, die jeder Organismus immer wieder aktiviert. Der interessierte Leser sei zudem auf die ergänzende Literatur zum Thema hingewiesen.[40]

Wenn ein Organismus unter Streßbelastung gerät, aktiviert er – je nach Informationsverarbeitung – eine seiner beiden biologischen Streßachsen. Die beiden Streßtypen, die als perzeptiv-kognitiv-affektiv-physiochemisch-verhaltensmäßige Zustandsbilder auftreten, werden nach ihren Erstbeschreibern Cannon-Streß bzw. Selye-Streß genannt.

Um Mißverständnissen vorzubeugen, sei erwähnt, daß der Streßbegriff in der Alltagssprache vage gebraucht wird und daß dort das Wort «Streß» verschiedene Dinge beschreibt, die nicht unter den gleichen Hut gehören. In der wissenschaftlichen Streßforschung unterscheidet man drei exakt definierte Begriffe, die das ganze Streßgeschehen charakterisieren:

Ein *Stressor* ist ein Faktor, der Streß auslöst. Er kann ein physikalisches Ereignis (z.B. Maschinenlärm, Hitze, Kälte), ein physiologisches Ereignis (z.B. Krankheit, Schmerzen) oder ein psychosoziales Ereignis (z.B. zwischenmenschlicher Konflikt, Trennung, Tod) sein.

Der *Streß* ist die Funktionsweise eines Organismus, der unter dem Einfluß von Stressoren steht. Streß kann nicht direkt, sondern nur indirekt am Auftreten von Streßindikatoren beobachtet werden.

Der *Streßindikator* ist ein Symptom oder Syndrom im Wahrnehmen, Denken, Fühlen, physiologischen Funktionieren und Verhalten, das verrät, daß ein Organismus unter Streß ist. Totale Verwirrung, kognitive Konfusion im *Input-Overload*, blinde Wut, hoher Blutdruck und maßloses Aggressionsverhalten sind typische Streßindikatoren.

Der Cannon-Streß

Der amerikanische Physiologe Walter B. Cannon beschrieb als erster den Kampf-Flucht-Streß, der seither seinen Namen trägt.

Der Cannon-Streß kommt zustande, wenn das Vernunfthirn

alle Daten einer konkreten Situation verrechnet und zum Schluß kommt, daß der Organismus dieser Situation gewachsen und kompetent ist, sie entweder im Kampf- oder im Fluchtmodus zu bewältigen. Das Vernunfthirn wirkt auf das Emotionshirn ein, und nun beginnen sich dort die Mandelkerne (Corpora amygdala) bioelektrisch zu entladen. Via Sympathikusstrang des vegetativen Nervensystems werden die Nebennieren aktiviert. Das Nebennierenmark scheidet Noradrenalin oder Adrenalin aus und die Nebennierenrinde Testosteron, ein Hormon, das sowohl das sexuelle wie auch das aggressive Verhalten beeinflußt. Wird relativ mehr Noradrenalin ausgeschieden, dann entsteht im Emotionshirn Wut, und es kommt zum beobachtbaren Kampfverhalten. Wird relativ mehr Adrenalin ausgeschieden, dann entsteht im Emotionshirn Furcht, und es kommt zum beobachtbaren Fluchtverhalten.

Jeder Mensch aktiviert diese Streßachse wiederholt, da ohne Kampf (z.B. wenn man angegriffen wird und sich verteidigen muß) und Flucht (z.B. wenn man einem angriffslustigen Hund entgehen will) das Leben nicht möglich ist. Manche Menschen verharren aber zu lange im Kampf-Flucht-Streß, meistens darum, weil ihr Vernunfthirn bei der Datenverrechnung Fehler macht und ihnen konkrete Situationen als Kampf-Flucht-Situationen präsentiert, obwohl diese sich besser für den Rückzug im Dienste der Erholung oder für den Entspannungsmodus eignen würden.

Wer zu lange im Cannon-Streß verharrt, entwickelt mit der Zeit Störungen und Krankheiten im Nierenbereich und im kardiovaskulären Bereich. Dazu gehören Urämie infolge Nierenversagens und Erscheinungsbilder wie zu hoher Blutdruck, Arteriosklerose, Hirnblutung, Angina pectoris und Herzinfarkt. Daß heute der Herzinfarkt eine der drei Hauptursachen des, statistisch gesehen, zu frühen Todes darstellt, zeigt, daß viele Menschen in unserer Dino-Kultur zu oft und zu lange im Cannon-Streß operieren.

Der Selye-Streß

Diese Form des Stresses wurde zum erstenmal vom tschechoslowakischen Streßforscher Hans Selye beschrieben. Er ist ein Rückzugsstreß im Dienste der Erholung des Organismus. Da er unter anderem durch das Gefühl der Hilflosigkeit ausgelöst wird, wird er auch Hilflosigkeitsstreß genannt.

In diesem Streßgeschehen kommt das Vernunfthirn auf der Basis seiner Datenverrechnung zum Schluß, daß es einer konkreten Situation nicht mehr gewachsen ist. Da es sich nicht kompetent fühlt, provoziert es einen Rückzug des Organismus. Das Vernunfthirn meldet seine Botschaft an das Gefühlshirn, und hier beginnt sich nun ein Neuronenfeld zu entladen, das Hippocampus genannt wird. Von hier geht eine Meldung an die Hypophyse, die über hormonelle Ausscheidung die Nebenniere beeinflußt. Eine zweite Meldung geht über den vegetativen Parasympathikusstrang zu den Nebennierenrinden, die vermehrt Kortikosteron ins Blut ausscheiden, während die Testosteronausscheidung vermindert wird.

Gefühlsmäßig erlebt der Organismus Müdigkeit, Erschöpfung, Resignation, Hilflosigkeit und sogar Depression. Außenstehende beobachten Rückzugsverhalten im Dienste der Erholung.

Jeder Mensch gerät wiederholt in den Selye-Streß, und das ist auch vernünftig. Wenn er jedoch zu lange im Selye-Streß bleibt – unter anderem, weil ihm das Hirn eine konkrete Situation fälschlicherweise so darstellt, daß er sich ihr nicht gewachsen fühlt –, entwickelt er verschiedene Streßkrankheiten (z.B. Magengeschwüre, Abschwächung bis Zusammenbruch der Immunabwehr und Depressionen).

Daß heute so viele Menschen zu früh – das heißt vor dem statistisch zu erwartenden Alter – an Krebs sterben, weist darauf hin, daß in der Dino-Kultur zu viele Menschen zu lange im Selye-Streß leben. Der gesunde Organismus entwickelt nämlich ununterbrochen Krebszellen, und sein Immunsystem räumt sie dauernd wieder weg. Wenn aber das Immunsystem seiner Aufgabe nicht mehr gewachsen ist, dann wuchern diese Zellen und entwickeln das Zustandsbild des Organkrebses, der mit der Zeit Metastasen, sogenannte Töchtergeschwülste, produziert, die andere Organe infiltrieren.

Die Operationsweisen der beiden Streßachsen können sich kombinieren. Dies führt im Extremfall zum Suizid. Vor allem in den «am höchsten entwickelten» Industrienationen scheiden viele Menschen freiwillig aus dem Leben. In Japan tun dies bereits Kinder, die sich dem Selektionsdruck des dortigen Schulsystems nicht mehr gewachsen fühlen. Das weist darauf hin, daß in der Dino-

Kultur zu viele Menschen zu lange in der Hilflosigkeit leben müssen. Wenn sich extremer Selye-Streß plötzlich mit extremem Cannon-Streß kombiniert, kommt es zum Suizid. Suizid ist das Resultat von Hilflosigkeit, Flucht und Kampf, die sich kombinieren. Im Suizid flüchtet man endgültig, indem man ein letztes Mal zuschlägt. Der Suizid ist, neben Herzkreislaufkrankheiten und Krebs, die dritte Hauptursache des verfrühten Todes in der Dino-Kultur.

Schließlich gibt es eine dritte Funktionsachse, über die man – wohl kein Zufall in unserer Leistungskultur – noch relativ wenig weiß. Hier ist die Forschung erst am Anfang.

Die Entspannungsreaktion

Die Entspannungsreaktion wird nach einem ihrer Erstbeschreiber manchmal *Benson Response* genannt.[41]

Wenn das Vernunfthirn aufgrund seiner Datenverrechnung zum Schluß kommt, daß eine konkrete Situation weder eine Kampf-Flucht-Situation noch eine Rückzugssituation darstellt, dann löst es über Mechanismen, die erst in Ansätzen bekannt sind, die Entspannungsreaktion aus. Es wird angenommen, daß das Hirn fähig ist, beruhigende und entspannende, tranquillizer-ähnliche Substanzen auszuscheiden. Das vom Vernunfthirn informierte und von den ausgeschiedenen Substanzen beeinflußte Emotionshirn entwickelt Gefühle der Ruhe, Gelassenheit und friedlichen Entspannung.

Ein ganz spezieller Entspannungsmodus wird durch extreme Schmerzen (z.B. Herzinfarkt, Verkehrsunfall, schweres Absturztrauma beim Klettern in den Bergen) oder durch extreme Furcht- und Angstzustände ausgelöst. Es gibt zudem noch viele andere Methoden[42] – wie zum Beispiel extremes Frieren und Überhitzen, sensorische Deprivation, extremes Laufen und Tanzen (z.B. süchtiges Jogging, Marathonlaufen und Derwischtänze), starker Blutzuckerabfall, Akupunktur an bestimmten Körperstellen – und durch spezifische Techniken induzierte Trancezustände, die zu einer Ausschüttung körpereigener, angstlösender, schmerzstillender und euphorisierender Substanzen führen.

Wir wissen heute, daß das Hirn fähig ist, zwei verschiedene Gruppen biochemischer Substanzen auszuscheiden, die diesen speziellen Entspannungsmodus produzieren.[43] Die eine Gruppe wird Enkephaline, die andere Endorphine genannt. Das körpereigene Endorphin wirkt fünfmal stärker als eine entsprechende Morphininjektion.

Daß wir die normale Entspannungsreaktion in der modernen Dino-Kultur relativ selten sehen, weist darauf hin, daß dieser physiologische Operationsmodus von vielen Menschen nicht unbedingt als wünschenswert angesehen wird oder daß sie nicht gelernt haben, ihn richtig zu benutzen.

Wir können nun zur Frage übergehen, welcher physiologische Operationsmodus von den drei Leadertypen bevorzugt wird.

Dino-Typ	*Wolkentyp*	*Schmetterlingstyp*
Cannon-Streß	Selye-Streß	Entspannungsmodus

Der Dino-Typ ist meistens im *Cannon-Streß*. Für ihn ist jede Situation, in der er sich befindet, eine Kampf- oder eine Fluchtsituation. Er verkennt sogar eine neutrale Situation oder einen Entspannungskontext als eine Lage, in der man kämpfen und siegen oder sich schleunigst aus dem Staub machen muß. Selbst in seinen Phantasien beschäftigt sich der Dino-Typ vorzugsweise mit Kämpfen und Siegen – und sieht vor seinem inneren Auge voller Triumph, wie imaginäre Gegner flüchten. Ist eine Situation nicht mehr zu retten (z.B. Partnerbeziehung), unterhält er intensive Fluchtphantasien. Man hört ihn dann wettern: «Am liebsten möchte ich den ganzen Bettel hinschmeißen und abhauen.»

In seinen privaten und beruflichen Begegnungen wird ihm jeder zwischenmenschliche Kontext zur Kampfsituation. Sein Verhalten reicht von Imponiergehabe (z.B. Prahlen) über Drohgehabe zu aggressiv-destruktivem Verhalten. Er läuft, metaphorisch gesprochen, brüllend wie ein Löwe durch die Welt, auf der Suche nach jemandem, den er verschlingen kann. Wo es ihm zu heiß wird, macht er sich am liebsten gleich davon, um nicht der Unterlegene zu sein – denn daß man wechselseitige Beziehungen auf dem gleichen Hierarchieniveau haben und miteinander in gegenseitiger Wertschätzung auskommen könnte, das scheint ihm schlichtweg undenkbar.

Da sich der Dino-Typ mit seinem Verhalten wenig Freunde macht, lebt er in Extremfällen sogar nach dem *Hit and run!*-Prinzip, das aus der militärischen Vernichtungsstrategie stammt. Er schlägt zu, produziert einen Scherbenhaufen und verschwindet – in eine andere Ehe, in einen anderen Job, in eine andere Stadt oder in ein anderes Land. Er bezahlt schließlich den Raubbau am eigenen Organismus, der im Dauerstreß leben muß, mit den für den chronischen Cannon-Streß typischen Syndromen und Krankheiten und oft mit dem frühzeitigen Tod.

Während der normale Cannon-Streß den Organismus auf eine aktive Auseinandersetzung mit einer konkreten Situation vorbereitet, ist der chronische lebensgefährlich. Er erlaubt zwar dem erkrankten Menschen, sich ohne Gesichtsverlust – er ist ja nun krank und schonungsbedürftig – aus einer Situation zurückzuziehen, in der er sich übernommen hat. Aber der Preis für diesen primär nicht beabsichtigten Rückzug ist viel zu hoch, als daß man ihn als echten Gewinn ansehen könnte. Der chronische Cannon-Streß mag einem kranken Menschen auch erlauben, sein bisheriges Leben zu überdenken und das zukünftige Leben vernünftiger zu organisieren. Aber das verführerische Kompetenzgefühl im Cannon-Streß verleitet in der Regel bald wieder dazu, die alten Torheiten zu begehen.

In ganz extremen Situationen sieht ein Dino-Typ im Cannon-Streß sich selbst oder andere Menschen als Objekt der Vernichtung: Im ersten Fall begeht er Selbstmord oder gar erweiterten Selbstmord, der auch seine engsten Angehörigen einbezieht; im zweiten Fall wird er zum Vergewaltiger, Folterer, Totschläger und Mörder – sofern er nicht gar einen Krieg anzettelt und den atomaren Holocaust inszeniert.

Der Wolkentyp gerät unter Belastungsbedingungen vorwiegend in den *Selye-Streß*. Da er sich gern von der Welt zurückzieht, sieht er sich immer wieder alleine auf weiter Flur. Angesichts von Belastungen, denen er sich nicht mehr weiter durch spontanes Tagträumen oder durch Drogenräusche entziehen kann, fühlt er sich inkompetent, hilflos und verängstigt. Er ist allein inmitten einer anonymen und totalen Bedrohung.

Im chronischen Selye-Streß nimmt seine Immunabwehr ab – unter Umständen bis zum totalen Zusammenbruch des Immunsystems –, und er ist Infektionskrankheiten und Krebs ausgeliefert. Auch seine «seelische Immunabwehr» nimmt ab, und er wird ein Opfer der chronischen Depression. Wenn der Wolkentyp dann in der tiefen Depression parallel zum extremen Hilflosigkeitsstreß kurzfristig auf den Cannon-Streß umschaltet, dann begeht er Selbstmord – in einem kombinierten Zustand von Resignation, Hilflosigkeit, Kampf und Flucht.

Akuter Selye-Streß bereitet den Organismus auf Rückzugs- und Schonungsverhalten im Dienste der organismischen Erholung vor. Der chronische Selye-Streß hat allenfalls den Vorteil, daß eine Infektionskrankheit, eine Krebskrankheit oder eine Depression den Menschen dazu veranlassen kann, sein bisheriges Leben zu überdenken und sich vernünftig zu reorganisieren. Er mag dem Menschen auch erlauben, sich dank Krankheit ohne Gesichtsverlust aus einer Situation zurückzuziehen, die er anders nicht bewältigen kann.

Der bevorzugte Operationsmodus des Schmetterlingstyps ist der *Entspannungsmodus*. Der Schmetterlingstyp kann durchaus kämpfen, fliehen und sich auch im akuten Selye-Streß zur Erholung zurückziehen, aber wann immer es eine Situation gestattet, lebt er im Entspannungsmodus.

Seine Art zu denken und zu fühlen erlaubt ihm sehr häufig ein friedliches Leben im Entspannungsmodus. Aus diesem Grund gerät er kaum in chronischen Cannon-Streß oder Selye-Streß. Er induziert auch seine Umgebung in den Entspannungsmodus, was jede zwischenmenschliche Beziehung angenehm gestaltet und sogar gespannte zwischenmenschliche Situationen immer wieder wirkungsvoll zu entschärfen vermag.

Der Entspannungsmodus erhält gesund und ist Garant für ein hohes Alter. Der Weise wird in der Regel sehr alt – weshalb die alte Frau mit Silberfäden und der bärtige Alte mit den schlohweißen Haaren in allen Kulturen der Welt als Archetypen der Weisheit gelten.

Der Entspannungsmodus ist ein biologischer Operationsmodus, der für den Organismus und für dessen Umwelt keine Belastung darstellt.

Die Verhaltensmuster der drei Leadertypen

Das Verhalten eines Menschen zeigt sich in seinen Aktionen und in seiner Kommunikation, die verbaler, paraverbaler und nichtverbaler Natur sein kann. Das verbale Verhalten besteht aus Worten, Phrasen und Sätzen. Paraverbales Verhalten umfaßt Tonhöhe, Stimmvolumen, Stimmklang, Pausen, Sprechgeschwindigkeit, Sprechrhythmus und andere Elemente, die das gesprochene oder gesungene Wort begleiten. Körperhaltung, Körperbewegungen – besonders Mimik und Gestik – und alle Formen und Farben von Haar und Kleidertracht, Schmuckgegenstände und andere Objekte, die uns etwas über einen Menschen aussagen, machen nichtverbales Verhalten aus. Die Diagnose eines bestimmten Leadertyps gelingt uns am ehesten und am schnellsten, wenn wir sein Verhalten beobachten können.

Dino-Typ	*Wolkentyp*	*Schmetterlingstyp*
aktionszentriert	passiv	rezeptiv
leistungsorientiert	spaßorientiert	sinnorientiert
Eishockeyspieler	Luftschloßbauer	Surfer
produktiv	reproduzierend	kreativ
technocratic fix	Zaungast	gestaltend
schwerfällig	gewichtslos	beschwingt
verbissen	verträumt	strukturiert
knauserig	großzügig	großzügig
gefangen	quasi-frei	frei
maximierend	Minimax	optimierend
unethisch	quasi-ethisch	ethisch

Der Dino-Typ lebt *aktionszentriert*. Er ist dauernd damit beschäftigt, Handlungen vorzubereiten und sie auszuführen. Er lebt nach dem Motto: Wer rastet, rostet. Daß einer, der ständig rast, sich und der Welt beträchtlichen Schaden zufügt, begreift er nicht – oder erst dann, wenn es bereits zu spät ist. Nachdenken ist in seinen Augen nur dann gestattet, wenn es unmittelbar dem zielorientierten Handeln gilt. In diesem Sinn ist er durchaus ein effizienter Planer, und am geschicktesten plant er Kämpfe, die ihm Siege bringen sollen. Auf diesem Gebiet kann er ein Meisterstratege sein, da sein analytischer Verstand es ihm gestattet, sehr viele Schachzüge seiner Gegner, die oft ebenfalls Dino-Typen sind, im voraus zu berechnen.

Er ist auch sehr geschickt in der Planung von Fluchtwegen für den Fall, daß ihm das Handeln nicht zum Sieg verhelfen sollte. Er kennt alle Schleichwege, die in die von ihm belagerte Burg hineinführen – aber auch jene, die eine Flucht aus der Burg gestatten, falls er eines Tages selber zum Belagerten wird. Viele intelligente Verbrecher und Wirtschaftskriminelle haben im Fuchsbau ihrer Planungen und Operationen mehr Ausgänge und Fluchtwege gegraben, als der fähigste Spürhund finden kann.

Aktionszentriertes Verhalten führt den Dino-Typ oft zum Ziel. Doch da er in der Analyse der Variablen zu eng denkt und dann auch noch engstirnig handelt, gerät ihm die Serie seiner Siege nicht selten zum Pyrrhussieg.

Der Wolkentyp verhält sich *passiv*. Am liebsten sitzt er im Lotossitz und überläßt das Handeln den anderen. Er läßt sich von den Winden treiben, wohin das auch immer führen mag. Er handelt nur in seiner Phantasie, sofern er nicht faktisch handeln muß (z.B. bei der Beschaffung von Drogen), um hinterher wieder ungestört träumen zu können.

Passives Verhalten führt selten zum Einbruch in die Handlungsräume anderer Menschen. Es kann Bestandteil eines beschaulichen Lebens sein und zu mancherlei Einsichten und Erlebnissen führen, die dem aktionszentrierten Menschen entgehen. Doch verpaßt der passiv lebende Mensch oft den richtigen Zeitpunkt zum notwendigen Handeln und damit oft Gelegenheiten, die nie wiederkehren (z.B. Studienabschluß, Jobwechsel in einem günstigen Augenblick).

Der Schmetterlingstyp verhält sich *rezeptiv*. Seine sensitiven Antennen sind immer auf Empfang geschaltet; sie kreisen ununterbrochen und nehmen sämtliche wichtigen Signale auf, die seine Innen- oder Außenwelt aussenden. Der Schmetterlingstyp kann zuhören, beobachten, riechen, schmecken, tasten und selbst feinste Vibrationen wahrnehmen. Und was immer ihm seine Wahrnehmung meldet, vernetzt er unmittelbar mit anderem Wissen, das er bereits gespeichert hat; er vergleicht, zieht Schlüsse und nimmt neue Dinge in seinen Gedächtnisspeicher auf.

Er verbringt sehr viel Zeit damit, sich ein Bild von der Welt zu machen, in der er lebt. Er verbringt auch sehr viel Zeit damit, in sich hineinzuhorchen, um zu wissen, was in ihm selbst abläuft. Indem er in sich hineinhorcht, nimmt er die diskreten Bilder und Andeutungen seiner Imagination und Intuition wahr und bereichert so sein Denken. Er vernetzt Information, die von außen kommt, mit Information von innen. Im Gewebe, das aus den Fäden dieser beiden Informationsspulen entsteht, kann er, um ein Rilke-Wort zu zitieren, «geduldig in der Schwebe ruhen». Und von hier aus kann er zu wohlüberlegten Taten aufbrechen, wenn der Zeitpunkt dazu gekommen ist.

Er ist einer, der zuhören kann und der nicht den Faden des eben sich anbahnenden Gesprächs sofort aktionskonzentriert kappt.

So besitzt der Schmetterlingstyp stets eine optimale Information über den Zustand von Innen- und Außenwelt. Auf der Grundlage von optimaler Information läßt sich sachgerecht, energetisch günstig und sinnvoll handeln.

Der Dino-Typ verhält sich *leistungsorientiert*. Er sammelt auf der Hindernisrennbahn der kompetitiven Gesellschaft eine Medaille nach der anderen ein. Damit er im Verlauf eines Tages, einer Woche, eines Monats und eines Jahres aus jedem konkreten Zeitsegment das Maximum an Leistung herausholen kann, hat er seine Zeit atomisiert. Sein Zeitbudget besteht aus unzähligen Mikro-Kästchen, in die er jeweils ein Maximum an Leistung hineinzupressen versucht. Er kennt keine zirkuläre Zeit, sondern eine ewig linear davonlaufende Zeit. Er rennt ihr dauernd hinterher, um aufzuholen nach dem Motto: Eins, zwei, drei im Sauseschritt eilt die Zeit; wir eilen mit. Er behandelt die Zeit wie eine Zitrone; er preßt ihr das Maximum an Saft ab. Raum ist für ihn wie der Kofferraum eines Autos, in den man alles hineinstopfen muß, was sich hineinstopfen läßt. Die Anforderungen, die er an sich und an andere stellt, handhabt er wie ein ambitiöser Hochspringer die Latte: Er setzt sie immer höher.

Er prahlt damit, wie schnell er ein Buch lesen kann – ob er die Ideen darin wirklich begriffen hat, ist weniger wichtig. Er ist stolz darauf, wenn er wieder mal einen 18-Stunden-Tag absolviert hat. Sogar in seiner Freizeit versucht er seine Leistungen zu maximieren. Wenn er spazierengeht, dann am liebsten mit der Stoppuhr. Wenn er joggt, dann wird daraus ein Marathonlauf. Er würde sogar schneller schlafen, wenn er dies zustande brächte. Er hetzt sich selbst, und er hetzt seine Umwelt, wenn es sein muß – und es muß oft sein – bis zum Geht nicht mehr.

In einer leistungsorientierten Kultur kann der Dino-Typ mit seinem leistungsorientierten Verhalten maximale Karriere machen. Doch entgeht ihm dabei sehr viel, was das Leben erst lebenswert macht. Er ist ein Workaholic, der selbst in der Freizeit nicht abschalten und sich ausruhen kann. Aus diesem Grunde befinden sich sein Organismus und seine unmittelbare Umgebung im Dauerstreß. Forcierte Leistungen führen zu Konsequenzen, die oft keineswegs beabsichtigt und nicht selten verheerend sind.

Der Wolkentyp lebt *spaßorientiert*. Er ist immer auf Vergnügen, Unterhaltung und Genuß aus. Er weiß auch, wie er sich organisieren muß, um diese Ziele zu erreichen. Und da dieser Menschentyp in der Dino-Kultur eher selten ist, wird er von den Dino-Typen – wenn auch manchmal mit ambivalenten Gefühlen – wegen seines Unterhaltungswertes geschätzt. Der unterhaltungsorientierte Wolkentyp ist der Paradiesvogel in einer Welt der grauen Mäuse. Er amüsiert und ist deshalb manchmal der Hofnarr am Hofe des Dino-Königs, der sich mit diesem Spaßvogel ungestraft seine eigenen, derben Späße erlauben darf.

So ist der Wolkentyp mit seinem unterhaltsamen, spaß- und genußbetonten Leben eine Bereicherung für die Umwelt. Doch ist mancher seiner Späße nur auf Kosten jener Menschen zu haben, die die Zeche zahlen. Außerdem ist der Wolkentyp oft nicht fähig, lebenswichtige Leistungen selbst zu erbringen, und frustriert dadurch sich selbst und andere mit der Zeit immer mehr.

Der Schmetterlingstyp verhält sich *sinnorientiert*. Sein ganzes Verhalten ist darauf ausgerichtet, Sinn zu stiften und Sinn zu erfahren. Die Sinnstiftung ist eine der wichtigsten menschlichen Tätigkeiten überhaupt, denn ein Leben, das als sinnlos erfahren wird, ist schrecklich.

Das Leben an und für sich hat keinen Sinn; es spult sich nach Zufall und Gesetz ab. Der Mensch verleiht seinem Leben einen Sinn, indem er Ziele formuliert, die sowohl für ihn als auch die Kultur wichtig und wertvoll sind. Wenn er diese Ziele so formuliert, daß sie konzeptionell, technisch, ethisch und ästhetisch gerechtfertigt sind und sein strategisches Auseinandersetzungspotential nicht übersteigen, dann kann er ein sinnvolles Leben leben.

Der sinnorientierte Mensch gibt auch dem Universum einen Sinn, indem er dessen Existenz und Operationsweise auf eine Art und Weise interpretiert, die aus zufälligen und oft chaotischen Einzelereignissen ein durchschaubares und erklärbares Ganzes macht. Die Sinnsuche und die Sinnstiftung erfüllen das Leben jedes reifen Menschen; sie haben uns die wertvollsten Kulturgüter geschenkt, die wir besitzen. Ohne dieses Bedürfnis nach Sinnstiftung gäbe es keine Mythen, Legenden und Märchen, keine Philosophie, keine Religionen, keine Rituale und Traditionen, keine Technologie, keine Wissenschaft und keine Kunst. Ohne dieses Bedürfnis nach Sinnstiftung hätten Shakespeare und Molière keine Dramen, Holbein und da Vinci keine Porträts und Newton und Einstein keine wissenschaftlichen Theorien geschaffen.

Der Schmetterlingstyp fragt sich jeweils, bevor er handelt, ob sein Handeln auch sinnvoll ist. Wenn er ein Ziel als für das Ökosystem sinnlos erachtet, dann strebt er nicht danach, obwohl er den momentanen Gewinn bei der Erreichung dieses Zieles durchaus zu sehen vermag. Die selbstsüchtige «Sinnstiftung» des Dino- und des Wolkentyps bringt, ganz im Gegensatz zur weltzentrierten Sinnstiftung des Schmetterlingstyps, oft schwere Nachteile mit sich; bei genauerem Hinsehen entdeckt man, daß sich bei ihnen der schiere Unsinn mit der Maske des Sinns getarnt hat.

Der Dino-Typ verhält sich wie ein *Eishockeyspieler*. Das Gesichtsfeld durch den Helm eingeengt, die Schultern maximal gepolstert, die Beine und Kniescheiben eingeschient und einen Prügel in der Hand: So rast er hinter der schwarzen Scheibe her und versucht sie so schnell wie möglich und mit aller Kraft ins Netz des Gegners zu jagen. Er ist ein Rauhbein und ein Raufbold, dem jeder Trick recht ist, um den Gegner aufs Eis zu legen. Wer sich ihm in den Weg stellt, wird angerempelt und überrannt. List, Schnelligkeit, rohe Kraft, Rücksichtslosigkeit und Brutalität sind die Qualitäten, die ihn erfolgreich machen. Und wenn er einmal guter Laune ist, weil sein Teamkollege gerade ein Tor geschossen hat, dann haut er ihm mit der leder- und kunststoffbewehrten Pranke eins auf den Schädel, daß der derart Gelobte die Sterne funkeln sieht.

Welche Metapher aus der Welt des Kampfsports man auch immer anwenden mag, eines ist klar: Der Dino-Typ bewältigt die Welt im Hauruckverfahren; er ringt und schlägt nieder, was sich ihm in den Weg stellt; er braucht dazu kein feines Sensorium, denn daß ihn einer umhaut, das merkt er auch so. Daß er zugelangt hat, merkt er ebenfalls. Er erreicht seine Ziele, indem er die Gegner in die Knie zwingt und umlegt; er schwingt den Dreschflegel der Genesis und macht sich die Erde untertan.

Der amerikanische Mythologieforscher Joseph Campbell hat am Ende seines Lebens diese Eishockey-&-Rugby-Mentalität im Rahmen des naiven Suprematismus folgendermaßen auf den Punkt gebracht: «Ich habe dieses ganze Jahrhundert erlebt, und es war eine Schweinerei. Es beruht vor allem darauf, jemanden ... anzuschwärzen und zu sagen: Wir müssen hingehen und ihn niederschlagen.»[44]

Der Eishockeyspieler vergißt, daß er in seinem «Spiel» ungeheure Energien verschwendet, daß er kaum je ohne Blessuren vom Schlachtfeld heimkehrt, daß es außerhalb der kleinen Eisfläche und heftig brüllenden Zuschauer auch noch eine Welt gibt und daß der Applaus, der ihn während des Spiels antreibt und zu Höchstleistungen anspornt, nur leerer Schall ist, der wieder verstummt sein wird, noch bevor er die Arena verlassen haben wird.

Der Wolkentyp verhält sich wie ein *Luftschloßbauer*. In seine Phantasien versunken, kann er stundenlang ein mentales Luftschloß bauen und sich dabei so sehr in die Szenen hineinversetzen, die sich in diesem Luftschloß und um dieses herum abspielen, daß er objektiv beobachtbare Wirklichkeit und subjektiven Tagtraum unentwirrbar vermengt. Sein wahres Reich ist nicht von dieser Welt. Es existiert in den inneren Gefilden, zu denen er allein Zutritt hat.

Ein Mensch, der auf den Wolken sitzt und mit Luft spielt, macht sich kaum Gegner und Feinde und erlebt während seines harmlosen Spiels manchen guten Augenblick, in dem er aller Sorgen enthoben, zufrieden und glücklich ist. Der Nachteil ist, daß die Winde der Veränderung – das heißt, die Realitäten des Alltags – das Ergebnis seiner Beschäftigung bald einmal dem Erdboden gleichmachen. Wer Luftschlösser baut, hinterläßt keine Spuren auf dieser Erde. Es ist aber ein uraltes Bedürfnis des Menschen, dem individuellen Tod ein Schnippchen zu schlagen, indem er Spuren hinterläßt, die von seinem Tun künden. In der Kulturevolution versucht der Mensch zu erreichen, was ihm in der biologischen Evolution nie gelingt: Die Zeitspanne seiner individuellen Existenz zu verlängern. Und gerade das will dem Wolkentyp nie gelingen.

Der Schmetterlingstyp verhält sich wie ein *Surfer*. Ein Surfer versucht nie, die Wogen zu bezwingen, denn er weiß, daß dieser Versuch lächerlich wäre. Wenn er das versuchte, würde er sogleich im Wasser landen. Er könnte sich dabei am Surfbrett die Schienbeine wundschlagen, könnte dabei gar ertrinken.

Wie verhält sich der Surfer der Welt gegenüber, in der er lebt und spielt?

Er hat auf Empfang geschaltet. Er spürt den Druck der anschwellenden Woge, die gegen das Surfbrett drückt und damit die Tiefensensibilität in den Sensoren seiner Gelenke, Sehnen und Muskelspindeln erregt und via Kleinhirn und Großhirn zur sofortigen instinktiven, reflexartigen Anpassung der Körperlage im Raum führt. Er sammelt alle Information, die aus den Gleichgewichtssensoren des Innenohrs kommt. Er lauscht auf den Klang der zischenden Woge und der heftig rauschenden Brecher. Er beobachtet sie. Er geht nicht nur mit allen Sinnen auf die Bewegung des Meeres und des Windes ein, der die Wogen beeinflußt. Er denkt sich sogar intuitiv in diese Bewegungen hinein und ahnt die Richtung und Geschwindigkeit der neuen Woge schon, bevor er sie erblicken kann.

Er stellt sich resilient auf jeden Strukturwandel im Beziehungsspiel zwischen Mensch, Surfbrett und Wasser ein. Er paßt sich optimal an alle Veränderungen an. Er muß vorübergehend sein Gleichgewicht leicht verlieren, um eine bestimmte Beschleunigung oder Richtungsänderung zustande zu bringen. Dann wird er es in einem eleganten Manöver zurückgewinnen, um auf dem Brett zu bleiben.

Er rast den Ereignissen nicht hinterher wie der Dino-Typ, noch läßt er sie über sich hinwegrauschen wie der Luftschlösser bauende Wolkentyp. Er reitet vorne, sozusagen auf der Stirnseite der Woge, und ist somit den Ereignissen um eine Nasenlänge voraus. Und all das passiert auf eine spielerische, unverkrampfte und anmutige Art und Weise, die ihn mit Zufriedenheit und sogar Glück erfüllt und die beim Betrachter Bewunderung erweckt und den Wunsch, es dem schwerelos dahingleitenden Wellenreiter gleichzutun.

Der Wellenreiter, der sein Spiel beherrscht, erreicht immer sein Ziel, und er erreicht es relativ mühelos, weil er die Kräfte der Umwelt optimal ausnützt. Sein Ziel ist natürlich nicht, möglichst schnell am Strand zu sein. Er will so lange auf den Wellen herumreiten, wie ihm dies Spaß macht. Er läßt eine Welle unter sich hindurchgleiten und läßt sich dann von der nächsten tragen. Er dreht sich auf dem Wellenkamm um und gleitet über den Buckel der Welle zurück. Er fährt Serpentinen. Er duckt sich und gleitet in eine Wasserröhre hinein; dann schießt er heraus, bevor diese Röhre in sich zusammenbricht.

Mit anderen Worten, der Weg selber ist ihm wichtig. Und dieser Weg ist voller Schleifen und verspielter Tänze und keine phantasielose Direttissima, die bloß zum Stillstand am Strand führt, weil die Wellen, die ihn tragen, dort unweigerlich verebben.

Der Vorteil dieses Verhaltens liegt darin, daß es eine große innere Befriedigung bringt, daß es die gesetzten Ziele zu erreichen hilft und daß es den Organismus stets fit und beweglich hält. Der Surfer ist der Homo ludens schlechthin. Der holländische Geisteswissenschaftler und Kulturkritiker Johan Huizinga sah im spielenden Menschen den Ursprung aller Kultur.[45] Der Surfer ist der schönste Ausdruck dieser Spielkultur. Er ist der erste Vertreter einer neu entstehenden Hochkultur, die mittlerweile immer mehr Spiel- und Sportbereiche zu beeinflussen scheint.

In den letzten Dekaden wurden immer mehr spielerische Sportarten, wie zum Beispiel Surfing, Windsurfing, Deltafliegen, Gleitschirmfliegen, Snowboarding, Rollerskating und andere Varianten des verspielten Sports erfunden, und sie setzen sich bei der Jugend auch immer mehr durch. Diese Sportarten sind meines Erachtens ein deutlicher Indikator dafür, daß sich die leistungs-

und kampfbesessene Dino-Kultur auf dem absteigenden Ast befindet, während der Schmetterlingskultur die Zukunft gehört. Der anmutige Tänzer ersetzt allmählich den verbissenen Holzhacker. Der verspielte Surfer ersetzt den prügelnden Hockeyspieler.

Das Verhalten des Surfers bringt keine Nachteile mit sich. Der Wellenreiter nützt zwar die Kraft der Wogen, aber er bringt sie deswegen nicht zum Erlahmen. Wo mehrere Wellenreiter zusammen tanzen, gibt es keine Gegner, die sich gelegentlich unschädlich zu machen versuchen. Es gibt nur das Spiel. Ein Spiel, das älter ist als der Mensch, älter als der Delphin: das Spiel der tanzenden Atome.

Der Dino-Typ verhält sich *produktiv*. Er produziert dauernd Waren, und seine Produkte überschwemmen den Markt. Er produziert auch die Werbekampagnen zu den Waren und beeinflußt damit die Konsumlust potentieller Kunden. Er produziert die Verpackungsmaterialien für die Waren und damit auch sehr viel Kehricht. Er produziert radioaktive Abfälle und damit das Problem der «Endlagerung» – ein Begriff, der etwas vorgibt, was er gar nicht halten kann. Denn die «endgelagerten» Produkte werden früher oder später von den Kräften der Natur wieder ent-lagert werden. Dann werden neue Probleme entstehen.

Und der Dino-Mensch produziert natürlich jede Menge von Schäden an sich selbst, an seinen Mitmenschen und an der belebten und nichtbelebten Natur. Diese Schadensstiftung läßt sich selbst auf Gebieten beobachten, auf denen man sie primär nicht vermuten würde.

Der produktive Dino-Typ findet sich nämlich auch beim Kunstmaler, der seine banalen und vielleicht gerade deshalb «marktgerechten» Werke am laufenden Band herstellt – sofern er sie nicht gar durch seine Assistenten «ver-fertigen» läßt. Er findet sich beim Wissenschaftler, der zwar keine einzige kreative Idee produziert, dafür jedoch kiloschwere Publikationen, die das Papier nicht wert sind, auf dem sie gedruckt wurden. Und er findet sich natürlich bei den großen Despoten, die ihre vor Leerformeln, Banalitäten und Bombast strotzenden Reden in kilometerlangen Buchbänden der Nachwelt überliefern. Es ist ein Skandal, daß so viele Bäume ihr Leben lassen müssen, damit größenwahnsinnige Dino-Typen in Prospekten, Zeitungen, Zeitschriften und Büchern soviel Ramsch produzieren können!

Wenn der Dino-Typ in der Wissenschaft Kongresse organisiert, dann hat er's gern groß. Dann lädt er möglichst viele Referentinnen und Referenten ein, denen er möglichst wenig Zeit zum Sprechen gibt, damit sie im knausrig bemessenen Zeitbudget alle untergebracht werden können. Solche Dino-Rituale dienen nicht der Kommunikation von wissenschaftlichen Konzepten. Sie dienen nicht dem wissenschaftlichen Erkenntnisgewinn. Es sind vielmehr taktisch konzipierte Machtrituale, die Auskunft darüber geben, wer zur Zeit gerade welchen «Marktwert» hat.

Der Dino-Mensch hat die Industrierevolution produziert, und damit begann ein Produktionseifer, der uns sehr viele wünschenswerte Produkte beschert hat, die die Lebensqualität erhöhen, aber auch sehr viele Produkte, die unsere Lebensqualität vermindern. Dieser Produktionseifer hat letztlich in sehr vielen Regierungen einen Wahn geboren, der fatalerweise annimmt, daß die jährliche Vergrößerung des Bruttosozialprodukts der wesentlichste Maßstab für die gesunde Entwicklung einer Nation ist.

Der Vorteil des produktiven Verhaltens liegt darin, daß es vielen Menschen zu Brot und Spaß verhilft. Es hat uns im Lauf der Zeit sehr viel Komfort und sehr viele Annehmlichkeiten gebracht. Keiner von uns möchte heute auf das elektrische Licht, auf im Winter geheizte Räume, auf den Eisschrank, auf gute Bücher und Filme verzichten. Andererseits hat das produktive Verhalten des Dino-Typs auch vielen Menschen Kummer, Krankheit und Verderben gebracht und tut es immer noch. Die Dino-Typen haben Kriege produziert, um politische Reiche zu zimmern. Sie haben Marktschlachten produziert, um Wirtschaftsimperien zu schaffen und zu vergrößern. Sie haben den Dreschflegel der Genesis geschwungen und damit die gesundheitlichen, zwischenmenschlichen und ökologischen Schäden produziert, an denen wir heute leiden.

Der Wolkentyp verhält sich *reproduktiv*. Er bringt selten ein neues Produkt hervor, denn er reproduziert lieber, was bereits besteht. Er reproduziert dauernd die gleichen Phantasien und Träume, und auch wenn er ungewöhnliche Träume träumt, stellen diese meistens keinen bleibenden kreativen Beitrag zur Kultur dar. Er verbringt den Tag stets nach demselben Schema, sieht mit Vorliebe stets dieselben Menschen oder Menschen vom stets gleichen Typ. Er tut jeden Tag dieselben Dinge in der gleichen Reihenfolge und nach demselben Muster. Er stellt immer wieder die gleichen Behauptungen auf und verkündet immer wieder dieselben Absichten, meistens ohne sie je zu realisieren.

Reproduktives Verhalten kann im besten Sinne konservativ sein, kann durch seine Einfallslosigkeit aber auch gewaltige Probleme schaffen.

Der Schmetterlingstyp verhält sich *kreativ*. Er ist der Generator der Kulturevolution, denn er ist fähig, Neues hervorzubringen, das einmalig, funktionell adäquat, formal perfekt und wertvoll ist und damit den Kriterien entspricht, die man an ein kreatives Produkt stellt.[46] Wir verdanken dem kreativen Schmetterlingstyp die Entwicklung von Magie, Mystik, Mythologie, Ritual, Religion, Ideologie, Tradition, Normen und Werten, Technologie, Kunst, Wissenschaft und Weisheit. Ohne den kreativen Menschen würden die Menschen noch immer in Urhorden durch die Savannen streifen, und ihr Vernunfthirn hätte sich kaum entwickelt.

Wir verdanken dem kreativen Verhalten alle Annehmlichkeiten und Segnungen von Zivilisation und Kultur. Wir verdanken ihm Sinnstiftung und existentielle Erfüllung. Wenn es sich jedoch mit der Dummheit und der blinden Besitz- und Machtgier des Dino-Menschen paart, wird es destruktiv und erfindet neue Verbrechensarten, Kriege, Atombomben, chemische und biologische Vernichtungswaffen und andere Geißeln.

Der Dino-Typ unterliegt in seinem Verhalten dem *technocratic fix*, das heißt, dem Zwang, alles zu realisieren, was sich technisch machen läßt. Er unterliegt nur allzu leicht dem Wahn, «die Dinge im Griff» zu haben. Aus diesem Grund ist der Dino-Typ dauernd dabei, den Zauberlehrling zu spielen, der die Geister nicht mehr los wird, die er rief. Er läuft immer wieder in die Falle der Hybris. Er fliegt wie Ikarus hinauf zur Sonne und schlägt die Warnungen von Dädalus in den Wind, verbrennt die Flügel und stürzt hinunter ins Meer und in den Tod.

Der Dino-Typ handelt oft, bevor er einen Sachverhalt in all

seinen kausalen Vernetzungen richtig zu Ende gedacht hat. Er spielt mit der Kernspaltung herum, lange bevor er alle möglichen Folgen überdacht hat, geschweige denn mit den dabei auftretenden Kräften richtig umgehen kann. Er findet heraus, wie die Kernspaltung funktioniert, und das ist ihm Grund genug, sie auch durchzuführen. Er stürzt sich unbesonnen auf das genetische Programm von Pflanzen und Tieren, weil er herausgefunden hat, wie sich dieses Programm technisch manipulieren läßt.

Die positive Seite des *technocratic fix* besteht darin, daß viele Dinge, die sich technisch machen lassen und deshalb auch realisiert werden, dem Menschen Vorteile bringen. Ohne ein wenig *technocratic fix* hätte man nie Antibiotika und neue medizinische Behandlungsmethoden entwickelt, die dem Menschen das Leben erleichtern und oft sogar retten. Ohne eine Prise *technocratic fix* gäbe es vermutlich auch keine Häuser, Skulpturen und Gemälde. Es gäbe wohl auch keine Symphonien, kein elektrisches Licht und kein Telefon. Aber die Nachteile des *technocratic fix* sind ebenso gewaltig. Ohne seinen verhaltenssteuernden Zwang gäbe es keine Kriege, keine Folter, keine Unterjochung der Freiheit, keinen Mord und Totschlag, keine Umweltschäden und keinen frühzeitigen Tod infolge streßbedingten Verschleißes organismischer Erholungs- und Widerstandskräfte.

Der Wolkentyp verhält sich wie ein *Zaungast*. Er sitzt auf dem Zaun der Welt und schaut zu, wie sie sich entwickelt. Er gestaltet nicht besonders viel, da er ja kaum etwas produziert. Im Extremfall wird er deshalb zum Parasiten, der von dem profitiert, was andere tun, und zwar auf Kosten derer, die produzieren und kreieren.

Zaungastverhalten stiftet relativ wenig Schaden. Doch ist ein Leben in passivem Konsum öde und parasitär.

Der Schmetterlingstyp *gestaltet*. Er kreiert nicht nur; er formt, was er schafft, in einer Art und Weise, die das Produkt schön und wertvoll macht. Die Produkte kreativer Gestaltung tragen viel zur Schönheit in unserer Welt bei; sie machen die Ästhetik der Kultur aus. Ohne die gestalterische Kraft der Kreativen wäre die Welt ärmer und die Qualität unseres Lebens geringer. Ohne die Gestaltungskraft des Schmetterlingstyps wäre die Erbärmlichkeit der gierigen Gesellschaft noch offenkundiger.

Gestalterisches Verhalten hat, wo es sich mit Weisheit paart, keine Nachteile. Es kommt jedoch vor, daß Dino-Typen sich parasitär der gestalterischen Fähigkeiten von Schmetterlingstypen bedienen, um destruktive Ziele zu verfolgen.

Das Verhalten des Dino-Typs ist *schwerfällig*. In sehr vielem, was er tut, zeigt sich eine pathetische, pompöse Schwerfälligkeit. Diese Schwerfälligkeit scheint ein Gegensatz zum rasenden Eishockeyspieler zu sein, der von Kollision zu Kollision und von Fluchtmanöver zu Fluchtmanöver flitzt; sie ist jedoch durchaus ein Aspekt des Dino-Typen.

Ist der Dino-Typ ein führender Politiker, der bei der offiziellen Eröffnung eines neu dem Verkehr übergebenen Autobahnabschnitts ein farbiges Band zerschneiden soll, dann bringt er es tatsächlich fertig, dabei die Stirne zu runzeln, mit den Kiefern zu malmen, die Schultern zu heben, die Arme anzuwinkeln und den Brustkorb aufzublähen, um dem grandiosen Ernst, der ihn bei dieser Zeremonie «beseelt» – man müßte eher sagen «bekörpert» –, gebührend Ausdruck zu verleihen.

Die positive Seite des schwerfälligen Verhaltens ist schwer einzusehen. Ein Vorteil mag darin liegen, daß schwerfälliges Imponiergehabe Gegner einschüchtert und damit manche Kämpfe verhindert. Schwerfälliges Verhalten ist bar jeder Grazie, und es frißt viel Energie. Wer sozusagen selbst beim Schlafen in der Imponierstellung verharrt, wird entsprechend verkrampft und kann sich nicht erholen. Und was noch schlimmer ist: Wer sich gern pompös in Szene setzt, macht sich nicht selten lächerlich.

Das Verhalten des Wolkentyps ist *gewichtslos*. Der Wolkentyp erscheint locker und abgehoben. Er ist bequem und überläßt das Schwitzen lieber den anderen. Aus diesem Grunde wirkt er im doppelten Sinne des Wortes gewichtslos. Er vermeidet zwar die Fallgrube der Schwerfälligkeit, aber er macht auch keinen Eindruck. Er ist ein Leichtgewicht und wird von anderen Menschen kaum ernst genommen. Macht er eine Bemerkung oder gibt er einen Kommentar ab, dann tut er dies oft so ungezielt und ohne inneres Engagement, daß die anderen kaum wahrnehmen, geschweige denn ernst nehmen, was er sagt.

Gewichtsloses Verhalten ist energetisch günstig und wirkt ästhetisch angenehm. Doch haben Unbetroffenheit und Bequemlichkeit ihren Preis. Der Wolkentyp ist ein Drifter, der sich an nichts und an niemanden richtig binden mag und deshalb oft auch keinen sicheren Boden unter den Füßen hat. Dieses Verhalten führt mit der Zeit zur Vereinsamung.

Das Verhalten des Schmetterlings ist *beschwingt*, verrät Rhythmus und Harmonie. Der Schmetterlingstyp ist ein Tänzer, der die Tanzfiguren virtuos beherrscht und auch unbeweglich stehenbleiben kann. Man schaut ihm gerne zu, denn alle seine Bewegungen zeigen eine anstrengungslose Anmut und Grazie. Sogar wenn der Schmetterlingstyp über ein beachtliches Körpergewicht verfügt, bewegt er sich leichtfüßig und beschwingt.

Beschwingtes Verhalten hat besonders in der Kunst Werke hervorgebracht, die uns alle Erdenschwere vergessen lassen und uns entzücken. Diese Fähigkeit zur Transzendenz und Sublimation der Schwere finden wir zum Beispiel in der Musik von Mozart. Er war immer wieder fähig, sich aus den Tiefen einer depressiven Verstimmung emporzuschwingen und heitere Kompositionen zu schreiben, die die unendliche Leichtigkeit des Seins zelebrieren.

Der Dino-Typ handelt *verbissen*. Er verbeißt sich in das Objekt seiner Wünsche und Begierden. Er vergräbt sich hartnäckig in einem Thema. Er buddelt sich schweißtriefend durch einen Aktenberg. Er bezwingt dauernd Widerstände, die er oft genug selber errichtet. Er bricht sie mit aller Gewalt. Er hält zäh an seiner Meinung fest und läßt sich im Konfliktfall kein Wort des Eingeständnisses und der Versöhnung entreißen. Er verbeißt sich oft auch wörtlich, indem er auf seinen Lippen oder auf seiner Zunge herumbeißt. Man kann ihn dabei ertappen, wie er einen Finger oder gleich die ganze Hand in den Mund schiebt und dann die kaum mehr vorhandenen Fingernägel mit einem Ingrimm benagt, der die Erinnerung an atavistische kannibalische Tendenzen heraufbeschwört.

Der Dino-Typ kann nicht loslassen. Hat er sich einmal in etwas verbissen, dann gibt er es so ungern wieder her wie die Bulldogge den Knochen.

Der Vorteil der Verbissenheit liegt darin, daß der Dino-Typ oft seine Ziele erreicht und sich das Erreichte nicht mehr entreißen läßt. Doch Verbissenheit macht müde und erschöpft. Gelegentlich verliert der Verbissene seine Zähne, wenn die Kraft, die ihm das begehrte Objekt entreißen will, größer ist als die Kraft seiner Kiefer. Der Verbissene ist häufig eine große Last für seine Umgebung, weil er kein bißchen flexibel, locker und nachgiebig sein kann. Verbissenheit ist nicht möglich ohne Hartnäckigkeit, denn der Verbissene spannt alle Muskeln im Kopf-Nacken-Bereich an, um sich sein Objekt nicht entreißen zu lassen. Wer öfter mit einem hartnäckigen Verbissenen zu tun hat, weiß, daß das Leben mit ihm schwer ist.

Das Verhalten des Wolkentyps ist *verträumt*. Er läuft als Hans-guck-in-die-Luft durch die Welt und verliert sich in den Bildern, die ihm seine Imagination vorgaukelt. Er schwebt dauernd in den Wolken, und wenn er sehr glücklich ist, dann ist er, wie es die Amerikaner ausdrücken, *on cloud nine*, das heißt allen Wirklichkeiten enthoben und in einer perfekten Traumwelt.

Verträumtes Verhalten verschafft viele angenehme Erlebnisse, bewirkt aber auch, daß der Tagträumer oft nicht tut und erledigt, was getan und erledigt werden müßte. Damit verpaßt er manchen wichtigen Zug. Zudem bringt sein unzuverlässiges Verhalten den Menschen seiner Umgebung Kummer und Sorgen.

Das Verhalten des Schmetterlingstyps ist optimal *strukturiert*. Chaos und Unordnung, Freiheit und Strukturzwang, Zufall und Gesetz sind harmonisch kombiniert. Der strukturiert handelnde Mensch weiß, was, wie, warum und wozu er etwas will, und er erreicht es auch. Aber da er optimal und nicht maximal strukturiert handelt, berechnet er die Folgen seines Verhaltens ein und vermeidet damit negative Konsequenzen, wo immer er kann. Das derart strukturierte Verhalten ist ein von Verantwortung und Respekt für alles Seiende geprägtes Verhalten.

Optimal strukturiertes Verhalten kann einmal mehr in Richtung Chaos oder Zufall steuern, wenn der Mensch mehr Freiheit braucht, um kreativ zu sein. Und es kann eher mehr in Richtung Ordnung und Gesetzmäßigkeit gehen, wenn vermehrt Organisation nötig ist, um Halt und kritische Abstützung zu erhalten.

Optimal strukturiertes Verhalten folgt dem Tao, dem rechten Weg, der von Vernunft und Weisheit geprägt ist.

Das Verhalten des Dino-Typs ist *knauserig*. Er geizt mit allem: mit seiner Zeit, seinem Geld, seinem Wissen und seiner Nächstenliebe. Er gibt auch nicht einen Fetzen seiner Macht her und verteidigt mit Zähnen und Klauen, was er besitzt. Er maximiert die Sparsamkeit, wo es um seinen Besitz geht. Er ist zufrieden, wenn er mindestens kostendeckend arbeitet. Er ist glücklich, wenn er kostensparend vorgeht. Aber seine Begeisterung wird geradezu ekstatisch, wenn er anderen etwas abzwacken und damit seine eigene Gewinnmarge vergrößern kann.

Der Geizhals vergeudet keine Ressourcen, die ihm gehören. Mit diesem Verhalten wird er oft reich an Geld und Macht. Doch geht Knausrigkeit meist auf Kosten anderer. Wer mit einem Knauser privat oder beruflich zu tun hat, der leidet. Und Knausrigkeit bringt dem Knauser selbst kaum echte Freude.

Der Wolkentyp verhält sich im Prinzip *großzügig*. Im Unterschied zum Schmetterlingstyp ist er jedoch vor allem großzügig gegenüber sich selbst. Er gönnt sich alles, was er haben möchte, und scheut dabei auch vor Verschwendung nicht zurück. Er ist anderen gegenüber großzügig, sofern ihm dabei nichts abgeht. Wo dies jedoch nicht der Fall ist, da denkt er zuerst an sich. Seine Großzügigkeit ist somit primär egozentrischer Natur. Seine Verschwendungssucht geht oft auf Kosten anderer Menschen. Wo einer mit der großen Kelle anrichtet, braucht es einen, der das Gut erwirtschaftet hat, das großzügig verteilt wird.

Der Schmetterlingstyp ist auf altruistische Art und Weise *großzügig*. Er ist der Ansicht, daß Geben seliger ist als Nehmen.

Er verschenkt seine besten Einsichten, ohne sich dabei großartig zu gebärden. Er läßt andere an seinem Erfolg teilhaben. Er braucht nicht immer recht zu haben, sondern läßt auch die Meinung der anderen gelten. Er übersieht die Fehler der anderen, wenn sich diese Fehler nicht verbessern lassen. Er kann ein Auge zudrücken, wo andere gleich mit dem Zeigefinger winken oder gar mit der Faust drohen. Er gibt den Bedürftigen Geld und Brot, und wenn er reich ist, vermacht er seinen Besitz oft Menschen und Institutionen, die damit etwas Vernünftiges anfangen können. Er ist das Gegenteil einer Buchhalterseele, denn seine Bilanzen müssen auf lange Sicht für die ganze Welt stimmen und nicht nur zum Jahresabschluß für den eigenen Betrieb.

Der Vorteil echter, altruistischer Großzügigkeit ist, daß geteilte Freude doppelte Freude ist und daß Großzügigkeit im Transaktionsfeld, in dem sie stattfindet, eine Stimmung schafft, die von allen als wohltuend, befreiend und beglückend erlebt wird. Authentisch großzügiges Verhalten ist stets mit Weisheit gepaart und schließt damit Vergeudung und Verschwendung von Ressourcen aus.

Das Verhalten des Dino-Typs ist befangen und *gefangen*. Er ist ein Gefangener seines eigenen Charakters.

Interne und externe Strukturzwänge bestimmen sein Leben. In seinem Vokabular nehmen die Begriffe «Sachzwänge» und «Strukturzwänge» eine prominente Stellung ein. Hinter den Masken «Sachzwang» und «Strukturzwang» verborgen, gewinnt der Dino-Typ eine gewisse Narrenfreiheit für sein Tun und fühlt sich nicht verantwortlich dafür.

Er ist zwar ein Treiber, aber noch mehr ist er ein Getriebener, ein Geschobener und Gezogener. Er ist, wie er das gelegentlich in einer nostalgischen Stimmung – reichlich schwülstig übrigens – zu nennen pflegt, «ein tragisch in die Existenz hinein Geworfener». Er ist alles, nur nicht frei. Er ist abhängig von seiner Vererbung, von seinen Kindheitserfahrungen, von seiner jetzigen Umwelt und von den zu erwartenden Entwicklungen. Und weil er das ist, kann er nicht frei wählen.

Der Vorteil des gefangenen Verhaltens ist, daß man darauf verzichten kann, für die Folgen seines Verhaltens einzustehen. Da man nicht frei ist, zwischen Alternativen zu wählen, und da man nur unter dem Druck von Sachzwängen operiert, ist man irgendwie nicht verantwortlich für das, was man tut. Zumindest fühlt man sich dafür nicht verantwortlich. Man tut bloß seine «verdammte Pflicht und Schuldigkeit», und hinterher hat man dann «von allem nichts gewußt».

Ein Mensch ohne Autonomie kann nicht reif werden. Er bleibt auf immer ein Pubertierender.

Das Verhalten des Wolkentyps ist *quasi-frei*. Von außen her sieht es aus, als sei er völlig unbeschwert von allen Sachzwängen, denn schließlich schwebt er in einer Wolkenwelt und driftet über alle Niederungen dahin. Aber in Wirklichkeit wird das Verhalten der Wolken von Auftriebskräften und Winden gesteuert, denen sie blindlings gehorchen müssen. Und so geht es auch dem Wolkentyp. Die Auftriebskräfte seiner Phantasie und die Winde seiner Emotionen treiben ihn hierhin und dorthin. Er ist nur frei in bezug auf viele äußere Sachzwänge (z.B. Rollenerwartungen, soziale Normen und Werte, berufliche Verpflichtungen usw.), die er ignoriert, während er ein Spielball seiner inneren Kräfte ist und nicht selten von Trieben und Emotionen gesteuert wird, die sich von ihrem neokortikalen Steuerzentrum entkoppelt haben. Er ist aber auch Spielball von äußeren Umständen (z.B. Moden im Gruppenverhalten), die seinen inneren Kräften entsprechen.

Der Vorteil des quasi-freien Verhaltens liegt in seiner Freiheit gegenüber manchen Dingen, die dem Dino-Menschen schwer zu schaffen machen und ihm unablässig neue Anstrengungen und Leistungen abzwingen. Die Quasi-Freiheit hat jedoch, wie jede Illusion und wie jede Lebenslüge, ihren Preis. Wer sich lange genug vorgaukelt, der Herrgott werde für ihn sorgen, wie er dies für die Lilien auf dem Felde tut, wird früher oder später herausfinden, daß der Herrgott dem quasi-freien Wolkendrifter die Lilien auf dem Felde entschieden vorzieht. Die vermeintliche Autonomie des Wolkentyps ist oft genug nicht mehr als eine Pseudoautonomie, das heißt eine von Trotzverhalten geprägte Scheinautonomie. Der Trotzige mag sich den Verhältnissen nicht beugen; er rebelliert dagegen, und er tut es in zwanghafter Manier. Aber damit ist er schon wieder ein Gefangener seiner Emotionen, und was er hier an Freiheit gewinnen mag, verliert er anderswo.

Das Verhalten des Schmetterlingstyps ist *frei*. Er ist wirklich autonom, das heißt, er braucht nicht dauernd «dagegen» zu sein, um frei zu sein. Seine Autonomie beruht weniger auf Widerspruch als auf der weisen Wahl zwischen möglichen Alternativen. Wahre Autonomie ist dadurch definiert, daß der Mensch strukturell verschieden von anderen ist und daß er in seinen Funktionen von anderen unabhängig ist – soweit dies ein Organismus überhaupt sein kann. Ein strukturell differenzierter Mensch denkt anders, und er sieht anders aus als die anderen. Er trägt nicht unbedingt die gleiche Haartracht und die gleichen Kleider wie andere Menschen. Er macht nicht jede Mode mit, die gerade «in» ist. Er entscheidet selbständig, was er tun und lassen will. Wo alle auf der letzten Ernährungswelle oder Sportmasche, auf dem letzten Esoterik-, Psycho-, Astro- oder Wie-auch-immer-Look abfahren, steuert er einen eigenen Kurs. Er läßt sich von Vernunft und Weisheit leiten und sagt nein zu allem, was seiner Intelligenz, seinem guten Geschmack und seinem ethischen Empfinden widerspricht. Er tut es aber nicht, um zwanghaft «anders» zu sein. Er wählt seine Alternativen frei und aus der Einsicht heraus, daß nur ein Leben in Freiheit ein würdiges Leben ist. Der autonome Mensch weiß auch, daß jede Wahl Rechte und Pflichten impliziert und daß das eine nicht ohne das andere zu haben ist. Er nimmt seine Rechte wahr, aber er vernachlässigt darüber nicht seine Pflichten.

Identitätsfindung und Identitätsbewahrung, Selbstverwirklichung und optimale Entwicklung aller wichtigen persönlichen Ressourcen sind nur in echter Autonomie möglich. Die negative Seite der Autonomie besteht darin, daß die Nichtautonomen den Autonomen um seine Freiheit beneiden oder sich durch seine Freiheit sogar bedroht fühlen und ihn deshalb mit allen Mitteln zurück in die Herde zu zwingen versuchen. Die großen Autonomen der Kulturevolution – von Heraklit und Sokrates über Giordano Bruno und Galileo Galilei bis hin zu Spinoza und Einstein – haben ihren Preis für die innere Freiheit bezahlen müssen. Aber sie wurden, wie wir alle wissen, für ihre Autonomie auch belohnt, denn man beneidet sie noch weit über ihren Tod hinaus um ihre Freiheit und um ihren Mut. Und man ist ihnen gleichzeitig auch dankbar für die Modelle der Identitätsstiftung, die sie für uns und für zukünftige Generationen geschaffen haben.

Das Verhalten des Dino-Typs ist, wie bereits oft unterstrichen, stets *maximierend*. Er isoliert dauernd irgendeine Variable aus dem Netzwerk des Seins heraus und versucht diese zu maximieren. Er versucht stets, das Maximum dessen zu bekommen, was er haben will. Er will maximales Wissen, maximales Prestige, maximalen Reichtum und maximale Macht. Er will maximale Muskeln und maximale Geschwindigkeit, maximalen Sex und maximale Portionen auf dem Teller. Er will maximale Sicherheit und maximales Abenteuer. Er will maximale Freiheit für sich selbst und maximale Unterjochung für die anderen. Er will sein Leben maximal verwirklichen und maximal verlängern, und könnte er den

Tod eines Intimgegners maximieren, dann würde er auch das noch tun.

Der Vorteil des Maximierens liegt darin, daß man dabei meistens genügend von dem kriegt, was man haben will. Der Nachteil ist, daß man dabei nicht selten sich selbst, anderen Menschen und der Umwelt Schaden zufügt.

Der Wolkentyp verhält sich wie ein *Minimax*. Ein Minimax ist einer, der das Minimum der eigenen Anstrengungen auf die Spitze treibt. Er versucht, die eigene Leistung zu minimieren und gleichzeitig den eigenen Genuß zu maximieren. Er sitzt gern als Schlemmer an der Tafel des Lebens und schlägt sich den Bauch voll, möglichst ohne dabei einen Finger zu rühren. Er maximiert seine Träume, die andere realisieren sollen, da er seinen eigenen Beitrag dazu minimiert.

Ein gutes Beispiel für den Minimax ist der Weltverbesserer, der Tag und Nacht davon träumt, wie man unseren Planeten sanieren könnte. Er entwickelt ein Rettungsszenario nach dem anderen. Die Leistungen, die erbracht werden müssen, um die Ideen in die Tat umzusetzen, überläßt er großzügig den anderen, die Kosten dieser Leistungen ebenfalls. Und den Beweis dafür, daß seine beabsichtigten Rettungsaktionen der Welt Segen bringen würden, braucht er auch nicht zu erbringen. Je grandioser seine Welterlösungsträume sind, um so größer ist auch seine Gewißheit, daß er den Stein der Weisen gefunden – und dazu gleich noch das Perpetuum mobile erfunden – hat. Er träumt und redet. Aber er ist zu faul, seine Ideen auszuarbeiten und zu formulieren. Und er setzt sie auch kaum je in Taten um.

Der Minimax erhält viel mit wenig Aufwand. Er operiert sparsam, wo es um die eigenen Leistungen geht. Doch schmarotzt er oft bei seiner Umwelt. Was er haben will, muß schließlich jemand produzieren.

Der Schmetterlingstyp verhält sich *optimierend*. Er versucht stets das Gleichgewicht zwischen allen wesentlichen Variablen zu harmonisieren. Wenn er plant, plant er die Wahrscheinlichkeit von Erfolg und Mißerfolg möglicher Strategien ein, und er vergißt dabei auch nicht die nüchterne Kosten-Nutzen-Analyse. Wenn er handelt, beobachtet er die Wirkungen seines Tuns und versucht, die auftretenden Vorteile zu erhalten und zu verbessern und die

Nachteile möglichst zu vermindern oder zu eliminieren. Er verhält sich stets so, daß sein Handeln dem ganzen Netzwerk zugute kommt, in dem er lebt. Er denkt ökologisch, nicht im modischen Sinne, sondern im wahrsten Sinne des Wortes: Das Netzwerk aller Beziehungen zwischen Mensch und physikalischer/biosozialer Umwelt ist sein Heim; er tut nichts, was den Hausfrieden stören könnte, aber alles, um ihn dauernd neu zu gestalten, zu erhalten und zu verbessern.

Optimierendes Verhalten bringt allen Beteiligten Nutzen und dem Ausführenden selbst eine große innere Befriedigung. Es ist sinnstiftend und zieht Erfüllung nach sich. Der nur temporär existierende, subjektive Nachteil liegt darin, daß dieses Verhalten immer wieder Verzicht auf egoistische Interessen und zudem große Leistungen im Dienste altruistischer Interessen verlangt.

Der Dino-Typ verhält sich *unethisch*. Er sucht immer nur seinen eigenen Vorteil, selbst wenn die Welt dabei zugrunde geht.

Die Waffenhändler, die mit mechanischen, chemischen und biologischen Waffen Geschäfte machen, sind Prototypen des unethisch operierenden Dino-Menschen. Solange die Kasse stimmt, stimmt für sie die Welt. Daß sie dabei Wohlstand und Leben von Millionen bedrohen oder gar zerstören, kümmert sie nicht. Wenn man sie zur Rede stellt, dann antworten sie in bester Dino-Manier: «Geschäft ist Geschäft» und: «Wenn ich es nicht tue, dann tut es eben ein anderer.»

Der unethisch operierende Dino-Typ ist der Psychopath par excellence. Ihm verdanken wir, wenn auch nicht den ganzen Jammer dieser Welt, so doch einen guten Teil davon.

Sogar wenn der Dino-Typ im «Namen des Gesetzes», «aus Prinzip» oder «im Dienste der Sache» ethische Positionen vertritt, sind seine Handlungen oft nicht weniger unethisch, als es die Hexenverfolgungen des Mittelalters waren, die «im Dienste der Erhaltung der reinen Wahrheit» und «im Dienste der Bekämpfung des Bösen» geschehen sind.

Der Wolkentyp verhält sich *quasi-ethisch*. Wenn er nicht gerade ein drogensüchtiger Mensch ist, dann versucht er kaum, jemandem bewußt und willentlich zu schaden. Aber da er letztlich egozentrisch handelt, schadet sein Verhalten indirekt den Menschen, die auf ihn zählen oder von ihm abhängig sind. So kann er zwar die Liebe predigen und den Frieden für alle wollen, aber was er wirklich zustande bringt, ist nicht selten etwas ganz anderes.

Der quasi-ethische Mensch kann sich im Bewußtsein sonnen, ein anständiger Mensch zu sein. Doch außerhalb des Sonnenstrahls, in dem sich der Wolkentyp sonnt, ist viel Schatten, in dem seine unmittelbare Umgebung leben muß.

Der Schmetterlingstyp handelt *ethisch*. Seine Ethik ist allerdings nicht die Moral starrer und stur befolgter Prinzipien, sondern eine echte Systemethik.[47] Im Rahmen der Systemethik unterläßt man alles, was auch nur einem einzigen Faden oder Knoten innerhalb eines Netzwerkes schaden könnte. Und man tut alles, was Identität und optimale Entwicklung des ganzen Netzwerkes schafft, erhält und verstärkt. Die Fäden und Knoten im Netzwerk bestehen, das sei betont, nicht nur aus Menschen, sondern auch aus Pflanzen und Tieren – und sogar aus leblosen Objekten.

Der echt ethisch denkende und handelnde Mensch muß unter Umständen gegen etablierte Prinzipien und Traditionen verstoßen. Im Zwiespalt zwischen Legitimität und Legalität wird er sich manchmal für Legitimität entscheiden. Ihm ist die Scheinheiligkeit der Philister ein Greuel, und deshalb wettert er manchmal im heiligen Zorn gegen die etablierte Ordnung – ganz so wie der junge Jesus, der im Tempel von Jerusalem zum Strick griff, um seinen Argumenten Respekt zu verschaffen. Deshalb ist der ethisch operierende Schmetterlingstyp allen Scheinheiligen und Verlogenen ein Dorn im Auge, der irritiert und schmerzt. Sie verfahren mit ihm oft so, wie die Notabeln von Athen mit Sokrates, den sie im Verdacht hatten, der Jugend autonomes Denken beizubringen: Sie eliminieren ihn – wenn es sein muß, physisch.

Der Vorteil der Systemethik liegt auf der Hand: Sie ist für die ganze Welt ein Segen. Der temporäre Nachteil ist vor allem subjektiver und persönlicher Natur: Wer echt ethisch handelt, muß auf manche egoistische Befriedigung verzichten; er muß viel leisten, um der Systemethik gerecht zu werden. Außerdem wird der ethisch korrekt handelnde Mensch nicht selten zum Opfer unethischer Dino-Aggressoren.

Damit haben wir die wichtigsten Unterschiede im Wahrnehmen, Denken, Fühlen, physiologischen Funktionieren und Verhalten der drei Leadertypen analysiert. Um aber möglichen Mißverständnissen vorzubeugen, sind zum Schluß ein paar kritische Bemerkungen über das Verhältnis von Ideal- und Realtypus angebracht.

Vom Idealtypus zum Realtypus

Ein Idealtypus ist ein exakt definierter Typus. Er entspricht einer abstrahierten und generalisierten Idee und existiert in Reinform nur im mentalen Raum. Der Realtypus ist weniger exakt und oft sogar widersprüchlich definiert. Er entspricht der beobachtbaren Realität und kommt im physikalischen, biologischen und sozialen Raum vor.

Jede konzeptionelle Analyse, auch die Analyse von Idealtypen, tut der beobachtbaren Realität Zwang an. Die Analyse greift ins Gewebe der Realität ein, schneidet es auf und isoliert eine Serie von Elementen. Sie trennt im Entweder-oder-Modus, was im Sowohl-als-auch-Modus zusammengehört. Sie schafft künstliche, willkürlich isolierte Einheiten; sie verwischt Gemeinsamkeiten, die über die Grenzen der definierten Kategorien hinwegreichen.

Der Vorteil des einmal definierten Idealtypus ist, daß er eine schnelle Orientierung in der beobachtbaren Realität erlaubt, der Nachteil, daß er da, wo seine Anwendung nicht kritisch überprüft wird, zu falschen Erkenntnissen und Meinungen führen kann.

Diese erkenntnistheoretische Kritik am Wesen der konzeptionellen Analyse hat praktische Konsequenzen. Ein konkreter Mensch gehört selten exklusiv zu einem der drei Idealtypen, deren Eigenschaften wir im vorhergehenden Kapitel ausführlich dargelegt haben. Die Wirklichkeit sieht eher folgendermaßen aus:

Derselbe Mensch gehört im Lauf seines Lebens über kürzere oder längere Zeiten hinweg in eine oder mehrere idealtypische Kategorien. Als Kind ist er oft ein Wolkentyp, wird dann in der Pubertät manchmal zum Dino-Typ und entwickelt sich als reifer Mensch vielleicht zum Schmetterlingstyp.

Derselbe Mensch kann in einem konkreten Lebensbereich (z.B. Partnerschaft) ein Wolkentyp sein, in einem anderen Bereich

(z.B. Freizeitgestaltung) ein Schmetterlingstyp und in einem dritten (z.B. Beruf) ein Dino-Typ. Man wird sich daran erinnern, daß
Heinrich Himmler zu Schäferhunden und zu seiner eigenen Familie geradezu rührend lieb und fürsorglich war. Diese Fürsorglich-
keit hinderte ihn allerdings nicht daran, eine der brutalsten kriminellen Vernichtungsmaschinen zu organisieren, die der Mensch je
ersonnen hat und die Millionen von unschuldigen Menschen Qual
und Tod im Konzentrationslager brachte.

Derselbe Mensch kann in bezug auf ein konkretes Thema (z.B.
Rechthaberei in puncto Sportereignisse) ein Dino-Typ, in bezug
auf ein anderes Thema (z.B. die Rolle der politischen Freiheit in
der Gesellschaft) ein Wolkentyp und in bezug auf ein drittes Thema (z.B. die Liebe zum Partner) ein Schmetterlingstyp sein.

Derselbe Mensch kann ein Schmetterlingstyp sein, wenn er in
einer konkreten Situation von seiner Vernunft geleitet wird. Unter
dem Einfluß gewisser Bedürfnisse und Stimmungen kann er zum
Wolkentyp werden. Und unter dem Ansturm starker Emotionen
und instinktiver Impulse kann er plötzlich zum Dino-Typ degenerieren. Starke Schmerzen, normale oder krankhafte Alterungspro-
zesse im Hirn und Rauschzustände können den Schmetterlingstyp
zum Wolkentyp oder gar zum Dino-Typ werden lassen.

Mit anderen Worten, ein konkreter Mensch ist meistens ein
Mosaiktyp, der je nach Lebensalter, momentaner Befindlichkeit,
Thema und Umweltverhältnissen bald stärker, bald schwächer in
eine der drei Typenkategorien gehört. Nur ein sehr reifer und wei-
ser Mensch ist für die Dauer seines Erwachsenenlebens ein
Schmetterlingstyp – aber auch dies nur so lange, als er im Vollbe-
sitz seiner mentalen Kräfte ist.

Das Leben ist nie schwarz oder weiß, es weist alle möglichen
Schattierungen auf, und sogar die Koexistenz von Schwarz und
Weiß ist nur ein Spezialfall der kontinuierlichen Übergänge und
Nuancen von Lichtverhältnissen. Der amerikanische Schriftstel-
ler und Nobelpreisträger John Steinbeck schrieb:

«Es erstaunt einen, wenn man entdeckt, daß der Unterbauch
jedes schwarzen und schlechten Dings so weiß wie Schnee ist.
Und es stimmt einen traurig, wenn man entdeckt, daß die ver-
deckten Teile eines Engels mit Aussatz bedeckt sind.»[48]

Der Leadertyp der Zukunft:
Vom Eishockeyspieler zum Surfer

Wir haben gesehen, warum und wie unsere Kultur seit dreitausend Jahren mit logischer Unerbittlichkeit und immer schneller in eine spirituelle Krise hineingeraten ist, die uns und unserer Umwelt so unermeßliche Schäden zugefügt hat. Wir haben auch begriffen, daß unsere dominante Kultur einen bestimmten Leadertyp bevorzugt hat und wie die drei basalen Leadertypen sich in ihrem Phänotyp unterscheiden.

Jetzt stellt sich uns die Frage, was die heutige Kultur vom Schmetterling lernen kann, damit sie eine weisere Leadership entwickelt und wir alle aus dieser spirituellen Krise heil herauskommen.

Die große Metamorphose

Eine radikale Metamorphose ist nötig, damit sich der Dino-Typ zum Schmetterlingstyp und der Eishockeyspieler zum Surfer entwickelt.

Damit diese Metamorphose beginnen kann, müßte sich der heute vorherrschende Dino-Typ zuerst einmal vollständig verpuppen und, ganz so wie es in seinem Charakter liegt, die «totale, maximale» Histolyse wagen. Und dann müßte er sich aus dem undifferenzierten Zellbrei seines bisherigen Phänotyps zu einer neuen Imago, zu einer neuen Erscheinungsform aufbauen.

Aber diese Metamorphose vom Eishockeyspieler zum Wellenreiter wird nicht so ohne weiteres und schon gar nicht im dinotypischen Hauruckverfahren vor sich gehen. Da ist zuerst einmal eine Serie von Mutationen nötig, damit sich der Dino-Typ zum

Schmetterlingstyp entwickeln kann. Diese Mutationen müssen tiefgehend und umfangreich sein.

Mutationen treten dann am leichtesten zutage, wenn sich in der Umwelt Entscheidendes tut. Die Dino-Leadership wird erst dann zu mutieren beginnen, wenn die ganze Dino-Kultur Schritt für Schritt einer anderen Kultur Platz macht. Wenn wir wollen, daß sich unsere Führungskräfte in allen Bereichen unserer Gesellschaft zum Optimum hin verändern, dann müssen möglichst viele von uns sich zu diesem Optimum hin verändern, denn wir sind die Umwelt, die Veränderungen in der Leadership provozieren kann und wird.

Der Reigen der Mutationen muß allumfassend sein, wenn aus der Verpanzerung der Dino-Puppe der neue Schmetterlingstyp in der Leadership herausschlüpfen soll. Und dieser Reigen wird sich nur zu drehen beginnen, wenn wir alle – die Umwelt – uns energisch in Bewegung setzen.

Der Reigen der Mutationen

Eine Mutation kommt dann zustande, wenn das genetische Programm (Erbgut) einer Spezies durch innere und/oder äußere Ursachen verändert wird. Diejenigen Mutationen, die wir in unserem Zusammenhang brauchen, müssen jedoch nicht im genetischen, sondern im syngenetischen, das heißt, durch Lernen erworbenen, Programm erfolgen.

Unser genetisches Make-up ist eine riesige Bibliothek, auf deren Regalen noch unzählige, nie gelesene Bücher stehen. Mit anderen Worten, das Ressourcenpotential in unserem genetischen Programm ist groß genug, es muß nur mobilisiert werden. Hingegen bedarf unser syngenetisches Programm einer radikalen, das heißt, an die Wurzeln unserer traditionellen Operationsweise gehenden Neuprogrammierung.

Das syngenetische Programm hilft alle Operationsweisen (Wahrnehmung, Denken, Fühlen, physiologisches Funktionieren, Verhalten) steuern und wird seinerseits von der Weltsicht und von den Zielen eines Systems beeinflußt; deshalb müssen auch diese beiden Dinge sich verändern.

Es braucht eine an die Wurzeln unseres Selbst- und Weltverständnisses gehende Mutation der Weltsicht, der relevanten Ziele und der Regeln des syngenetischen Programms unserer Kultur, damit sich der Dino-Typ zum Schmetterlingstyp wandeln kann.

Eine derart radikale Umwandlung ist um einiges leichter, wenn wir ein wenig Werkspionage über die Artengrenzen hinweg betreiben und von den Erfahrungen anderer lernen, die besitzen, was wir brauchen. Wir müssen von den Schmetterlingen lernen. Sie haben die Dinosaurier überlebt, und sie haben über Millionen Jahre hinweg ganz bestimmte genetisch programmierte Bau- und Funktionspläne entwickelt, die sich in ihrem Phänotyp zeigen und die sich in der Praxis bestens bewährt haben.

Wir sollen lernen, nicht erobern! Es gilt also nicht, in bester Dino-Manier im Aktionsmodus und ausgerüstet mit Ätherbausch und Fangnetz auf die Schmetterlinge loszugehen. Wir sollen nicht mit dem Dreschflegel der Genesis losziehen und uns die Schmetterlinge untertan machen. Wir müssen uns vielmehr in den entspannten Rezeptionsmodus versetzen, damit wir in aller Ruhe die Schmetterlinge beobachten und von ihnen das Wesentliche lernen können.

Bevor wir darstellen, was wir von den Schmetterlingen lernen können und sollen, ist es nützlich, einen kurzen Blick auf das Regelgetriebe der Faktoren zu werfen, die das menschliche Verhalten steuern. Wir haben darüber bereits kurz gesprochen; jetzt können wir die Dinge ein wenig vertiefen.

Da in dieser Steuerung mehrere Faktoren innig vernetzt – das heißt, mit vielen Rückkopplungen versehen – kooperieren, spricht man in der Wissenschaft auch von der systemischen Kodeterminierung. Es lohnt sich, etwas auf dieses Thema einzugehen, nicht zuletzt darum, weil es auf diesem Gebiet viele falsche Meinungen gibt, die die Qualität unseres Lebens negativ beeinflussen können.

Die systemische Kodeterminierung der menschlichen Seins- und Operationsweise

Die menschliche Seins- und Operationsweise wird von allen Zufällen und Gesetzmäßigkeiten beeinflußt, die jeweils im Ökosystem wirksam sind. Die folgende Skizze zeigt die drei Grundelemente eines Ökosystems und die Beziehungen, die zwischen ihnen existieren.[1]

Die drei basalen Bauelemente oder Konstituenten eines Ökosystems sind das *Referenzsystem*, die *physikalische Umwelt* und die *biosoziale* Umwelt. Das Referenzsystem (unterster Kreis) ist die Beobachtungseinheit (z.B. ein Individuum, ein Paar, eine Familie, ein Team, eine Leadergruppe, eine Stadt, eine Subkultur etc.), die wir aufgrund unserer Interessenlage aus der Einheit des Seins als primäres Beobachtungsobjekt heraus isolieren.

Jedes Biosystem enthält seine eigenen Bau-und Betriebspläne. Es ist, wie die Computerspezialisten sagen, programmiert. Das *genetische Programm* determiniert eine grundsätzliche Seins- und Operationsdisposition. Eine Operation besteht aus allen Materie-Energie-Prozessen und aus allen Informationsprozessen, die an einem bestimmten Ort und zu einer bestimmten Zeit vorkommen. Eine Disposition ist eine Veranlagung, auf eine bestimmte Art und Weise zu sein und zu operieren. Das genetische Programm determiniert zudem gewisse Struktur- (z.B. Augenfarbe, Körperbau) und gewisse Funktionsmerkmale (z.B. die Neigung, unter Belastungssituationen in den Kampf-Flucht-Streß zu geraten). Es ist auch verantwortlich für die Grobsteuerung des Verhaltens.

Das *syngenetische Programm* besteht aus Regeln, die ein Organismus (oder ein komplexeres Biosystem) im Verlauf seines eigenen Lebens gelernt hat. Aus konkreten ökosystemischen Situationen heraus hat das Individuum Schlüsse gezogen. Es hat Regeln abstrahiert, generalisiert und sie in einer bestimmten Kodierungsform gespeichert, deren Natur wir erst genau kennen werden, wenn wir einmal die biologischen Grundlagen des Gedächtnisses besser verstanden haben werden.

Die Regeln des syngenetischen Programms sind mit verantwortlich für die Feinsteuerung des Verhaltens (z.B. für die Ten-

Figur 2: Die Struktur des Ökosystems

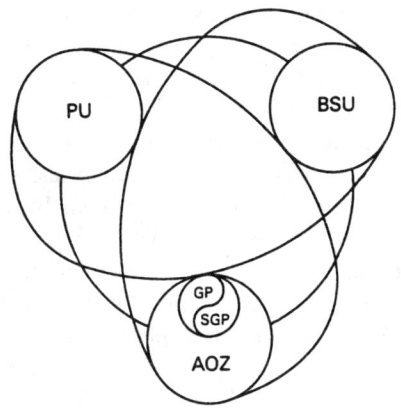

PU = Physikalische Umwelt   SGP = Syngenetisches Programm
BSU = Biosoziale Umwelt   AOZ = Allgemeiner Operations-
GP = Genetisches Programm   zustand

Kleine Kreise = alle Materie-Energie-Flüsse und alle Signalströme innerhalb eines
spezifischen Bauelements des Ökosystems.
Grosse geodätische Linien = alle reziproken Einflüsse, d.h. alle Materie-Energie-
Flüsse und Signalströme zwischen den drei Bauelementen.

denz, im Kampfstreß mit roher Gewalt oder mit Beschimpfungen
und Flüchen, im Fluchtstreß mit panikartiger Flucht oder mit ge-
ordnetem Abzug zu operieren).

Der *allgemeine Operationszustand* ist die Art und Weise, wie
ein Biosystem in einem konkreten Augenblick die Welt wahrnimmt, wie es denkt, fühlt, physiologisch funktioniert und sich
verhält. All diese Faktoren steuern ebenfalls das beobachtbare
Verhalten und die Seinsweise eines Biosystems. Mit anderen
Worten, was man ist und was man tut, hat einen unmittelbaren
Rückkopplungseffekt auf das, was man ist und was man tut.

In diesem Zusammenhang sind vor allem zwei Dinge innerhalb
des Denkens wichtig: die *Episteme* eines Biosystems und seine relevanten *Ziele*. Eine Episteme ist ein kognitives Konstrukt. Es ist
ein Konzept, das die Welt beschreibt und erklärt. Ein Ziel ist ein

zukünftiger Zustand oder eine zukünftige Beziehung, die das Biosystem erreichen möchte.

Jedes Biosystem existiert und operiert stets auf der Grundlage bewußter oder unbewußter Epistemen (Ideen, Visionen, Meinungen, Annahmen, Konzepte, Theorien, Aberglauben, Glauben etc.) und auf der Grundlage bewußter oder unbewußter Ziele.

Epistemen und Ziele beeinflussen sich gegenseitig. Sie beeinflussen auch die Regeln, die im genetischen und syngenetischen Programm gespeichert sind; sie werden umgekehrt von diesen Regeln beeinflußt. Mit anderen Worten, die ganze Steuerung aller Seins- und Operationsweisen beruht auf einem komplexen transaktionellen Faktorenfeld, zu dem neben dem allgemeinen Operationszustand eines Biosystems und neben seinen Bioprogrammen auch noch seine unmittelbare physikalische und biosoziale Umwelt gehören.

Die *physikalische Umwelt* umfaßt die sogenannte *natürliche physikalische Umwelt* (z.B. geographische, klimatische und meteorologische Bedingungen) und die *artifizielle physikalische Umwelt*, das heißt, die vom Menschen künstlich geschaffene physikalische Umwelt (z.B. Gebrauchsgegenstände, Kunstobjekte, Wohnungseinrichtung, Architektur, Fabriken mit ihren Emissionen, Maschinen). Die physikalische Umwelt beeinflußt unsere Seins- und Operationsweisen mehr, als wir glauben, obwohl die exakten Wechselwirkungen noch kaum systematisch und exakt studiert und deshalb auch noch viel zu wenig bekannt sind.[2]

Die *biosoziale Umwelt* umfaßt die *natürliche biosoziale Umwelt* (z.B. Pflanzen, Tiere und Menschen) und die *artifizielle biosoziale Umwelt*, das heißt, die vom Menschen geschaffene Umwelt (z.B. Ideen, Normen und Werte, Traditionen, Sitten und Gebräuche, Rollenerwartungen und Rollenvorschriften, Religion, Mythen, Magie, Informationsgehalt von Technologie, Kunst und Wissenschaft). Die biosoziale Umwelt wirkt auf unsere Seins- und Operationsweisen in einem Maße, das zum Teil bekannt, aber in seinen qualitativen und quantitativen Dimensionen noch wenig begriffen ist.

Die *Beziehungen zwischen den drei Bauelementen des Ökosystems* umfassen Materie-Energie-Flüsse (z.B. Temperaturwechsel, Sonnenbestrahlung, Föhn, elektromagnetische und elektrostatische Felder) und Signalströme (z.B. Signale, die von den Farben und Formen von Gegenständen ausgehen, Kommunikation zwischen Organismen). Auch diese Beziehungen haben einen kodeterminierenden Effekt auf unsere Seins- und Operationsweisen.

Alle diese Faktoren mit ihren Gesetzmäßigkeiten und ihren Zufällen steuern letztlich, was der Mensch ist, was und wie er wahrnimmt, denkt, fühlt, physiologisch funktioniert und sich verhält – und sie tun es in einer noch kaum verstandenen, komplexen Art und Weise. Jeder Versuch, diese Steuerung im Rahmen des extremen analytischen, reduktionistischen Denkens auf einen einzigen Faktor zurückzuführen, ist naiv, wird den tatsächlichen Verhältnissen nicht gerecht und stiftet nicht selten auch Schaden.

So führen manche Vertreter der Genetik, der Soziobiologie[3], des Rationalismus[4] und der sogenannten organizistischen Psychiatrie die Ursache sämtlicher organismischen Seins- und Operationsweisen auf das genetische Programm zurück.

In der Psychoanalyse sieht der reduktionistische Fehlschluß anders aus. Hier führt man die Steuerung der menschlichen Seins- und Operationsweisen auf die individuellen Lernvorgänge zurück, die in den ersten paar Lebensjahren zwischen Mutter und Kind ablaufen und die angeblich vor allem emotioneller Natur sein sollen. Man nimmt an, daß die Resultate dieser Erfahrungen vor allem aus unbewußten Regungen und Konflikten bestehen. Mit anderen Worten, man führt sie auf eine stark amputierte Version des syngenetischen Programms zurück.

Im Behaviorismus[5], einer in den USA und in der Pawlowschen Schule der russischen Neurophysiologie entwickelten Theorie, die gegen alle mentalistischen Konzepte – vor allem gegen die rein spekulativen Konzepte der Psychoanalyse – war, kommt man in einem ähnlichen Reduktionsschluß zur Ansicht, daß die Steuerung völlig durch die konditionierenden Umwelteinflüsse im Hier und Jetzt bedingt sei.

Und es gibt zusätzlich – außerhalb der Wissenschaft – eine Menge reduktionistischer Erklärungsversuche, die die Steuerung auf Gott, die Sterne, das Schicksal, die Namengebung eines Individuums, die magisch funktionierende numerische Position innerhalb der Geschwisterreihe oder auf sonst irgendeinen obskuren Faktor zurückführen wollen. Die Beliebtheit, der sich die Astrologie und viele esoterische Schulen zur Zeit erfreuen, beweist, daß diese oberflächlichen Erklärungsversuche genügend Abnehmer finden. Der Mensch wählt eben immer wieder die irrationale Abkürzung, wo er den rationalen Weg zu steil und zu steinig findet. Er folgt oft lieber dem Prinzip der pompösen Verschleierung als dem Ökonomieprinzip von Occam.

Das Systemdenken[6] macht Schluß mit diesen ungenügenden Erklärungen. Es erklärt die Steuerung der organismischen und damit auch der menschlichen Seins- und Operationsweisen als Resultat der innigen Vernetzungen aller Zufälle und Gesetzmäßigkeiten, die in einem Ökosystem wirken, dessen integraler Bestandteil der Organismus ist. Mit anderen Worten: Organismische Programmierung, aktueller organismischer Operationszustand und aktuelle Umweltkonfiguration greifen ineinander und steuern alle aktuellen Seins- und Operationsweisen; dabei sind Zufall und Gesetz ununterbrochen in Wechselwirkung.

Aus diesem Netzwerk ursächlicher Wechselwirkungen wollen wir für unsere Diskussion drei Dinge herausgreifen: die Epistemen, Ziele und Regeln, die unsere Kultur wählen kann und muß, damit die erwünschte Mutation der Leadership vom Dino-Typ zum Schmetterlingstyp erfolgen kann.

Die syngenetische Steuerung von Operationsweisen

Wenn wir eine komplexe Sache sehr einfach darstellen wollen, dann können wir sagen: Es gibt eine syngenetische Steuerungslinie, in der sich Episteme, Ziel, Regel und Operationsweise gegenseitig beeinflussen.

Konkret ausgedrückt: Die Episteme (Weltsicht), daß der Mensch die Krone der Schöpfung ist, führt zum Ziel, daß der Mensch die andern Lebewesen dominieren will. Daraus resultiert z.B. die Regel «Mach dir deinen Bruder untertan!» Diese Regel produziert die entsprechende Operationsweise, zum Beispiel ein dominantes Verhalten dem eigenen Bruder gegenüber.

Das Ganze funktioniert auch umgekehrt. Konkretes Domi-

nanzverhalten führt zur Abstraktion der Regel «Mach dir deinen Bruder untertan!» Diese Regel führt zum Ziel, daß man ihn und andere Lebewesen dominieren will. Und dieses Ziel gebiert schließlich die Weltsicht, daß man die Krone der Schöpfung ist.

In Wirklichkeit gleicht das ganze Gefüge der syngenetischen Steuerung allerdings eher einer Pyramide als einer simplen geometrischen Linie, da es verschiedene Epistemen und Sub-Epistemen, verschiedene Ziele und Sub-Ziele, verschiedene Regeln und Sub-Regeln und verschiedene Operationsweisen und Sub-Operationsweisen gibt. Diese Komplexität läßt sich – wenn wir Episteme und Ziel auf je eine Einheit reduzieren – folgendermaßen darstellen:

Figur 4: Die Struktur einer komplexen Steuerungspyramide

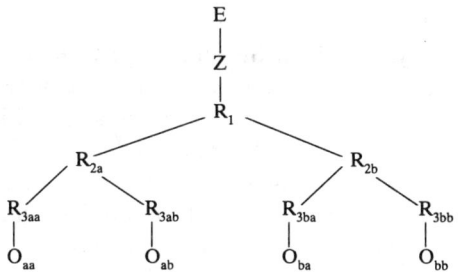

In dieser Figur sind nur je eine Episteme und ein Ziel angegeben. Die Regelebene wurde willkürlich auf drei verschiedene Hierarchiestufen (R1, R2 und R3) verlängert, und pro Stufe wurden jeweils verschiedene Regel-Items (R2a, R2b; R3aa, R3ab, R3ba, R3bb) differenziert. Daraus resultieren schließlich vier Operationsweisen. Konkret ausgedrückt:

R1	=	Mach dir deinen Bruder untertan!
R2a	=	Setze ihn mit Worten herunter!
R2b	=	Bezwinge ihn mit Brachialgewalt!
R3aa	=	Sag ihm, er sei ein Versager!
R3ab	=	Sag ihm, er sei eine Niete!
R3ba	=	Nimm ihn in den Schwitzkasten!
R3bb	=	Hau ihm eine runter!
Oaa	=	«Du elender Versager!»
Oab	=	«Du erbärmliche Niete!»
Oba	=	Man nimmt den Bruder in den Schwitzkasten.
Obb	=	Man gibt dem Bruder eine Ohrfeige.

Das ganze Steuerungsgefüge funktioniert auch von unten nach oben. Konkrete Verhaltensweisen führen zu abstrahierten Regeln. Regeln bauen Ziele auf. Ziele führen zu Epistemen. Wenn man seinen eigenen Bruder schlecht behandelt, entstehen daraus abstrakte Regeln darüber, wie man ihn behandeln soll. Aus diesen Regeln entstehen dann Ziele für den Umgang mit diesem Bruder. Und schließlich resultiert daraus eine Weltsicht, die den Dominierenden zur Krone der Schöpfung und den Dominierten zum Wurm macht.

Das ganze syngenetische Steuerungsgetriebe, das menschliche Seins- und Operationsweisen steuert, ist von einer unendlichen Komplexität.[7] Es gleicht einer riesigen Pyramide. Eine Pyramide hat bekanntlich eine schmale Spitze und eine breite Basis. Die breite Basis besteht aus allen Seins- und Operationsweisen und damit aus allen Wahrnehmungen, Denkweisen, Emotionen, physiologischen Funktions- und Verhaltensweisen.

Was tut nun eine Kultur, um die Seins- und Operationsweisen der Menschen «in den Griff» zu bekommen? Was tut sie, um das Chaos zu dämmen und die Ordnung zu erhalten und zu vergrößern? Was tut sie, um eine Krise zu bewältigen?

Sie tut gern das, was unergiebig oder sogar falsch ist. Sie interveniert auf der untersten Regelebene oder gar auf der Ebene der beobachtbaren Operationsweisen. Ihre Bürokratie erläßt ein Reglement nach dem andern, eine Verordnung nach der andern und ein Gesetz nach dem andern. Ihre Delegierten (z.B. Polizisten, Sozialarbeiter, Steuerbeamte) kontrollieren auf der Ebene der Operationsweisen.

Der Erfolg? Die Kriminalität nimmt zu, obwohl man mehr Gesetze erläßt und mehr Polizei einsetzt. Die Not der kleinen Leute nimmt zu, obwohl man mehr Gelder und mehr Sozialarbeiter zur Verfügung stellt. Die Steuerhinterziehungen nehmen zu, obwohl die Maschen der Gesetze und Reglemente immer enger werden und obwohl das Heer der Kontrolleure immer größer wird. Mit andern Worten: Der tatsächliche Erfolg steht in keinem Verhältnis zum betriebenen Aufwand!

Was wäre demnach zu tun? Je höher in der Hierarchie der Regeln man interveniert, um so effizienter ist die Intervention. Sie ist aber noch effizienter, wenn sich die Ziele verändern. Am effizientesten ist sie dort, wo sich die Epistemen verändern.

Die Bürokratie ist somit – nicht nur, aber doch weitgehend – ein struktureller Ausdruck einer falschen funktionellen Intervention im syngenetischen Steuerungsgefüge, das alle Seins- und Operationsweisen einer Gesellschaft kodeterminiert. Wo man richtig über die Welt denkt und wo die richtigen Ziele vorhanden sind, braucht es wenig Bürokratie.

Die Metamorphose der Dino-Gesellschaft zur Schmetterlingsgesellschaft verlangt demnach, daß sich zuerst die Epistemen, dann die Ziele und schließlich eine Serie von grundsätzlichen Regeln verändern.

Die Mutation der Grundepisteme

Alles menschliche Sein und jede menschliche Operationsweise beruhen, ob uns das bewußt oder unbewußt ist, unter anderem auf konzeptionellen Konstrukten über die Welt, in der wir leben. Der allgemeinste Begriff für solche Konstrukte ist der Begriff der Episteme.

Eine Episteme hat viele Gesichter. Sie kann als wissenschaftliches Konzept oder als wissenschaftliche Theorie, als Meinung, Glauben, Aberglauben, Idee, Haltung, Erwartung, Ideologie oder Dogma, als Bild oder Modell auftreten.

Worin müßte die wichtigste Veränderung der Grundepisteme unserer Kultur bestehen? *Wir müssen unsere Vision der Existenz als Null-Summen-Spiel durch die Vision der Existenz als Nicht-Null-Summen-Spiel ersetzen.*

Wir müssen begreifen, daß alles Sein heilig ist und respektiert werden muß, weil alle existierenden Dinge und Lebewesen aus dem gleichen Urgrund kommen und weil sie sich gegenseitig dauernd beeinflussen. In diesem Netzwerk der gegenseitigen Beeinflussungen kann es dem einzelnen nur gutgehen, wenn es dem Ganzen gutgeht; und dem Ganzen kann es nur gutgehen, wenn es dem einzelnen gutgeht.

Eine derartige Vision der Dinge schließt jeglichen Parasitismus, jegliche rücksichtslose Ausbeutung und jeden Raubbau am eigenen Organismus und an der biosozialen und physikalischen Umwelt von vornherein aus.

Die Mutation der Ziele

Die wesentliche Mutation in unserem Zielentwurf müßte darin bestehen, daß wir – auf der Basis unserer neuen Grundepisteme – alle egoistischen Ziele mit altruistischen Zielen ergänzen oder sie gar ganz durch altruistische Ziele ersetzen.

Das Hauptziel muß sein, ein harmonisches Gleichgewicht zwischen allen wesentlichen Variablen, die das Ökosystem ausmachen, zu erschaffen, zu erhalten und weiterzuentwickeln und alle Ungleichgewichte zwar radikal, aber gleichzeitig ohne unnötige Aggression zu eliminieren und sie durch Gleichgewichte zu ersetzen.

Anders formuliert: Das Hauptziel ist die Wiederherstellung der spirituellen Verwurzelung. Der Mensch muß wissen, welches sein Platz in der Schöpfung ist und was seine Rechte und Pflichten allem Seienden gegenüber sind.

Die Welt ist «ein schwingendes Gewebe»[8]. In diesem Gewebe muß man optimal aufgehoben sein. Aufgehobensein und Geborgenheit sind aber nur zu erreichen, wenn man sich behutsam in das Gewebe einfügt und nicht auf dieses Gewebe eindrischt.

Das Sein ist oft ein «blinder Tanz zur lautlosen Musik»[9]. Diesen blinden Tanz kann nur optimal, und ohne das schwingende Gewebe zu zerreißen, tanzen, wer harmoniefähig ist und subtil vorgeht. Die Harmonisierung aller wesentlichen Variablen verlangt einen Balanceakt. Dabei müssen wir von der Evolution lernen. Erfolg in der Evolution ist nur möglich, wenn die Natur einen Weg findet, Gegensätze auszugleichen und unterschiedliche Entwicklungsrichtungen, Entwicklungsgeschwindigkeiten und Entwicklungsintensitäten zu harmonisieren.

Die Mutation der Regeln in unserem syngenetischen Programm

Die Mutation der Episteme und der Ziele hat die Mutation der wichtigsten Regeln im syngenetischen Programm unserer Kultur zur Folge: Eine Reihe von neuen Programmierungen ersetzen alte und falsche Programme.

Was wir vom Schmetterling, dem Totemtier der neuen Kultur, in diesem Bereich lernen können, sind im wesentlichen eine Hauptregel und zehn spezielle Regeln.

Die Mutation der Hauptregel

Der Mensch darf nicht mehr länger den Dreschflegel der Genesis schwingen, und er darf sich nicht mehr länger vom Klang der orphischen Leier betören lassen. Mit anderen Worten, er muß die Entfremdung in sich selbst und die Entfremdung zwischen sich und der Umwelt überwinden.

Die Hauptregel: *Es ist wichtig, die resiliente Anpassung an sich verändernde Umweltbedingungen zu optimieren, indem man jegliche Entfremdung überwindet!*

Die Schmetterlinge haben die Dinosaurier und die Eiszeiten überlebt, weil sie sich stets resilient, das heißt, Flexibilität und Stabilität optimal kombinierend, an die sich verändernden Verhältnisse anpaßten.

Dank dieser resilienten Anpassung haben sie sich Biotope am Meer, im Himalaja, in den Tropen und jenseits des Polarkreises erschlossen, und zwar ohne der Umwelt Schaden zuzufügen. Sie haben sich zu Tag- und Nachtfaltern entwickelt; sie haben sich an die Kälte der Gletscherregionen und an die Hitze der Tropen angepaßt.

Wenn das Leben auf unserem Planeten weiterbestehen soll, dann muß unsere Kultur die historisch gewordene Doppelentfremdung überwinden, sich in resilienter Anpassung üben und dabei im Zeichen des Schmetterlings den entsprechenden Leadertyp hervorbringen.

Die Mutation der zehn speziellen Regeln
R1: *Es ist wichtig, die Koordination der Funktionsweisen der einzelnen Hirnteile zu optimieren!*

Der Dino-Typ bevorzugt den Aktionsmodus und das rationale, analytisch-dualistische Denken der dominanten Hirnhemisphäre. Er vernachlässigt den Rezeptionsmodus und das intuitive, synthetisch-monistische Denken der nichtdominanten Hirnhemisphäre. Er blockiert unter normalen Bedingungen das Emotions- und das Instinkthirn, soweit er kann, um keine «Schwächen» und «tierischen Bedürfnisse» zu zeigen. Aus diesem Grund vertrocknet und versteinert er. Seine Steuerung durch das Vernunfthirn dekompensiert jedoch unter Streßbedingungen und wird dann – die Wiederkehr des Verdrängten! – durch die einseitige Steuerung durch Emotions- und Instinkthirn ersetzt.

Der Schmetterlingstyp harmonisiert die Funktionsweisen der dominanten und der nichtdominanten Hirnhemisphäre. Er denkt bikameral und integriert den Aktions- und den Rezeptionsmodus, das analytische und synthetische und das dualistische und monistische Denken. Er kombiniert rationale Analyse und lineare logische Deduktion aus vorgegebenen Prämissen mit assoziierender Imagination und kreativer Intuition.

Der Schmetterlingstyp blockt das Emotionshirn und das Instinkthirn nicht ab, um «keine Schwächen zu zeigen» oder um «den inneren Schweinehund zu bekämpfen». Er versteinert nicht, weil er Emotionen zuläßt und weil er auch die lebenswichtigen Instinkte nicht abklemmt.

Der Schmetterlingstyp aktiviert das Kleinhirn, das alle Bewegungen und deren Feinregulation koordiniert sowie die Erhaltung des Gleichgewichts steuert. Aus diesem Grund operiert er elegant, graziös und in harmonischer Übereinstimmung mit den Verhältnissen der Umwelt.

Nur wenn alle fünf Hirnkontinente – die linke und die rechte Hirnhemisphäre, das Emotionshirn, das Instinkthirn und das Kleinhirn – harmonisch operieren, ist ein optimales Leben mit optimaler Entwicklung möglich.

R2: *Es ist wichtig, den Rezeptionsmodus zu optimieren!*

Im Rahmen des analytischen Denkens fehlt es uns meistens nicht an detailzentrierter Tiefenschärfe. Wenn wir jedoch den Wahrnehmungsmodus des Zoomobjektivs entwickeln wollen, der Tiefenschärfe und Weitwinkelperspektive optimal zu kombinieren versteht, dann müssen wir vom Mosaikauge des Schmetterlings lernen. Das Mosaikauge des Schmetterlings ist ein einmaliges Weitwinkelobjektiv. Es ist fähig, selbst kleinste Bewegungen in der Umwelt sofort wahrzunehmen.

Wir müssen unseren analytischen Verstand durch die Intuition der nichtdominanten Hirnhemisphäre ergänzen, denn nur das bikamerale Denken kann die Welt richtig erfassen. Schmetterlinge vermögen selbst winzigste Veränderungen in ihrer Umwelt zu erkennen und sich, zum Beispiel durch Migration in andere Gegenden, flexibel darauf einzustellen. Die Wichtigkeit der Intuition in der modernen Unternehmungsleitung ist führenden Köpfen durchaus bekannt. Der schweizerische Industrielle Thomas W. Bechtler stellt fest: «Neben wissenschaftlich und systematisch erarbeiteten Erkenntnissen bildet die Intuition eine wichtige Basis für unternehmerisches Handeln und Entscheiden.»[10]

Schmetterlinge haben im Lauf der Evolution Antennen entwickelt, die ihnen selbst winzige Materie-Energie-Veränderungen im elektromagnetischen Feld, im elektrostatischen Bereich und im Magnetfeld der Erde melden. Wir müssen selbst kleinste Veränderungen der informativen Signalflüsse im Transaktionsfeld unserer Kultur aufnehmen können, damit sich anbahnende und potentiell verhängnisvolle Entwicklungen nicht bis zum *point of no return* verwickeln können.

Wir müssen besser lauschen lernen. Der Schmetterling vermag selbst im Ultraschallbereich akustische Schwingungen wahrzunehmen und sich darauf (z.B. Flucht vor der Fledermaus) strategisch und taktisch schnell einzustellen.

Wir müssen ein feineres Gespür für das ganze Farbspektrum und für seine vielen Nuancen entwickeln. Der Schmetterling vermag selbst im infraroten Schwingungsbereich der elektromagnetischen Wellen zu sehen. Dieselbe Farbempfindlichkeit müssen wir im übertragenen Sinn entwickeln, damit wir die «Farbtöne» im Bereich der menschlichen Kommunikation besser zu differenzieren vermögen.

Wir müssen empfindlichere Fingerkuppen entwickeln, damit unser Tastsinn uns auch kleinste Nuancen in der Beschaffenheit der Dinge, der Organismen und der ökosystemischen Beziehungen meldet und uns darüber Auskunft gibt, daß wir dem schwingenden Gewebe des Seins irgendwo Schaden zuzufügen im Begriffe sind. Der Dreschflegel der Genesis hat ausgedient. Der Knüppel der Rücksichtslosigkeit gehört ins Feuer. Wir müssen uns behutsam vortasten lernen, und wir müssen ein Sensorium für das Wesentliche entwickeln, damit unsere Transaktionspartner sich von uns nicht unangenehm berührt oder gar überrannt und niedergewalzt fühlen. Auch in diesem Bereich können wir von den Schmetterlingen lernen, denn sie haben Tastorgane, die die feinste Berührung und die winzigste Erschütterung in ihrer Umwelt wahrnehmen.

Wir müssen eine feine Nase für Dinge entwickeln, die in der Luft liegen. Der Schmetterling kann selbst ein einziges Molekül des Duftstoffes seiner Partnerin über Kilometer hinweg wahrnehmen. Er ist fähig, dieser fragilen Duftspur bis zu ihrer Quelle zu folgen. Der Dino-Typ hat in der Regel nur für Geschäfte einen Riecher – sofern dieser ihm nicht bloß im Cannon-Streß zum Schnauben dient.

R3: *Es ist wichtig, das kommunikative Erscheinungsbild zu optimieren!*

Jede Farbe, jede Form und jede Bewegung ist eine Kommunikation. Der Schmetterling ist eines der schönsten Wesen auf diesem Planeten, und er kommuniziert sehr erfolgreich, sonst hätte er seine Art nicht so lange am Leben erhalten und durch alle Wirrnisse und Naturkatastrophen von Jahrmillionen hindurch retten können. Er ist in all seinen Bewegungen der Inbegriff der Grazie und Anmut. Vom Schmetterling, unserem neuen Totemwesen, können wir auf diesem Gebiet viel lernen.

Der Mensch kommuniziert auf dem verbalen, dem paraverbalen und dem nichtverbalen Kanal.

Der Dino-Typ *kommuniziert verbal* in einer Sprache, die oft von Superlativen und aggressiven Metaphern geprägt ist. Ein drastisches Beispiel dafür ist der nicht eben sprachmächtige Extremkletterer, der ohne Sicherungsseil in die Steilwand geht und in einem TV-Interview treuherzig meint: «Und wenn ich dann durchkomme, dann ist es echt brutal schön.» Diese verbale Unbeholfenheit, kombiniert mit einem aggressiven Superlativ, bei dem «sehr» zu «brutal» verkommt, ist typisch für den Dino-Typ, der maximiert statt optimiert.

Die Sprache des Dino-Typs strotzt vor «irrsinnig», «Das ist der Hammer!», «Schlagabtausch», «weichklopfen», «ausrotten», «zünftig durchgreifen», «in den Griff kriegen», «abhaken», «einen Übernahmekampf organisieren», «dem Gegner die Gurgel zudrücken», «den Gegner in die Knie zwingen», «dem Gegner eins in die Fresse hauen», «seine Bestzeit pulverisieren», «eine Abwehrschlacht schlagen». Da die Sprache, die wir benützen, unsere Wahrnehmung der Welt kodeterminiert, ist es nicht weiter verwunderlich, daß wir derzeit in unserer Dino-Kultur in einer tiefen spirituellen Krise stecken. Wo die Sprache zur Machete wird, die sich in frenetischer Attacke einen Pfad durch die Verhältnisse hackt, verkommt unser Kommunikationsstil zum primitiven Rambo-Idiom. Dieses Idiom kann das Wesen von Vernetzung und Einheit nie erfassen und macht die Welt zu einem Brutalo-Dschungel.

Im Zeichen des Schmetterlings sollte unsere Sprache von Behutsamkeit, Nuancenreichtum, nichtaggressiver Prägnanz, Wahrheit und Schönheit geprägt sein. Die Metaphern, die wir benutzen, sollten weniger aus der Sprache der Mechanik als vielmehr aus der Sprache des Lebens stammen. Sie sollen elegant und nicht plump, subtil und nicht klotzig sein.

Die *paraverbale Kommunikation* (Sprechgeschwindigkeit,

Stimmvolumen, Tonfall etc.) des Dino-Typs ist manchmal, gelinde gesagt, unsäglich.

Der Dino-Typ spricht in der Regel viel zu schnell, da er es nicht erwarten kann, bis er seine Botschaft an den Mann gebracht hat. Er beißt den Worten den Kopf und den Hinterleib ab und verschluckt die Vorsilben und die Endsilben. So gerät denn dem Spitzenpolitiker die Phrase «die berechtigten Interessen der Bundesrepublik Deutschland» zu einem Klangbrei, der klingt wie «dierechgn-ressen-der-bunzblick-schlanz». Der Dino-Typ spricht meistens viel zu laut. Er unterbricht andere, und seine Stimme klingt schrill, dröhnend oder gar drohend. Pausen macht er ungern, und wenn es denn schon sein muß, dann verraten seine Pausen entweder den Mißmut, mit dem er die Botschaft der anderen entgegennimmt, oder das Faktum, daß er bereits seinen nächsten «Schlag» vorbereitet. Der Rhythmus seines Sprechens ist hastig, gestanzt – oder auch breiig –, verhackt und unharmonisch.

Ein gutes Beispiel für diesen Kommunikationsstil ist Paul Getty, über den ein Biograph schrieb: «Er schien nie zu lachen, sogar wenn er jemandem, den man ihm vorstellte, die Hand reichte; und man beobachtete, daß er, wenn er sprach, was selten war, die komische Angewohnheit hatte, seine Worte zu schlucken und die Silben zu kauen, wobei seine Backen arbeiteten, als würde er einen besonders unverdaubaren Klumpen Knorpel zerkauen.»[11]

Die paraverbale Kommunikation des Schmetterlingstyps ist von Wohlklang und Harmonie geprägt. Sie wird als angenehme Sprachmusik empfunden. Sie kommt aber nur dort vor, wo die innere Befindlichkeit im Entspannungs- und Rezeptionsmodus ist.

Die *nichtverbale Kommunikation* besteht aus den Kleidern, der Haartracht und den Schmuckgegenständen, die wir tragen, aus unserer Körperhaltung und aus allen unseren Bewegungen und damit vor allem aus Mimik und Gestik.

Der Dino-Typ ist optisch keine Augenweide: Seine Körperhaltung wirkt verholzt und versteinert. Wenn er sich bewegt, dann übt er sich gern im pompösen Imponier- und Drohgehabe. Er kommt mit angehobenen Schultern und angewinkelten Armen, mit geballten Fäusten, mit einem aufgeblähten Brustkorb, mit dräuender Stirn und mit malmenden Kiefern daher. Er zieht den Bauch ein – oder schiebt ihn wie einen Pufferpanzer vor sich her.

Sein Schritt trampelt die Luft nieder. Wenn ihm ein Kieselstein vor die Füße kommt, befördert er ihn sogleich mit einem irritierten Fußtritt aus dem Wege.

Er gestikuliert nicht oder, wenn er es tut, dann sehen seine Bewegungen wie Handkantenschläge aus. Der ausgestreckte Zeigefinger spießt den Gegner auf. Gelegentlich kombiniert er diese Dino-Motorik mit einer paraverbalen Begleitmusik: Dann haut er mit der Faust in die flache Hand oder auf die Tischplatte – sofern er nicht gar wie Nikita Chruschtschow den Schuh auszieht und damit aufs Pult hämmert, um seinen Argumenten den nötigen Nachdruck zu verschaffen.

Der Schmetterlingstyp kommuniziert nichtverbal die Harmonie, die er innerlich fühlt. Er ist gepflegt. Kleider und Schmuckgegenstände verraten guten Geschmack und Stil. Sein Gesicht lebt und zeigt oft einen Ausdruck heiterer Gelassenheit. Seine Mimik und seine Gestik sind differenziert, rhythmisch und harmonisch, und sie verraten die Serenität, die er fühlt und die alle Menschen in seiner Umgebung unwillkürlich entspannt.

R4: *Es ist wichtig, im Denken und Handeln die tetravalente Logik zu optimieren!*

Alles menschliche Sein, Wahrnehmen, Denken, Fühlen, physiologische Funktionieren und Verhalten wird von einer vierwertigen Logik kodeterminiert.[12] Je kohärenter und widerspruchsfreier ihre Bestandteile sind, je besser sie zu den Realitäten passen und je harmonischer die Beziehungen zwischen den vier verschiedenen Logiken sind, um so wertvoller ist die tetravalente Logik.

Beim Dino-Typ sind alle vier Logiken voller innerer Widersprüche; sie passen oft schlecht zur Welt der Realitäten; sie sind untereinander nicht harmonisch abgestimmt. Beim Schmetterlingstyp sind alle vier Logiken innerlich kohärent; sie passen gut zur Welt der Realitäten; sie sind harmonisch aufeinander abgestimmt.

Da wir die Symptome der tetravalenten Logik beim Dino-Typ schon ausführlich diskutiert haben, wollen wir hier nur auf diejenige des Schmetterlingstyps eingehen.

Die *konzeptionelle Logik* des Schmetterlingstyps ist vom Systemdenken geprägt. Sie beschreibt und erklärt die Welt auf sachgerechte Weise und dient somit als Leitplanke für das Verstehen der Welt und für das zielorientierte Handeln auf der Basis dieses Verstehens.

Die *technische Logik* des Schmetterlingstyps ist durch Behutsamkeit und Weisheit geprägt. Die Dinge müssen zwar richtig funktionieren, aber er ist kein technokratischer Fixer, der süchtig alles machen muß, was sich technisch machen läßt, auch wenn er und andere dabei zugrunde gehen.

Die *ästhetische Logik* des Schmetterlingstyps ist durch Harmonie, Grazie und Schönheit geprägt. Er glaubt an das Motto: «Vom Tanz der Hadronen bis hinauf zum Kreislauf der Gestirne, vom Stoffwechsel einer Zelle bis hinauf zum Funktionieren ökologischer Zyklen beobachten wir überall Rhythmus und Harmonie.»[13]

Die *ethische Logik* des Schmetterlingstyps ist durch Behutsamkeit im Umgang mit allem und durch Respekt vor allem Seienden geprägt. Der weise Schmetterlingstyp unterläßt im Prinzip, was ihm selbst, anderen Lebewesen oder der geophysikalischen Umwelt Schaden zufügen könnte; und er tut alles, was dem Wohlsein und der positiven Entwicklung des ganzen Ökosystems dient. Er hängt keinem moralischen Prinzip an, dessen Anwendung jemandem schadet oder das er einmal honoriert und dann wieder mißachtet.

Das französische Sprichwort *Le style, c'est l'homme*, das besagt, daß der Stil den Menschen ausmacht, ist eine ebenso kurze wie prägnante Umschreibung für die Prägungskraft der tetravalenten Logik.

R5: *Es ist wichtig, das Wandlungspotential der Metamorphose zu optimieren!*

Das Leben bringt immer wieder neue Formen hervor. Es erhält sie im Dienste der Identitätsbewahrung. Aber es muß, wie es der Schmetterling tut, diese Formen auch immer wieder in sukzessiven Metamorphosen verändern, sonst degenerieren sie zu Zwangsjacken, und es geht daran zugrunde. Der Poet und Rocksänger Bob Dylan singt: «*That he not busy being born is busy dying.*» Wer nicht dauernd damit beschäftigt ist, geboren zu werden, ist damit beschäftigt, zu sterben. Besser kann man die Notwendigkeit der dauernden Metamorphose nicht ausdrücken.

Der Dino-Typ hält oft rigide an den Formen fest, die er einmal geschaffen hat. Und falls er sie verändert, dann tut er dies nicht selten nach dem französischen Revolutionsmotto: «*Plus ça change, plus c'est la même chose*» – Je mehr sich die Dinge verändern, um so mehr bleiben sie sich gleich. In diesem Sinn rückt er der Bürokratie durch mehr Bürokratie zu Leibe. Er schlüpft im beruflichen und im privaten Leben durch Trennung und Scheidung aus kaputten Beziehungen heraus und wiederholt dann in den neuen Beziehungen wieder dieselben Dinge, die schon die vorherigen Beziehungen kaputtmachten. Er ist zudem ein Mensch, der, wie es der schweizerische Industrielle Stephan Schmidheiny ausdrückt, oft mit einer «sterilen Vollkasko-Mentalität» operiert, «in der sich jeder nach allen Seiten so weit als möglich absichert, um die eigenen Fehler im Dickicht der großen Organisation zu verbergen.»[14].

Der Schmetterlingstyp entwickelt sich organisch von Organisationsform zu Organisationsform, ohne daß jemand darunter Schaden leidet. Seine Metamorphose ist ein Jungbrunnen, der das Leben stets erneuert. Er ist fähig, Ansichten, Einstellungen, Gefühle und Verhaltensweisen zu ändern, wenn dies richtig und wichtig ist – und er tut es nicht auf Kosten der anderen. Er ist ein Aussteiger und ein Quereinsteiger, dessen Offenheit und aggressionslose Dynamik sein eigenes Leben und das Leben jener Menschen, die mit ihm zu tun haben, bereichert.

Das Phänomen des erfolgreichen Aus-, Um- und Quereinsteigers, das in unserer Zeit vermehrt zu beobachten ist, ist ein Indiz dafür, daß unsere Dino-Kultur sich am Anfang einer wichtigen Metamorphose befindet. Diese Menschen sind keine Drop-outs, die mangels Qualifikation oder Motivation den Beruf wechseln. Es sind Menschen, die sich gut überlegt haben, warum sie aus ihrer bisherigen Tätigkeit aussteigen und sich auf neuen Gebieten sinnvoll engagieren wollen. Sie sind Identifikationsmodelle für andere Menschen und bringen ihre bisher gemachten Erfahrungen in neue Welten hinein, die davon profitieren können. Sehr viele Erfindungen, Entdeckungen und wertvolle Kreationen werden interessanterweise von Menschen gemacht, die neu in ein bestimmtes Fachgebiet einsteigen.

R6: *Es ist wichtig, die Strukturen und Funktionen des Ökosystems zu optimieren!*

Der Dino-Typ sieht sich selbst als einen Steinbrecher und die Kultur und Natur als einen Steinbruch, in dem er sich bedienen kann, ohne etwas zurückzugeben.

Der Schmetterlingstyp weiß, daß er und die Umwelt ein innig vernetztes Ganzes sind und daß es ihm am besten geht, wenn es dem Ganzen gutgeht. Er respektiert alles, was existiert. Seinem Totemwesen gleich, das bestäuben hilft, wo es Nektar findet, gibt auch er, wenn er nimmt. Was er denkt und tut, ist von Behutsamkeit, Fürsorge und Weisheit geprägt. Er gibt keinem Tannenzapfen, der zufällig auf dem Weg liegt, einen Fußtritt. Er stampft auf keinem Grashalm herum, wenn sich dies vermeiden läßt. Er tötet kein einziges Tier aus Spaß an der Jagd oder am Fischen. Er behandelt andere Menschen mit dem Respekt, den sie verdienen.

Er baut die Bodenschätze nicht ausbeuterisch ab, und er wirft seinen Abfall nicht leichtsinnig weg. Er trägt Sorge zu Wald, Ozonmantel, Grundwasser und Luft. Er denkt wie Jourdan, der Held von Jean Gionos Roman *Que la joie demeure*: «Ich sage nicht, daß der Schlamm tot ist. Ich sage nicht, daß der Stein tot ist. Nichts ist tot.»[15] Weil alles, was existiert, am Kreislauf des Lebens teilnimmt, respektiert er es.

R7: *Es ist wichtig, das Prinzip «Small is beautiful» zu optimieren!*

Große Systeme sind immer zum Scheitern verurteilt. Sie werden ganz einfach zu groß, und ihre Komplexität nimmt derartige Ausmaße an, daß sie nicht mehr effizient organisiert und sicher gesteuert werden können. Daher nimmt in ihnen die Ordnung ab und das Chaos zu. Sie haben, wie große Moleküle, eine Tendenz zum spontanen Zerfall.

Ein Koloß ist nicht kreativ, weil er nicht die nötige Flexibilität, Intuition, Vision und Phantasie zu entwickeln vermag, die es braucht, um sich in einer sich rasch wandelnden Welt zurechtzufinden und überleben und sich adäquat entwickeln zu können.

Ist nun schiere Größe allemal falsch, oder kann man sie so organisieren, daß sie funktioniert?

Man wird sich bei der Beantwortung dieser wichtigen Frage nicht am einzelnen Schmetterling, sondern an der Schmetterlingsspezies orientieren müssen. Die Schmetterlingsspezies bildet eine reproduktive Einheit, die eine Gruppenidentität verschafft und damit eine adäquate Entwicklung ermöglicht. Sie besitzt ein genetisches Programm, das artspezifische Ziele und Adaptionsstrategien bestimmt. Aber unterhalb dieser Ebene operiert jeder Schmetterling individuell für sich. Er ist autonom und paart sich mit anderen nur im Dienste der Spezies und um die oben genannten Ziele zu erreichen. Ansonsten operiert er solo – und fährt gut dabei. Er ist autonom und frei.

Angewandt auf die Industriegiganten und die großen politischen Organisationen (z.B. Vereinigtes Europa, EG), würde dies bedeuten, daß das Fusionskonglomerat zwar eine Einheit bildet, daß aber jeder Hauptbereich darin mit einem optimalen Freiheitsgrad operiert. Daß diese Organisationsform heute bei vielen Finanz-Holdings und Management-Holdings praktiziert wird, zeigt, daß erfolgreiche Industrieführer bereits in Ansätzen auf den Pfad der Schmetterlingskultur umgeschwenkt sind. Aber noch hapert es bei der Harmonisierung zwischen zwei Polen – zentrale strategische Lenkung gegenüber dezentralisierter operativer Kompetenz. Was zum Teil ehrlich gewollt und rhetorisch auf jeden Fall laut verkündet wird, ist eines. Das Detail, in dem bekanntlich der Teufel steckt, ist etwas anderes. Und die Komplexität einer großen Maschine mit unzähligen Rädchen, die sich aneinander reiben, ist ein Drittes. Neben diesen zaghaften Ansätzen zu einer möglichen Schmetterlingskultur herrschen jedoch noch die Maximen «Big is beautiful» und «Bigger is better». Die großen Industrieführer sehen den globalen Weltmarkt als eine Mega-Torte. Wer ungehemmt, schnell und mit der großen Kelle zugreift, sichert sich einen entsprechenden Anteil an der Torte. Wer soviel ißt, wird groß und mächtig. Damit verschiebt sich das Zentrum der Macht klammheimlich von den Regierungen hin zu den multinationalen Fusionsriesen. Wer die noch kontrollieren und damit auch alle vor dem Machtmißbrauch der Mega-Monopolisten schützen soll, steht in den Sternen geschrieben!

Der Schmetterlingstyp denkt und handelt nach Occams Sparsamkeitsprinzip. Er spart mit seinem Aufwand in der Wahl der Mittel. Er verschleudert keine Energien und keine Materie. Den Bauplan der Schmetterlinge im Auge, versucht er mit einem Minimum an Material eine optimale Struktur mit harmonisierten Funktionen zu entwickeln.

Er überfrißt sich nicht, um dann wieder abspecken zu müssen.

Er sorgt dafür, daß die verfügbaren Nahrungsmittel über den ganzen Erdball gleichmäßig verteilt werden, damit niemand zuviel, aber alle genug zu essen kriegen. Er gibt seine Entwicklungshilfe nicht, damit der unterstützte Staat einen großen Militär- und Polizeiapparat zur Unterdrückung äußerer und innerer Gegner aufbauen kann. Er tut es auch nicht, um seine eigenen Absatzmärkte für Waren zu maximieren, die anderswo keine Kunden mehr finden. Er tut es, weil er begriffen hat, daß der Planet Erde im Grunde genommen ein kleines Raumschiff ist, auf dem eine optimale ökonomische und soziopolitische Organisation ohne große Ungleichgewichte herrschen muß, damit dieses Raumschiff und seine Besatzung auf der Fahrt in die Zukunft überleben können.

Er weiß, daß die Paläste der Reichen – aus Gleichgewichtsgründen – nur möglich sind, weil es die Elendshütten der Armen gibt. Aus diesem Grunde optiert er für einen mittleren Wohnungstyp, der allen Menschen ein angemessenes Zuhause schafft.

Er hält in allen Dingen weises Maß. Im Zweifelsfall verzichtet er auf die große Quantität und optimiert die Qualität der kleinen Quantität. Er operiert nach der Devise: Groß ist nix, klein ist fix!

R8: *Es ist wichtig, das strategische Spiel zu optimieren!*

Der Dino-Typ massiert seine ganzen Kräfte auf einen einzigen Punkt, und sobald er sich in der Übermacht weiß, haut er drauflos.

Der Schmetterlingstyp lernt von seinem Totemwesen, das fähig ist, verschiedenste Strategien harmonisch zu integrieren. Er ist zur Camouflage fähig und weiß, wie man sich unauffällig und nichtoffensiv in die Umwelt integriert. Er ist fähig, als Nomade zwischen starren Strukturen zu leben. Er kennt die Wüste und weiß, daß man die Oase (Einfachheit) nur erreichen kann, nachdem man die Wüste (Komplexität) umsichtig durchquert hat. Er weiß, daß der, der einer Fata Morgana vertraut, die lebensrettende Oase nie erreichen und schließlich erschöpft verdursten wird. Er weiß auch, daß der, der vom richtigen Weg abkommt, nur allzu leicht in den Treibsand gerät, aus dem er sich nicht mehr zu retten vermag. Als Nomade ist er mobil und autonom; Friedfertigkeit, Gastfreundschaft und Hilfsbereitschaft gegenüber Fremden und Loyalität gegenüber seinem Stamm sind ihm oberstes Gesetz.

Der Schmetterlingstyp ist erfinderisch. Seinem Totemwesen nacheifernd, das fähig ist, einen millimeterdünnen Seidenfaden zu spinnen, der 120 Kilogramm Last zu tragen vermag, entwickelt er planend, denkend und handelnd graziöse Strukturen, die gut funktionieren. Seine Häuser sehen aus wie nahtlos in die Umwelt eingefügte Gebilde, die Schutz und Geborgenheit vermitteln. Seine Architektur ist weder die der abweisenden, mit Schießscharten versehenen Trutzburgen noch die der aneinander und übereinander geschachtelten Kaninchenställe, die – bei maximaler Überbauungs- und Ausnützungsziffer – der Käfighaltung des modernen Menschen dienen.

Er ist so mobil und gleichzeitig so sicher mit seinem Biotop vernetzt wie der Schmetterling, der als Falter in der Gegend herumfliegt, als Ei unbeweglich festklebt, als Puppe sicher mit einem Faden an die Unterlage gebunden ist und als Raupe an einem Seidenfaden in die Tiefe saust, um sich in Sicherheit zu bringen, und sich dann am eigenen Faden wieder emporhangelt, sobald die Gefahr vorbei ist.

R9: *Es ist wichtig, den Entspannungsmodus zu optimieren!*

Während der Dino-Typ dauernd im Kampf-Flucht-Modus und der Wolkentyp dauernd im Rückzugs- und Isolierungsmodus operiert, vermag der Schmetterlingstyp diese beiden Modalitäten resilient zu kombinieren. Er gerät selten in den Cannon- oder den Selye-Streß hinein, und wenn doch, dann weiß er sich davon bald zu befreien. Meistens operiert er allerdings im Entspannungsmodus und ist so friedlich und entspannt wie der Schmetterling, der sich auf einer Blüte niederläßt oder an einer Sickerstelle Wasser trinkt.

Er lebt im Entspannungsmodus, weil er begriffen hat, daß nur ein entspannter Organismus optimal funktioniert. Er lebt im Entspannungsmodus, weil er weiß, daß man die Welt der Sinneserfahrung nur in der Entspannung voll wahrnehmen und genießen kann. Er weiß, daß Lernprozesse nur im entspannten Zustand optimal ablaufen und daß auch Intuition und Kreativität am besten im entspannten Feld funktionieren.

Der Schmetterlingstyp ist weise, und er verkrampft sich nicht. Er ist gelassen und locker und erreicht seine Ziele ohne unangebrachte Energievergeudung. Er handelt nach dem Motto: Nur in der Gelassenheit handelt der Mensch würdig! Er scheint nie in Eile zu sein und kommt dennoch immer ans Ziel, das ihm erstrebenswert scheint. Er identifiziert sich mit dem Ziel wie der Zen-Bogenschütze; deshalb schwirrt sein Pfeil im richtigen Augenblick ganz von selbst von der Sehne weg und landet im Zentrum der Scheibe.

R10: *Es ist wichtig, die Wahl der geodätischen Linie zu optimieren!*
Der Dino-Typ rennt immer in der Direttissima aufs Ziel los. Er ist ein Gefangener der euklidischen Geometrie, die nur starre, gerade Linien kennt.

Der Schmetterlingstyp ist ein Anhänger der Riemannschen Geometrie. Die sanft geschwungene Linie ist seine Lieblingslinie. Er flattert herum wie ein Schmetterling. Er mäandert durch die Gegend wie ein Fluß, den noch kein Technokrat «korrigiert» hat. Er windet sich um die Geraden herum wie die Ranken eines Weinstocks um den Pfahl. Er fliegt auf sein Ziel zu wie ein Schmetterling, der dem von den Luftbewegungen verzerrten und verschobenen Duftgradienten der Pheromone folgt.

Der Dino-Typ und der Schmetterlingstyp haben in der Regel diametral entgegengesetzte Vorstellungen über den besten Weg, der zum Ziel führt. Was passiert, wenn sich ein Dino-Typ und ein Schmetterlingstyp begegnen und dabei ihre Visionen über den besten Weg zum Ziel austauschen, schildert folgende Anekdote aus Neuseeland:[16]

Ein Weißer geht über Land und wundert sich, ob er auf seinem Weg nach Z auch schnell genug vorankommt. Er begegnet einem Eingeborenen und fragt ihn: «Wie lange habe ich noch, um von hier nach Z zu gelangen?» Der Maori staunt, schüttelt verwundert den Kopf und erwidert: «Singe, während du gehst!» Der Weiße stutzt, schüttelt mißbilligend den Kopf und marschiert verbissen weiter.

Solche Situationen des Zusammenpralls zweier Kulturen gibt es auch oft im Geschäftsleben, zum Beispiel dann, wenn sich ein Japaner und ein Amerikaner treffen. Der Japaner wählt den Weg des Schmetterlings. Der Amerikaner wählt den Weg der Pistolenkugel. Der Amerikaner hat den Eindruck, daß der Japaner umständlich und voller Umschweife ist und einfach nicht «zur Sache kommen» will. Der Japaner ist der Ansicht, daß der Amerikaner unhöflich mit der Tür ins Haus fällt.

Die Natur gibt der Riemannschen Geometrie der geodätisch gekrümmten Linie ganz entschieden den Vorzug vor den geraden Linien der euklidischen Geometrie. Nur Kristalle und Kliffe haben gerade Linien, alle anderen Dinge und alle Lebewesen sind in ihrem Bau meistens gekrümmt, und sie bewegen sich meistens in Kurven auf ihr Ziel zu.

Der Schmetterlingstyp ist wie der Falter, der über einer blütenreichen Alpwiese herumgaukelt. Er will nie möglichst schnell ans Ziel gelangen. Er will, daß ihm das Unterwegssein Spaß und Erfüllung bringt.

Jenseits der Krise

Wir stecken heute in einer Krise, die sich seit gut 3000 Jahren vorbereitet hat und die mittlerweile immer stärker wird. Diese Krise geht nicht zuletzt auf zwei kulturelle Ursachen, zwei falsche Denkansätze zurück. Die «Leier der Orphiker» hat den Menschen entzweigespalten und ihn sich selbst entfremdet. Der «Dreschflegel der Genesis» hat diese Spaltung vergrößert, indem er den Menschen von seiner Umwelt entfremdet hat. Diese doppelte Entfremdung hat zu einer kulturellen Fehlentwicklung im Zeichen des Dinosauriers geführt, die schließlich in einer spirituellen Krise mündete, die viele Masken trägt.

Diese Krise ist groß, aber sie ist nicht nur eine vitale Bedrohung für das Leben auf der Erde und für die weitere Entwicklung unserer Kultur. Sie kann auch eine Chance sein.

Das Beste, was unserem Planeten heute passieren kann, ist, daß der Schmetterlingstyp, der weise Surfer, behutsam aber beharrlich die Leadership auf allen Gebieten übernimmt. Dies ist aber nur möglich, wenn wir eine Kultur im Zeichen des Schmetterlings entwickeln, denn unsere heutigen Leader-Figuren im Dino-Look sind ja nur die Zerrspiegel unserer aktuellen Kultur. Eine gierige, verbissene und maßlose Gesellschaft bringt gierige, verbissene und maßlose Leader-Figuren hervor. Eine weise, gelassene und auf die harmonische Optimierung aller relevanten Faktoren bedachte Kultur bringt weise, gelassene und harmonische Leader-Figuren hervor.

Obwohl die Krisensymptome der Dino-Gesellschaft uns heute sehr bedrängen, gibt es bereits Anzeichen dafür, daß wir den Gipfel der Krise vermutlich bald einmal erreicht haben werden. Die Metamorphose der Dino-Gesellschaft hat begonnen. Die Histolyse der gierigen Gesellschaft ist im Gang. Der Puppensarkophag weist bereits deutliche Risse auf.

Es liegt in *unseren* Händen, ob und wann die Kultur im Zeichen des Schmetterlings aus ihrem Gehäuse schlüpfen wird. Diese Hände werden das Richtige in dem Maße tun, wie unsere Hirne das richtige Bewußtsein entwickeln. Aus diesem Grund ist jeder Mensch eingeladen, seinen eigenen Beitrag zur großen Metamorphose zu leisten.

Anmerkungen

(Die vollständigen bibliographischen Angaben zu den zitierten Werken finden sich im Literaturverzeichnis.)

Die Komplexität des Einfachen, die Einfachheit des Komplexen

1 Meadows (1989), S. 118.
2 McFeely (1981), S. 103.
3 Berendt (1983), S. 22f.
4 De Broglie (1975); Schrödinger (1977).
5 Sagan (1980), S. 246f.
6 Gleick (1987).
7 Henry und Stephens (1977); Guntern (1979; 1990a; 1990b).
8 Benson (1984).
9 Benson (1984); Guntern (1990a; b).
10 Kandinsky (1964), S. 30.

Der doppelte Sündenfall: «Der Dreschflegel der Genesis» und die «Leier der Orphiker»

1 Guntern (1979).
2 Guntern (1989b), S. 259f.
3 Guntern (1990b).
4 Ghez und Fahn (1985), S. 503.
5 Guntern (1983).
6 Guntern (1990b).
7 Jaynes (1976).
8 Whorf (1978).
9 Rapoport (1983).
10 Waters (1974).
11 Vgl. Chatwin (1987), S. 2.
12 Eliade (1974); Campbell (1949; 1988a; b).
13 Parker (1969), S. 32 ff.
14 Ebenda, S. 33.
15 Ebenda, S. 39.
16 Bohm und Hiley (1975).
17 Guntern (1983).
18 Parker (1969), S. 93.
19 Blakemore (1977), S. 18.
20 Platon (1958), S. 147.
21 Blakemore (1977), S. 13.
22 Parker (1969), S. 95f.
23 Ebenda, S. 149.
24 Ebenda, S. 155.
25 Ebenda, S. 156.
26 Popper und Eccles (1977), S. 176.
27 Popper (1972), S. 228f; 238f; 248; (1980), S. 44.
28 Guntern (1989a).
29 Parker (1969), S. 67.
30 Descartes (1977), S. 9.
31 Ebenda, S. 104.
32 Richards (1960), S. 38; Le Corbusier (1962), S. 19.
33 Descartes (1977), S. 105.
34 Ebenda, S. 165.
35 Ebenda, S. 159.
36 Durant (1953), S. 176.
37 Guntern (1983).
38 Popper und Eccles (1985).
39 Ebenda, S.355f.
40 Deikman (1990).
41 Holroyd (1988), S.218.
42 Deschner (1974), S. 107ff.
43 Ebenda, S. 113.
44 Freud (1969), S. 142.
45 Vendler (1990), S. 25.
46 Whorf (1978), S.232.

Das totemistische Denken

1 Guntern (1990b).
2 Campbell (1988c), S. 133.
3 Frazer (1915).
4 Freud (1968).
5 Frazer (1910).
6 Durkheim (1912).
7 Lévi-Strauss (1965), S. 19.
8 Lévi-Strauss (1963), S. 2.
9 Ebenda, S. 1.
10 Hiatt (1969), S. 83.
11 Ebenda, S. 93.
12 Campbell (1989), S. 133.
13 Ebenda, S. 139.
14 Campbell (1988c), S. 234.
15 Bateson (1979), S. 140.
16 Lévi-Strauss (1963), S. 5.
17 Ebenda.
18 Hiatt (1969), S. 92.
19 Lévi-Strauss (1963), S. 3.
20 Mitchel und Stern (1977), S.882.
21 Lévi-Strauss (1963), S. 6.
22 Bateson (1979), S. 97.
23 Campbell (1988c).
24 Stryk und Takashi (1981), S. 22.
25 Ebenda, S. 26.
26 Wilson Ross (1960), S. 11.
27 Herrigel (1953), S. 67f.
28 Ebenda, S.46f.
29 Waters (1942/1970).
30 Ebenda, S.24f.

Im Zeichen des Dinosauriers

1 In *The Economist* (1990), S. 6.
2 Dixon (1990); Norman und Milner (1990).
3 Attenborough (1986), S.178ff.
4 Dixon (1990), S. 76; Norman und Milner (1990), S. 12.
5 Dixon (1990), S. 37.
6 Ebenda, S. 40.
7 Norman und Milner (1990), S. 32.
8 Ebenda, S. 21.
9 Dixon (1990), S. 112; Norman und Milner (1990), S. 35.
10 Norman und Milner (1990), S. 30.
11 Ebenda, S. 24.
12 Dixon (1990), S. 36.
13 Basinger (1983/84), S. 12.
14 Gore (1989).
15 Attenborough (1986), S. 179ff.
16 Gore (1989), S. 673.
17 Ebenda.
18 Osborne (1956).
19 Tynan (1987), S. 193.
20 Guntern (1989b), S. 193.
21 Pickens (1987).
22 Hayek (1989), S. 71f.
23 *Der Spiegel* (1989b).
24 Mitscherlich (1965), S. 11.
25 Brendan (1987), S. 72.
26 Sack (1989), S. 189.
27 Le Corbusier (1964).
28 Brendan (1987), S. 44.
29 Wolfe (1981), S. 52.
30 Mitscherlich (1965), S. 28.
31 Ebenda, S. 45.
32 Keats (1970), S. 8.
33 Grohmann (1966), S. 17.
34 Brendan (1987), S. 497.
35 Dönhoff (1989).
36 Bernasconi (1988), S. 26.
37 Hammer (1982).
38 *Der Spiegel* (1989a), S.161f.
39 Miller (1987), S. 560.
40 Pümpin (1989), S.131.
41 Drucker (1985), S. 46.
42 Clay (1981), S. 94.
43 Hemingway (1935), S. 30.

Im Zeichen des Schmetterlings

1 De Bros und Ruckstuhl (1988), S. 9.
2 Ebenda, S. 9.
3 Blab et al. (1987), S. 33.
4 Suzuki (1973), S. 251.
5 Tanka und Haiku (1963), S. 98.
6 Watts (1960), S. 126.
7 Feng und English (1972).
8 Blab et al. (1987), S. 32.

9 Ebenda, S. 33.
10 De Bros und Ruckstuhl (1988), S. 17.
11 Ebenda, S. 13ff.
12 *Das Beste* (1985), S. 188.
13 Ebenda, S. 93.
14 Blab et al. (1987), S. 48f.
15 Van der Donk und van Gerwen (1985), S. 43.
16 Blab et al. (1987), S. 172.
17 De Bros und Ruckstuhl (1988), S. 85.
18 Weidemann (1986), S. 50.
19 Guntern (1983), S. 220.
20 Gordon und Forge (1983), S. 223.
21 Lord (1985), S. 260.
22 Schumacher (1973), S. 74.
23 De Bros und Ruckstuhl (1988), S. 12.
24 Ebenda, S. 22.
25 Ebenda, S. 24.
26 Ebenda, S. 33.
27 Blab et al. (1987), S. 33.
28 De Bros und Ruckstuhl (1988), S. 12.
29 Ebenda, S. 24.
30 Ebenda, S. 34.
31 Ebenda.
32 Ebenda.
33 Ebenda.
34 Ebenda, S. 35.
35 Blab et al. (1987), S. 132.
36 Guntern (1987), S. 186.
37 Weidemann (1986), S. 10.
38 De Bros und Ruckstuhl (1988), S. 41.
39 Ebenda, S. 41; S. 44.
40 Weidemann (1986), S. 30.
41 Reichholf (1984), S. 36ff.
42 Blab et al. (1987), S. 99.
43 Ebenda, S. 47.
44 Ebenda, S. 102.
45 De Bros und Ruckstuhl (1988), S. 44.
46 Van der Donk und van Gerwen (1985), S. 12.
47 De Bros und Ruckstuhl (1988), S. 44.
48 De Bros und Ruckstuhl (1988), S. 49.
49 Ebenda, S. 53.
50 Blab et al. (1987), S. 16.
51 Ebenda, S. 120f.
52 Van der Donk und van Gerwen (1985), S. 65.
53 Ebenda, S. 78.
54 De Bros und Ruckstuhl (1988), S. 57.
55 Van der Donk und van Gerwen (1985), S. 124.
56 De Bros und Ruckstuhl (1988), S. 57ff.
57 Blab et al. (1988), S. 111.
58 Attenborough (1986), S. 110f; van der Donk und van Gerwen (1985), S. 42.
59 De Bros und Ruckstuhl (1988), S. 36f.
60 Blab et al. (1987), S. 98.
61 Van der Donk und van Gerwen (1985), S. 47.
62 De Bros und Ruckstuhl (1988), S. 73.
63 Ebenda, S. 139.
64 Weidemann (1986), S. 15.
65 Blab et al. (1987), S. 49.
66 Van der Donk und van Gerwen (1985), S. 50.
67 De Bros und Ruckstuhl (1988), S. 29.
68 Ebenda, S. 70.
69 Ebenda.
70 Blab et al. (1987), S. 102.
71 Weidemann (1986), S. 62.
72 Blab et al. (1987), S. 92.
73 Ebenda, S. 115.
74 Weidemann (1986), S. 37.
75 Blab et al. (1987), S. 76f.
76 Ebenda, S. 78.
77 Ebenda, S. 50.
78 Ebenda, S. 43.
79 Weidemann (1986), S. 56.
80 Blab et al. (1987), S. 42.
81 Ebenda, S. 84.
82 Weidemann (1986), S. 16.
83 De Bros und Ruckstuhl (1988), S. 13.
84 Ebenda, S. 69.
85 Blab et al. (1987), S. 112.
86 Ebenda, S. 22.
87 Ebenda, S. 49.

88 Ebenda S. 113.
89 Van der Donk und van Gerwen (1985), S. 63.
90 De Bros und Ruckstuhl (1988), S. 87.
91 Blab et al. (1987), S. 132.
92 Ebenda, S. 183f.
93 De Bros und Ruckstuhl (1988), S. 93.
94 Blab et al. (1987), S. 81.
95 Ebenda, S. 93.
96 Blab et al. (1987), S. 146.
97 De Bros und Ruckstuhl (1988), S. 62.
98 Ebenda, S. 67.
99 Ebenda, S. 101f.
100 Blab et al. (1988), S. 147.
101 Attenborough (1986), S. 105.
102 Blab et al. (1987), S. 40.
103 Ebenda, S. 120.

104 De Bros und Ruckstuhl (1988), S. 117.
105 Attenborough (1986), S. 105.
106 Blab et al. (1987), S. 104.
107 Ebenda, S. 104.
108 Ebenda, S. 172.
109 Attenborough (1986), S. 105.
110 Blab et al. (1987), S. 129.
111 Ebenda, S. 60f.
112 Ebenda, S. 152.
113 De Bros und Ruckstuhl (1988), S. 88.
114 Ebenda, S. 93.
115 Van der Donk und van Gerwen (1985), S. 58.
116 De Bros und Ruckstuhl (1988), S. 69.
117 Blab et al. (1987), S. 130.
118 Ebenda, S. 178.
119 Kjetsaa (1987), S. 139.

Die drei Typen der Leadership

1 Glynn et al. (1989), S. 395.
2 Changeux (1983), S. 161ff.
3 Goldberg (1983), S. 25.
4 Maslow (1968).
5 Guntern (1984a).
6 Bernstein (1973); Bohm und Hiley (1975); Capra (1975); Clark (1972); Zukav (1980).
7 Wiener (1967).
8 Gödel (1931).
9 Whorf (1978), S. 27.
10 Peters und Waterman (1982), S. 40.
11 Jaynes (1976).
12 Guntern (1983).
13 Lévi-Strauss (1962).
14 Guntern (1983).
15 Vester (1978).
16 Rapoport (1983).
17 Capra (1975).
18 Capra (1975); Zukav (1980).
19 Bohm und Hiley (1975).
20 Guntern (1989b), S. 210ff.
21 Hutter (1990), S. 2.
22 Guntern (1983), S. 216; (1989b), S. 143.
23 Stassinopoulos (1982), S. 319.
87 Ebenda, S. 49.

24 Rapoport (1983), S. 161.
25 Welch (1957), S. 51.
26 Feng und English (1972).
27 Welch (1957).
28 Feng und English (1972).
29 Albee (1965).
30 Kjetsaa (1987), S. 344.
31 Neihardt (1977), S. 1.
32 Ebenda, S. 176.
33 Guntern (1989b), S. 143ff.
34 Deikman (1990).
35 Goethe (1960), S. 103.
36 Feng und English (1972).
37 Welch (1957), S. 46.
38 Suzuki (1973), S. 142.
39 Goethe (1960), S. 55.
40 Henry und Stephens (1977); Levi (1975); Guntern (1989b), S. 93ff; (1990a; b).
41 Benson (1984).
42 Guntern (1990b).
43 Guntern (1989b), S. 115f; (1990b).
44 Cousineau (1990), S. 230.
45 Huizinga (1956).
46 Guntern (1991).
47 Guntern (1986).
48 Steinbeck (1977), S. 45.

Der Leadertyp der Zukunft: Vom Eishockeyspieler zum Surfer

1   Guntern (1987), S. 193ff.
2   Ittelson et al. (1974).
3   Barash (1977); Wilson (1980).
4   Chomsky (1972); (1975).
5   Foppa (1975); Pawlow (1960); Skinner (1972).
6   Guntern (1980a); (1982); (1983); (1984b); (1987).
7   Guntern (1980b).
8   Guntern (1983).
9   Guntern (1987).
10 Bechtler (1987), S. 25.
11 Miller (1985), S. 154.
12 Guntern (1989b), S. 326ff.
13 Guntern (1987), S. 160f.
14 Schmidheiny in Bechtler (1987), S. 113.
15 Giono (1935).
16 Guntern (1990b), S. 204.

Literaturverzeichnis

Albee, E.: *Wer hat Angst vor Virginia Woolf?*, Frankfurt (Fischer) 1965.

Attenborough, D.: *Wunder der Schöpfung*, Stuttgart u.a. (Das Beste) 1986.

Barash, D.P.: *Sociobiology and Behaviour*, New York (Elsevier) 1977; dt. *Soziobiologie und Verhalten*, Berlin (Parey) 1980.

Basinger, J.: «Fossil flowers», in: *The Structurist*, 23/24 (1983/84), S. 12-17.

Bateson, G.: *Mind and Nature*, New York (E.P. Dutton) 1979; dt. *Geist und Natur*, Frankfurt (Suhrkamp) 1987.

Bechtler, T.W. (Hrsg.): *Management und Intuition*, Zürich (Moderne Industrie) 1987.

Benson, H.: *The Relaxation Response* (Fount Paperbacks) 1984.

Berendt, J.E.: *Nada Brahma. Die Welt ist Klang*, Frankfurt (Insel Verlag) 1983.

Bernasconi, P.: *Finanzunterwelt. Gegen Wirtschaftskriminalität und organisiertes Verbrechen*, Zürich/Wiesbaden (Orell Füssli) 1988.

Bernstein, J.: *Einstein*, New York (Viking Press) 1973.

Das Beste: 1000 Fragen an die Natur, Stuttgart u.a. (Das Beste) 1985.

Blab, J. et al.: *Aktion Schmetterling. So können wir sie retten* (Ravensburger) 1987.

Blakemore, C.: *Mechanics of the Mind*, Cambridge u.a. (Cambridge University Press) 1977.

Bohm, D., und Hiley, B.: «On the Intuitive Understanding Nonlocality as Implied by Quantum Theory» in: *Foundations of Physics*, Vol. 5 (1975), S. 93-109.

Brendan, G.: *Many Masks. A Life of Frank Lloyd Wright,* New York (G.P. Putnam's Sons) 1987.

Campbell, J.: *The Hero with a Thousand Faces*, Princeton (Princeton University Press) 1973; dt. *Der Heros in tausend Gestalten*, Frankfurt, (Suhrkamp) 1978.

–: (with Bill Moyers) *The Power of Myth*, New York (Doubleday/Bantam) 1988a; dt. *Die Kraft der Mythen*, München (Artemis) 1989.

–: *Historical Atlas of World Mythology*. Vol. I: The Way of the Animal Powers/Part 1, New York (Harper & Row) 1988b.

–: *Historical Atlas of World Mythology*. Vol. I: The Way of the Animal Powers/Part 2, New York (Harper & Row) 1988c.

–: *Historical Atlas of World Mythology*. Vol. II: The Way of the Seeded Earth. Part 1, New York (Harper & Row) 1988d.

–: *Historical Atlas of World Mythology*. Vol. II: The Way of the Seeded Earth. Part 2. New York (Harper & Row) 1989.

Capra, F.: *The Tao of Physics*, Berkeley (Shambhala) 1975; dt. *Das Tao der Physik*, Bern/München (Scherz) 1984.

Changeux, J.-P.: *L'homme neuronal*, Paris (Librairie Arthème Fayard) 1983.

Chatwin, B.: *The Songlines*, London u.a. (Picador Press) 1987.

Chomsky, N.: *Language and Mind*, New York u.a. (Harcourt Brace Jovanovich, Inc.) 1972; dt. *Sprache und Geist*, Frankfurt (Suhrkamp) 1973.

–: *Syntactic Structures*, The Hague-Paris (Mouton de Gruyter) 1975; dt. *Strukturen der Syntax*, Berlin (Mouton de Gruyter) 1973.

Clark, R.W.: *Einstein, the Life and Times*, New York (Avon Books) 1972.

Clay, C. (Muhammad A.): «Playboy Interview» in *The Playboy Interview*, hrsg. von G.B. Golson, New York (Playboy Press) 1981, S. 76-111.

Cousineau, P.: *The Hero's Journey. Joseph Campbell on his life and work*, San Francisco (Harper & Row) 1990.

De Broglie, L.: «The Wave Nature of the Electron», in: *Physical Thought from the Presocratics to the Quantum Physicists*, hrsg. v. Sambursky S., New York (Pica Pica Press) 1975, S. 193-201.

De Bros, E., und Ruckstuhl, T.: *Nos papillons*, Lausanne (Editions Mondo) 1988.

Deikman, A.J.: «Bimodales Bewußtsein – ein konzeptuelles Gerüst für das Verständnis von Mystizismus und Gewaltanwendung», in: *Der Gesang des Schamanen*, hrsg. v. G. Guntern, Martigny (ISO-Stiftung) 1990, S. 119-184.

Descartes, R.: *Discourse on Method and the Meditations*, London (Penguin Books) 1977; franz.-dt. *Discours de la Méthode. Von der Methode des richtigen Vernunftgebrauchs und der wissenschaftlichen Forschung*, Hamburg (Meiner) 1969.

Deschner, K.: *Das Kreuz mit der Kirche. Eine Sexualgeschichte des Christentums*, München (Heyne) 1974.

Dixon, D.: *Die Dinosaurier und die prähistorische Welt*, Klagenfurt (Neuer Kaiser) 1990.

Dönhoff, M.: «Das Krebsgeschwür der Korruption», in: *Die Zeit*, Nr. 8 (17.2.1989), S. 1.

Drucker, P.E.: *Innovation and Entrepreneurship. Practice and Principles*, New York (Harper & Row) 1985.

Durant, W.: *Die großen Denker*, Zürich (Orell Füssli) 1953.

Durkheim, E.: Les formes élémentaires de la vie religieuse, Paris (Alcane) 1912; dt. *Die elementaren Formen des religiösen Lebens*, Frankfurt (Suhrkamp) 1980.

The Economist: Capitalism (Survey) (5.5.1990), S. 6-24.

Eliade, M.: *Shamanism. Archaic Techniques of Ecstasy*, Princeton (Princeton Univ. Press) 1974; dt. *Schamanismus und archaische Ekstasetechnik*, Frankfurt (Suhrkamp) 1975.

Feng, G.-F. und English, J. *Lao Tsu: Tao te Ching* (Vintage) 1972.

Foppa, K.: *Lernen, Gedächtnis, Verhalten*. Ergebnisse und Probleme der Lernpsychologie, Köln (Kiepenheuer & Witsch) 1975.

Frazer, J.G.: *Totemism and Exogamy*. London (Macmillan) 1990.

–: The Golden Bough. A Study in Magic and Religion, London (Macmillan) 1911–1915; dt. *Der goldene Zweig*, Reinbek (Rowohlt) 1989.

Freud, S.: *Gesammelte Werke: Band IX. Totem und Tabu*, Frankfurt (Fischer) 1968.

–: *Gesammelte Werke: Band XV. Neue Folge der Vorlesungen zur Einführung in die Psychoanalyse*, Frankfurt (Fischer) 1969.

Ghez, C., und Fahn, S.: «The Cerebellum» in: *Principles of Neural Science*, hrsg. v. E. Kandel und J.H. Schwartz, New York (Elsevier) 1985, S. 502-521.

Giono, J.: *Que ma joie demeure*, Paris (Grasset) 1935.

Gleik, J.: *Chaos. Making a New Science*, New York (Viking Penguin, Inc.) 1987; dt. *Chaos – die Ordnung des Universums*, München (Droemer Knaur) 1988.

Glynn, S.M., et al.: «Analogical Reasoning and Problem Solving in Science Textbooks», in: *Handbook of Creativity*, hrsg. v. J.A. Glover et al., New York (Plenum Press) 1989, S. 383-398.

Gödel, K.: «Über formal unentscheidbare Sätze der Principia Mathematica und verwandter Systeme I», in: *Monatshefte für Mathematik (und Physik)*, 38 (1931), S. 173-198.

Goethe, J.W.: *Faust. Erster und Zweiter Teil*, München (Goldmann) 1960.

Goldberg, P.: *The Intuitive Edge. Understanding Intuition and Applying it in Everyday Life*, Los Angeles (Jeremy P. Tarcher, Inc.) 1983.

Gordon, R., und Forge, A.: *Monet*, New York (Harray N. Abrams, Inc.) 1983.

Gore, R.: «Extinctions», in *National Geographic*, Vol. 175, Nr. 6 (Juni 1989), S. 662-699.

Grohmann, W.: *Der Maler Paul Klee*, Köln (DuMont) 1966.

Guntern, G.: *Social Change, Stress, and Mental Health in the Pearl of the Alps*, Berlin u.a. (Springer) 1979.

–: «Die kopernikanische Revolution in der Psychotherapie: Der Wandel vom psychoanalytischen zum systemischen Paradigma», in: *Familiendynamik*, 1 (1980a), S. 1-41.

–: «Das syngenetische Programm: Verhaltenssteuerung, Charaktertransformation und sozialer Wandel in der Perle der Alpen», in: *Der Familienmensch*, hrsg. v. J. Duss-von Werdt und R. Welter-Enderlin, Stuttgart (Klett) 1980b, S. 97-115.

–: «Auto-Organization in Human Systems», in: *Behavioral Science*, Vol. 27, Nr. 4 (1982), S. 323-337.

–: (Hrsg.) *Die Welt, ein schwingendes Gewebe*, Martigny (ISO-Stiftung) 1983.

–: «Das Konzept der Person in der Systemtherapie», in: *Zeitschrift für personenzentrierte Psychologie und Psychotherapie*, Heft 3 (Sept. 1984a), S. 301-326.

–: «Schizophrenie und Systemtherapie», in: *Schweiz. Archiv für Neurologie, Neurochirurgie und Psychiatrie*, Heft 1, Band 135 (1984b), S. 41-70.

–: «Systemische Ethik», in: *Theorie und Praxis der systemischen Familientherapie*, hrsg. v. L. Reiter, Wien (Facultas) 1986.

–: (Hrsg.) *Der blinde Tanz zur lautlosen Musik*, Martigny (ISO-Stiftung) 1987.

–: «Das Grinsen der orphischen Katze», in: *Psychosomatische Medizin*, 2/18 (1989a), S. 98-117.

–: *Therápodos - La via del terapeuta*, Milano (Edizione Hoepli) 1989b.

–: «La théorie du stress et sa signification dans la thérapie des systèmes humains», in: *Révue Médicale de la Suisse Romande*, 110 (1990a), S. 57-76.

–: (Hrsg.) *Der Gesang des Schamanen*, Martigny (ISO-Stiftung) 1990b.

–: (Hrsg.) *Der kreative Weg*, Zürich (Moderne Industrie) 1991.

Hammer, R.: *The Vatican Connection*, London (Penguin Books) 1982.

Hayek, N.G.: in: *Der Spiegel*, 1, 43. Jg. (2.Januar 1989), S. 70-76.

Hemingway, E.: *Green Hills of Africa*, London (Panther-/Granada Publishing Ltd.) 1935; dt. *Die grünen Hügel Afrikas*, Reinbek (Rowohlt).

Henry, J.P., und Stephens, P.M.: *Stress, Health, and the Social Environment*, New York u.a. (Springer) 1977.

Herrigel, E.: *Zen in the Art of Archery*, New York (Vintage) 1953; dt. *Zen in der Kunst des Bogenschießens*, Bern/München (Scherz) 1983.

Hiatt, L.R.: «Totemism Tomorrow: The Future of an Illusion», in: *Mankind*, 7 (1969), S. 83-93.

Holroyd, M.: *Bernard Shaw. Volume I. 1856-1898. The search for Love*, New York (Random House) 1988.

Huizinga, J.: *Vom Ursprung der Kultur im Spiel*, Hamburg (Rowohlt) 1956.

317

Hutter, E.M.: «Frau Thatchers Furcht vor Rasten und Rosten», in: *Der Bund* (20.9.1990), S. 2.

Ittelson, W.H., et al.: *An Introduction to Environmental Psychology*, New York (Holt, Rinehart & Winston, Inc.) 1974; dt. *Einführung in die Umweltpsychologie*, Stuttgart (Klett-Cotta) 1977.

Jaynes, J.: *The Origin of Consciousness in the Breakdown of the Bicameral Mind*, Boston (Houghton-Mifflin Co.) 1976.

Kandinsky, W.: «Reminiscences», in *Modern Artists on Art. Ten Unabridged Essays*, hrsg. v. R.L. Herbert, Englewood Cliffs, N.J. (Prentice-Hall, Inc.) 1964, S. 19-44.

Keats, J.: *You Might as Well Live. The Life and Times of Dorothy Parker*, London (Penguin Books) 1970.

Kjetsaa, G.: *Fyodor Dostoyevsky. A Writer's Life*, New York (Fawcette Columbine) 1987.

Le Corbusier: *An die Studenten. Die Charte d'Athènes*, Hamburg (Rowohlt) 1962.

–: & Ozenfant: «Purism», in: *Modern Artists On Art. Ten Unabridged Essays*, hrsg. v. R.L. Herbert, Englewood Cliffs, N.J. (Prentice Hall, Inc.) 1964, S. 58-73.

Levi, L. (Hrsg.): *Emotions, Their Parameters and Measurement*, New York (Raven Press) 1975.

Lévi-Strauss, C.: *La Pensée Sauvage*, Paris (Plon) 1962; dt. *Das wilde Denken*, Frankfurt (Suhrkamp) 1973.

–: «The Bear and the Barber. The Henry Myers Memorial Lecture», in: *The Journal of the Royal Anthropological Institute of Great Britain and Ireland*, Vol. 93, Parts I and II (Januar-Dezember 1963), S. 1-11.

–: *Das Ende des Totemismus*, Frankfurt (Suhrkamp) 1972.

Lord, J.: *Giacometti. A Biography*, New York (Farra, Straus & Giroux) 1985; dt. *Alberto Giacometti: Der Mensch und sein Lebenswerk*, Bern/München (Scherz) 1987.

Maslow, A.H.: *Toward a Psychology of Being*, New York (Van Nostrand) 1968; dt. *Psychologie des Seins. Ein Entwurf*, Frankfurt (Fischer) 1978.

McFeely, W.S.: *Grant. A Biography*, New York u.a. (W.S. Norton & Company) 1981.

Meadows, D.: «Der geschundene Planet», in: *Der Spiegel*, Nr. 29, 43.Jg. (17.7.1989), S. 112-121.

Miller, A.: *Timebends. A Life*, New York (Grove Press) 1987; dt. *Zeitkurven. Ein Leben*, Frankfurt (Fischer) 1989.

Mitchel, J., und Stern, J. (Hrsg.): *The Random House Encyclopedia*, New York (Random House) 1977.

Mitscherlich, A.: *Die Unwirtlichkeit unserer Städte. Anstiftung zum Unfrieden*, Frankfurt (Suhrkamp) 1965.

Neihardt, J.G.: *Black Elk Speaks*, New York (Pocket Books) 1977; dt. *Ich rufe mein Volk*, Göttingen (Lamuv) 1987.

Norman, D., und Milner, A.: *Dinosaurier*, Hildesheim (Gerstenberg) 1990.

Osborne, J.:*Look Back in Anger*, London (Faber and Faber) 1956; dt. *Blick zurück im Zorn*, Frankfurt (Luchterhand) 1989.

Parker, G.F.: *A Short Account of Greek Philosophy*, New York (Perennial Library, Harper & Row) 1969.

Pawlow, I.P.:*Conditioned Reflexes*, New York (Dover Publications) 1960; dt. *Die bedingten Reflexe*, in: *Sämtliche Werke*, Osnabrück (Zeller) 1953-54.

Peters, T.J., und Waterman, R.H.: *In Search of Excellence*, New York (Harper & Row) 1982.

Pickens, T.B.: *Boone*, Boston (Houghton Mifflin Company) 1987.

Platon: *Mit den Augen des Geistes*, Frankfurt (Fischer) 1958.

Popper, K.R.: *Conjectures and Refutations: The Growth of Scientific Knowledge*, London und Henley (Routledge and Kegan Paul) 1972.

–: *The Logic of Scientific Discovery* (Hutchinson) 1980; dt. *Logik der Forschung*, Tübingen (Mohr) 1989.

–: und Eccles, J.C.: *The Self and Its Brain*, Berlin u.a. (Springer) 1985.

Pümpin, C.: *Das Dynamikprinzip*, Düsseldorf u.a. (Econ) 1989.

Rapoport, A.: «Allgemeine Systemtheorie: Grundkonzepte und Ziele», in: *Die Welt, ein schwingendes Gewebe*, hrsg. v. G. Guntern, Martigny (ISO-Stiftung) 1983, S. 133-177.

Reichholf, J.: *BLV Naturführer. Mein Hobby: Schmetterlinge beobachten*, München u.a. (BLV Verlagsgesellschaft) 1984.

Richards, J.M.: *Modern Architecture*, London (Penguin Books) 1960.

Sack, M.: «Mies van der Rohe», in: *Große Architekten*, hrsg. v. Häuser, Hamburg (Gruner + Jahr) 1989, S. 189-205.

Sagan, C.: *Cosmos*, New York (Random House) 1980; dt. *Unser Kosmos*, München (Droemer Knaur) 1989.

Schmidheiny, S.: «Föderalismus als unternehmerisches Gestaltungsprinzip», in: *Management und Intuition*, hrsg. v. T. Bechtler, Zürich (Moderne Industrie) 1987, S. 99-114.

Schrödinger, E.: «Order, Disorder, and Entropy», in: *Modern Systems Research for the Behavioral Scientist*, hrsg. v. W. Buckley, Chicago (Aldine Publishing Company) 1977, S. 143-146.

Schumacher, E.F.: *Small is Beautiful*, New York (Harper & Row) 1975; dt. *Die Rückkehr zum menschlichen Maß*, Reinbek (Rowohlt) 1977.

Skinner, B.F.: *Beyond Freedom and Dignity*, Toronto u.a. (Bantam and Vintage Books) 1972; dt. *Jenseits von Freiheit und Würde*, Reinbek (Rowohlt) 1973.

Der Spiegel: Nr. 7, 43.Jg. (13.Februar 1989a), S. 61f.

Der Spiegel : «Die Teile sind mehr als das Ganze», Nr. 37, 43. Jg., (11.Sept. 1989b), S. 110-116.

Stassinopoulos, A.: *Maria Callas*, New York (Ballantine Books) 1982.

Steinbeck, J.: *Tortilla Flat*, London (Penguin Books) 1977; dt. *Tortilla Flat*, München (dtv) 1987.

Stryk, L.: Takashi, I. (Hrsg): *The Penguin Book of Zen Poetry*, London (Penguin Books) 1981.

Suzuki, D.T.: *Zen and Japanese Culture*, Princeton, New Jersey (Princeton Univ. Press) 1973.

Tanka und Haiku: *Japanische Jahreszeiten*, Zürich (Manesse Verlag) 1963.

Tynan, K.: *The Life of Kenneth Tynan*, New York (William Morrow and Company, Inc.) 1987.

Van der Donk, M., und van Gerwen, T.: *Das Kosmosbuch der Insekten*, Stuttgart (Kosmos-Gesellschaft der Naturfreunde, Franckh'sche Verlagshandlung) 1985.

Vendler, H.: «Feminism and Literature», in: *The New York Review of Books* (31.5.1990), S. 19-25.

Vester, F.: *Unsere Welt, ein vernetztes System*, Stuttgart (Klett-Cotta) 1978.

Waters, F.: *The Man Who Killed the Deer. A Novel of Pueblo Indian Life*, Athens u.a. (Sage Books/Swallow Press) 1942, 1970.

–: *Book of the Hopi*, New York (Ballantine Books) 1974; dt. *Das Buch der Hopi*, München (Diederichs) 1990.

Watts, A.: «Haiku», in: *The World of Zen*, hrsg. v. N. Wilson Ross, New York (Vintage Books) 1960, S. 121-128.

Weidemann, H.-J.: *Tagfalter. Band 1. Entwicklung – Lebensweise*, Melsungen (Neumann-Neudamm) 1986.

Welch, H.: *The Parting of the Way* (Beacon Press) 1957.

Whorf, B.L.: *Language, Thought and Reality*, Cambridge, Mass. (M.I.T. Press) 1978, dt. *Sprache – Denken – Wirklichkeit*, Reinbek (Rowohlt) 1984.

Wiener, N.: *The Human Use of Human Beings*, New York (Avon Books) 1967.

Wilson, E.O.: *Sociobiology*, Cambridge, Mass. (Belknap Press of Harvard University Press) 1980.

Wilson Ross, N. (Hrsg.): *The World of Zen*, New York (Vintage) 1960.

Wolfe, T.: *From Bauhaus to Our House*, New York (Farra, Straus & Giroux) 1981.

Zukav, G.: *The Dancing Wu Li Masters*, Toronto u.a. (Bantam Books) 1980; dt. *Die tanzenden Wu Li Meister*, Reinbek (Rowohlt) 1985.